LES VINGT ANS
DE LA CHARTE
DE L'ENVIRONNEMENT

Droit comparé
Collection dirigée par Arnaud Martin

Parce que le droit ne peut plus être considéré dans sa seule dimension nationale et que son étude doit s'ouvrir aux droits étrangers, que l'analyse comparative permet de s'échapper des déterminismes qui faussent l'étude des systèmes juridiques et que l'étude des systèmes normatifs étrangers peut faciliter la recherche de réponses aux questions juridiques, la collection Droit comparé met à la disposition des chercheurs et des praticiens du droit un ensemble de travaux destinés à alimenter leur réflexion tout en donnant aux objectifs, aux méthodes et à l'utilité de l'analyse comparative une plus grande visibilité.
Elle publie des recherches en droit comparé ou accordant une place importante au comparatisme juridique, que ce soit en droit public ou en droit privé, en droit français ou en droit étranger, que celles-ci prennent la forme d'essais, d'actes de colloques ou de séminaires ou de thèses.
Elle est naturellement ouverte à toutes les écoles de pensée juridique, ainsi qu'aux recherches pluridisciplinaires dès lors qu'elles présentent une dominante juridique.

Dernières parutions

Sylvie SCHMITT, Guillaume PAYAN et Julien GIUDICELLI (dir.), *Les échecs normatifs*, 2025.
Julien GIUDICELLI, *Réflexions éparses sur l'Italie politique contemporaine*, 2024.
Arthur BRAUN (coord.), *Mélanges en l'honneur de Stéphane Pierré-Caps. Constitution, Etats et peuples*, 2023.
Daniel POLVERELLI, *Le rayonnement des institutions napoléoniennes à travers le monde*, 2022
Benjamin DABOSVILLE (dir.), *Comment juger en matière de rémunération ?*2022
Florian SAVONITTO (dir.), *« Dictatures » et consultations électorales en Europe et aux Amériques*, 2021.
Memduh Cemil SIRIN, *L'administration de la protection de l'enfance*, 2021.
Arnaud MARTIN (dir.), *L'enfance et le droit en Amérique latine,* 2020.
Philippe CLARET et Florian SAVONITTO, *La réforme constitutionnelle sous le quinquennat d'Emmanuel Macron. Les projets de loi pour une démocratie plus représentative, responsable et efficace,* 2020.
Mohamed Ibrahim HASSAN, *Le constitutionnalisme en Europe de l'Est et dans le monde arabe*, 2019.
Anifa HASSANI, *Le long chemin vers la légalisation de l'avortement en Irlande. Analyse du 8e amendement à la Constitution irlandaise (1983-2018),* 2019.
Arnaud MARTIN, *Président et régime présidentialiste en Amérique Latine*, 2018.

Sous la direction de
Florian Savonitto, Carolina Cerda-Guzman,
Hubert Delzangles et Carlos Manuel Alves

LES VINGT ANS DE LA CHARTE DE L'ENVIRONNEMENT

L'Harmattan

Avec le soutien de la Fondation Anthony Mainguené

Promouvoir des prises de consciences éthiques
Sous l'égide de la Fondation de France

5-7, rue de l'École-Polytechnique - 75005 Paris
www.editions-harmattan.fr
ISBN : 978-2-336-55751-9
EAN : 9782336557519

Sommaire

PARTICIPANTS

Carlos Manuel ALVES, maître de conférences en droit public, Université de Bordeaux, Centre de recherches et de documentations européennes et internationales (CRDEI, EA 4193)

Sara AOUISS, doctorante en droit public, Université de Bordeaux, Centre d'études et de recherches comparatives sur les constitutions, les libertés et l'État (CERCCLE, EA 7436)

Julien BÉTAILLE, maître de conférences en droit public à l'École de droit de Toulouse, Université Toulouse Capitole, membre de l'*Institut universitaire de France*

Carolina CERDA-GUZMAN, maîtresse de conférences en droit public, Université de Bordeaux, Centre d'études et de recherches comparatives sur les constitutions, les libertés et l'État (CERCCLE, EA 7436)

Victoria CHIU, maîtresse de conférences de droit public, Université Jean Moulin Lyon 3, Environnement Ville société - Institut de droit de l'environnement (EVS-IDE, UMR 5600)

Hubert DELZANGLES, professeur de droit public, Institut d'Études Politiques de Bordeaux, CRDEI

Marine FLEURY, maîtresse de conférences en droit public, Université de Picardie Jules Verne, Centre Universitaire de Recherches sur l'Action Publique et le Politique - Épistémologie & Sciences Sociales (CURAPP-ESS, UMR 7319) ; chercheuse associée à l'Institut des Sciences Juridiques et Philosophiques de la Sorbonne (UMR 8103) et au ClimaLex (GDR 2032)

Laurent FONBAUSTIER, professeur de droit public, Université Paris-Saclay

Laetitia GUILLOUD-COLLIAT, professeure de droit public, Université Grenoble Alpes, Centre d'études sur la sécurité internationale et les coopérations européennes (CESICE, EA 2420)

Simon JOLIVET, maître de conférences en droit public, Université de Poitiers, Institut de Droit Public (IDP, UR 14145)

Anna Maria LECIS COCCO ORTU, maîtresse de conférences en droit public, Institut d'Études Politiques de Bordeaux, Centre Émile Durkheim (CED, UMR 5116)

Julie MALET-VIGNEAUX, maîtresse de conférences en droit privé, Université du Littoral-Côte d'Opale, Laboratoire de Recherche Juridique (LARJ)

Ferdinand MÉLIN-SOUCRAMANIEN, professeur de droit public, Université de Bordeaux, Centre d'études et de recherches comparatives sur les constitutions, les libertés et l'État (CERCCLE, EA 7436)

Loïc PEYEN, maître de conférences en droit public, École de droit de Toulouse, Université Toulouse Capitole

Patricia RRAPI, maîtresse de conférences en droit public, Université Paris Nanterre, Centre de Théorie et d'Analyse du Droit (CTAD, UMR 7074), équipe TheorHis

Florian SAVONITTO, maître de conférences en droit public, Université de Montpellier Paul-Valéry, Centre d'études et de recherches comparatives sur les constitutions, les libertés et l'État (CERCCLE, EA 7436)

Agathe VAN LANG, professeure de droit public, Université de Nantes, Laboratoire Droit et Changement Social (DCS, UMR 6297)

AVANT-PROPOS
VINGT ANS APRÈS

Ferdinand MÉLIN-SOUCRAMANIEN

Qu'Alexandre Dumas me pardonne si je lui emprunte le titre de sa formidable suite des *Quatre mousquetaires*, parue en 1845. Les amateurs savent qu'elle est encore supérieure aux premiers volumes du récit des aventures épiques de d'Artagnan, Athos, Porthos et Aramis.

Est-ce qu'il en va de même pour cet ouvrage commémorant *Les vingt ans de la Charte de l'environnement* que nous offrent, aujourd'hui, Florian Savonitto, Carolina Cerda-Guzman, Hubert Delzangles et Carlos Manuel Alves, après que Carolina Cerda-Guzman et Florian Savonitto ont fait paraître en 2015 *Les dix ans de la Charte de l'environnement* à la LGDJ ?

Bien entendu, c'est à chaque lecteur qu'il appartiendra d'en juger mais, pour ma part, la réponse est clairement affirmative. En effet, même si le tableau dressé dans ce nouveau livre est encore plus en demi-teinte sur l'effectivité réelle de la Charte, vingt ans après, cet ouvrage va sensiblement plus loin dans le recul critique et dans la formulation de propositions visant à améliorer la protection de l'environnement grâce à, voire parfois en dépit de, la Charte.

Que l'on mesure tout de même le chemin parcouru en à peine une génération ! À la fin du XXe siècle, l'environnement n'était tout simplement pas un sujet d'ordre constitutionnel. Si on excepte quelques comparatistes se référant invariablement à l'article 225 de la Constitution brésilienne de 1988 ou des internationalistes, plus nombreux cette fois, plaidant pour une protection supralégislative de l'environnement, il s'agissait pratiquement d'une *terra incognita* pour les constitutionnalistes. D'ailleurs, dans le tout premier article que j'ai cosigné avec mon ami Joseph Pini, intitulé : « Constitution et droit de l'environnement », publié au *Jurisclasseur Environnement* en 1993, nous nous étions littéralement « battu les flancs » pour trouver des sources constitutionnelles potentiellement protectrices de l'environnement. Puis, en 2005, la Charte de l'environnement, suggérée par Nicolas Hulot et portée politiquement par le président Chirac, advint, et cette lacune du droit constitutionnel français fut comblée. Et de quelle manière, puisque, à ce jour, la Charte demeure un texte pionnier, unique en son genre dans le monde.

Évidemment, elle est très loin d'être parfaite. Dès son adoption, ses défauts ont été révélés par les meilleurs spécialistes du sujet, au premier rang desquels le professeur Michel Prieur. Ses tares sont nombreuses et bien identifiées : un principe de précaution inscrit à son article 5 et ne contraignant que les « autorités publiques », une faible densité normative de plusieurs de ses articles et, en particulier, des articles 8 à 10, l'absence de prise en compte de la nécessité de protéger le climat, etc.

Mais, à la vérité, aucun de ces défauts, bien qu'ils soient non négligeables, ne paraît représenter un obstacle insurmontable à une interprétation juridictionnelle « progressiste », favorable à la protection de l'environnement. Bien sûr, les juges administratifs, judiciaires et même constitutionnel ont, eux aussi, leurs bons jours et, par exemple, le « contentieux climatique » développé par les juridictions administratives peut être considéré comme une réelle source de progrès. Il n'empêche que le résultat d'ensemble est décevant. Quand on songe notamment à l'espoir qui avait pu être suscité par la mise en œuvre de la question prioritaire de constitutionnalité en 2010 et dont, avec sans doute un brin d'angélisme, on avait pu penser que cette nouvelle voie de recours constituerait un levier puissant du renforcement de l'effectivité de la Charte. On retrouve ici une application de la sentence délivrée par Diderot dans ses *Observations sur le Nakaz* : « … les meilleures lois sont vaines si le juge est mauvais, et les plus mauvaises lois peuvent être rectifiées par de bons juges ».

En d'autres termes, à mes yeux, la relative ineffectivité de la Charte de l'environnement constatée dans les contributions qui suivent ne tient sans doute pas tant à ses imperfections rédactionnelles ou encore au fait que ses dispositions n'aient pas été intégrées directement dans la Constitution, mais au fait que notre État de droit n'est pas intégral, que notre pouvoir juridictionnel n'est pas complet et, dès lors, ne joue pas pleinement son rôle de contre-pouvoir. Finalement, le sort réservé aux droits fondamentaux contenus dans la Charte de l'environnement ne diffère pas tant que cela de celui des autres droits fondamentaux. On peut le déplorer, notamment au vu de l'urgence climatique. Néanmoins, il s'agit d'une réalité à prendre en compte. Et, bien évidemment, la multiplication actuelle des attaques contre l'État de droit n'arrange rien à l'affaire.

En somme, vingt ans après, la Charte de l'environnement peut encore être louée, car elle a le mérite d'exister, et nul ne peut contester qu'elle proclame l'existence de droits fondamentaux essentiels, existentiels même. En revanche, sa garantie juridictionnelle demeure très largement perfectible et, à mon sens, le sort des droits fondamentaux qu'elle consacre ne peut pas être distingué de celui des autres droits fondamentaux propres à notre ordre juridique. Tout est lié. De ce point de vue, la Charte de l'environnement met à l'épreuve l'État de droit en France.

Les avancées : les exigences découvertes

Laurent Fonbaustier

Le vocabulaire générique est rarement avare en polysémies. Une première intuition nous invite à entendre la notion d'exigence qui, précisons-le d'emblée, n'apparaît pas dans la Charte de l'environnement de 2004, à bonne distance de ses acceptions techniques. Se donne alors à voir un horizon d'attente à dimension quasiment morale. Il pouvait d'ailleurs orienter l'esprit de certains protagonistes du temps, partagés entre la conscience d'impérieuses et nobles ambitions découvertes ou forgées à travers le texte de la Charte[1] et la vague impression, déjà à l'époque, que les satisfaire serait tout sauf simple[2]. Chacun voyant midi à sa porte, entre requérants aux préoccupations hétérogènes et juridictions étagées dans chaque ordre juridictionnel, voire juridique, une certaine attention est requise pour se repérer dans le labyrinthe dans lequel nous entraînent les contentieux variés impliquant la Charte de l'environnement. Même en limitant l'enquête aux certes nombreuses décisions (disponibles sur Légifrance) rendues sur son fondement, c'est par centaines que se dénombrent les occurrences du terme « exigence », dont la variété des auteurs comme des contextes d'utilisation complique dangereusement toute analyse systématique. Il faut dire que s'y côtoient des usages diversement génériques[3] et certains emplois plus techniques. Notre sujet portant sur la Charte constitutionnelle de 2004, on évacuera sans peine, outre les mentions visiblement dépourvues de toute signification juridique

---

[1] *Dictionnaire Larousse* : « 1. Ce qui est commandé par les circonstances, la nature, la satisfaction des besoins, les lois, la morale », https://www.larousse.fr/dictionnaires/francais/ exigence/32128. Ici au sens d'un impératif.

[2] *Dictionnaire Larousse* : « 3. Caractère de quelqu'un d'exigeant. Il a une telle exigence ! », https://www.larousse.fr/dictionnaires/francais/exigence/32128. Là au sens où… on perçoit l'ambition, doublée des difficultés pour s'y soumettre…

[3] Méthodologiquement, le choix a en effet été fait de nous en tenir aux décisions, entendues de façon générique, disponibles sur Légifrance, relatives à la Charte de l'environnement, c'est-à-dire la mentionnant, y compris de façon marginale. Nous précisons également que, dans ce cadre, n'ont pas été mobilisées les occurrences qui nous sont apparues comme peu pertinentes pour une enquête portant sur les exigences constitutionnelles susceptibles d'intéresser l'interprétation comme la portée de la Charte de 2004. C'est aussi ce qui justifie la part importante réservée à l'examen des décisions du Conseil constitutionnel. Pour le reste, afin d'alléger l'appareil critique et les notes infrapaginales, ne sont mentionnées à titre d'illustration que certaines, souvent choisies parmi bien d'autres, des décisions qui nous ont semblé pertinentes.

particulière, les multiples références à des exigences qui sont en réalité d'ordre législatif[4], voire réglementaire[5]. Elles ne présentent pas d'intérêt particulier pour notre étude et correspondent également à un emploi tout à fait général du terme. On rencontre parallèlement, à d'assez nombreuses reprises, l'exigence constitutionnelle de transposition en droit interne de directives communautaires[6], sans qu'on puisse préjuger du contenu des textes en cause. Quant aux usages plus enrichissants pour notre étude, ils ne brillent pas toujours par leur totale clarté lorsqu'on se penche sur leur périmètre, leur champ d'application, et lorsqu'on examine ce qu'ils recouvrent ou, plus simplement, ce qu'ils pourraient précisément impliquer sur le terrain contentieux.

On ne saurait au demeurant entrer de plain-pied dans un sujet aussi dense sans quelques précisions d'ordre, terminologique et méthodologique, voire épistémologique. On remarquera tout d'abord que le choix des termes n'est pas anodin, le mot « avancées » renvoyant, comme nous l'avons suggéré à propos de l'analyse du terme central à des attentes implicites, en partie liées à l'idée qu'on peut se faire des espoirs suscités par la constitutionnalisation de la protection de l'environnement. Il s'agirait donc, notamment à partir des riches travaux préparatoires ayant précédé l'adoption du texte, d'identifier ce qui relevait d'espérances éminemment variables des acteurs, ou alors de brosser une synthèse des conquêtes et autres progrès dus à la jurisprudence depuis l'entrée en vigueur de la Charte. Une telle analyse semble difficile à réaliser (le curseur des ambitions variant subjectivement d'un protagoniste à l'autre) et, de surcroît, le point d'appui à partir duquel pourrait être mesurée la réalité des progrès est à son tour incertain et, une fois choisi, laisserait sans doute entrevoir des déceptions[7]. Les « exigences » dont il est question dans l'intitulé posent par ailleurs un problème classique de distinction entre le mot et la chose. Sauf à identifier une signification juridique particulière, on pourrait également partir à la recherche de termes proches, correspondant à une idée voisine, mais formulée à partir d'un autre signifiant. À cet égard, on ne saurait négliger que dans le cadre des normes de concrétisation des exigences constitutionnelles qui permettent au Conseil d'améliorer la clarté

[4] Pour ne mentionner que deux illustrations parmi d'assez nombreuses, voir CAA Nantes, 28 janvier 2011, *Association Cellettes Environnement*, n° 09NT02716 ; CAA Bordeaux, 17 décembre 2021, *M. M. et autres*, n° 18MX01101.

[5] En ne citant ici qu'un exemple, voir CE, 28 décembre 2022, n° 447229, *Association « Sans offshore à l'horizon et autres »*, considérant 7.

[6] CC, n° 2008-564 DC du 19 juin 2008, *Loi relative aux organismes génétiquement modifiés* ; CC, n° 2016-737 DC du 4 août 2016, *Loi pour la reconquête de la biodiversité, de la nature et des paysages*, considérant 35. Les mentions d'exigences de transposition de directives sont en réalité assez nombreuses dans les décisions impliquant par ailleurs la Charte de l'environnement.

[7] En plan large, on pourrait alors convoquer les membres de la doctrine ayant souligné les limites du « constitutionnalisme environnemental », comme L. J. Kotzé (éd.), *Environmental Law and Governance for the Anthropocene*, Oxford, Hart Publishing, 2017, p. 191.

de ses décisions[8], lesdites exigences sont appréhendées de façon générale et renvoient tout autant aux exigences telles que nous les évoquerons qu'à des normes constitutionnelles prétoriennes, mais différentes, comme les objectifs de valeur constitutionnelle dont il fut assez récemment question dans la jurisprudence interprétant le Préambule de la Charte[9].

D'un point de vue sémantique, le choix des mots est en effet crucial et simultanément incertain. On remarque que règne à propos de l'usage fait de la notion même d'exigence, y compris lorsqu'elle est qualifiée de constitutionnelle, un certain désordre[10]. Les ennuis se poursuivent d'ailleurs dès qu'on a accepté de réduire l'enquête à une catégorie, parmi d'autres, parmi ce que l'on appelle traditionnellement les « normes de référence » composant le bloc de constitutionnalité[11]. Ces exigences qui, dans certaines circonstances, illustrent le pouvoir créateur du juge renvoient alors à l'autre versant complexe du sujet abordé : l'idée de « découverte ». Elle pousse à se demander quelle est la part de l'imagination du juge et jusqu'où celui-ci invente ou se contente de mettre au jour ce qui serait implicitement « déjà là » ; ce dont pourrait témoigner l'emploi récurrent du verbe « découler » (il est souvent question, en effet, des exigences qui découlent[12] — ou encore résultent — de la charte en général ou de telle(s) disposition(s) en particulier). À la manière de certains objectifs et principes, les exigences permettent en effet aux juges (en particulier constitutionnels) d'imposer au législateur et, dans une certaine mesure (au moins du côté des juridictions administratives) au pouvoir réglementaire, des normes que le constituant n'a pas explicitement énoncées. Du côté des relations entre la Charte et la loi et, indirectement, entre le Conseil constitutionnel et le législateur, les exigences pourraient alors compléter le « bloc de constitutionnalité » et offrir au juge l'opportunité d'une vigilance, d'un contrôle d'autant plus appréciable qu'on rappellera qu'à trois reprises, le constituant a rétrocédé au législateur un pouvoir d'appréciation en lui permettant de fixer les conditions (articles 3 et 4) et même les conditions et les limites (article 7) des dispositions supposées le contraindre.

---

[8] Lire ici M. Heitzmann-Patin, « Les normes de concrétisation des exigences constitutionnelles », *Titre VII*, n° 8, avril 2022, https://www.conseil-constitutionnel.fr/publications/titre-vii/les-normes-de-concretisation-des-exigences-constitutionnelles.

[9] C'est, semble-t-il, pour la première fois dans le commentaire de sa décision n° 2019-823 QPC du 31 janvier 2020, *Union des industries de la protection des plantes*, que le Conseil semble déduire explicitement d'une norme du Préambule (qui, ici, n'est pas une exigence au sens formel, mais un objectif) une « norme de concrétisation ».

[10] M. Frappier, « Principe, règle, exigence, dispositions ou prescriptions constitutionnels dans la jurisprudence du Conseil constitutionnel : analyse d'un désordre », *RDP*, 2021, n° 5, pp. 1239-1268.

[11] D. Rousseau, *Droit du contentieux constitutionnel*, Paris, Montchrestien, 6e éd., 2001, pp. 110-111.

[12] Problématique perceptible lorsqu'on observe l'emploi récurrent de la formule : les exigences qui « découlent » d'une disposition, du texte, de la Charte, etc. Sur l'ensemble des décisions du Conseil constitutionnel analysées, c'est en effet à treize reprises qu'il est question d'exigences « découlant » de la Charte ou de certains de ses articles.

L'examen minutieux de la rencontre de cette notion avec la Charte déstabilise ainsi globalement l'analyste. La mobilisation du terme « exigence » est en effet à ce point variable qu'elle n'autorise qu'une imparfaite mise en ordre. Pour la clarté du propos, il nous paraît opportun de suggérer qu'à côté de mentions génériques reposant sur une terminologie ouverte parfois peu sensible aux rigueurs du droit ont été admises, sur une vingtaine d'années de jurisprudence, certaines acceptions juridiquement plus lestées encore qu'assez filandreuses (I), bientôt aux prises avec une logique de conciliation et de proportionnalité qui, en présence d'antinomies normatives, conduit pour l'heure à une perception nuancée de l'apport global des exigences constitutionnelles environnementales (II).

I. Découverte d'exigences environnementales aux implications incertaines

L'analyse détaillée des occurrences du terme « exigence(s) » est d'emblée rendue délicate parce qu'en dépit des précautions manifestées dans l'emploi du vocabulaire, la distinction entre une simple reprise, dans les décisions abordées, de la qualification d'exigence proposée par les requérants ou saisissants et celle réellement assumée par les juges est incertaine, ce qu'atteste un certain nombre de décisions. Il existe, dans les visas des conclusions des parties, des stratégies complexes conduisant à un usage hétérogène de la notion. La parfaite limpidité n'est par ailleurs pas toujours au rendez-vous lorsqu'il s'agit de préciser la place, dans la hiérarchie des normes, d'exigences découvertes ressemblant à s'y méprendre à des principes par ailleurs consacrés par la Charte ou de simple rang législatif. On ignore par exemple comment interpréter le rappel, par le Conseil d'État[13], de la déclaration de conformité, par son voisin de palais[14], des dispositions législatives soumettant le stockage en couche géologique profonde de déchets radioactifs à une « exigence de réversibilité » pendant une certaine durée, dès lors que celle-ci est par ailleurs un principe législatif propre aux déchets radioactifs[15], d'ailleurs rendu possible par la législation relative à tout type de produit dangereux[16]. Le Conseil constitutionnel vérifie en effet que certaines garanties sont bien apportées quant à la mise en œuvre de cette exigence de réversibilité du stockage, sans qu'il paraisse le faire à la lumière de normes supralégislatives explicites. La réversibilité ne semble donc pas constitutionnalisée en tant que telle. Son importance juridique doit être lue à la lumière de la décision qui, dans sa généralité, associe la réversibilité à

[13] CE, 1er décembre 2023, n° 467331, *Association Meuse Nature Environnement et autres*, considérant 67.
[14] CC, n° 2023-1066 QPC du 27 octobre 2023, *Association Meuse Nature Environnement et autres*, notamment considérants 9, 14, 16 et 18.
[15] Article L 542-1-1 du Code de l'environnement.
[16] Article L 515-7 du Code de l'environnement.

d'autres exigences précédemment évoquées : ainsi celles liées à l'article 1er de la Charte[17] qui, lu à la lumière du considérant 7 de son préambule, associe l'exigence de réversibilité à l'extension du droit de vivre dans un certain environnement au bénéfice des générations futures.

Le plus souvent, les exigences évoquées dans le cadre des contentieux mettant en cause la Charte de l'environnement ne revêtent pas une dimension juridique très claire. Il arrive ainsi que les moyens accompagnant une saisine du Conseil constitutionnel invoquent une méconnaissance, par le législateur, des exigences découlant de dispositions particulières de la Charte[18] ou de celle-ci dans sa globalité[19]. On peut d'ailleurs se demander à quoi de très précis peut renvoyer la notion d'exigence lorsqu'elle est rapportée à un texte qui, dans sa généralité, comporte des normes de référence d'une très grande variété. Cependant, outre le fait que les sages ne répondent pas toujours à ces arguments, ce qu'il convient alors de retenir relève d'une interprétation assez générale des termes employés : elle conduit alors à définir le terme voulant dire le plus souvent « conséquences » ou « implications », sans qu'on puisse en tirer une signification juridiquement assurée. Lorsque les requérants ou saisissants invoquent la méconnaissance d'exigences inhérentes à la Charte, c'est le plus souvent pour rappeler que l'autorité compétente n'en a pas tiré les conséquences attendues, en raison d'une omission ou d'une violation d'un ou de plusieurs articles[20]. Et lorsque les juges répondent, c'est en s'assurant, souvent sans grands détails dans le raisonnement, que l'autorité compétente n'a pas méconnu les exigences environnementales inhérentes à la Charte. Ce fut d'ailleurs le cas dès les premières décisions du Conseil constitutionnel[21]. Une lecture attentive de la soixantaine de décisions pertinentes de la haute instance révèle que sont le plus souvent mentionnées les exigences inhérentes à son article 7[22], puis à l'article 5[23], plus rarement à l'article 6[24] et à l'article

[17] CC, n° 2023-1066 QPC, précitée, considérant 21.
[18] Voir par exemple CC, n° 2021-971 QPC du 18 février 2022, *France Nature Environnement*, considérant 5 (articles 1, 2 et 3) ; CC, n° 2022-990 QPC du 22 avril 2022, précitée, considérant 6 (article 2).
[19] CAA Paris, 19 mars 2015, req. n° 13PA02466, *Association de défense de l'environnement et du patrimoine à Doué et aux communes environnantes (ADEPAD PLUS)*, considérant 26.
[20] Du côté des députés, voir par exemple CC, n° 2023-848 DC du 9 mars 2023, *Loi relative à l'accélération de la production d'énergies renouvelables*, considérant 21 ; CC, n° 2023-851 du 21 juin 2023, *Loi relative à l'accélération des procédures liées à la construction de nouvelles installations nucléaires à proximité de sites nucléaires existants et au fonctionnement d'installations existantes*, considérant 22.
[21] En ce sens, voir par exemple CC, n° 2005-514 DC du 28 avril 2005, *Loi relative à la création du registre international français*, considérant 38.
[22] Voir ainsi CC, n° 2012-270 QPC du 27 juillet 2012, *FDSEA du Finistère*, considérant 9.
[23] Souvent le fait des députés, donc des saisines, et alors combinées avec d'autres dispositions (par exemple : CC, n° 2023-848 DC du 9 mars 2023, précitée, considérant 56).
[24] CC, n° 2005-514 DC du 28 avril 2005, *Loi relative à la création du registre international français*, considérant 38.

1er[25] ou à l'article 2[26]. Lorsque celles qui sont relatives à plusieurs dispositions sont simultanément rappelées[27], on peine une fois encore à identifier ce qu'elles peuvent recouvrir techniquement, au-delà d'une formulation générale, d'autant qu'elles sont souvent invoquées par des saisissants faisant feu de tout bois, mais sans rigueur évidente.

Parmi les exigences constitutionnelles résultant de la Charte, de subtiles nuances pourraient être suggérées. On ne sait pas toujours, en effet, ce qui dans la jurisprudence relève d'exigences directement attachées à une disposition particulière et ce qui, subséquemment, « découle » d'un article spécifique, voire de la Charte dans sa généralité. Il a pu ainsi être jugé que le droit de vivre dans un environnement équilibré et respectueux de la santé consacré par l'article 1er *est* une exigence constitutionnelle[28], mais cette formulation est rare. Lui est le plus souvent préférée l'idée que de la Charte en général ou de ses articles en particulier peuvent être tirées, déduites, des exigences. Par ailleurs, un vague sentiment émerge à la lecture des décisions qui semblent ne pas attacher à la terminologie pourtant retenue une signification juridique particulière. C'est ainsi le cas lorsqu'on a l'impression d'un usage quasiment « standard » du vocabulaire, comme on le constate lorsqu'il est affirmé, certes ici au rang législatif, que la disposition en vertu de laquelle une concession minière n'est accordée qu'après enquête publique serait une exigence[29]. Au demeurant et dans ce sillage, entre le singulier et le pluriel, la position des juges ne paraît pas toujours totalement déterminée. L'impression est parfois créée que les exigences ne renvoient pas à une norme ayant une valeur intrinsèque, mais seraient plutôt un rappel, une évocation de ce qui justement découle ou résulte (et même devrait être tiré comme conséquence) des normes en vigueur. N'est-ce pas le cas lorsque, par exemple, une décision mentionne « les exigences du principe de précaution[30] » ou celles découlant du principe de conciliation[31] ? Aussi n'est-on pas surpris de ne pas rencontrer, dans la Charte telle qu'interprétée jusqu'à présent par les différentes juridictions, d'exigence véritablement autonome, mais plutôt

---

[25] CC, n° 2021-971 QPC du 18 février 2022, *France Nature Environnement*, considérant 5.
[26] CC, n° 2022-990 QPC du 22 avril 2022, *Fédération nationale des collectivités de compostage et autres*, considérant 6.
[27] Par exemple, CC, n° 2012-282 QPC du 23 novembre 2012, *Association FNE et autres*, considérant 10 (articles 1er et 3) ; CC, n° 2023-848 DC du 9 mars 2023, précitée, considérant 20.
[28] CC, n° 2019-794 du 20 décembre 2019, *Loi d'orientation des mobilités*, considérant 36 ; CC, n° 2021-825 DC du 13 août 2021, *Loi portant lutte contre le dérèglement climatique et renforcement de la résilience face à ses effets*, considérant 3 (nous soulignons).
[29] CE, 3 décembre 2021, *Association FNE*, n° 456524, considérant 4.
[30] CAA Lyon, 26 juin 2021, *Société Monsanto SAS*, n° 19LY01017, considérant 10 ; CAA Douai, 14 décembre 2021, *Groupement régional des associations de protection de l'environnement de Normandie (GRAPE)*, n° 20DA00017, considérant 21.
[31] CAA Douai, 12 octobre 2021, *Valois Environnement et autres*, n° 20DA00617, considérant 23.

diverses déclinaisons de ce qu'on peut « plausiblement » attendre, dans un cadre contentieux déterminé, de la valeur constitutionnelle sinon de l'effectivité des normes consacrées.

C'est d'ailleurs dans cette veine qu'il peut être régulièrement jugé qu'« une opération qui méconnaît les exigences du principe de précaution ne peut légalement être déclarée d'utilité publique[32] ». De surcroît, toujours à propos du principe de précaution, il est parfois fait état des exigences procédurales qui en résultent[33]. Si, le plus souvent, l'ignorance des exigences constitutionnelles de nature environnementale n'est pas retenue, on peut à la marge mesurer la contrainte que la jurisprudence constitutionnelle exerce sur le législateur lorsqu'il est jugé que le fait de permettre que la concertation ne se tienne qu'avec les seuls représentants des personnes habitant à proximité des zones susceptibles d'être traitées par des produits phytopharmaceutiques « ne satisfait pas les exigences d'une participation de "toute personne" qu'impose l'article 7 de la Charte de l'environnement[34] », la haute instance précisant alors que celles qui résultent de cette disposition revêtent un caractère constitutionnel[35]. Bien que le Conseil constitutionnel ait, dans une autre espèce, tranché par la négative, il fut par ailleurs amené à vérifier qu'aucune exigence constitutionnelle ou organique ne subordonnait le dépôt d'un projet de loi à l'origine du texte déféré à l'achèvement de consultations du public ou à l'adoption de la loi déterminant les objectifs et fixant les priorités d'action de la politique énergétique nationale pour répondre à l'urgence écologique et climatique prévue par une disposition législative du code de l'énergie[36]. On notera toutefois que les juges ne donnent pas toujours suite à des demandes qui leur sont adressées d'une reconnaissance d'exigences particulières découlant de la Charte. Le Conseil d'État a ainsi pu juger qu'il ne découle pas du principe de participation du public consacré par l'article 7 de la Charte de l'environnement « une exigence de "composition équilibrée" des organismes qui interviennent en matière de consultation sur des décisions portant sur l'environnement[37] ». Sans qu'il soit ici nécessaire de verser au dossier des statistiques précises, le ratio des décisions constatant les violations des exigences environnementales est bien plus maigre que celui des décisions ne les ayant pas reconnues. Le bilan complet des situations contentieuses au sortir desquelles une exigence directement tirée d'une

---

[32] CE, 1er décembre 2023, n° 467331, précité, considérant 59.

[33] CC, n° 2008-564 DC du 19 juin 2008, *Loi relative aux organismes génétiquement modifiés*, considérant 17.

[34] CC, n° 2021-891 DC du 19 mars 2021, *Association Générations futures et autres*, considérant 13.

[35] CC, n° 2021-891 DC, précitée, considérant 14.

[36] CC, n° 2023-851 DC du 21 juin 2023, considérant 7.

[37] CE 27 juillet 2016, *Association Générations futures et association Écologie sans frontières*, n° 390071, considérant 3.

disposition de la Charte aurait été méconnue par les autorités compétentes est ainsi plutôt maigre, bien qu'on ne mesure pas, au sens strict, l'efficacité d'une disposition constitutionnelle au nombre de violations constatées…

On ne saurait clore ce bref panorama sans évoquer la formulation retenue par le Conseil d'État dans le fameux arrêt du 19 juin 2006, *Association Eau et rivières de Bretagne*[38], en vertu de laquelle il accepte de se livrer à un contrôle marginal de *l'absence d'incompatibilité des dispositions législatives antérieures à l'entrée en vigueur de la Charte avec les exigences découlant de cette dernière* (nous soulignons). On se souvient d'ailleurs que le considérant de principe énoncé par le Conseil d'État en 2006 sera ultérieurement décliné au bénéfice des articles 6[39] et 7[40] de la Charte[41], selon une formulation identique : la haute juridiction se réserve donc la possibilité d'exercer un certain contrôle, visiblement marginal[42], de la constitutionnalité des lois antérieures à l'entrée en vigueur de la Charte. On peut supposer en effet que la vérification en cause, minimaliste, ne portera que sur l'hypothèse d'une incompatibilité (ou d'une absence de compatibilité) manifeste des dispositions incriminées avec les exigences découlant de la Charte[43]. Le juge administratif refuse certes traditionnellement de contrôler la constitutionnalité des lois, mais il accepte de le faire à propos de la caducité des lois anciennes et se reconnaît compétent pour constater l'abrogation implicite d'une disposition législative antérieure par une norme constitutionnelle postérieure si elles sont inconciliables[44]. Il s'y livre selon une démarche qui avait, un

---

[38] CE, 19 juin 2006, *Association Eau et rivières de Bretagne*, n° 282456.

[39] En ce sens, voir par exemple CE, 7 mai 2008, *Association ornithologique et mammalogique de Saône-et-Loire* ; CAA Douai, 5 avril 2012, *Association Innovent* ; CAA Lyon, 2 octobre 2012, *SAS Les vents picards* ; CE, juge des référés, 25 octobre 2021, n° 457535, *Association one voice* ; CE, 30 décembre 2021, n° 438686, *Ville de Genève et Ville de Carouge et autres*

[40] Outre l'arrêt CE, 26 octobre 2007, *Serge F. contre ministre des Transports, de l'Équipement, du Tourisme et de la mer*, n° 299883, on peut voir CAA Versailles, 9 juillet 2021, *M... E...*, n° 19VE00678, considérant 5 ; CE, 26 juillet 2021, Collectif des maires anti-pesticides, n° 437815, considérant 12.

[41] Et, dans une mesure moins certaine, on se reportera à la jurisprudence relative à l'article 3 de la Charte (CE, 26 décembre 2012, *Association FNE*, req. n° 340738, considérant 4 ; CAA Nantes, 18 janvier 2013, *Syndicat de gestion des eaux et de l'environnement du Gâtinais Est et Ouest de l'arrondissement du Montargois*.

[42] Contrôle de constitutionnalité « marginal » à notre connaissance non réalisé pour l'heure.

[43] On rencontre parfois l'idée d'absence d'inadéquation manifeste (CC, n° 2019-784 DC du 20 décembre 2019, précitée, considérant 37 : en l'espèce avec les exigences de l'article 1er de la Charte).

[44] Voir notamment CE, Sect., 22 avril 1955, *Association Franco-Russe dite Rousky-Dom*, *Rec.* p. 202 ; CE, 9 octobre 1959, *Taddéi*, *Rec.*, p. 495 ; CE, Sect., 12 février 1960, *Société Eky*, *Rec.* p. 101.

temps, permis au Conseil d'État de contrôler l'abrogation implicite d'une loi par un traité postérieur[45] en cas d'incompatibilité de celle-là avec celui-ci[46].

II. Rappel des grands équilibres : conciliation et relativisation en présence d'exigences contradictoires

On gardera à l'esprit l'expression récurrente, notamment du côté de l'aile Montpensier du Palais Royal, selon laquelle les dispositions (législatives) en cause ne méconnaîtraient « aucune autre exigence constitutionnelle[47] ». L'emploi de la formule, voisine du considérant « balai », à travers laquelle les hautes instances passent en revue sans précision particulière l'ensemble des exigences qui pourraient avoir été méconnues (et ne le sont justement pas en l'espèce)[48], laisse entrevoir la possibilité qu'à côté d'exigences tirées de la Charte de l'environnement en existent d'autres, extérieures, infiniment variables et déduites d'autres normes de référence composant le bloc de constitutionnalité. De telles exigences pourront alors soit accompagner, soit freiner les ambitions environnementales. Rien ne permet en effet de penser que la découverte (dans les différentes acceptions du terme, requérants et juges confondus) d'exigences propres à la Charte ne dissipe les difficultés inhérentes au fait qu'il peut simultanément exister des exigences constitutionnelles totalement étrangères à celles qui sont de nature environnementale et même susceptibles ou bien de les consolider, ou alors d'entrer en conflit avec elles. On pourrait évoquer ainsi la mise au jour d'exigences qui, sans être rattachées à la Charte, peuvent indirectement contribuer à la protection de l'environnement. Ce pourrait être le cas lorsque

---

45 CE, ord., 21 novembre 2005, *Boisvert*, *Rec.* p. 517 ; CE, 16 décembre 2005, *ministre des Affaires sociales, du Travail et de la Solidarité et Syndicat national des huissiers de justice*, *Rec.* p. 570.

46 Voir Ch.-É. Sénac, « Valeur et invocabilité de la Charte de l'environnement. Commentaire sous CE, 19 juin 2006, *Association Eau et rivières de Bretagne*, requête n° 282456 », *Revue générale du droit*, 2008, n° 1851, http://www.revuegeneraledudroit.eu/?p=1851.

47 Sans souci d'exhaustivité, et en ne faisant ici référence qu'à des décisions impliquant à différents titres la Charte de l'environnement, voir par exemple : CC, 11 avril 2013, n° 2013-666 DC, *Loi visant à préparer la transition vers un système énergétique sobre et portant diverses dispositions sur la tarification de l'énergie et sur les éoliennes*, considérants 26 et 41 ; CC, 13 août 2015, n° 2015-718 DC, *Loi relative à la transition énergétique pour la croissance verte*, considérants 42, 46 et 51 ; CC, n° 2016-737 DC du 4 août 2016, *Loi pour la reconquête de la biodiversité, de la nature et des paysages*, considérant 40 ; CC, n° 2019-778 DC du 21 mars 2019, *Loi de programmation 2018-2022 et de réforme pour la justice*, considérant 353 ; CC, n° 2019-781 QPC du 16 mai 2019, *Loi relative à la croissance et à la transformation des entreprises*, considérant 85 ; CC, n° 2020-809 DC du 10 décembre 2020, *Loi relative aux conditions de mise sur le marché de certains produits phytopharmaceutiques en cas de danger sanitaire pour les betteraves sucrières*, considérant 27 ; CC, n° 2021-821 du 29 juillet 2021, *Loi relative à la bioéthique*, considérant 36 ; CC, n° 2023-851 DC du 21 juin 2023, précitée, considérant 34. Nous retrouverons cette formule *infra*, III, à travers l'évocation d'exigences constitutionnelles situées en dehors de la Charte.

48 Sur cette formulation (« aucune autre exigence… »), voir *supra*, I.

le Conseil constitutionnel considère, dans une des décisions importantes rendues à propos de la Charte, que la faculté d'agir en responsabilité met en œuvre l'exigence constitutionnelle d'une obligation de réparation d'un dommage résultant du fait que « la liberté consiste à pouvoir faire tout ce qui ne nuit pas à autrui » (article 4 de la DDHC)[49]. Mais l'inverse est tout aussi envisageable et invite, si l'on aborde le champ des possibles dans sa globalité, à énoncer l'idée suivante. La variété des exigences constitutionnelles suggère qu'il en existe qui découlent de la Charte et d'autres qui, sans en résulter, peuvent venir à leur soutien, mais simultanément, il existe dans la Charte elle-même certaines exigences plus troubles, tandis que d'autres, extérieures à la Charte, peuvent également en altérer la mise en œuvre. L'analyse est ainsi très complexe…

Partant, l'articulation théorico-pratique entre exigences peut alors être opérée dans deux directions diamétralement opposées, étant précisé que, pragmatiquement, c'est bien en intégrant l'ensemble des normes de référence, incluant donc toutes les exigences constitutionnelles, que les juges examineront la conformité de certaines dispositions législatives à la Constitution[50]. Il se peut certes, bien que la jurisprudence n'en témoigne guère, que certaines exigences découlant de la Charte de l'environnement justifient la limitation de droits et libertés ou d'expressions de l'intérêt général susceptibles de leur porter ombrage. Il sera toujours rappelé, alors, que les limitations apportées, par exemple, à la liberté d'entreprendre[51] ou au droit de propriété ne devront cependant pas conduire à une atteinte disproportionnée au regard de l'objectif poursuivi. Il reste que le juge constitutionnel, lorsque sont invoquées des exigences découlant de dispositions de la Charte, conserve une importante marge de manœuvre, un pouvoir d'interprétation qui, à ce jour, lui a le plus souvent permis de juger que lesdites exigences n'avaient pas été méconnues[52] ou que les procédures législatives prévues répondaient bien aux exigences prévues[53]. Ce qui n'interdit pas de rappeler que, sur le fondement de la méconnaissance de certaines d'entre elles, le législateur a parfois été censuré[54]. Pour autant, sans particularité notable, les exigences sont soumises aux impératifs contentieux classiquement partagés lors de l'invocation de la plupart des normes de référence. Ainsi, quelle que soit la rigueur exprimée dans les décisions quant à la qualification des normes de référence comme

---

[49] CC, n° 2011-116 QPC du 8 avril 2011, *Michel Z et Catherine J*, considérant 4.
[50] Voir par exemple CC, n° 2022-843 DC, précitée, considérant 52.
[51] CC, n° 2022-843 DC du 12 août 2022, *Loi portant mesures d'urgence pour la protection du pouvoir d'achat*, considérant 30.
[52] Voir notamment : CC, n° 2012-282 QPC du 23 novembre 2012, précitée, considérant 22 ; CC, n° 2013-666 du 11 avril 2013, précitée, considérant 36 ; CC, n° 2014-422 QPC du 17 octobre 2014, *Chambre syndicale des cochers chauffeurs CGT-taxis*, considérant 13.
[53] CC, n° 2020-843 QPC du 28 mai 2020, *Force 5*, considérant 11.
[54] Par exemple : CC, n° 2012-283 QPC du 23 novembre 2012, *M. Antoine de M.*, considérant 27 (article 7, précisément sur la participation du public).

« exigence » que le législateur ou le pouvoir réglementaire devra respecter, les arguments mobilisés pour convaincre le juge que ladite exigence aurait été ignorée ne sauraient présenter un trop grand degré de généralité ou ignorer la nécessité d'une référence à des dispositions précises[55].

Il peut alors se produire le phénomène suivant, constatable à la lecture des décisions rendues depuis vingt ans intéressant notre affaire. Les hypothèses manifestes ou explicites d'une antinomie des normes de référence n'étant pas légion, il reste que, dans certains contentieux, les exigences constitutionnelles (souvent tirées des dispositions de la Déclaration des droits de l'homme et du citoyen du reste[56]) peuvent se dresser contre les droits, devoirs, obligations, principes, objectifs, voire exigences de valeur constitutionnelle présents dans la Charte ou en découlant[57]. La méthode de résolution des conflits est alors connue, qui retient la proportionnalité et la conciliation comme éléments centraux. Un décorticage approfondi s'emploierait alors à identifier, dans la jurisprudence pertinente, toutes les situations où une disposition de protection de l'environnement contenue dans la Charte pourrait voir sa portée nuancée du fait d'exigences constitutionnelles potentiellement antinomiques. On en trouve quelques illustrations, notamment dans la jurisprudence du Conseil constitutionnel, lorsque celui-ci rappelle que les limitations apportées par le législateur à l'exercice du droit consacré par l'article 1er de la Charte « doivent être liées à des exigences constitutionnelles ou justifiées par un motif d'intérêt général et proportionnées à l'objectif poursuivi[58] ».

Et c'est sans doute ici que les « exigences constitutionnelles » montrent toutes leurs limites quand il s'agit d'explorer leur capacité à appuyer et consolider l'ensemble des droits, devoirs, principes, objectifs et obligations d'ordre environnemental. Le faible secours des exigences découvertes ne se mesure alors pas seulement à l'aune des effets de balance et de conciliation normatives entre la Charte et d'autres éléments, en principe antérieurs, du bloc de constitutionnalité. C'est en effet de la Charte elle-même que jaillit l'ambiguïté et que se révèle son « côté obscur[59] ». Se perçoit mieux l'ambivalence des exigences dans le cadre de son invocation lorsqu'on se souvient que la recherche de la préservation de l'environnement n'est qu'un

[55] CC, n° 2021-825 DC du 13 août 2021, précitée, considérant 3.

[56] Voir CC, n° 2019-796 DC du 27 décembre 2019, *Loi de finances pour 2020*, considérant 6.

[57] Ce qui ne saurait étonner, même si bien souvent, c'est l'article 16 de la Déclaration qui est à l'honneur : on songe en effet au droit de propriété (articles 2 et 17) ainsi qu'à la liberté d'entreprendre (article 4).

[58] En ce sens, voir ainsi CC, n° 2022-991 QPC du 13 mai 2022, *Association France Nature Environnement et autres*, considérant 3 ; CC, n° 2022-843 DC du 12 août 2022, *Loi portant mesures d'urgence pour la protection du pouvoir d'achat*, considérant 3.

[59] L. Fonbaustier, « Le côté obscur de la Charte de l'environnement (à propos d'une incise dans la décision du Conseil constitutionnel n° 2001-192 QPC du 10 novembre 2011) », *Environnement et développement durable*, 2012/2, pp. 21-27.

intérêt fondamental de la Nation… parmi d'autres[60]. Or, la jurisprudence n'a pas manqué, récemment, de rappeler qu'en augmentant les capacités nationales de traitement de gaz naturel liquéfié, le législateur n'avait fait que mettre en œuvre « les exigences constitutionnelles inhérentes à la sauvegarde des intérêts fondamentaux de la Nation, au nombre desquels figurent l'indépendance de la Nation ainsi que les éléments essentiels de son potentiel économique[61] ». Ainsi, non seulement l'ensemble des exigences antérieures et extérieures à la Charte peut jouer contre elle, mais elle recèle en son sein des exigences contradictoires qui imposent la prudence, l'indépendance de la Nation et les éléments essentiels de son potentiel économique ne pouvant être considérés comme a priori écologiquement favorables.

Un garde-fou est cependant prévu, classiquement d'ailleurs et apparemment sans grande spécificité, dans l'hypothèse où certaines exigences inhérentes à la Charte de l'environnement devraient céder devant d'autres normes de référence : c'est le contrôle de l'absence de privation, par le législateur, de garanties légales. Dans son Rapport sur le projet de loi constitutionnelle relatif à la Charte de l'environnement, Nathalie Kosciusko avait insisté sur le fait que la pleine valeur constitutionnelle des règles figurant dans la Charte devait cependant conduire le législateur à opérer une conciliation visant à ne pas priver de garanties légales une exigence constitutionnelle[62]. Mais, précisa-t-elle alors, « en accord avec la logique du développement durable, quel que soit le domaine particulier de la législation, la loi ne pourra pas priver de garanties la préservation de l'environnement au profit soit du développement économique, soit du développement social[63] ». La formule se retrouve régulièrement du côté du Conseil constitutionnel, mais pour l'heure assez rarement au bénéfice indirect d'une disposition de la Charte[64]. Les garanties légales sont d'une certaine façon établies au service des exigences constitutionnelles comme moyen de les mettre en œuvre, mais tout dépendra, en dernière analyse et sans grande surprise, d'une hiérarchisation des valeurs et de l'interprétation d'exigences potentiellement contradictoires, d'autant plus si les exigences sont formulées en termes généraux ou sont susceptibles de s'affronter. Une fois encore, ce qu'il convient alors de retenir, y compris de façon prospective en pensant particulièrement au droit de vivre dans un environnement équilibré et respectueux de la santé (article 1er de la Charte) ainsi qu'aux droits à

---

[60] Préambule, considérant 6 : « La préservation de l'environnement doit être recherchée au même titre que les autres intérêts fondamentaux de la Nation. »

[61] CC, n° 2022-843 DC du 12 août 2022, *Loi portant mesures d'urgence pour la protection du pouvoir d'achat*, considérant 11 (voir également le considérant 21).

[62] Rapport n° 1595 du 19 mai 2004, p. 19.

[63] *Ibid.*

[64] Par exemple, CC, n° 2024-868 DC du 17 mai 2024, *Loi relative à l'organisation de la gouvernance de la sûreté nucléaire et de la radioprotection pour répondre aux défis de la relance de la filière nucléaire*, considérant 5.

l'information et à la participation du public (article 7), ne semble pas présenter d'originalité particulière. Il a en effet été montré que l'obligation imposée au législateur de protéger les garanties légales attachées à un droit ou une liberté n'empêche pas d'en supprimer certaines, mais interdit bien de les supprimer toutes, sachant qu'il existe une équivalence de fonction, et peut-être de valeur, entre les garanties légales et les principes constitutionnels[65]. Pour l'heure, les exigences inhérentes aux droits consacrés par les articles 1er et 7 de la Charte ne donnent pas lieu à des décisions fracassantes ; elles permettent avant tout une vigilance, un certain contrôle du législateur par le juge et l'assurance que celui-là traite ces droits sans les dénaturer, en les respectant au moins a minima, étant toutefois précisé que le Conseil constitutionnel répète à l'envi qu'il ne possède pas un pouvoir d'appréciation équivalent à celui du Parlement[66].

Conclusion. Se laisse ainsi entrevoir le caractère malléable de la notion d'exigence constitutionnelle lorsqu'on analyse la manière dont elle permettrait de consolider les apports de la Charte de 2004. Si celles découvertes dans la Charte sont, en tant que telles, globalement assez rares et souvent imprécises, quelques mentions apportent une densité relative à la force normative des articles qu'elle contient et de certaines dispositions de son préambule. Deux constats doivent cependant être faits : le premier emprunte la voie des origines mêmes d'exigences constitutionnelles qui n'ont pas attendu l'entrée en vigueur de la Charte de l'environnement pour exister. Objet de droit aux contours, au contenu et aux implications vagues, elles font partie de ces créations prétoriennes que leur utilisation contentieuse rend adaptables et qui sont, en tant qu'elles font partie des normes de référence lorsqu'on parvient à les identifier clairement, inscrites dans un objectif classique de conciliation et de proportionnalisation, à travers des raisonnements « libéraux » tendant à ménager les grands équilibres constitutionnels, sinon les susceptibilités. Dans cette veine, les exigences découlant de certains articles de la Charte (en particulier ceux qui consacrent explicitement des droits, donc les articles 1er et 7) peuvent être brandies comme un rempart contre des menaces (en particulier aux garanties qui leur sont attachées). Elles peuvent alors justifier qu'au nom des droits et libertés qu'elle consacre puisse être portée une atteinte proportionnée à d'autres normes de référence, en particulier, pour ceux qui nous intéressent en droit de l'environnement, au droit de propriété et à la liberté d'entreprendre. Pour autant, les exigences découvertes dans la Charte de l'environnement sont « diluées » et ne semblent pas présenter de caractéristiques particulières de nature à permettre

---

65 G. Mollion, « Les garanties légales des exigences constitutionnelles », *RFDC*, 2005, n° 62, pp. 257-289.

66 Par exemple : CC, n° 2012-282 QPC du 23 novembre 2012, précitée, considérant 8 ; CC, n° 2016-737 du 4 août 2016, *Loi pour la reconquête de la biodiversité, de la nature et des paysages*, considérant 38 ; CC, n° 2019-794 DC du 20 décembre 2019, précitée, considérant 36.

d'échapper aux conciliations tièdes. Mieux : agissant comme l'un des révélateurs prétoriens de difficultés constitutives, la notion d'exigence semble pouvoir « retourner la Charte contre elle-même », lorsqu'elle agit en cheval de Troie justifié par son préambule, les exigences inhérentes aux autres intérêts fondamentaux pouvant faire obstacle à celles dont on l'imaginait pourvue. Elle illustre alors à sa manière à quel point, dès l'entrée en vigueur de notre texte, le ver était dans le fruit[67] et combien il importait de ne pas trop attendre d'un élément du bloc inséré dans un système juridique fait d'éléments disparates et manquant pour l'heure d'une certaine harmonie.

[67] On lira le bel article de R. Radiguet, « L'exigence constitutionnelle de sauvegarde des "intérêts fondamentaux de la nation", un "écocide juridique" ? », *La semaine juridique. Administrations et Collectivités territoriales*, 21 mai 2024, n° 20, p. 33.

DES DROITS POLARISÉS

Marine FLEURY

Les anniversaires sonnent souvent l'heure des bilans. Pour ce bilan, les organisateurs et organisatrices du colloque nous invitent à penser en même temps les avancées dans l'application de la Charte de l'environnement et les « polarités » qui se seraient créées en son sein. Cette commande appelle immédiatement plusieurs observations. Tout d'abord, s'agissant des avancées, le terme présente tout à la fois une dimension dynamique et méliorative. Ainsi, l'avancée suppose l'idée d'un mouvement, d'une progression. Parler en juriste d'une évolution conduit à comparer un état initial à un état ultérieur pour identifier si des changements peuvent être observés d'une part et d'autre part d'émettre des hypothèses sur les raisons et les effets de ces évolutions.

Cet exercice n'est pas dépourvu de subjectivité. Car pour identifier des changements, encore faut-il définir le cadre de l'observation, puis, pour en rendre compte, les classer, les nommer. Ce travail est en partie accompli par les organisateurs et organisatrices, puisqu'ils invitent à rechercher des polarités, un terme qu'il convient d'expliciter. Ce terme de polarité possède deux significations. Dans un premier sens, la polarité désigne ce qui est « un point d'attirance, de convergence[1] » et, dans un second sens, la polarité désigne ce qui se fixe, se concentre en plusieurs points. Appliqué à l'examen de ces vingt années de contentieux, deux pistes de recherche semblent s'ouvrir. La première, quantitative, consisterait à rechercher si certains énoncés de la Charte sont plus mobilisés que d'autres dans le cadre du contrôle de constitutionnalité de la loi. La seconde, qualitative, viserait à étudier si le Conseil constitutionnel rassemble l'ensemble des obligations, permissions, ou interdictions de la Charte autour d'un ou de plusieurs de ses énoncés. Cette grille de lecture nous invite donc à construire notre étude à partir des décisions rendues par le Conseil constitutionnel ces vingt dernières années.

Évidemment, la ou les polarités dont l'existence pourrait être révélée seront le fruit d'une construction doctrinale. Ce résultat ne doit donc pas être surinterprété. La révélation de polarités ne signifierait pas que le Conseil constitutionnel aurait effectivement souhaité introduire de telles polarités au sein de la Charte de l'environnement. L'objectif de ce travail ne sera ni de justifier l'interprétation du Conseil constitutionnel ni de prétendre en révéler

[1] CNTRL, « polarité ».

la logique sous-jacente[2]. Il s'agira seulement de mettre en lumière la manière dont le Conseil constitutionnel se saisit des dispositions de la Charte, de rechercher si et comment il rassemble plusieurs de ses dispositions et d'identifier les fonctions de ces éventuels usages.

Cette réserve contrastera sans doute avec la position un temps adoptée par la doctrine vis-à-vis de la Charte de l'environnement. Puisque nous célébrons les 20 ans de la Charte et que nous recherchons des polarités, il n'est pas inutile de rappeler que la doctrine a été la première à créer des polarités au sein de la Charte et que ses polarités avaient pour effet, sinon de nier, du moins de minorer sa portée normative. Certains auteurs et autrices soutenaient que seuls le principe de précaution et le droit de participer constituaient des normes juridiques invocables[3]. Les autres dispositions étaient jugées trop floues[4], ou comme des objectifs n'exerçant qu'une contrainte limitée sur la compétence du législateur[5]. Aux yeux d'une grande partie de la doctrine, aucune obligation négative ou positive de protection de l'environnement ne pouvait s'inférer de la Charte et s'imposer au législateur pourtant habilité, aux termes de l'article 34, à en déterminer les principes fondamentaux.

Cette première polarité doctrinale restera au stade de la tentative. Dès ses premiers usages de la Charte, le Conseil constitutionnel a reconnu la valeur constitutionnelle de l'ensemble de ses dispositions, y compris de son préambule, dans la décision OGM en 2008[6]. En réalité, même avant cette décision, ses dispositions, autres que les articles 5 et 7, avaient déjà été mobilisées comme norme de référence du contrôle de constitutionnalité. Ce fut le cas de l'article 6, qui énonce un principe de conciliation, au lendemain de sa constitutionnalisation dans les décisions du 28 avril 2005 et du 7 juillet 2005[7]. Le rejet de cette polarité s'illustre aussi dans le contentieux QPC. En effet, le Conseil constitutionnel a très rapidement admis que de nombreuses dispositions de la Charte constituent « des droits et des libertés protégés par la Constitution » au sens et pour l'application de l'article 61-1 de la

[2] Il ne s'agira donc pas de faire naître ce chœur à deux voix cher J. Rivero, « Jurisprudence et doctrine dans l'élaboration du droit administratif », *EDCE,* 1955, p. 27.

[3] B. Mathieu, « La constitutionnalisation risquée du principe de précaution », *in Confluences. Mélanges J. Morand-Deviller*, Paris, Montchrestien, 2007, p. 891.

[4] CC, déc. n° 2005-516 DC du 7 juillet 2005, *Loi de programme fixant les orientations de la politique énergétique* ; CC, déc. n° 2005-514 DC du 28 avril 2005, *Loi relative à la création du registre international français*.

[5] B. Mathieu, « Observations sur la portée normative de la Charte de l'environnement », *Cahiers du Conseil constitutionnel*, n° 15, janvier 2004 ; contra M. Prieur, « La Charte de l'environnement, droit dur ou gadget ? », *Pouvoirs*, n° 127, 2008, p. 49.

[6] CC n° 2008-564 DC du 19 juin 2008, *Loi relative aux organismes génétiquement modifiés OGM 2008.*

[7] CC, déc. n° 2005-514 DC du 28 avril 2005, *Loi relative à la création du registre international français* ; n° 2005-516 DC du 7 juillet 2005, *Loi de programme fixant les orientations de la politique énergétique.*

Constitution[8]. Finalement donc, très vite, cette première polarité a été écartée, ce qui a constitué une avancée au sens où le champ des normes de référence du contentieux constitutionnel de l'environnement n'a pas d'emblée été réduit.

Depuis, l'examen de ces vingt années de contentieux constitutionnel de la Charte pourrait dévoiler deux autres polarités. La première concerne les usages de la Charte. Depuis son entrée en vigueur, toutes ses dispositions n'ont pas été autant invoquées, certaines de ses dispositions semblent avoir bénéficié de la faveur des saisissants, mais aussi, de celle du Conseil. D'ailleurs, comme il y a dix ans, c'est l'article 7 et, plus spécialement, sa deuxième branche, relative au principe de participation, qui fut particulièrement mobilisé. La seconde polarité concerne plutôt l'interprétation de la Charte. Depuis 2019, le Conseil constitutionnel semble vouloir rattacher à l'article 1er de la Charte, les conditions dans lesquelles le législateur doit mettre en œuvre la Charte. Cette stratégie d'interprétation systémique n'est pas nouvelle, elle semble désormais avoir convaincu le Conseil pour ce qu'il s'agit de l'article 1er. C'est pourquoi la Charte semble tant polarisée dans ses usages (I) que dans son interprétation (II).

I. Des droits polarisés dans leurs usages

Une première manière d'évoquer la place de la Charte de l'environnement dans le contentieux constitutionnel consiste à identifier les usages de la Charte dans le cadre du contentieux constitutionnel et, plus spécialement, au sein du contentieux constitutionnel de l'environnement.

De ce point de vue, il convient de relever que les droits, principes et obligations énoncés par la Charte ne polarisent pas le contentieux constitutionnel. Entre 2010 et 2024, alors que le Conseil a rendu plus de 1 200 décisions, une soixantaine seulement mobilise la Charte de l'environnement comme norme de référence du contrôle. Le contentieux prenant appui — en tout ou partie — sur la Charte est donc demeuré quantitativement marginal. De même, sur la période, la Charte ne s'est pas imposée comme l'unique norme de référence dans le cadre du contentieux constitutionnel de l'environnement. D'autres dispositions, issues de la *Déclaration des droits de l'homme et du citoyen* ou du *Préambule de la Constitution de 1946,* ont pu être invoquées par les saisissants, ou les contributeurs extérieurs, sans toujours convaincre le Conseil constitutionnel[9]. Réciproquement, la Charte n'a pas été exclusivement mobilisée dans le champ

---

[8] Pour les articles 1er et 2, v. CC, déc. n° 2011-116 QPC du 8 avril 2011 *M. Michel Z. et autres* ; pour l'article 7 ; n° 2011-182 QPC du 14 octobre 2011, *M. Pierre T.*

[9] Sur cette question nous renvoyons à notre étude des dispositions invoquées dans le cadre des contributions extérieures environnementales : M. Fleury, « Les contributions extérieures environnementales : lames affûtées ou sabres de mousse ? », *in* C. Cournil et A.-S. Denolle, *Le droit une arme au service du vivant*, Paris, Pedone, 2024, spéc. p. 318.

du contentieux environnemental : par exemple, dans la décision *Ekaterina B*, une disposition de son préambule a été mobilisée pour justifier la valeur constitutionnelle du principe du secret de la défense nationale[10].

Si ces premières observations permettent déjà de relativiser le poids de la Charte dans la jurisprudence du Conseil, l'examen des décisions qui l'ont effectivement mobilisée dévoile des inégalités dans les usages de ses différentes dispositions. D'un côté, encore aujourd'hui, certaines dispositions de la Charte n'ont pas été mobilisées comme des normes de référence du contrôle de constitutionnalité ou d'autres ne sont toujours pas invocables. D'un autre, l'article 7 demeure quantitativement la norme la plus souvent invoquée. Aussi, les usages de la Charte dévoilent des dispositions oubliées (A) et d'autres privilégiées (B).

A. Les dispositions oubliées

Vingt ans après son inscription dans la Constitution, toutes les dispositions de la Charte n'ont pas fait l'objet d'un usage équivalent. En effet, certaines dispositions du texte n'ont pour l'heure pas fait l'objet d'une mobilisation au contentieux. Ce constat concerne principalement son préambule, mais aussi, dans une moindre mesure, le corps du texte.

S'agissant du corps du texte, seuls les articles 8 et 10 de la Charte qui énoncent respectivement que « l'éducation et la formation à l'environnement doivent contribuer à l'exercice des droits et devoirs définis par la présente Charte » et que « la présente Charte inspire l'action européenne et internationale de la France » n'ont, pour l'heure, jamais été mobilisés par le Conseil. En revanche, ses huit autres articles ont déjà servi de cadre au contrôle de constitutionnalité de la loi. Ce fut le cas, par exemple, de l'article 9 qui énonce que « la recherche et l'innovation doivent apporter leur concours à la préservation et à la mise en valeur de l'environnement[11] ». Dans cette affaire, le Conseil constitutionnel juge que les exceptions accordées au secret des affaires ne remettent pas en cause « les dispositions » de l'article 9, reconnaissant par là même l'invocabilité de la disposition.

S'agissant du préambule, trois des sept alinéas n'ont pas encore été mobilisés. Seuls les alinéas 2 « Que l'avenir et l'existence même de l'humanité sont indissociables de son milieu naturel », 3 « Que l'environnement est le patrimoine commun des êtres humains », 6 « Que la préservation de l'environnement doit être recherchée au même titre que les autres intérêts fondamentaux de la Nation » et 7 « Qu'afin d'assurer un développement durable, les choix destinés à répondre aux besoins du présent ne doivent pas compromettre la capacité des générations futures et des autres

---

[10] CC, déc. n° 2011-192 QPC du 10 novembre 2011, *Mme Ekaterina B., épouse D., et autres*, cons. 20.

[11] CC, déc. n° 2018-768 DC du 26 juillet 2018, *Loi relative à la protection du secret des affaires*, cons. 27.

peuples à satisfaire leurs propres besoins » l'ont été de manière autonome[12] ou combinée à une autre disposition de la Charte[13]. En revanche, les dispositions évoquant la dépendance des personnes humaines vis-à-vis du vivant non-humain (al. 1 : « Que les ressources et les équilibres naturels ont conditionné l'émergence de l'humanité) et des menaces de certaines activités humaines sur le vivant en général (al. 4 et 5 : « Que l'homme exerce une influence croissante sur les conditions de la vie et sur sa propre évolution » ; « Que la diversité biologique, l'épanouissement de la personne et le progrès des sociétés humaines sont affectés par certains modes de consommation ou de production et par l'exploitation excessive des ressources naturelles »), n'ont pas été mobilisées.

Toutefois, toutes ces dispositions ne sont pas toujours invocables. En effet, l'ensemble de ces énoncés ne sont pas toujours mobilisables dans toutes les procédures, même si le Conseil constitutionnel peut s'affranchir de cette distinction.

Ce hiatus entre normes de référence et normes invocables a été introduit à la faveur de la QPC. Pour l'application de l'article 61-1 de la Constitution, seuls des « droits et libertés que la Constitution garantit » peuvent être mobilisés par les auteurs de la question prioritaire de constitutionnalité. Cette catégorie a donné lieu à un tri, par le Conseil constitutionnel, des dispositions de la Charte invocables en QPC. Ainsi, dès 2014, le Conseil a estimé qu'aucune disposition du préambule de la Charte ne peut revêtir une telle qualité[14] et affirmé que la norme de conciliation énoncée à l'article 6 (« Les politiques publiques doivent promouvoir un développement durable. À cet effet, elles concilient la protection et la mise en valeur de l'environnement, le développement économique et le progrès social ») ne peut, « en elle-même », constituer un droit ou une liberté invocable dans le cadre de la QPC[15]. S'agissant de l'article 5, qui énonce un « principe de précaution », la question de son invocabilité n'a pas été explicitement tranchée par le Conseil, le grief ayant été jugé inopérant[16]. En revanche, les articles 1, 2, 3, 4 et 7 ont été jugés invocables, tandis que, pour les articles 8, 9 et 10, le Conseil ne s'est pas encore prononcé.

Cet inventaire appelle plusieurs remarques.

---

[12] Pour un usage autonome du 6e alinéa du préambule : CC, déc. n° 2011-192 QPC du 10 novembre 2011, *Mme Ekaterina B., épouse D., et autres*. Notons que le Conseil constitutionnel prétend que cette disposition réaffirme l'existence d'intérêts fondamentaux de la Nation, bien que la catégorie n'existe nulle part ailleurs dans la Constitution.

[13] Pour un usage adossé du 6e alinéa du préambule sur l'article 1er de la Charte : CC, déc. n° 2022-843 DC du 12 août 2022, *Loi portant mesures d'urgence pour la protection du pouvoir d'achat* ; pour le premier alinéa, CC, déc. n° 2019-823 QPC du 31 janvier 2020, *Union des industries de la protection des plantes* ; CC, déc. n° 2023-1066 QPC du 27 octobre 2023 *Association Meuse Nature Environnement et autres*, pour l'alinéa 7.

[14] CC., n° 2014-394 QPC, préc.

[15] CC., n° 2012-283 QPC, préc. ; déc. n° 2014-394 QPC, préc.

[16] CC, déc. n° 2013-346 QPC du 11 octobre 2013, *Société Schuepbach Energy LLC.*

S'agissant du préambule de la Charte, cette exclusion pose question. En dépit de la décision de 2014, à trois reprises, le Conseil constitutionnel s'est appuyé sur le préambule de la Charte pour préciser l'interprétation de ses articles ou d'autres normes constitutionnelles, en DC et en QPC[17]. Désormais, l'exclusion sans réserve du préambule de la Charte n'apparaît pas cohérente avec sa mobilisation au soutien de l'interprétation de dispositions elles-mêmes invocables. Le hiatus créé par le Conseil entre les normes invocables et les normes de référence, à l'occasion d'une même procédure, la QPC, paraît encore plus discutable[18]. S'agissant du corps du texte, le Conseil ne s'estime pas lié par la lettre des dispositions de la Charte pour identifier des droits ou de libertés au sens et pour l'application de l'article 61-1 de la Constitution. Sont considérés comme tels des dispositions dont l'énoncé renvoie explicitement à un droit comme pour l'article 1er « chacun a le droit de vivre dans un environnement équilibré et respectueux de la santé » et 7 « toute personne a le droit, dans les conditions et les limites définies par la loi, d'accéder aux informations relatives à l'environnement détenues par les autorités publiques et de participer à l'élaboration des décisions publiques ayant une incidence sur l'environnement ». Mais d'autres dispositions qui énoncent seulement des obligations — articles 2, 3 et 4 — sont également invocables en QPC, à tout le moins certaines d'entre elles, puisqu'il n'en fut pas jugé ainsi pour l'article 6.

Ainsi, si toutes les dispositions de la Charte ne bénéficient pas du même traitement, les dispositions oubliées de la Charte sont de moins en moins nombreuses. Une disposition continue également à tirer son épingle du jeu : l'article 7, à tout le moins dans sa deuxième branche, qui énonce un droit de participer à l'élaboration des décisions publiques ayant une incidence sur l'environnement.

B. La disposition privilégiée

Pour l'article 7, le constat est connu et ancien. Ce phénomène a rapidement suscité l'attention de la doctrine, voyant en l'article 7 de la Charte « une mine à QPC[19] » tant le principe-droit de participation a rencontré un « succès inattendu[20] ». Néanmoins, ce succès n'est que relatif. Les effets de cette polarisation du contentieux sur l'article 7 sont ambivalents.

---

[17] Décision n° 2011-192 QPC du 10 novembre 2011, préc. ; décision n° 2022-843 DC du 12 août 2022, préc. ; CC, déc. n° 2023-1066 QPC du 27 octobre 2023, *Association Meuse nature environnement et autres*.

[18] V. Champeil-Desplats, « Charte de l'environnement : La QPC bute sur l'incipit », *La Revue des droits de l'homme* [en ligne], Actualités Droits-Libertés, mis en ligne le 19 mai 2014, consulté le 03 février 2025.

[19] D. Hedary, « La Charte de l'environnement : une mine à QPC ? », *Constitutions*, 2011, p. 407.

[20] A. Van Lang, « Le principe de participation : un succès inattendu », *NCCC*, 2014, n° 43.

En effet, bien que très souvent invoqué et contrôlé par le Conseil, le droit de participer fait essentiellement l'objet d'un contrôle de l'incompétence négative du législateur[21]. Autrement dit, le Conseil vérifie que, pour l'élaboration des décisions ayant une incidence significative sur l'environnement — qu'elle soit positive ou négative —, des dispositions législatives assurent la participation du public. Ce contrôle a conduit à la censure de nombreux articles du Code de l'environnement. Il a finalement incité le législateur à créer une procédure supplétive de participation du public, lorsqu'aucune procédure spécifique n'avait été instaurée par la loi[22].

En revanche, le Conseil ne s'est pas saisi de ces décisions pour préciser un « standard » de participation du public. Le plus souvent, le juge constitutionnel se garde de contrôler les conditions et les limites de la participation du public définies par la loi.

Une exception semblerait toutefois devoir être soulignée : à l'occasion de trois décisions, le Conseil a estimé que la participation de représentants d'usagers était insuffisante pour concrétiser les exigences de l'article 7[23]. La doctrine a pu en déduire que la consultation des usagers n'équivalait pas à celle du public[24]. Le Conseil constitutionnel semble ne pas distinguer le public du « grand public » et donc estimer qu'au titre de l'article 7, les procédures de participation ne peuvent pas être réservées aux « publics concernés[25] ». En réalité, cette avancée n'en est pas une. En statuant ainsi, le Conseil n'apporte pas de précision sur les garanties substantielles associées à l'exercice du droit de participer, mais il précise son champ d'application *ratione personae* en

[21] V. par exemple L. Gay, « Défendre l'environnement devant le Conseil constitutionnel. Quelle procédure pour servir la Charte de l'environnement ? », *in* M. Hautereau-Boutonnet et È. Truilhé, *Procès et environnement : quelles actions en justice pour l'environnement ?*, *Confluence des droits*, 2020, p. 119-140.

[22] *Cf.* article L123-19-2 du Code de l'environnement.

[23] CC, déc. n° 2011-183/184 QPC du 14 octobre 2011, *Association France Nature Environnement* ; CC, déc. n° 2012-262 QPC ; CC, décembre n° 2021-891 QPC du 19 mars 2021, *Association Générations futures et autres.*

[24] *En ce sens, R. Brett, « De la non-démocratie environnementale : réflexion critique autour du droit de participer de l'article 7 de la Charte de l'environnement », Titre VII, n° 13, novembre 2024 ; M. Fleury, « La QPC et l'article 7 de la Charte de l'environnement : une définition en clair-obscur du droit de participer », Politeia, n° 37, 2020, p. 601-613 ; L. Fonbaustier, « Les droits procéduraux », in C. Cerda Guzman et F. Savonitto (dir.), Les 10 ans de la Charte de l'environnement (2005-2015), Paris, Institut Universitaire de Varenne, 2016, p. 135-152.*

[25] *A contrario*, le droit de l'Union, s'agissant des projets publics ou privés ayant une incidence sur l'environnement, vise le public concerné. *Cf.* article 6.4 : « À un stade précoce de la procédure, le public concerné se voit donner des possibilités effectives de participer au processus décisionnel en matière d'environnement », le public concerné étant défini comme « le public qui est touché ou qui risque d'être touché par les procédures décisionnelles ou qui a un intérêt à faire valoir dans ce cadre » par opposition au « public » entendu comme toute personne morale ou physique. Directive 2011/92/UE du Parlement européen et du Conseil du 13 décembre 2011 concernant l'évaluation des incidences de certains projets publics et privés sur l'environnement.

identifiant ses bénéficiaires — toute personne — comme il l'avait fait, plus tôt, pour son champ d'application matériel[26].

Mais le Conseil constitutionnel n'a peut-être pas dit son dernier mot à ce propos.

Depuis sa décision du 24 octobre 2023[27], il estime que le législateur doit, au titre de l'article 1er, préserver la capacité des générations futures et des autres peuples à satisfaire leurs propres besoins en protégeant leur liberté de choix à cet égard.

Cette formule semble impliquer l'irruption de deux nouvelles catégories — assez indéterminées — sinon de titulaires du moins de bénéficiaires d'une obligation de prestation adossée à l'article 1er — préserver la capacité de choisir les moyens de satisfaire ses propres besoins. Or, cette obligation pourrait notamment être lue à la lumière de l'accessibilité des procédures de participation.

En effet, une des formes de concrétisation de « cette capacité à choisir » pourrait s'appuyer sur la reconnaissance de leur droit à participer à l'élaboration des décisions ayant des incidences sur l'environnement. La raison en est assez simple : participer au processus décisionnel est une manière de faire connaître ses intérêts et de prendre part à leur protection en les soumettant au maître d'ouvrage et aux autorités publiques. Si bien qu'exclure ces publics n'apparaît ni conforme à l'interprétation large des bénéficiaires du droit de participer — il concerne toute personne — ni à l'obligation de mettre en œuvre leur capacité de choisir.

Certes, à l'heure actuelle, les procédures de participation n'excluent personne : la recevabilité des observations, opinions et recommandations du public n'est subordonnée à aucune condition d'âge ou de citoyenneté. Plus encore, la participation de publics étrangers est déjà requise par le droit international[28] et européen[29] pour les activités, les plans susceptibles d'avoir des incidences environnementales transfrontalières directes ou indirectes au sens des directives de l'Union. Mais, les conditions d'appréciation des incidences transfrontalières des décisions ou encore les modalités de cette participation posent question : leurs conditions et leurs limites ne sont pas définies par le législateur, elles le sont par le pouvoir réglementaire. Par exemple, s'agissant des enquêtes publiques, la loi dispose que « les autorités de l'État intéressé sont invitées à participer à l'enquête publique prévue à

[26] Sur ce point, M. Fleury, « La QPC et l'article 7 de la Charte de l'environnement : une définition en clair-obscur du droit de participer », *op. cit.*

[27] CC, 27 octobre 2023, n° 2023-1066 QPC, *Association Meuse nature environnement et autres*.

[28] Convention sur l'évaluation de l'impact sur l'environnement dans un contexte transfrontalier (convention d'Espoo) signée le 25 février 1991 et Protocole relatif à l'évaluation stratégique environnementale (Protocole ESE ou Protocole de Kiev), 21 mai 2003.

[29] *Cf.* article 7 de la directive 2011/92/UE du Parlement européen et du Conseil du 13 décembre 2011 précitée.

l'article L. 123-1, à la procédure de participation du public par voie électronique prévue à l'article L. 123-19 ou à la consultation du public prévue à l'article L. 181-10-1 ». Les conditions de cette participation ne sont donc pas précisées et la participation prévue concerne moins le « public » que les autres États à charge, pour ces derniers, de définir les conditions et les limites de nature à assurer la participation du « grand public » pour l'application de l'article 7. S'agissant des générations futures, la situation semble encore moins apte à assurer leur participation. Évidemment, les générations futures n'existent pas en tant que telles. Toutefois, il n'est pas interdit d'identifier certaines catégories de publics — les personnes mineures et les jeunes adultes — à des incarnations actuelles des générations à venir[30]. Cette assimilation est d'autant plus justifiée qu'à la suite de Sébastien Jodin, les plus jeunes apparaissent particulièrement vulnérables face aux dégradations de l'environnement. D'un côté, ils ne choisissent pas leur lieu de résidence, ils sont plus sensibles aux effets de nombreuses dégradations environnementales (changement climatique, pollution de l'air, pollution de l'eau…) et ils peuvent moins s'en prémunir, puisqu'ils sont dépendants des ressources des adultes et qu'ils n'ont pas le droit de vote[31]. Pourtant, le législateur n'a rien prévu de spécifique pour assurer la participation de ce public aux décisions ayant une incidence sur l'environnement. Au contraire, dans son *Observation générale sur les moyens de remédier aux effets néfastes de la dégradation de l'environnement et des changements climatiques sur l'exercice des droits de l'enfant*[32], le Comité pour l'application des droits de l'enfant, puis le Défenseur des droits[33] relevait l'urgente nécessité de renforcer les droits procéduraux des enfants. Reconnaître leur « droit de participer et d'être entendus, et leur droit à un recours utile » apparaît alors comme un gage pour « l'adoption de politiques environnementales plus respectueuses des droits, et donc plus ambitieuses et plus efficaces[34] », un gage nécessaire à la pleine

---

[30] En ce sens, voir S. Djemni Wagner (dir.), *Étude. Droit(s) des générations futures*, Paris, Institut des Études de la Recherche sur le Droit et la Justice, 2023, en ligne https://gip-ierdj.fr/fr/publications/etude-droits-des-generations-futures.

[31] S. Jodin, « Tendances et obstacles judiciaires des procès climatiques menés par la jeunesse », Cycle de séminaires « L'urgence écologique au prétoire », session 3 - Les enfants et jeunes plaignants au prétoire face à l'urgence écologique, organisé par Christel Cournil, 30 septembre 2022. Voir directement Groupe d'Experts Intergouvernemental sur l'Évolution du Climat (GIEC), *Sixième rapport d'évaluation, Résumé à l'intention des décideurs*, not. figure SPM.1 : les données montrent les effets disproportionnés, cumulatifs et à long terme des changements climatiques sur les personnes nées en 2020.

[32] Comité des droits de l'enfant, *Observation générale nº 26 (2023) sur les droits de l'enfant et l'environnement, mettant l'accent en particulier sur les changements climatiques*.

[33] Défenseur des droits, *Rapport annuel sur les droits de l'enfant 2024. Le droit des enfants à un environnement sain : protéger l'enfance, préserver l'avenir*, 2024, https://www.defenseurdesdroits.fr/rapport-annuel-sur-les-droits-de-lenfant-2024-le-droit -des-enfants-un-environnement-sain.

[34] *Ibid.*, p. 2.

concrétisation de leur droit de vivre aujourd'hui et demain dans un environnement équilibré et respectueux de la santé.

Le Conseil n'a jamais été saisi de ces questions pour l'heure, sans doute le sera-t-il à l'avenir.

Au-delà de cette question, le Conseil ne s'est donc pas prononcé sur les limites qui pèsent sur le législateur pour définir celles de la participation. Non qu'il n'en ait pas été saisi. À de très nombreuses reprises, les modalités de mise en œuvre du droit de participer ont été critiquées. Mais le Conseil constitutionnel ne s'est pas saisi de ces critiques. À date, la seule obligation positive à la charge du législateur est de mettre en place une procédure de participation du public et d'en fixer les conditions et limites. En revanche, le législateur conserve une pleine marge d'appréciation pour les définir. Cette situation peut apparaître comme un effet de la technique de contrôle mobilisée par le juge : la théorie des garanties légales des exigences constitutionnelles. En somme, lorsqu'il est saisi de l'insuffisance des conditions de la participation telles que définies par la loi, le Conseil répond à côté de la question. Il vérifie que le législateur a bien prévu des conditions et des limites, mais n'apprécie pas leur suffisance. Dans ces nombreuses décisions sur l'article 7, on ne trouvera donc rien sur la durée des procédures, les conditions d'information du public, les modalités de sa participation (en ligne, réunion publique, registres, envoi d'observations…), l'intervention d'un tiers garant ou encore sur les obligations du maître d'ouvrage ou de l'autorité publique à l'issue de la procédure (obligation de rendre compte, de tirer les enseignements ou de justifier le sens de la décision finalement arrêtée).

Pourtant, le Conseil dispose de sources d'inspiration dans la Convention d'Aarhus et dans le droit européen[35]. Ce silence pose d'autant plus question de l'une des institutions devenues emblématiques de la participation du public — la Commission nationale du Débat public[36] — voit son champ d'intervention sans cesse réduit[37], voire son existence menacée[38]. Le Conseil

---

[35] Convention sur l'accès à l'information, la participation du public au processus décisionnel et l'accès à la justice en matière d'environnement, 25 juin 1998. En droit européen, nous pensons notamment à la logique de proportionnalité posée à l'article R. 122-5 du Code de l'environnement qui est appliqué au contenu de l'évaluation environnementale : plus la sensibilité du projet pour l'environnement est importante, plus l'évaluation environnementale sera complète. Un même raisonnement pourrait parfaitement être transposé aux procédures de participation du public.

[36] Article L121-1 et s. du Code de l'environnement.

[37] Le seuil de saisine de la CNDP sur les projets industriels a été raboté en 2021. Un projet de décret modifiant les catégories de projets soumis à la Commission nationale du débat public du ministère de la Transition écologique a récemment été soumis à une consultation du public en vue de dispenser les projets industriels dont le coût est supérieur à 600 millions d'euros du périmètre du débat public obligatoire et de ceux de plus de 300 000 euros d'un débat public facultatif.

[38] Proposition de loi du 29 octobre 2025 portant suppression de l'article L 121-1-A du Code de l'environnement. Proposition de loi visant à supprimer la Commission nationale du débat

constitutionnel devra donc sans doute rapidement se prononcer sur la nécessité de cette participation très en amont du processus décisionnel, au stade où toutes les options demeurent ouvertes[39], mais aussi, à nouveau, sur l'intervention d'une autorité indépendante.

À la suite de Laurent Fonbaustier[40] et de Karine Foucher[41], on ne peut que constater que « la » décision qui préciserait ce que le public est en droit d'attendre du droit de participer n'est pas encore arrivée à l'occasion de ce vingtième anniversaire de la Charte.

Au terme de ce premier examen, les effets de la polarisation des usages de la Charte apparaissent donc contrastés. Le constat de cette ambivalence peut d'ailleurs être étendu aux effets de la polarisation sur les stratégies d'interprétation de la Charte.

II. Des droits polarisés dans leur interprétation

Au terme de ces vingt ans de contentieux, une nouvelle forme de polarisation des dispositions de la Charte est apparue : la concentration des dispositions de la Charte autour de son premier article qui énonce que le droit de chacun de vivre dans un environnement équilibré et respectueux de la santé.

Cette polarisation concerne cette fois moins les usages de la Charte que son interprétation par le Conseil constitutionnel dont il convient d'envisager les fonctions (A) et les effets (B).

A. Les fonctions de la polarisation

Vingt ans de décisions sur la Charte ont permis à l'une de ses dispositions de tirer son épingle du jeu : il s'agit de l'article 1er qui énonce le droit de vivre dans un environnement équilibré et respectueux de la santé. En effet, très rapidement, l'article 1er a exercé une « force magnétique » sur les autres dispositions de la Charte. Concrètement, cette polarité se manifeste par l'invocation très régulière, aux côtés des articles 2, 3 et 4 de la Charte, de l'article 1er. Cette polarisation permet ainsi de distinguer deux catégories de dispositions. D'un côté se trouvent des dispositions autonomes : le principe de conciliation (article 6), les droits d'accéder à l'information et à la participation (article 7) et le principe de précaution (article 5). D'un autre, on

---

public, n° 510, déposée le mardi 29 octobre 2024 déposée par des députés du groupe du Rassemblement national.

39 Notons que cette exigence résulte expressément de la Convention d'Aarhus pour les projets d'activités de l'annexe I de la Convention en son article 6 § 4.

40 L. Fonbaustier, « Les droits procéduraux », *in* C. Cerda Guzman et F. Savonitto, *op. cit.*, spéc. p. 149.

41 K. Foucher, « L'apport en demi-teinte de la QPC à la protection du droit de participer en matière d'environnement », *Constitutions : Revue de droit constitutionnel appliqué*, 2013, n° 4, p. 657.

identifie des dispositions combinées : l'article 1er donc, mais aussi l'obligation de prendre part à la préservation de l'environnement (article 2), le principe de prévention (article 3) et le principe de réparation des atteintes environnementales (article 4).

Si ce phénomène d'interprétation combinée n'implique pas toujours l'article 1er, il concerne toujours les quatre premières dispositions de la Charte. De prime abord, ce constat pourrait simplement refléter la stratégie d'invocation croisée des dispositions de la Charte par les requérants. Très souvent, les dispositions de la Charte sont mobilisées sous la forme de grappes ou de combinaisons et la décision du Conseil ne prend pas souvent le soin d'égrapper les règles.

La décision relative à la loi de finances pour 2010 est de ce point de vue emblématique : les articles 2, 3 et 4 sont mobilisés conjointement pour justifier les taxes que le législateur est habilité à mettre en œuvre, conformément au principe d'égalité devant les charges publiques, pour orienter les individus vers des comportements environnementaux plus vertueux[42]. On pourrait également se référer à la décision relative à la loi ELAN[43] pour laquelle les articles 1 et 2 étaient invoqués d'une part et l'article 5 d'autre part. Dans cette dernière, le Conseil ne s'embarrasse pas à distinguer son contrôle de chacune des dispositions invoquées dans son contrôle : il énonce en bloc sa majeure, puis examine le tout, sans que l'observateur arrive à distinguer, dans les motifs de la décision, ce qui relève du contrôle de la prévention, du contrôle de l'obligation de préservation ou du droit de vivre dans un environnement équilibré et respectueux de la santé. Après son exposé, il conclut que « ces dispositions, qui ne méconnaissent ni les articles 2 et 5 de la Charte de l'environnement ni aucune autre exigence constitutionnelle, sont conformes à la Constitution ». Dans ce cas, « il faut donc croire le Conseil constitutionnel sur parole[44] », une parole expéditive qui le conduit à ne pas préciser, en les distinguant, les normes de concrétisation de chacune des dispositions de la Charte. C'est un peu comme si, lorsque les articles 2 et 17 de la Déclaration des droits de l'Homme sont en cause, le Conseil avait choisi de ne pas distinguer l'atteinte à la propriété de la privation de propriété.

Ne pas dégrapper produit donc un effet : celui de ne pas préciser, en les distinguant, le contenu des obligations portées par chacun des quatre premiers articles de la Charte.

---

[42] CC, déc. n° 2009-599 DC du 29 décembre 2009, *Loi de finances pour 2010*, cons. 80.

[43] CC, déc. n° 2018-772 DC, 15 novembre 2018, *Loi portant évolution du logement, de l'aménagement et du numérique dite loi ELAN*.

[44] P. Rrappi, « Face au bulldozer "ELAN", le Conseil constitutionnel reste de béton. À propos de la décision n° 2018-772 DC du 15 novembre 2018, Loi portant évolution du logement, de l'aménagement et du numérique », *RDH*, janvier 2009, http://journals.openedition.org/revdh/5702 ; DOI : 10.4000/revdh.5702/

[44] CC, déc. n° 2019-781 DC, cons. 85.

Mais pour l'article 1er, l'hypothèse avancée ici est que la polarisation des dispositions autour de l'article 1er remplit une autre fonction contradictoire avec ce premier usage : identifier et rassembler les normes de concrétisation de l'article 1er autour de l'article 1er. De ce point de vue, la polarisation remplirait une double fonction de rationalisation et d'interprétation de la Charte.

En effet, préciser l'interprétation de l'article 1er, c'est-à-dire identifier des limites qui pèsent sur le législateur au titre de sa mise en œuvre, n'est pas une mince affaire. À la suite de Xavier Magnon[45], il apparaît que l'énoncé de l'article 1er est très ouvert du point de vue de ses titulaires, de ses bénéficiaires, mais aussi, de l'obligation de prestation à laquelle il astreindrait le législateur, voire toute personne. Dès lors, rattacher l'article 1er à d'autres dispositions de la Charte qui, elles, énoncent explicitement des obligations positives — prévention, réparation, préservation — qui pèsent sur toutes les personnes, pourrait s'expliquer par le souci de préciser l'obligation de prestation protégée par l'article 1er de la Charte.

Tel est le cas dans la décision *Michel Z.* En mobilisant conjointement les articles 1er et 2[46], le Conseil identifiait une obligation de vigilance en matière environnementale, pesant sur toute personne affirmant, par là même, la possibilité d'un effet horizontal de la Charte[47] et précisant, d'un même mouvement, le contenu de l'obligation et les personnes qu'elle vise. De même, cette stratégie d'interprétation combinée l'a conduit à identifier l'obligation d'instaurer des mécanismes de responsabilité des personnes en raison des dommages qu'elles causent à l'environnement par leurs activités autorisées[48] ou encore celle de prévoir des mécanismes de prévention des atteintes causées à l'environnement des activités susceptibles de l'affecter[49]. Plus récemment, ce phénomène a embarqué des dispositions du préambule — les alinéas 2, 3 6 et 7. Ces nouvelles combinaisons l'ont conduit à préciser l'obligation de protection de l'environnement. Il s'agit d'une part de ne pas porter atteinte à la capacité des générations futures et des autres peuples à satisfaire leurs propres besoins[50], mais aussi, généralement, de l'interdiction de ne pas soumettre les activités qui ont une incidence sur l'environnement à un ensemble de limites[51]. En effet, chacune de ces obligations peut se présenter

---

[45] X. Magnon, « L'accès à la justice dans la théorie générale du droit », *in* J. Bétaille (dir.), *Le droit d'accès à la justice en matière d'environnement*, Paris, LGDJ, 2016, p. 27-48.

[46] CC, déc. n° 2011-116 QPC, 8 avril 2011, *M. Michel Z. et autre*.

[47] Pour une autre application sur la même période, CC, déc. n° 2017-672 QPC du 10 novembre 2017, *Association Entre Seine et Brotonne et autre*.

[48] CC, déc. n° 2020-881 QPC, 5 février 2021, *Association Réseau sortir du nucléaire et autres*.

[49] Article 1 et 3 par exemple dans la décision n° 2012-282 QPC du 23 novembre 2012, *Association France Nature Environnement et autre*.

[50] V. décision n° 2023-1066 QPC, préc.

[51] CC, déc. n° 2021-971 QPC, 18 février 2022, *France nature environnement* ; n° 2022-991 QPC, 13 mai 2022, *Association France nature environnement et autres*.

comme le corollaire ou la condition nécessaire à la protection du droit de vivre dans un environnement équilibré et respectueux de la santé.

La lecture combinée de l'article 1er avec d'autres dispositions de la Charte a donc permis de clarifier les obligations pesant sur la loi. Le Conseil pourrait avoir suivi la prédiction de Michel Prieur en 2010 : « La synergie résultant de l'utilisation combinée de plusieurs articles de la Charte pourrait trouver à s'appliquer en mariant les articles 1, 2 et 5 (sans oublier le Préambule). Dans la mesure où le Conseil constitutionnel a déjà admis l'invocabilité des articles 2, 3 et 4 dans une QPC (décision *Michel Z* du 8 avril 2011) cela implique qu'il considère que des devoirs et des obligations peuvent s'analyser comme des droits et libertés garantis au sens de l'article 61-1 de la Constitution ». D'ailleurs, ce phénomène a été concomitant au développement des techniques de contrôle de l'article 1er. Ce double mouvement semble d'ailleurs logique. Une fois les obligations affirmées, les modalités de leur contrôle se posent inévitablement. Ainsi, en 2019 d'abord, le Conseil réalise, pour la première fois, un contrôle de l'erreur manifeste d'appréciation des objectifs assignés par la loi à l'action de l'État au regard de l'article 1er de la Charte[52]. En 2020, il hisse l'objectif de protection de l'environnement au rang des exigences constitutionnelles,[53] mais sans se fonder sur l'article 1er, avant de finalement admettre d'opérer deux nouveaux contrôles pour le respect de l'article 1er : un contrôle de proportionnalité[54] et un contrôle des garanties légales des exigences constitutionnelles[55]. Ces deux mouvements actent l'abandon par le Conseil de son orientation initiale vis-à-vis de l'article 1er : celle de ne pas le considérer comme un droit subjectif. En revanche, les effets de cette polarisation semblent encore très indéterminés.

B. Les effets de la polarisation

De prime abord, les effets de cette polarisation autour de l'article 1er sont modestes. Il convient d'emblée de nuancer ce constat à l'aune du caractère très récent — 2019 — de cette stratégie d'interprétation de l'article 1er.

En tout état de cause, pour l'heure, la polarisation n'a pas conduit à beaucoup de censures du juge. En réalité, une seule a été acquise sur le fondement de l'article 1er combiné à d'autres dispositions[56] et une réserve

---

[52] CC, déc. n° 2019-794 DC, 20 décembre 2019, *Loi d'orientation des mobilités*, cons. 37. Alors que quelques années plus tôt, il refusait de contrôler ces objectifs au motif de leur non-normativité. CC, déc. n° 2015-718 DC du 13 août 2015, *Loi relative à la transition énergétique pour la croissance verte*.

[53] CC, déc. n° 2019-823 QPC, 31 janvier 2020, *Union des industries de la protection des plantes*.

[54] CC, déc. n° 2020-809 DC, 10 décembre 2020, *Loi relative aux conditions de mise sur le marché de certains produits phytopharmaceutiques en cas de danger sanitaire pour les betteraves sucrières*, cons. 14.

[55] *Ibid.*, cons. 14.

[56] Décision n° 2021-971 QPC, précitée.

d'interprétation constructive a été émise[57]. En revanche, des restrictions apportées à d'autres droits et libertés au nom de la protection de l'environnement ont été admises[58]. Difficile de dire qu'elles ne l'auraient pas été avant que ces évolutions se produisent. En effet, comme Valérie Le Bihan l'a récemment rappelé, sans même se référer à la Charte, le Conseil avait déjà admis que

> le législateur puisse restreindre la liberté d'entreprendre en adoptant une mesure d'interdiction totale de la fracturation hydraulique pour l'exploration ou l'exploitation des hydrocarbures afin de prévenir les risques pour l'environnement, dans une décision QPC de 2012 (…) et une mesure d'interdiction totale de l'usage des néonicotinoïdes et des semences traitées avec ces produits afin de prévenir des risques pour l'environnement et la santé publique en 2016[59].

À tout le moins, peut-on relever que les évolutions dans l'interprétation de l'article 1er n'ont pas rendu impossibles ces restrictions.

Mais ces effets ne se sont sans doute pas encore tous déployés.

La première question en suspens tient à l'effet horizontal de l'article 1er de la Charte. Désormais, il semble difficile de nier que l'article 1er puisse être qualifié de droit subjectif[60]. La question de son effet horizontal est ouverte. Le Conseil constitutionnel a d'ailleurs expressément reconnu l'effet horizontal de l'obligation de vigilance en matière environnementale. Mais, qu'il s'agisse des juges administratifs ou judiciaires, ils ne semblent pas vouloir reconnaître l'applicabilité directe ni de l'article 1er, ni des obligations qui lui sont désormais attachées[61].

Il sera faux d'en conclure que l'article 1er et les obligations qui lui sont rattachées sont dépourvues d'effet horizontal. Cet effet joue actuellement, mais seulement de manière indirecte grâce aux normes législatives qui le concrétisent. Tout se passe comme si les obligations positives attachées à la Charte, bien que visant les personnes privées, ne s'adressaient pas directement à elles, mais seulement au législateur, chargé de les mettre en œuvre. Cette situation est le résultat d'une politique jurisprudentielle. En effet, il n'existe

---

[57] CC, déc. n° 2022-843 DC du 12 août 2022, *Loi portant mesures d'urgence pour la protection du pouvoir d'achat*.

[58] V. par exemple, décision n° 2019-823 QPC du 31 janvier 2020 Union des industries de la protection des plantes ; décision n° 2024-1109 QPC du 18 octobre 2024 Groupement forestier Forêt de Teillay et autres.

[59] V. Goesel-Le Bihan, « Conciliation entre principes dans la jurisprudence constitutionnelle relative à la protection de l'environnement », *Titre VII*, n° 13, nov. 2024.

[60] Il est d'ailleurs invocable en QPC, mais a également été reconnu comme liberté fondamentale au sens et pour l'application de l'article 521-1 du CJA. CE, déc. n° 451129 du 20 septembre 2022.

[61] Conseil d'État, 26 février 2014, *Association Ban Asbestos France et autres*, n° 351514 : le juge administratif ne vérifie que la conformité à l'article 1er de la Charte des seules dispositions réglementaires prises pour la mise en œuvre d'une loi dans la mesure où elle n'en tire pas les conséquences nécessaires. Autrement dit, en l'absence de concrétisation législative, le contrôle n'est pas possible et lorsqu'une loi existe, la théorie de l'écran législatif prive le juge de la possibilité de contrôler la conformité à la Constitution des actes réglementaires.

pas en droit constitutionnel français une disposition expresse qui résolve cette question ni pour les dispositions de la Charte ni pour les autres dispositions de la Constitution d'ailleurs. Aussi, ce sont les juges qui doivent décider de conférer ou non à cette disposition et aux obligations qui la précisent désormais, un effet horizontal direct. De même, à défaut de reconnaître l'applicabilité directe de ces obligations, les juges pourraient interpréter les lois qu'ils mettent en œuvre à la lumière de ces obligations. Tel pourrait être le cas pour les dispositions du Code civil qui ignorent largement les questions environnementales en matière de droit des biens. Et d'ailleurs, le tribunal judiciaire de Nantes a emprunté cette voie, dans une affaire relative aux servitudes l'élagage de l'article 673 du Code civil[62]. Pour contester l'application automatique de la servitude, le juge mobilise directement l'obligation de vigilance environnementale. Ce premier pas semble s'inscrire dans un mouvement de réflexion de l'institution judiciaire, mais aussi de certains de ses auxiliaires sur les droits environnementaux. Ainsi, récemment, la Cour de cassation s'interrogeait sur le Code civil à l'âge de l'anthropocène[63] et accueillait, en février, une conférence sur les liens entre entreprises et droits humains[64]. Les notaires, à l'occasion de leur dernière assemblée générale, se sont prononcés en faveur d'une évolution du statut de l'arbre, à la lumière de la Charte de l'environnement[65]. Dans un contexte de déploiement du contentieux environnemental vis-à-vis des acteurs privés et notamment des entreprises, la position des juridictions judiciaires pourrait donc évoluer.

La deuxième question concerne la portée de l'obligation de protection de l'environnement. En effet, pour l'heure, le Conseil constitutionnel a déduit des articles 1er et 3 combinés une l'obligation d'instituer des mécanismes de protection de l'environnement face à une activité ayant des incidences sur lui[66]. La question de la portée de cette obligation et celle de ses modalités de contrôle demeurent incertaines. Pour l'heure, le Conseil contrôle la mise en œuvre de cette obligation en recherchant les limites procédurales, matérielles, ou temporelles introduites pour encadrer les activités ou les décisions qui auront une incidence sur l'environnement. Ce contrôle ne laisse nulle place à la vérification du caractère, sinon adapté, du moins insuffisant de ces limites. Néanmoins, le Conseil constitutionnel ne semble pas avoir dit son dernier mot.

---

[62] TJ de Nantes, 3 octobre 2023, n° 23/01072.

[63] J. Rochfleld et M. Hautereau Boutonnet, B. Parance (dir.), « 1804 - 2024 : quel code civil à l'heure de l'Anthropocène ? », jeudi 17 octobre 2024, en ligne : https://www.courdecassation.fr/agenda-evenementiel/1804-2024-quel-code-civil-lheure-de-lanthropocene.

[64] F.-G. Trébulle, M. De Pinieux, A. Roblot-Troiziez (dir.), Conférence inaugurale : Les droits humains, un sujet pour l'entreprise ?, 3 février 2025 en ligne : https://www.courdecassation.fr /agenda-evenementiel/conference-inaugurale-les-droits-humains-un-sujet-pour-lentreprise.

[65] Congrès des notaires de France, *Vers un urbanisme durable. Accompagner les projets face aux défis environnementaux*, LexisNexis, 2024, 975 p., spéc. p. 814 et s.

[66] Conseil constitutionnel, n° 2022-991 QPC du 13 mai 2022, *Association France nature environnement et autres*, par *a contrario*, et Conseil constitutionnel, décision n° 2021-971 QPC du 18 février 2022 France nature environnement de manière exprès.

Dans la décision MUPPA, il a admis que, pour certaines activités, l'article 1er combiné au Préambule de la Charte puisse interdire au législateur d'assouplir sans condition les modalités d'exercice d'une activité : l'exploitation d'un terminal méthanier en l'espèce[67]. Cette timide brèche pose question : pourrait-on envisager que, au titre de cet article, certaines activités ou certains produits puissent être interdits en raison de leur incompatibilité avec l'obligation de protection de l'environnement ? Cette question se pose avec une acuité particulière pour toutes les activités ou tous les produits fortement émetteurs de gaz à effet de serre ou gravement détérioratives de ressources, tels que l'eau, l'air, ou le sol.

Cette question en appelle une troisième : celle de l'articulation entre l'objectif de valeur constitutionnelle (OVC) de protection de l'environnement[68] et l'article 1er « renforcé ». Doit-on considérer qu'il s'agit de deux fondements autonomes ou que l'OVC doive se concilier à l'article 1er pour caractériser la portée de l'obligation de protection qui pèse sur le législateur face aux décisions et aux activités qui ont une incidence sur l'environnement ? En ce cas, comment articuler les autres obligations positives adossées à l'article 1er avec cet OVC ?

Bref, la polarisation autour de l'article 1er est donc bien certaine, mais ses effets, eux, demeurent incertains et pour partie encore indéterminés. Rendez-vous dans dix ans !

[67] CC, déc. n° 2022-843 DC du 12 août 2022, *Loi portant mesures d'urgence pour la protection du pouvoir d'achat.*

[68] CC, déc. n° 2019-823 QPC du 31 janvier 2020, *UIPP.*

LES « PRINCIPES » MINIMISÉS

Julien BÉTAILLE

Vingt ans après son adoption, la Charte de l'environnement n'a pas pris une ride[1]. En dépit de la montée en puissance de propositions prétendument alternatives, elle demeure à l'avant-garde de la protection juridique de l'environnement. Elle est d'une certaine manière comparable à une voiture de course, à une Ferrari[2] ! Une Ferrari, certes, mais que les juges ont tendance à laisser au garage. L'appréhension de l'écart entre les interprétations retenues par le juge constitutionnel et les interprétations potentielles de la Charte permet en effet de s'en convaincre. Le Conseil constitutionnel minimise la portée des énoncés de la Charte.

Avant d'expliquer en quoi, il faut d'abord apporter quelques précisions concernant le sujet proposé : « les "principes" minimisés ». En premier lieu, que faut-il entendre par « principes » ? La présence de guillemets suggère le caractère artificiel de cette catégorie. Dans le même temps, seul le principe de précaution figurant à l'article 5 de la Charte de l'environnement est identifié comme un « principe » au sein de ce texte où se côtoient par ailleurs des droits, des devoirs et des obligations. S'en tenir à cette seule disposition constituerait ainsi une réduction drastique du champ de notre propos.

Surtout, le concept de « principe », qui a tant et tant été labouré dans le champ du droit de l'environnement[3], ne semble plus aussi pertinent qu'il a pu l'être par le passé, notamment avant l'adoption de la Charte de l'environnement en 2005, lorsque le droit de l'environnement était encore juvénile. D'une part, l'adoption de la Charte de l'environnement et, avant elle, la jurisprudence de la Cour européenne des droits de l'homme, témoignent avec éclat d'un mouvement de fondamentalisation du droit de l'environnement. Un certain nombre de « principes » sont devenus des droits ou des devoirs, par exemple la prévention (article 3), l'information et la

---

1 Le style oral de la communication a été conservé.

2 La métaphore automobile est empruntée à l'avocate générale Eleanor Sharpston : « tout comme une Ferrari aux portes verrouillées, un système intensif de voies de recours est de peu d'utilité si le système lui-même est totalement inaccessible à certaines catégories de recours » (conclusions dans l'affaire *Bund für Umwelt und Naturschutz Deutschland, Landesverband Nordrhein-Westfalen eV*, 16 décembre 2010, C-115/09, pt. 77).

3 Voir G. Bonnel, *Le principe juridique écrit et le droit de l'environnement*, thèse, droit, Limoges, dactyl., 2005.

participation (article 7). Finalement, seul le principe de précaution a survécu à ce mouvement[4].

D'autre part, l'opposition entre la catégorie des « principes » et les autres catégories de normes semble artificielle. Pour Michel Troper, « les principes ne sont (…) pas autre chose que des normes, qui ne se distinguent des autres normes que par leur degré élevé de généralité ou leur caractère vague ou programmatique[5] ». Or, le principe de précaution tel qu'il figure à l'article 5 de la Charte de l'environnement n'est ni vague ni programmatique, il pose une véritable règle. Il n'y a pas lieu de le mettre à part des autres dispositions de la Charte qui, bien souvent, sont même moins précises que l'article 5. Il faut d'ailleurs relever plus largement l'artificialité qu'il y a à distinguer entre principes, droits, devoirs ou obligations. Ces catégories sont *in fine* équivalentes[6]. Tout comme la liberté d'expression implique l'interdiction de la censure, le droit à l'environnement implique l'obligation de préserver l'environnement, en témoigne le jeu de miroir entre les articles 1er et 2 de la Charte de l'environnement.

Dès lors, plutôt que du seul « principe » de précaution, nous discuterons ici de l'ensemble des dispositions utiles de la Charte, c'est-à-dire toutes celles qui ont fait l'objet d'interprétations jurisprudentielles, autrement dit des articles 1er à 7. Cela semble d'autant plus important qu'à l'examen, l'article 5 de la Charte de l'environnement est loin d'être le seul à avoir été « minimisé » par l'interprétation du Conseil constitutionnel.

En second lieu, le sujet se complique lorsqu'il s'agit d'envisager la « minimisation » de ces « principes ». Celle-ci consiste à réduire l'importance ou la valeur de quelque chose[7]. Mais dans quel espace cette minimisation se déploie-t-elle ? Pour le comprendre, il faut faire un détour par une question ontologique. En effet, tout dépend de la conception du droit que l'on retient. Pour le dire clairement, le droit, ce ne sont pas les textes. Il convient évidemment d'opérer une distinction entre les énoncés textuels et les « normes » qui en résultent, c'est-à-dire la signification de ces énoncés.

Que l'on se place dans la perspective du positivisme normativiste ou dans celle du réalisme juridique, l'interprétation revêt une importance capitale.

---

4 La QPC relative aux gaz de schiste a bien montré l'artificialité du concept de principe (CC, déc. n° 2013-346 QPC, 11 octobre 2013, cons. 20). Ce « principe » peut parfaitement être considéré comme un « droit » au titre de l'article 61-1 de la Constitution (voir J. Bétaille, « Le principe de précaution, un "droit" garanti par la Constitution ? », *RFDC*, 2016, p. e 29).

5 M. Troper, *La Philosophie du droit*, Paris, PUF, coll. « Que sais-je ? », 7e éd., 2024, p. 76.

6 Pour Hans Kelsen, « le droit de l'un est l'obligation de l'autre, perçu du point de vue de celui pour qui l'obligation existe. C'est pourquoi l'on parle d'un "droit" au sens subjectif. (…) "L'attribution de droits" dans tous les sens possibles du terme présuppose une obligation, c'est-à-dire un commandement. (…) Si quelqu'un est obligé à un certain comportement vis-à-vis d'autrui, on dit qu'autrui a un droit à ce comportement. J'ai un droit à ce qu'autrui ne me mente pas parce qu'autrui est alors un reflet de l'obligation d'autrui à ce comportement » (H. Kelsen, *Théorie générale des normes*, 1979, Paris, PUF, coll. « Léviathan », 1996, pp. 179-180).

7 Centre National des Ressources Textuelles et Lexicales (CNRTL-CNRS).

Dans le premier cas, elle constitue un acte de concrétisation de la norme et, dans le second, c'est un acte de création de la norme[8]. Peu importe son obédience préférée, dans les deux cas, le droit est conçu comme le fruit d'un acte de volonté. Autrement dit, le droit est le fruit de la volonté des hommes, il ne se découvre pas par la connaissance, dans la nature ou ailleurs[9].

Cette ontologie, positiviste et volontariste, permet de reformuler et d'expliciter le sujet proposé. Il donne à voir l'espace dans lequel la minimisation peut opérer. Il s'agit dès lors d'essayer de comprendre comment les énoncés normatifs contenus dans la Charte de l'environnement ont été affectés par l'interprétation du juge. Autrement dit, qu'a fait le juge du potentiel interprétatif de la Charte de l'environnement ? En effet, comme tous les énoncés textuels, ceux de la Charte de l'environnement peuvent faire l'objet d'un large éventail d'interprétations. Évidemment, ces interprétations peuvent être plus ou moins favorables à l'environnement. Il s'agit donc *in fine* de savoir si le potentiel interprétatif des énoncés de la Charte a été plus ou moins minimisé, ou au contraire maximisé, par le juge : le juge a-t-il retenu une interprétation favorable ou défavorable à l'environnement ?

Mais il reste encore quelques éléments à élucider pour bien comprendre la question posée. D'abord, de quels juges parle-t-on ? Par convention, on considère ici que le Conseil constitutionnel est l'interprète principal des énoncés de la Charte de l'environnement et que le rôle du Conseil d'État et de la Cour de cassation, s'il n'est pas négligeable, reste secondaire. Ensuite, qu'entend-on par « potentiel » ? Par rapport à quoi l'évaluer ? Le droit peut évidemment revêtir de multiples fonctions[10]. On fait ici l'hypothèse que la Charte de l'environnement a pour fonction de garantir le droit de l'homme à l'environnement et donc, indirectement, de protéger l'environnement. Autrement dit, elle n'a pas qu'une fonction symbolique ou politique. Il s'agit d'une norme finalisée, comme l'est le droit de l'environnement dans son ensemble[11].

La question se fait alors plus précise : dans quelle mesure le juge constitutionnel a-t-il minimisé, ou maximisé, le potentiel des énoncés normatifs de la Charte de l'environnement par rapport à leur finalité de protection de l'environnement ?

Autant lever tout de suite le suspense, le Conseil constitutionnel ne semble pas avoir brillé par un militantisme excessif en faveur de l'environnement. Mais justement, tout le problème est là : une telle affirmation n'est rien d'autre que le produit de notre propre subjectivité. Dès lors, au-delà de cette boutade, comment répondre de façon rigoureuse à une telle question ? Cela semble

---

8 Voir É. Millard, *Théorie générale du droit*, Paris, Dalloz, 2e éd., 2022, p. 107 s.

9 Voir A. Viala, *Philosophie du droit*, Paris, Ellipses, 2e éd., 2019, p. 51 s.

10 Voir F. Ost, *À quoi sert le droit ? Usages, fonctions, finalités*, Bruxelles, Bruylant, 2016.

11 Voir M. Prieur et al., *Droit de l'environnement*, Paris, Dalloz, coll. « Précis », 9e éd., 2023, n° 9.

extrêmement compliqué, du moins avec le seul bagage d'un juriste. En effet, il faudrait alors imaginer ce que le Conseil constitutionnel aurait pu faire de ces énoncés sur le plan interprétatif. Une telle entreprise soulève plusieurs difficultés.

D'une part, l'interprétation n'est pas en soi une activité « scientifique ». Il ne s'agit pas d'un acte de connaissance, mais d'un acte de volonté. Autrement dit, un même énoncé peut toujours faire l'objet de plusieurs significations différentes et le rôle de l'interprète est de choisir parmi ces significations[12]. Or, comme l'explique Alexandre Viala, « une interprétation implique une évaluation, c'est-à-dire une prescription, un choix qui échappe, par définition, à toute objectivité[13] ». Par conséquent, proposer ici des interprétations des énoncés de la Charte de l'environnement revient à livrer simplement le produit de sa propre volonté subjective, le reflet de ses jugements de valeur. Cela en limite évidemment l'intérêt. Néanmoins, sous cette importante réserve, et puisque l'interprétation est couramment pratiquée par la doctrine comme par les tenants d'une approche plus analytique, il faut bien se résoudre à franchir ce pas et à se livrer à ce type d'exercice[14].

Il surgit d'autre part un autre problème : les interprétations téléologiques et conséquentialistes, largement répandues, impliquent nécessairement un fondement empirique pour être valablement soutenues[15]. Par exemple, l'argument téléologique repose sur l'inférence causale selon laquelle une interprétation donnée de la loi influence la réalisation de sa finalité. Dès lors, une telle opération implique nécessairement un jugement de causalité, jugement qui ne peut sérieusement être tenu en l'absence de données et d'approche empirique. Autrement dit, il n'est pas possible d'affirmer « scientifiquement » que l'interprétation X produira l'effet Y sans avoir préalablement étudié empiriquement la relation entre X et Y. Cela passe par une collecte et une analyse de données à même de faire ressortir une relation causale. Par exemple, comment affirmer valablement qu'une interprétation audacieuse du droit à la participation du public conduira à des décisions plus efficaces ? C'est assez hasardeux sans vérifier au préalable cette hypothèse à l'épreuve du monde réel[16]. Comme souvent donc, faute de dispositif de

---

12 Voir É. Millard, *Théorie générale du droit*, Paris, Dalloz, 2e éd., 2022, p. 117 s.

13 A. Viala, *Philosophie du droit*, Paris, Ellipses, 2e éd., 2019, p. 415.

14 Les partisans d'une approche analytique du droit considèrent en général qu'il importe de dresser l'éventail des différentes interprétations possibles d'un même énoncé et donc de ne pas s'en tenir à une seule interprétation (voir notamment H. Kelsen, *Théorie pure du droit*, 2e éd., [1960], trad. Ch. Eisenmann, Paris-Bruxelles, LGDJ-Bruylant, 1999, n° 47 ; R. Ponsard, « Penser. Pour une épistémologie de la science du droit administratif ? », *AFDA*, *Les méthodes en droit administratif*, 2018, p. 126).

15 Voir Yun-chien Chang et Peng-Hsiang Wang, « The Empirical Foundation of Normative Arguments in Legal Reasoning », *European Journal of Empirical Legal Studies*, vol. 1, 2024, p. 69.

16 Le problème n'est pas que le droit lui-même ait recours à ce type d'hypothèses (voir le considérant 9 du Préambule de la convention d'Aarhus : « dans le domaine de l'environnement, un

vérification empirique, la doctrine en est réduite à formuler de simples hypothèses. C'est la seconde limite de notre propos.

On l'aura compris, il serait extrêmement difficile de répondre de manière véritablement rigoureuse à la question posée. Le propos qui suit n'a donc pas de véritable ambition scientifique. Il s'agit plus modestement de livrer un point de vue sur le champ des possibles concernant l'interprétation des énoncés de la Charte de l'environnement.

Pour évaluer dans quelle mesure le juge constitutionnel a minimisé le potentiel des énoncés normatifs de la Charte de l'environnement, car c'est la thèse qui est ici défendue, il convient, en premier lieu, d'identifier les interprétations minimalistes de ces énoncés (I) avant, en second lieu, d'identifier leur potentiel en faveur de l'environnement (II). C'est en appréhendant l'écart entre ces deux extrémités que l'on pourra se faire une idée de la manière dont le Conseil constitutionnel a minimisé la portée des énoncés de la Charte de l'environnement.

I. Les interprétations minimalistes des énoncés de la Charte de l'environnement

La faible ambition des interprétations retenues par le Conseil constitutionnel ne constitue pas une surprise. Son office s'insère en effet dans un contexte peu favorable aux envolées interprétatives. La tradition française de méfiance envers les juges semble avoir été intériorisée par le Conseil constitutionnel. Elle se traduit par une retenue qui s'exprime dans le domaine de l'environnement comme ailleurs[17]. Il faudrait y ajouter que la France ne dispose pas d'une véritable cour constitutionnelle et que le Conseil constitutionnel ne motive que faiblement ses décisions[18]. Le Conseil ne profite que rarement des affaires dont il est saisi pour apporter des précisions sur l'interprétation des énoncés constitutionnels au-delà de ce qui est strictement nécessaire à la résolution de l'affaire[19].

---

meilleur accès à l'information et la participation accrue du public au processus décisionnel permettent de prendre de meilleures décisions et de les appliquer plus efficacement ») mais que les discours scientifiques sur le droit ne cherchent pas à les vérifier.

17 Voir par exemple CC, déc. n° 2012-282 QPC, 23 novembre 2012, cons. 8 : « le Conseil constitutionnel ne dispose pas d'un pouvoir général d'appréciation et de décision de même nature que celui du Parlement ; qu'il ne lui appartient pas de substituer son appréciation à celle du législateur sur les moyens par lesquels le législateur entend mettre en œuvre le droit de chacun de vivre dans un environnement équilibré et respectueux de la santé ainsi que le principe de prévention des atteintes à l'environnement. »

18 Voir W. Mastor, *L'art de la motivation substance du droit. Mieux motiver pour mieux juger*, Paris, Dalloz, coll. « Les sens du droit », 2020.

19 Par exemple, il n'a pas saisi l'opportunité d'apporter des précisions sur le régime juridique du préjudice écologique. Il a simplement considéré que l'article 4 de la Charte de l'environnement en constituait le fondement constitutionnel (CC, déc. n° 2020-881 QPC, 5 février 2021, cons. 7).

Il résulte de ce contexte un ensemble d'interprétations minimalistes des énoncés de la Charte de l'environnement. Certains ont été neutralisés (A), d'autres sont désormais moribonds (B). Le juge constitutionnel sait également manier l'art du trompe-l'œil (C) et il a livré quelques interprétations très discutables (D).

A. Les neutralisations

La jurisprudence du Conseil constitutionnel a vidé de leur potentiel un certain nombre de dispositions de la Charte de l'environnement.

Tout d'abord, il a considéré que les sept alinéas qui précèdent les articles de la Charte de l'environnement n'instituent aucun droit ou liberté susceptibles d'être invoqué dans le cadre d'une QPC[20], ce qui n'allait pas du tout de soi[21].

Il a ensuite jugé, sans fournir de véritable justification, que le principe de précaution était inopérant dans l'affaire des gaz de schiste[22]. Là aussi, il y a de quoi être circonspect. Rien ne semble s'opposer à ce que le principe de précaution soit considéré comme un droit que la Constitution garantit au sens de l'article 61-1 de la Constitution[23].

Le Conseil constitutionnel est enfin allé plus loin dans la neutralisation du principe de précaution. Il en a livré une interprétation *contra legem* à propos d'une loi sur les OGM. Au motif que celle-ci interdisait les OGM sans limitation de durée, il a considéré que le principe de précaution était inopérant[24]. Au contraire, l'article 5 de la Charte de l'environnement prévoit explicitement que les mesures prises pour son application ne peuvent être que provisoires. Cette loi pouvait donc interdire les OGM sur le fondement du principe de précaution, mais cette interdiction ne pouvait être que provisoire, c'est l'ADN du principe de précaution qui a ici été mis à mal par le Conseil constitutionnel.

B. Les dispositions moribondes

La jurisprudence du Conseil constitutionnel a laissé de côté certains éléments qui étaient au départ apparus comme prometteurs. C'est par exemple le cas du fameux devoir de vigilance dégagé par le Conseil constitutionnel sur la base des quatre premiers articles de la Charte l'environnement[25]. Celui-ci n'a connu aucun développement substantiel par la suite.

---

20 CC, déc. n° 2014-394 QPC, 7 mai 2014, cons. 4 et 5.

21 Voir V. Champeil-Desplats, « Charte de l'environnement : La QPC bute sur l'incipit », *La Revue des Droits de l'Homme*, mai 2014.

22 CC, déc. n° 2013-346 QPC, 11 octobre 2013, cons. 20.

23 Voir J. Bétaille, « Le principe de précaution, un "droit" garanti par la Constitution ? », *RFDC*, n° 105, 2016, p. e 29.

24 CC, déc. n° 2014-694 DC, 28 mai 2014, cons. 6.

25 CC, déc. n° 2011-116 QPC, 8 avril 2011, cons. 5.

La déception est aussi marquée s'agissant du droit à la participation du public de l'article 7 de la Charte de l'environnement. Si le terrain de l'incompétence négative a été prolifique, force est de constater que la jurisprudence du Conseil constitutionnel n'a que très peu développé les garanties associées à ce droit. Seules quelques décisions peuvent ici être mentionnées. Le Conseil constitutionnel a ainsi jugé en 2012 que la participation du public ne peut pas se limiter à la consultation d'un comité composé de représentants du public. Le public doit ainsi être directement consulté[26]. Dans le même esprit, il a considéré que la participation ne peut pas se limiter aux « seuls représentants des personnes habitant à proximité des zones susceptibles d'être traitées par des produits phytopharmaceutiques[27] ». Enfin, les modalités de participation doivent garantir « une appréciation complète des incidences directes et significatives de ces décisions sur l'environnement[28] ». Il y a là un élément prometteur, mais le Conseil constitutionnel ne va pas ici au bout de sa logique : il ne fait pas de l'évaluation environnementale une garantie du droit à la participation.

C. Les trompe-l'œil

Le Conseil constitutionnel a commis quelques coups d'éclat qui, à l'examen, se révèlent décevants.

En premier lieu, il a fait de la protection de l'environnement un « objectif de valeur constitutionnelle[29] ». Cela a été suffisant pour impressionner la presse,[30] mais les spécialistes savent bien d'une part qu'un tel objectif n'a qu'une portée pratique faible[31] et d'autre part que, bien avant cette décision, la protection de l'environnement constituait déjà aux yeux du Conseil un « objectif d'intérêt général » susceptible de justifier la limitation de certains droits[32]. Sur le plan pratique, l'apport de ce coup d'éclat est donc nul.

En second lieu, le Conseil constitutionnel a énoncé une obligation pour le législateur de « veiller à ce que les choix destinés à répondre aux besoins du présent ne compromettent pas la capacité des générations futures et des autres peuples à satisfaire leurs propres besoins[33] ». Là aussi, il y a de quoi impressionner le profane. Mais pour prendre la véritable mesure de ce coup d'éclat, il faut se référer au considérant 7 de cette décision. Le Conseil constitutionnel y énonce que le législateur est libre de limiter l'exercice du droit à l'environnement à partir du moment où cette limitation est

---

26 CC, déc. n° 2012-283 QPC, 23 novembre 2012, cons. 22.

27 CC, déc. n° 2021-891 QPC, 19 mars 2021, cons. 13.

28 CC, déc. n° 2020-843 QPC, 28 mai 2020, cons. 9.

29 CC, déc. n° 2019-823 QPC, 31 janvier 2020, cons. 4.

30 Voir S. Mandard, « Le Conseil constitutionnel reconnaît que "la protection de l'environnement" peut justifier des "atteintes à la liberté d'entreprendre" », *Le Monde*, 31 janvier 2020.

31 Voir X. Dupré de Boulois, « La fin des droits de l'homme ? », *RDLF*, 2020, chron. n° 60.

32 Voir par exemple CC, déc. n° 2013-346 QPC, 11 octobre 2013, cons. 12.

33 CC, déc. n° 2023-1066 QPC, 27 octobre 2023, cons. 6.

proportionnée et justifiée par des exigences constitutionnelles ou par l'intérêt général[34]. Autrement dit, avec des motifs aussi larges, il reprend d'une main ce qu'il avait donné de l'autre. Les intérêts des générations futures ne manqueront pas d'être rattrapés par « l'intérêt général » des générations présentes. Le Conseil constitutionnel a certainement souhaité suivre le mouvement remarquablement initié par la Cour constitutionnelle allemande[35], mais il ne trompe personne, l'imitation est bien pâle.

D. Les interprétations discutables

Quelques décisions se révèlent défavorables à la protection de l'environnement. La première concerne les règles de distance et de hauteur de végétaux plantés à proximité de la limite de fonds voisins prévues aux articles 671 et 672 du Code civil. Le Conseil constitutionnel a sèchement considéré que « l'arrachage de végétaux qu'elles prévoient est insusceptible d'avoir des conséquences sur l'environnement[36] ». La seconde porte sur la validation des dispositions du code de l'urbanisme qui ont drastiquement limité l'action civile en démolition des constructions édifiées conformément à un permis de construire en dehors des zones protégées[37]. À travers ces deux décisions, le Conseil constitutionnel manifeste, si ce n'est une forme d'ignorance, du moins le peu de considération qu'il accorde à la protection de la nature ordinaire et de la nature en ville, deux questions dont on sait pourtant l'importance tant pour la protection de la biodiversité que pour celle du climat.

En définitive, au terme de ce premier panorama, la jurisprudence du Conseil constitutionnel témoigne d'une interprétation minimaliste des dispositions de la Charte de l'environnement. On pourrait bien sûr trouver ce jugement un peu trop sévère, mais il faut bien se rendre compte non seulement que le Conseil constitutionnel ne justifie pas suffisamment les positions qu'il retient, mais aussi que d'autres juridictions font bien davantage en faveur de l'environnement, notamment la Cour de justice de l'Union européenne.

Plutôt que d'en rester à ces perspectives peu encourageantes, il est temps de laisser libre cours à notre imagination pour envisager ce que le juge constitutionnel pourrait faire avec les énoncés de la Charte de l'environnement s'il acceptait de sortir cette Ferrari de son garage.

II. Le potentiel interprétatif des énoncés de la Charte de l'environnement

Avant d'ouvrir le capot pour montrer que les énoncés de la Charte de l'environnement ont bel et bien le potentiel d'une Ferrari (B), il convient

---

34 CC, déc. n° 2023-1066 QPC, 27 octobre 2023, cons. 7.

35 Cour constitutionnelle allemande, 24 mars 2021, *Climat*, n° 1 BvR 2656/18, 1 BvR 78/20, 1 BvR 96/20.

36 CC, déc. n° 2014-394 QPC, 7 mai 2014, cons. 9.

37 CC, déc. n° 2017-672 QPC, 10 novembre 2017, cons. 17.

d'examiner la concurrence. En effet, le modèle du droit de l'Homme à l'environnement, dont la Charte est un exemple topique, est aujourd'hui concurrencé par la théorie des droits de la nature.

A. Un potentiel concurrencé par la théorie des droits de la nature

Selon la théorie des droits de la nature[38], la nature ne doit pas simplement être traitée comme un objet juridique, mais plutôt comme un sujet doté de droits et pouvant être représenté devant les tribunaux par des « *guardians* ». Il s'agirait ainsi de rompre avec la conception traditionnelle de la nature comme objet d'exploitation. Cette théorie repose également sur l'idée que le droit de l'environnement contemporain serait trop anthropocentrique pour protéger la valeur intrinsèque de la nature[39]. Partant, elle postule que les droits de la nature seraient plus efficaces que le droit de l'environnement[40].

Il pourrait dès lors être tentant de miser sur un autre cheval pour nous sortir de la crise écologique. Ne faudrait-il pas « changer de paradigme », laisser de côté le droit de l'Homme à l'environnement pour le remplacer par les droits de la nature ? Pour les partisans de cette théorie, les textes dans le style de la Charte de l'environnement sont le produit d'un anthropocentrisme qui les condamne à l'inefficacité pour cette simple raison. Ne faudrait-il pas alors céder au chant des sirènes ? Tout au contraire, la théorie des droits de la nature se révèle illusoire. Ceux-ci ne présentent pas de réelle plus-value par rapport au droit l'environnement classique.

En premier lieu parce que les droits de la nature ne changent rien aux facteurs qui limitent le potentiel des énoncés constitutionnels sur l'environnement : système constitutionnel, tradition française de méfiance envers les juges, absence de cour constitutionnelle, etc.

En second lieu parce que les droits de la nature, lorsqu'on les examine sur un plan analytique, ne disposent d'aucun avantage comparatif par rapport au droit à l'environnement, au contraire. Ce tableau permet de l'illustrer.

---

38 Pour davantage de précisions, voir J. Bétaille, « Rights of Nature: why it might not save the entire world? », *Journal for European Environmental & Planning Law*, n° 16, 2019, p. 35 ; M. Prieur et al., *Droit de l'environnement*, Paris, Dalloz, coll. « Précis », 9e éd., 2023, n° 279 s.
39 Voir D. R. Boyd, *The Rights of Nature: A Legal Revolution That Could Save the World*, ECW Press, Canada, 2017, pp. xix, xxiii et xxv.
40 Par exemple, voir D. R. Boyd, *ibid.*, pp. xxxv, 143 et 232.

		Droits de la nature	Droit à l'environnement
Dimension idéologique	**Fondement idéologique**	Écologie radicale/ Éthique environnementale/ Néo-jusnaturalisme	Environnementalisme humaniste
	Perspective	Écocentrée, la nature est placée au centre	Interdépendance entre les humains et la nature
Approche analytique	**Destinataires**[41]	L'environnement et l'Homme	L'Homme et l'environnement
	Titulaires	Gardiens	Toute personne
	Traduction opérationnelle	Obligation des humains envers l'environnement	Obligation des humains envers l'environnement

Il existe évidemment des différences idéologiques entre les deux approches. Celle des droits de la nature se veut plus centrée sur la nature en tant que telle, elle puise son fondement dans l'écologie radicale, un temps décrite comme fasciste avant d'être adoubée[42].

En revanche, sur le plan analytique, les deux approches sont équivalentes. Les destinataires et titulaires des droits sont plus ou moins les mêmes et, surtout, la traduction opérationnelle de ces droits est absolument identique. Dans tous les cas cela revient à obliger les humains à protéger l'environnement. La différence réside seulement dans le fait que les droits de la nature prennent un chemin détourné pour y parvenir. Par conséquent, le recours aux droits de la nature ne présente pas un potentiel supérieur. La question de fond est toujours celle de l'autolimitation des humains vis-à-vis de la nature.

In fine, céder au chant des sirènes des droits de la nature serait non seulement inutile sur le plan opérationnel, mais aussi contre-productif. En effet, ce serait perdre un temps précieux, car d'innombrables questions d'interprétation ne manqueraient pas de se poser avant qu'un tel dispositif puisse produire ses effets.

Pragmatiquement, il est plus intéressant de continuer à travailler sur l'interprétation des énoncés de la Charte de l'environnement plutôt que de changer totalement de logiciel. Les droits de la nature sont potentiellement intéressants dans des États qui ne sont pas encore dotés d'un cadre

41 Sur la distinction entre titulaires et bénéficiaires, voir la thèse de C. Valmalette, *Les détenteurs des droits fondamentaux. Recherche sur la distinction entre le titulaire et le bénéficiaire dans la théorie des droits fondamentaux*, thèse, droit, dactyl., Aix-en-Provence, 2024.

42 La position du philosophe Dominique Bourg constitue une illustration de cette volte-face : voir D. Bourg, « Droits de l'homme et écologie », *Esprit*, n° 185, 1992, p. 80 ; « À quoi sert le droit de l'environnement ? Plaidoyer pour les droits de la nature », *Les cahiers de la justice*, Dalloz, n° 3, 2019, p. 407.

constitutionnel protecteur de l'environnement, mais ce n'est pas le cas pour ceux qui disposent déjà d'une Ferrari.

B. La Charte de l'environnement : une Ferrari

Peu d'États disposent de dispositions constitutionnelles aussi avancées sur l'environnement. La Charte de l'environnement est d'autant plus remarquable que ses énoncés disposent d'un potentiel interprétatif important.

En premier lieu, la combinaison des articles 1er, 3 et 7 de la Charte de l'environnement pourrait servir de fondement à une véritable exigence constitutionnelle d'évaluation environnementale, au-delà des balbutiements déjà signalés[43]. En effet, l'évaluation environnementale des projets, des plans, des programmes, des décrets ou encore des lois constitue bien une garantie indispensable du droit à l'environnement, de l'obligation de prévention et des droits à l'information et à la participation.

En deuxième lieu, l'article 1er de la Charte de l'environnement pourrait servir de fondement à la reconnaissance d'un droit d'accès à la justice spécifique à la matière environnementale. L'accès à la justice est en effet le seul élément du volet procédural du droit à l'environnement qui ne figure pas dans la Charte de l'environnement. Le troisième pilier de la convention d'Aarhus ne dispose donc pas d'équivalent en France au niveau constitutionnel. Cela s'explique peut-être par le fait que la jurisprudence constitutionnelle a de longue date reconnu le droit d'exercer un recours effectif sur le fondement de l'article 16 de la Déclaration des droits de l'homme et du citoyen. Ce dernier s'est néanmoins révélé très insuffisant pour garantir la protection du droit d'accès à la justice en matière d'environnement, en témoignent plusieurs affaires dans lesquelles le Conseil constitutionnel a validé des dispositions législatives restreignant largement ce droit[44].

En troisième lieu, l'article 2 de la Charte de l'environnement, en se référant à l'amélioration de l'environnement, est un fondement tout trouvé pour la reconnaissance d'un principe de non-régression. Pour le moment, la jurisprudence du Conseil constitutionnel s'est contentée d'un principe de non-régression au rabais. Il a seulement exigé du législateur qu'il prenne en compte le devoir d'amélioration de l'environnement et qu'il ne prive pas le droit à l'environnement de « garanties légales[45] ». Il s'en est donc tenu à sa position habituelle, sans que l'article 2 de la Charte ait un véritable impact.

En quatrième lieu, l'article 6 de la Charte de l'environnement pourrait servir de fondement à une véritable intégration de l'environnement dans l'ensemble des politiques publiques et non pas à une simple conciliation. Cette dernière conduit au maintien des enjeux environnementaux au même niveau

---

[43] Voir CC, déc. n° 2020-843 QPC, 28 mai 2020, cons. 9.

[44] Voir CC, déc. n° 2011-138 QPC, 17 juin 2011, cons. 7 ; n° 2017-672 QPC, 10 novembre 2017, cons. 14.

[45] Voir CC, déc. n° 2020-809 DC, 10 décembre 2020, cons. 13.

que ceux du présent. Par exemple, le Conseil constitutionnel a pris en compte le risque de défaillance du système électrique au titre de la sauvegarde des intérêts fondamentaux de la nation au profit de la construction d'un terminal méthanier[46]. La conciliation est souvent molle, le Conseil constitutionnel est même tombé dans le panneau des lobbies de la petite hydroélectricité en reprenant leurs arguments sur la préservation du patrimoine et la production d'électricité renouvelable au détriment de la continuité écologique des cours d'eau[47].

En cinquième lieu, l'article 7 de la Charte de l'environnement pourrait *a minima* être interprété à l'aune de l'article 6 de la convention d'Aarhus. Cela impliquerait d'exiger une prise en considération des résultats de la participation du public d'une part, et d'obliger les autorités décisionnaires à motiver leurs décisions au regard des commentaires du public, autrement dit à répondre à ces commentaires[48].

En dernier lieu, par-delà les énoncés qui figurent dans la Charte de l'environnement, la mise en place d'un véritable contrôle de l'omission législative permettrait d'en améliorer la portée. En effet, il existe un trou important dans la raquette du contrôle de constitutionnalité français. Celui-ci est conçu pour censurer la violation de la Constitution en raison de l'action législative du Parlement, mais en aucun cas en raison de son inaction dans la garantie effective des droits fondamentaux. En dehors des hypothèses restreintes d'incompétence négative, l'absence de concrétisation législative des droits fondamentaux n'est pas contrôlée par le juge constitutionnel.

Un tel contrôle serait pourtant intéressant en matière d'environnement, domaine dans lequel le législateur a tendance à se tenir en deçà de ce qui serait nécessaire pour garantir l'effectivité du droit à l'environnement. Pour l'heure, la position du Conseil constitutionnel reste globalement décevante. Il a sèchement affirmé, dans la décision sur la loi Climat et résilience, qu'il « ne dispose pas d'un pouvoir général d'injonction à l'égard du législateur[49] ». Il faut donc se contenter de quelques avancées timides sur ce terrain. Par exemple, dans l'affaire sur la prolongation des concessions minières en Guyane, le Conseil constitutionnel a sanctionné implicitement une omission législative, puisque c'est l'absence d'obligation de réaliser une étude d'impact

46 CC, déc. n° 2022-843 DC, 12 août 2022.

47 CC, déc. n° 2022-991 QPC, 13 mai 2022, cons. 9. Ces arguments sont très faibles : la petite hydroélectricité produit peu d'énergie alors qu'elle a un impact très fort sur les cours d'eau. La suppression des seuils et digues n'empêche en rien la réhabilitation des anciens moulins, notamment à des fins touristiques.

48 Voir J. Bétaille, « La motivation au service de la participation : l'émergence d'une obligation de répondre aux commentaires du public comme clé d'articulation entre la représentation et la participation », *Cahiers de la Recherche sur les Droits Fondamentaux*, n° 17, 2020, p. 31.

49 CC, déc. n° 2021-825 DC, 13 août 2021, cons. 3.

en cas de prolongation (automatique) des concessions qui a conduit à la déclaration d'inconstitutionnalité[50].

En définitive, les énoncés de la Charte de l'environnement disposent d'un potentiel important, mais ils demeurent largement sous-exploités par le Conseil constitutionnel. Ils sont ainsi minimisés. La Ferrari reste au garage.

---

[50] CC, déc. n° 2021-971 QPC, 18 février 2022, cons. 12.

LES DISPOSITIONS INEXPLOITÉES DE LA CHARTE DE L'ENVIRONNEMENT

Sara AOUISS

« La Charte de l'environnement est entrée dans les mœurs [...]. La Charte va innerver l'ensemble des politiques publiques. Le Grenelle de l'environnement en sera la démonstration. Parallèlement et à petits pas les juges vont se l'approprier[1]. » Reprenant les espoirs portés par le président Jacques Chirac en 2005[2], Michel Prieur augurait encore, neuf ans après son entrée en vigueur[3] et quelques déconvenues, le succès inéluctable de la Charte de l'environnement.

Vingt ans plus tard, les résultats sont toujours aussi contrastés. D'abord, considéré dans sa *globalité*, le texte pâtit encore d'une image juvénile, aussi bien aux yeux de la société civile que de la doctrine juridique, alors même qu'il bénéficie d'une antécédence manifeste et d'une profusion d'études à son sujet. Ensuite, observé dans sa *spécificité*, le texte souffre toujours d'un manque d'homogénéité dans la valeur et le traitement accordés à ses dispositions. Il ressort du passage en revue de la littérature publiciste[4] et de la jurisprudence que toutes les dispositions ne suscitent pas le même intérêt, au point d'en passer certaines sous silence.

Pourtant, sa valeur constitutionnelle fait désormais autorité, de par sa constitutionnalisation en 2005, sa consécration par les juridictions

---

[1] M. Prieur, « Promesses et réalisations de la Charte de l'environnement », *Les Nouveaux Cahiers du Conseil constitutionnel*, n° 43, avril 2014.

[2] J. Chirac, « Un engagement solennel de la Nation, Message de M. Jacques Chirac, président de la République », *Revue juridique de l'environnement*, n° spécial, 2005, pp. 23-24 : La charte constitutionnelle de l'environnement, 2005, p. 23 : « *Placée au plus haut niveau de notre droit, la Charte de l'environnement s'impose à tous. Elle sera prise en compte pour l'élaboration de toutes les lois et sa mise en œuvre sera contrôlée par l'ensemble des juridictions* ».

[3] Loi constitutionnelle n° 2005-205 du 1er mars 2005 relative à la Charte de l'environnement.

[4] Les critiques ont été émises dès l'élaboration du projet au début des années 2000, v. par exemple J. Morand-Deviller, « La charte de l'environnement et le débat idéologique », *Revue juridique de l'environnement*, n° spécial, 2005, pp. 97-106. On se souviendra des réserves émises par une partie des constitutionnalistes en 2003 et en 2004 sur l'absence d'effet direct de la Charte (v. notamment B. Mathieu, « Observations sur la portée normative de la Charte de l'environnement », *Les Cahiers du Conseil constitutionnel* », n° 15, 2003, pp. 145 et 152 ; Y. Jégouzo, F. Loloum, « La portée juridique de la Charte de l'environnement », *Droit administratif*, n° 3, mars 2004, pp. 5 et s.), ou encore de la prédominance de « *droit mou* » dans le texte (D. Chagnollaud, « Un mélange droit mou et dur », *Le Figaro*, 24 juin 2003, p. 8).

constitutionnelle et administrative[5] et l'essor contemporain de la législation en matière environnementale. Elle a même suscité un regain d'intérêt récent, qui s'explique notamment par un long processus de maturation au sein des juridictions, aboutissant à plusieurs décisions récentes[6]. Malgré tout, cela ne saurait suffire, le texte peine *toujours* à prendre son envol, freiné par une jurisprudence claudicante.

Examiner l'existence de « *dispositions inexploitées* » de la Charte de l'environnement revient alors à s'interroger sur cette notion d'inexploitation. Si, en général, on l'entend par « *ce dont on ne tire pas parti* », au regard de leur effacement des débats doctrinaux et jurisprudentiels, trois articles de la Charte de l'environnement semblent aujourd'hui principalement concernés par le sujet :

> Article 8 : « L'éducation et la formation à l'environnement doivent contribuer à l'exercice des droits et devoirs définis par la présente Charte » ;
> Article 9 : « La recherche et l'innovation doivent apporter leur concours à la préservation et à la mise en valeur de l'environnement » ;
> Article 10 : « La présente Charte inspire l'action européenne et internationale de la France ».

Leur valeur constitutionnelle est indubitable, depuis l'onction constitutionnelle dont ils ont bénéficié depuis la révision du 1er mars 2005, mais leur effectivité, elle, est à interroger. Or, comme l'explique Jean-Sébastien Boda : « *l'effectivité ici envisagée ne mesure pas la propension qu'ont les individus concernés par une norme à s'y conformer, mais la capacité d'une norme à s'imposer au sein d'un ordre juridique donné* »[7]. L'effectivité suppose alors la capacité d'une norme à être invocable, voire à produire des droits subjectifs. L'inexploitation de certaines règles de droit revêt donc un triple sens — ou plutôt une triple conséquence — dans la présente contribution : le contenu matériel d'une disposition, sa portée impérative et l'étendue du contrôle opéré par le juge. Ce sujet amène ainsi à distinguer ce qui relèverait intrinsèquement de la valeur juridique *textuelle* ou *officielle*, de ce qui relèverait de la valeur juridique *réelle* ou *effective* des

---

[5] Parmi les jurisprudences principales, on note la reconnaissance de la valeur constitutionnelle des dispositions de la Charte de l'environnement : cons. const., n° 2008-564 DC du 19 juin 2008, *loi relative aux organismes génétiquement modifiés* ; CE, Ass., 3 octobre 2008, *Commune d'Annecy*, req. n° 297931.

[6] Sur le plan matériel, la valeur constitutionnelle des articles de la Charte — et ainsi leur invocabilité — a notamment été étendue indirectement à son Préambule : cons. const., n° 2019-823 QPC du 31 janvier 2020, *Union des industries de la protection des plantes* (reconnaissance de l'objectif de valeur constitutionnelle relatif à la « *protection de l'environnement, patrimoine commun des êtres humains* », à partir du Préambule de la Charte). Sur le plan contentieux, les voies de recours devant les juridictions administrative et constitutionnelle se sont étendues : v. notamment TA Châlons-en-Champagne, ord. du 29 avril 2005, req. n° 0500828-0500829-0500830 ; CE, 2e- 7e ch. réunies, ord. du 20 septembre 2022, req. n° 451129.

[7] J.-S.Boda, « L'effectivité problématique des normes constitutionnelles : l'exemple de la charte de l'environnement », *in* V. Champeil-Desplats, D. Lochak (dir.), *À la recherche de l'effectivité des droits de l'homme*, Paris, Presses universitaires de Paris Nanterre, 2008, p. 78.

articles 8 à 10 de la Charte de l'environnement. À l'instar des alinéas de son préambule[8] qui ne peuvent être directement invoqués[9], cette contribution s'interrogera sur la notion d'inexploitation des trois dernières dispositions de la Charte de l'environnement. Au-delà de l'image proclamatrice qu'elles ont pu donner : *ces dispositions ont-elles une portée normative ? Autrement, ont-elles vocation à l'avoir ?*

Pour l'heure, les perspectives demeurent modestes, mais prometteuses, compte tenu des progrès réalisés par les juges concernant d'autres parties inexploitées du texte et des récentes décisions sur les articles 8, 9 et 10 de la Charte. Il conviendra donc de revenir sur une vocation proclamatoire souvent prêtée à ces dispositions (I), avant d'examiner leur effectivité contentieuse auprès des juridictions administrative et constitutionnelle (II)[10].

I. Une vocation proclamatoire arbitrairement prêtée aux dispositions inexploitées

Il y a dix ans, Yves Jégouzo soulignait à propos des trois dernières dispositions de la Charte qu'« *un peu de « "proclamatoire" ne coûte rien !* » Vingt ans après l'entrée en vigueur du texte constitutionnel, on peut pourtant en douter. En effet, ce caractère déclaratif a souvent été attribué, parfois de manière parfois arbitraire, aux dispositions inexploitées. Cette analyse s'articulera autour de deux axes : d'une part, l'influence de la Commission Coppens et les ambiguïtés qu'elle suscite dans l'interprétation des articles concernés (A), et d'autre part, l'intégration inégale et difficilement mesurable de ces articles au sein des politiques publiques (B).

A. Le spectre de la Commission Coppens

Les rares commentateurs des articles 8 à 10 de la Charte mettent en évidence leur manque de rigueur rédactionnelle, qu'ils considèrent comme le principal frein à leur effectivité. À l'occasion des dix ans du texte, Yves Jégouzo confiait souhaiter, par exemple, que « *le constituant se montre plus sobre et juriste plus rigoureux que la Commission* [Coppens] dans ses articles 8, 9 et 10 [...] », et regrettait de ne pas percevoir « *la portée de telles proclamations sur le plan juridique, la Charte constitutionnelle* [reprenant] *à un ou deux mots près le texte de la Commission Coppens* »[11]. L'on pourrait,

[8] CC, déc. n° 2014-394 QPC du 7 mai 2014, *Société Casuca.*

[9] Dans la mesure où elles n'instituent pas un droit ou une liberté que la Constitution garantit. V. notamment à propos de l'article 6 de la Charte de l'environnement : CC, déc. n° 2012-283 QPC du 23 novembre 2012, *M. Antoine de M.*

[10] En raison de la densité du champ couvert par le sujet et du rôle central des jurisprudences administratives et constitutionnelles dans la constitutionnalisation des dispositions de la Charte, la présente étude se limitera à ces deux juridictions.

[11] Y. Jégouzo, « Retour sur l'écriture de la Charte de l'environnement par la Commission Coppens », *in* C. Cerda-Guzman, F. Savonitto (dir.), *Les 10 ans de la Charte de l'environnement : 2005-2015*, Paris, Institut universitaire Varenne, coll. « Colloques & Essais », 2016, p. 28.

en effet, relever la formulation relativement large des dispositions visées : « *l'éducation et la formation à l'environnement* ***doivent contribuer*** *à l'exercice des droits et devoirs définis par la présente Charte* »[12] ; « *la recherche et l'innovation* ***doivent apporter leur concours*** *à la préservation et à la mise en valeur de l'environnement* »[13] ; « *la présente Charte* ***inspire*** *l'action européenne et internationale de la France* »[14]. La sémantique peut, à bien des égards, être qualifiée de nébuleuse, chose qui ne heurte ni la façon dont sont habituellement conçues et rédigées les normes constitutionnelles[15], ni leur invocabilité et leur effectivité devant le juge et les pouvoirs publics. Pour autant, et dans l'hypothèse où la perspective adoptée par le constituant serait utilitariste et non seulement proclamatrice, quelles conclusions faudrait-il tirer de tels choix de rédaction ? Ces dispositions consacrent-elles une prescription ou une incitation à l'égard des institutions ? Postulent-elles une obligation de moyens ou de résultats ? Ont-elles, *intrinsèquement*, dans l'optique de consacrer des droits et des libertés fondamentaux ? Dans l'affirmative, qui en sont les titulaires[16] et comment peuvent-ils s'en prévaloir ? Les interrogations fusent et rejoignent une question principale : *quelle est la valeur normative attribuée par le pouvoir constituant à ces dispositions ?*

Il est difficile de sonder la *ratio legis* des derniers articles de la Charte sans revenir à leur élaboration par la Commission Coppens. Or, la lecture du rapport de la Commission révèle que ceux-ci prenaient déjà la forme d'une incitation appuyée adressée aux parties prenantes et aux pouvoirs publics[17], sans toutefois revêtir un caractère impératif apparent. Le futur article 8, traduction de l'objectif assigné par le président de la République dans son

---

[12] Article 8 de la Charte de l'environnement.

[13] Article 9 de la Charte de l'environnement.

[14] Article 10 de la Charte de l'environnement.

[15] On rappellera à cet égard les propos du doyen Vedel au sujet de la Constitution du 4 octobre 1958 : « [...] *cette Constitution est, de toute notre histoire, à la fois la plus rigide et la plus vaporeuse.* [...] *Le texte est rédigé avec une très grande précision, au moins dans certains cas, part des gens de plume rompus au maniement des concepts juridiques* [...]. *En d'autres points, cependant, cette Constitution se révèle vaporeuse. Elle s'est avérée plus qu'aucune de nos Constitution apte à supporter les conjonctures politiques les plus variées* [...]. *Mais si elle nous paraît vaporeuse, c'est aussi à cause de sa rédaction — est-ce le génie des rédacteurs, je n'en sais rien ? — qui, tout en paraissant extrêmement précise, est probablement de toutes nos Constitutions celle qui a autorisé le plus grand nombre d'interprétations juridiques* » (v. D. Maus, J.-L. Parodi, L. Favoreu [dir.], *L'écriture de la Constitution de 1958 : actes du Colloque organisé par l'Association française de Science Politique et l'Association française des constitutionnalistes*, Aix-en-Provence, Presses universitaires d'Aix-Marseille, Paris, Economica, 1992, p. 22).

[16] Par exemple, existe-t-il un effet horizontal de ces dispositions ?

[17] Et plus particulièrement au législateur.

discours d'Orléans du 3 mai 2001[18], « *devra* ***inciter*** *les autorités compétentes* » à adapter l'offre d'enseignement scolaire et universitaire[19]. Le futur article 9, d'inspiration populaire[20], s'adressera aux secteurs publics et privés de « *la recherche, la technologie et* [de] *l'innovation* », afin de « ***proposer*** *des remèdes et des perspectives permettant de* ***concilier*** *les aspirations au développement avec le respect de l'environnement et la gestion de ses ressources*[21] ». La motivation du futur article 10, plus ambiguë que les deux autres, entendra consacrer « *la dimension nécessairement internationale des engagements pris par le peuple français à travers la Charte* », sans pour autant modifier l'équilibre établi dans la Constitution[22].

Cet esprit incitatif sera confirmé dans le projet de loi constitutionnelle ainsi que dans les travaux préparatoires, tout en faisant l'objet d'éclaircissements et de corrections rédactionnelles[23]. La rapporteur du projet de loi à l'Assemblée nationale, Nathalie Kosciusko-Morizet, mettra notamment en avant l'économie générale de la Charte, qui assigne au législateur des objectifs de valeur constitutionnelle (OVC ci-après) en matière de protection environnementale. Toutefois, appliqué aux articles 8 à 10, ceux-ci sont insusceptibles d'emporter un « *effet cliquet* » [24] — ou « *effet artichaut* »[25]. Le rapport confirme ainsi l'absence de valeur normative autonome s'imposant à

---

[18] « [...] *Parce que l'écologie est au cœur de la citoyenneté, elle doit faire partie des programmes d'enseignement dès l'école primaire, pour apprendre à nos enfants les lois de la nature et les gestes qui la protègent* ».

[19] Y. Coppens, *Rapport de la Commission Coppens de préparation de la Charte de l'environnement*, Paris, Ministère de l'Écologie et du Développement durable, 2005, p. 22

[20] N. Kosciusko-Morizet, *Rapport fait au nom de la commission des lois constitutionnelles, de la législation et de l'administration générale de la République sur le projet de loi constitutionnelle (n° 992) relatif à la Charte de l'environnement*, Paris, Assemblée nationale, 12 mai 2004, n° 1595, p. 128.

[21] *Ibid.*, p. 23.

[22] *Ibid.*, p. 44 : « [...] *Elle n'affecte pas les pouvoirs propres du chef de l'État de négocier les traités. Elle n'entend pas non plus modifier l'équilibre résultant en particulier du titre VI de la Constitution, selon lequel les engagements internationaux de la France l'emportent, en cas de conflit, sur la norme constitutionnelle, dont l'adaptation est alors prévue par l'article 54* » (proposition 14 de la Commission).

[23] V. notamment les rapports des commissions des lois constitutionnelles des deux chambres : N. Kosciusko-Morizet, *op. cit.* ; P. Gélard, *Rapport fait au nom de la commission des Lois constitutionnelles, de législation, du suffrage universel, du Règlement et d'administration générale sur le projet de loi constitutionnelle, adopté par l'Assemblée nationale, relatif à la Charte de l'environnement*, Paris, Sénat, 16 juin 2004, n° 352.

[24] Théorie dont on rappellera qu'elle fut abandonnée à l'issue des décisions du Conseil constitutionnel survenues à la fin des années 1990. V. notamment V. Champeil-Desplats, « Le Conseil constitutionnel a-t-il une conception des libertés publiques ? » (en ligne), *Jus politicum*, n° 7, https://juspoliticum.com/articles/le-conseil-constitutionnel-a-t-il-une-conception-des-libertes-publiques-402 (consulté en mars 2025).

[25] V. notamment N. Kosciusko-Morizet, *op. cit.*, p. 38 : expression dégagée par le doyen Favoreu où le « *législateur peut enlever feuille à feuille des éléments de leur régime législatif ; mais il ne peut pas en toucher le cœur* ».

l'endroit du législateur[26]. Cette lecture de la Charte rejoint celle du rapporteur du projet de loi au Sénat, Patrice Gélard, qui achèvera de consacrer le caractère politique et non juridique des obligations de moyen fixées aux articles 8 à 10[27].

Malgré tout, ces dispositions feront l'objet de vives critiques de la part d'une partie de l'opposition parlementaire en 2004. Lors de la discussion du texte au palais du Luxembourg, des sénateurs du groupe « *socialistes et apparentés* » considéreront que l'absence de portée juridique véritable au sein du corpus constitutionnel vide ces articles de leur finalité : « *Cela revient à poser de nouveau la question qui a été excellemment formulée par M. Badinter hier : "qu'est-ce qu'un texte constitutionnel ? À partir du moment où l'on considère que c'est un catalogue de vœux, nous considérons pour notre part que nous ne sommes pas dans notre rôle de législateur constituant"*[28]. » À l'égard de l'article 9, le sénateur Claude Saunier dénoncera « *une illustration de l'incohérence consistant à proposer un texte constitutionnel qui, en réalité, relèverait plutôt du Bulletin officiel de l'éducation nationale et de la définition des programmes de l'éducation* [...] », et donc une « *confusion des genres*[29] ». L'article 10, quant à lui, est l'aboutissement, selon le sénateur Jean-Pierre Sueur, « *des déclarations qui n'ont aucune portée.* [...] *Comment pourrait-on imaginer que la Constitution, les chartes à caractère constitutionnel, la loi elle-même n'inspirent pas l'action européenne et internationale de la France*[30] *?* » La réflexion des sénateurs a le mérite de souligner la principale difficulté liée à l'« *inexploitation* » des articles de la Charte : comment faire évoluer le droit positif en l'absence de droit contraignant ? Cette question est d'autant plus cruciale en matière d'élaboration des politiques publiques, où d'autres intérêts, notamment économiques, peuvent influer sur les choix du législateur. De même, les objectifs de valeur constitutionnelle ne confèrent pas, en eux-

---

[26] *Ibid.*, pp. 128 et s.

[27] P. Gélard, *op. cit.*, pp. 19-20 : « *Les articles* [...] *8 (contribution de l'éducation à l'exercice des droits et devoirs en matière d'environnement) et 9 (concours de la recherche à la sauvegarde de l'environnement) fixent une orientation et non un impératif. Il en est de même de l'article 10 (la Charte inspire l'action européenne et internationale de la France) en raison du choix du verbe "inspirer". Il s'agit en l'espèce d'obligations à caractère politique et non d'obligations juridiques* ».

[28] Sénat, *Compte-rendu intégral de la séance publique du 24 juin 2004*, amendement n° 49, propos de J.-P. Sueur : « *Nous pensons que l'article 8 de la charte n'a pas de portée juridique véritable. Il est une invitation du constituant à promouvoir l'éducation et la formation à l'environnement. Là encore, nous ne sommes opposés ni à la formation ni à l'éducation sur les questions d'environnement. Mais cela revient à poser de nouveau la question qui a été excellemment formulée par M. Badinter hier : qu'est-ce qu'un texte constitutionnel ? A partir du moment où l'on considère que c'est un catalogue de vœux, nous considérons pour notre part que nous ne sommes pas dans notre rôle de législateur constituant* ».

[29] *Ibid.*, amendement n° 50.

[30] *Ibid.*, amendement n° 51.

mêmes, de droits subjectifs aux citoyens[31]. Pourtant, le champ d'application des articles 8 à 10 a un impact direct sur les modes de vie individuels. En tout état de cause, leurs amendements de suppression seront finalement rejetés, la vision défendue par les rapporteurs du projet de loi au Sénat et à l'Assemblée nationale et le garde des Sceaux, Dominique Perben[32], ayant prévalu.

Devrait-on néanmoins réécrire ces dispositions, voire les combiner entre elles pour plus d'effectivité ? Depuis l'entrée en vigueur de la Charte de l'environnement, ces dispositions 8 à 10 ont suscité peu de réactions au sein des assemblées parlementaires. Cependant, en décembre 2014, l'Assemblée nationale a rejeté une proposition de loi constitutionnelle portée par des députés du groupe UMP, visant à remplacer le « *principe de précaution*[33] » par un « *principe d'innovation responsable*[34] ». Cette initiative visait ainsi à déconstitutionnaliser le principe de précaution au profit d'une reconnaissance du principe d'innovation responsable. La proposition a été vivement critiquée. Ses opposants ont dénoncé le flou normatif de ce nouveau principe qui obligerait l'État à distinguer une innovation « *responsable* » d'une innovation « *irresponsable* »[35]. De plus, la coexistence des deux principes risquait d'engendrer une insécurité juridique quant à leur articulation. En effet, certains députés ont souligné, à juste titre, que le principe d'innovation figurait déjà à l'article 9 de la Charte de l'environnement, lequel prévoit que « *la recherche et l'innovation doivent apporter leur concours à la préservation et à la mise en valeur de l'environnement* ». Enfin, sur cet aspect, plusieurs députés ont jugé regrettable de retirer le terme « *principe de précaution* » de la Constitution, alors qu'il est consacré par le droit européen et international. Cette modification sémantique aurait inévitablement soulevé des débats devant le juge sur son interprétation[36] et sa compatibilité avec les engagements internationaux existants qui, eux, consacrent le principe de précaution. Le débat apparaît vain, d'autant que la rédaction actuelle des dispositions 8 à 10 de la Charte n'exclut pas leur utilisation combinée avec d'autres dispositions, rendant ainsi superflue toute tentative de fusionner certains articles.

---

[31] G. Sutter, « Utilité et limites des objectifs de valeur constitutionnelle sur le plan contentieux », *Titre VII*, n° 8, avril 2022, pp. 44-53.

[32] Assemblée nationale, *Compte-rendu intégral de la 2ème séance publique du 5 mai 2004*, p. 4041 : concernant l'article, « *l'idée exprimée* [...] *est d'un autre ordre. La France s'impose ainsi de promouvoir, en Europe et dans le monde, une écologie humaniste, dans une logique d'intérêt commun à tous les peuples et de solidarité* ».

[33] Article 5 de la Charte de l'environnement.

[34] Proposition de loi constitutionnelle de MM. Éric Woerth et Damien Abad et plusieurs de leurs collègues visant à instaurer un principe d'innovation responsable, 14 octobre 2014, n° 2293.

[35] S. Buis, *Avis au nom de la commission du développement durable et de l'aménagement du territoire sur la proposition de loi constitutionnelle visant à instaurer un principe d'innovation responsable*, Paris, Assemblée nationale, n° 2394, 26 novembre 2014, p. 12.

[36] En effet, ce changement sémantique induit-il un changement de sens ? L'appellation « *principe d'innovation responsable* » se concilie-t-elle avec le « *principe de précaution* » ?

Quant à l'article 8, un seul amendement parlementaire[37], déposé à l'occasion de la discussion du projet de loi constitutionnelle en 2021[38], prévoyait d'élargir son spectre. Il fut finalement rejeté, avant que le projet ne soit définitivement abandonné par l'Exécutif.

Le spectre de la commission Coppens persiste après vingt ans d'application de la Charte de l'environnement. Cependant, le caractère supposé vague des dispositions 8 à 10 ne justifie pas leur réécriture complète par le constituant. En réalité, c'est la vision incitative ou « *souple* » adoptée par ce dernier qui soulève des interrogations sur leur application extracontentieuse par les pouvoirs publics (B).

B. Une intégration disparate et difficilement mesurable au sein des politiques publiques

Les articles 8 à 10 de la Charte ont avant tout vocation à orienter l'action des pouvoirs publics, et plus spécifiquement celle du législateur. Par conséquent, analyser leur réception sous un prisme extracontentieux revient à examiner les traces de leur mise en œuvre au sein du droit positif et des politiques publiques. Or, l'impact des articles de la Charte de l'environnement sur celles-ci est difficile à mesurer de manière précise, en l'absence d'indicateurs et d'études empiriques sur le sujet. L'examen du nombre et du degré d'efficacité des politiques publiques liées à ces dispositions aurait permis de mieux saisir les évolutions engagées pour atteindre les objectifs de la Charte, ainsi que la façon dont ces articles sont interprétés et appliqués en pratique. Cependant, même dans cette hypothèse, il est essentiel de rappeler qu'une corrélation entre ces politiques publiques et les articles de la Charte ne prouve pas nécessairement un lien de causalité direct.

En effet, la mise en œuvre des dispositions de la Charte par le législateur peut se faire de manière implicite, sans toujours être explicitement mentionnée comme référence[39]. De plus, les facteurs qui influencent les politiques publiques sont multiples et variés, et il est difficile de distinguer clairement l'effet de la Charte parmi les autres facteurs qui peuvent intervenir, comme les enjeux économiques, les pressions des groupes d'intérêt ou les priorités politiques du moment. De plus, dans certains cas, des objectifs environnementaux peuvent être intégrés dans des politiques publiques pour des raisons d'opportunité politique ou de réponse à des obligations

[37] G. Cherpion, J.-P. Door, J.-Y. Bony *et al.*, *Amendement n° 299* (en ligne), Paris, Assemblée nationale, 5 mars 2021. https://www.assemblee-nationale.fr/dyn/15/amendements/3787/AN/299.pdf (consulté en mars 2025).

[38] Projet de loi constitutionnelle complétant l'article 1er de la Constitution et relatif à la préservation de l'environnement, déposé au Parlement le 20 janvier 2021.

[39] De cette manière, si les exposés des motifs des projets et propositions de lois, ainsi que les études d'impact des projets de lois, ne les mentionnent pas comme référence, il devient difficile d'établir un lien avec celles-ci.

internationales, plutôt que pour une stricte application des principes de la Charte.

En outre, la mise en œuvre des articles de la Charte peut se heurter à des obstacles pratiques. Par exemple, la faible volonté politique peut rendre difficile l'application effective de ces dispositions.

En tout état de cause, au vu des évolutions normatives connues à partir de 2005, le droit de l'environnement a marqué une inflexion dans la prise en compte de ses enjeux par les acteurs économiques et politiques. L'organisation du « Grenelle de l'environnement » en 2007, suivie du « Grenelle de la mer », en est une illustration. Cette concertation, réunissant les partenaires sociaux et environnementaux sous l'égide du ministre du Développement durable, Jean-Louis Borloo, a alors permis de replacer l'écologie au centre des politiques publiques : économie, fiscalité, agriculture, forêt, etc.[40].

Une question essentielle demeure donc : les trois dernières dispositions de la Charte de l'environnement ont-elles, en pratique, bénéficié de cette dynamique globale en influençant de manière significative les politiques publiques ? À notre connaissance, les occurrences restent discrètes, voire inexistantes, pour l'article 9[41], et limitées et éparses — bien qu'elles soient notables — pour les articles 8 et 10. Parmi les exemples touchant l'article 8, figure le Plan national d'éducation au développement durable, lancé par le ministère de l'Éducation nationale en 2015. Par la suite, ce plan a été intégré à la loi n° 2021-1104 du 22 août 2021 relative à la lutte contre le dérèglement climatique et au renforcement de la résilience[42], qui consacre le rôle fondamental de l'éducation au développement durable (EDD), de l'école primaire au lycée[43]. Il faut noter que ces mesures s'inscrivent dans le cadre de deux protocoles d'accord entre les ministères de l'Environnement et de l'Éducation nationale, signés respectivement en 1983 et 1993.

Autres exemples — sans doute plus marquants : les lois dites « *Grenelle* » I et II ont, de manière générale, sensiblement participé à l'élargissement de la

---

[40] Il est vrai que les résultats du Grenelle n'ont pas été à la hauteur des attentes suscitées par cette initiative originale de démocratie environnementale. Toutefois, il semble que celui-ci a signalé aux nombreux acteurs économiques, leur indiquant qu'il était désormais crucial de s'informer sur le droit de l'environnement, non seulement pour en comprendre les exigences, mais aussi pour saisir les opportunités qu'il offre.

[41] Nous n'avons pas trouvé de législation qui se réfère explicitement à cet article.

[42] Loi n° 2021-1104 du 22 août 2021 *portant lutte contre le dérèglement climatique et renforcement de la résilience face à ses effets*, Jorf n° 0196 du 24 août 2021.

[43] *Ibid.*, article 5 ; v. aussi site Internet officiel du ministère de l'Aménagement du territoire et de la Transition écologique : « L'éducation à l'environnement et au développement durable », 7 février 2019, https://www.ecologie.gouv.fr/politiques-publiques/leducation-lenvironnement-developpement-durable (consulté en septembre 2024) : l'article 5 de la loi élève notamment ce Plan au rang de mission fondamentale du service public de l'éducation.

place de l'éducation à l'environnement dans le droit de l'environnement[44]. En effet, elles font suite aux discussions du Grenelle de l'environnement qui ont souligné la nécessité d'une « pédagogie de l'environnement » pour les acteurs, les décideurs et les citoyens. Un groupe de travail « éducation au développement durable » avait été formé pour l'occasion et avait pour objectif d'approfondir les questions liées au développement durable auprès des acteurs éducatifs de divers ministères. Les travaux menés ont notamment influencé l'élaboration de l'article 55 de la loi dite « Grenelle I » du 3 août 2009, qui dispose que « l'éducation au développement durable est portée par toutes les disciplines et intégrée dans le fonctionnement quotidien des établissements scolaires », et qu'« elle contribue, à travers ses dimensions éthiques et sociales, à la formation citoyenne[45] ». La législation élargit aussi le champ de l'éducation à l'environnement au-delà de l'enseignement primaire et secondaire, en l'intégrant d'autres établissements et formations. Quant à la loi « *Grenelle II* » du 12 juillet 2010, elle accorde une reconnaissance appuyée aux associations d'éducation à l'environnement. Son article 249, aujourd'hui codifié à l'article L.141-3 du code de l'environnement, permet de désigner des « associations œuvrant pour l'éducation à l'environnement », afin qu'elles participent aux « débats sur l'environnement qui se déroule dans le cadre des instances consultatives ayant vocation à examiner les politiques d'environnement et de développement durable[46] ».

Plus largement, selon le ministère de l'Aménagement du territoire et de la Transition écologique, chaque politique publique à vocation environnementale tend aujourd'hui à intégrer une dimension éducative, renforçant ainsi l'impact de l'article 8. La dynamique est d'ailleurs ancrée dans les ordonnancements internationaux et européens. Les axes stratégiques de l'éducation à l'environnement et au développement durable s'inscrivent également dans un cadre international, en lien avec l'Accord de Paris sur le climat et les Objectifs de développement durable (ODD) de l'Agenda 2030, dans toutes leurs composantes. Cette dynamique s'est-elle exportée à l'échelon européen ? Une chose est sûre, en juin 2022, le Conseil de l'Union européenne a adopté une recommandation sur l'apprentissage au service de la transition écologique et du développement durable[47].

En outre, l'article 8 a également pu faire l'objet d'une courte mention dans un avis de la Commission nationale consultative des droits de l'Homme (Cncdh), intitulé « Urgence climatique et droits de l'Homme », publié en

---

[44] V. notamment J. Gourin, *La reconnaissance juridique de l'éducation à l'environnement*, J. Makowiak (dir.), thèse, droit, Université de Limoges, 2022, p. 162.

[45] Loi n° 2009-967 du 3 août 2009 *de programmation relative à la mise en œuvre du Grenelle de l'environnement*, *JO* n° 0179 du 5 août 2009.

[46] Loi n° 2010-788 du 12 juillet 2010 portant engagement national pour l'environnement, *JO* n° 0160 du 13 juillet 2010.

[47] Recommandation du Conseil du 16 juin 2022 sur l'apprentissage au service de la transition écologique et du développement durable 2022/C 243/01.

2021. Celle-ci recommande au « ministère de l'Éducation nationale et de la jeunesse ainsi qu'au ministère de l'Enseignement supérieur, de la Recherche et de l'Innovation de donner une place plus importante, au sein de leurs programmes respectifs d'enseignement, à l'éducation aux changements climatiques et à la biodiversité. Elle recommande aussi de mettre l'accent sur l'accès aux nouveaux métiers de la transition écologique[48] ».

Concernant les mobilisations de l'article 10 de la Charte par les pouvoirs publics, il est difficile de confirmer de manière définitive que ces derniers, notamment le législateur, le prennent réellement en compte dans leur action. On ne retrouve que de rares itérations explicites de la disposition, notamment au sein d'une résolution adoptée au Sénat en 2016, en application de l'article 88-4 de la Constitution. Celle-ci invitait notamment le Gouvernement à « utiliser toutes les possibilités dont il dispose pour » soutenir le secteur agricole national et promouvoir les normes européennes de qualité dans le cadre de ses négociations avec les États-Unis[49]. Autre exemple, en 2014, le Conseil économique pour le développement durable fait une brève mention de l'article 10 au début de son rapport portant sur « l'action internationale de la France et l'urgence écologique dans la perspective du Green Deal européen et de la COP 26 ». En revanche, à notre connaissance, il n'existe aucune trace de la mention de l'article 10 dans les négociations internationales.

Y a-t-il donc une utilisation indirecte de l'article 10 de la charte ? La question environnementale et celle du réchauffement climatique ont pu mobiliser l'actualité de ces dix dernières années, notamment avec l'Accord de Paris sur le climat, où la France a eu un rôle actif en 2015, et la négociation du *Green Deal*. On pourrait citer une nouvelle fois la loi « *Grenelle I* » qui invite l'État à entreprendre diverses démarches internationales en matière d'environnement. Cependant, sa valeur est limitée, en ce qu'il s'agit d'une loi de programmation sans caractère normatif qui n'a pas été soumise au contrôle du Conseil constitutionnel. De plus, l'absence de référence explicite à la Charte montre qu'il est difficile d'affirmer avec certitude que cet article 10 guide spécifiquement l'action diplomatique du gouvernement. Sous plusieurs aspects, il semble que l'agenda politique international influence le gouvernement à s'inscrire dans une démarche proactive à l'échelon tant européen qu'international[50]. N'est-ce pas là, quelque part, le signe d'une victoire des constituants ? Un effort de promotion de la Charte serait tout de même bienvenu.

---

[48] CNCDH, Avis A-2020-6 : « Urgence climatique et droits de l'Homme », *JO* n° 0130 du 6 juin 2021, recommandation n° 24, p. 45.

[49] Sénat, Résolution adoptée en application de l'article 88-4 de la Constitution, session ordinaire de 2015-2016, *JO* n° 0030 du 5 février 2016.

[50] Les efforts fait par les pouvoirs publics en matière de climat restent insuffisants, v. notamment le bilan effectué par le Conseil d'État : https://www.conseil-etat.fr/publications-colloques/rapports-d-activite/bilan-d-activite-2023/environnement-le-defi-du-siecle (consulté en septembre 2024).

Ainsi, bien que la Charte de l'environnement constitue une base normative fondamentale, son impact sur les politiques publiques reste-t-il encore complexe à évaluer. L'absence d'une articulation claire entre les articles 8, 9 et 10 de la Charte et les politiques publiques mène à une situation où, malgré une influence palpable, leur impact n'est pas toujours mesurable. En revanche, l'effectivité contentieuse de ces dispositions semble en voie de développement (II).

II. Une effectivité contentieuse en voie de développement

Le développement de l'effectivité contentieuse des articles 8 à 10 de la Charte de l'environnement reste encore inabouti. Si quelques progrès sont observés en termes d'ouverture, tant devant le juge administratif que constitutionnel, la réception et l'interprétation de ces articles par les juges demeurent incertaines. En effet, l'appropriation jurisprudentielle de la Charte reste dépendante de son invocation par les requérants. Or, celle-ci émerge progressivement, quoique de manière encore timide. Cette section examinera donc successivement l'appropriation contentieuse des articles par le juge, marquée par une construction jurisprudentielle encore inaboutie (A), ainsi que leur invocabilité par les requérants qui, bien que timide et récente, devient progressivement inévitable (B).

A. L'appropriation contentieuse par le juge : une construction manifestement inaboutie

Les juges administratifs et constitutionnels ont progressivement intégré certaines dispositions de la Charte de l'environnement dans leur jurisprudence. Ainsi, le Conseil constitutionnel a reconnu la valeur normative des articles 1 à 4 et 7, les érigeant en droits et libertés garantis par la Constitution, comme en témoigne la décision n° 2011-116 QPC, où il a consacré l'article 1er en tant que norme invocable en question prioritaire de constitutionnalité (QPC ci-après). De son côté, le juge administratif a mobilisé l'article 5 pour encadrer le principe de précaution, notamment dans l'arrêt *Commune d'Annecy*[51], qui a confirmé la valeur constitutionnelle de la Charte dans l'ordre juridique interne.

Toutefois, des limites persistent quant à la portée de la Charte. D'un point de vue global, il est encore difficile d'y identifier les droits et libertés invocables. La question de la conciliation de ces droits avec d'autres principes constitutionnels ou impératifs d'intérêt général reste également ouverte, comme le souligne Jean-Sébastien Boda[52]. D'un point de vue plus spécifique, ces limites affectent particulièrement les articles 8 à 10 de la Charte, dont on peine à consacrer la normativité.

---

[51] CE, Ass., 3 octobre 2008, *Commune d'Annecy*, req. n° 297931.

[52] J.-S. Boda, *op. cit.*, pp. 77-88.

Ces limites se manifestent différemment selon les voies de recours mobilisables et le juge compétent.

1. Le contentieux devant le juge constitutionnel

En vingt ans, le Conseil constitutionnel n'a eu que peu d'occasions de mobiliser la Charte de l'environnement, comme attestent les quelque 63 décisions (tous types confondus) rendues qui la mentionnent explicitement dans le cadre du contrôle de constitutionnalité[53]. Parmi elles, la question prioritaire de constitutionnalité (QPC ci-après) est l'instrument qui arrive en tête avec 35 décisions rendues depuis 2011, suivie des décisions de conformité (DC ci-après) s'élevant au nombre de 26[54]. Entre 2010 et 2025[55], ces décisions ne mobilisent donc que 4,7 % du contentieux relatif à la loi examinée par la juridiction. Ainsi un constat préliminaire peut-il être opéré au vu de ce premier bilan quantitatif : malgré le faible nombre de censures de la loi[56], le contentieux de la Charte de l'environnement peine encore à se faire une place au sein de la jurisprudence constitutionnelle[57].

Qu'en est-il donc des articles 8 à 10 de la Charte ? Les résultats indiquent que, bien qu'ils aient valeur constitutionnelle[58], leur insertion dans la jurisprudence est quasi inexistante :

D'abord, en matière de contentieux *a priori*, sur les 26 décisions invoquant explicitement la charte de l'environnement, une seule concerne l'une de ses trois dernières dispositions. En effet, il faudra attendre la décision n° 2018-768 DC du 28 juillet 2018 sur la loi relative à la protection du secret des affaires, pour que le Conseil constitutionnel ait à connaître de la constitutionnalité d'une loi au regard de l'article 9 de la Charte[59]. Les requérants avaient notamment soulevé l'argument selon lequel l'absence d'exceptions à la protection du secret des affaires pour la recherche en matière environnementale était constitutive d'une violation de l'article 9 — article qui relèverait lui-même de l'identité constitutionnelle de la France. Le Conseil a répondu — laconiquement, comme à l'accoutumée — sur le premier point[60]

[53] Sur un total de 1 309 dans le cadre du contrôle de constitutionnalité des lois. Statistique à jour du 20 mars 2025 (source : http://www.legifrance.gouv.fr et http://www.conseil-constitutionnel.fr).

[54] À titre résiduel, deux décisions de « délégalisation » (n° 2015-256 L du 21 juillet 2015, et n° 2008-211 L du 18 septembre 2008) ont été rendues.

[55] Mars 2025.

[56] M.-A.Cohendet, M. Fleury, « La charte a 20 ans : un grand potentiel à valoriser », *Titre VII*, n° 13, novembre 2024, pp. 61-73.

[57] À noter que ce constat s'insère dans une observation plus globale : la question environnementale ne mobilise seulement 168 décisions rendues.

[58] CC, n° 2008-564 DC du 19 juin 2008, *Loi relative aux organismes génétiquement modifiés*.

[59] CC, n° 2018-768 DC du 28 juillet 2018, *Loi relative à la protection du secret des affaires*, § 26 et 27.

[60] *Ibid.*, § 26 et 27 : « En définissant certaines exceptions à la protection du secret des affaires, les dispositions contestées ne mettent pas en cause les dispositions de l'article 9 de la Charte de

en concluant à l'absence de violation de l'article 9, sans toutefois chercher à se prononcer sur son appartenance à l'identité constitutionnelle. Cette seule occurrence dans la jurisprudence montre que l'article 9 n'a pas seulement, *a minima*, la vocation proclamatrice qu'on semblait bien vouloir lui prêter en 2004[61], mais qu'il est bien susceptible d'être invocable et opposable au législateur. En effet, il est difficile de prédire la portée contentieuse d'une disposition constitutionnelle. Comme l'expliquait Yann Aguila dans ses conclusions de l'arrêt *Commune d'Annecy* du Conseil d'État, « le véritable effet d'un principe se décide in concreto, au cas par cas [...]. C'est au moment de sa concrétisation qu'une norme prend tout son sens et qu'il devient alors possible d'en préciser la portée exacte[62] ». Et, en effet, la jurisprudence constitutionnelle regorge de décisions, souvent tardives, où des normes ont été *révélées* dans des dispositions initialement perçues comme purement descriptives[63].

Rien n'est donc perdu s'agissant des articles 8 sur l'éducation à l'environnement et 10 sur les engagements internationaux, bien qu'aucun n'ait — à ce jour — fait l'objet d'une saisine de contrôle de constitutionnalité *a priori*. Pourtant, bien que cela puisse paraître *encore* abstrait, il serait envisageable de voir émerger un contentieux centré sur la ratification de traités ou sur l'ouverture des programmes scolaires à la question environnementale. Sur le premier point, le Conseil constitutionnel pourrait, dans le cadre de son contrôle de constitutionnalité des traités[64] ou des lois autorisant leur ratification[65], se prononcer sur une éventuelle incompatibilité entre le traité en question et la Charte de l'environnement. Si l'absence de dispositions relatives à l'environnement dans un traité ne suffirait pas à le rendre intrinsèquement contraire à la Constitution, certaines clauses pourraient néanmoins porter atteinte à l'environnement ou contraindre l'État à diminuer les protections

---

l'environnement. Le grief tiré de la méconnaissance de cet article doit donc en tout état de cause être écarté. Il résulte de tout ce qui précède que l'article L 151-8 du code de commerce, qui ne méconnaît aucune autre exigence constitutionnelle, est conforme à la Constitution ».

[61] V. notamment *Revue juridique de l'environnement*, « La charte constitutionnelle en débat », n° spécial, 2003, 185 p. ; B. Mathieu, « Observations sur la portée normative de la Charte de l'environnement », *op. cit.*

[62] Y. Aguila, *La valeur constitutionnelle de la Charte de l'environnement* (en ligne), Conclusions sur CE, Ass., 3 octobre 2008, *Commune d'Annecy*, req. n° 297931, p. 17. https://www.conseil-etat.fr/fr/arianeweb/CRP/conclusion/2008-10-03/297931?download_pdf (consulté en septembre 2024).

[63] Au-delà de la reconnaissance constitutionnelle des normes que l'on finira par appeler le « bloc de constitutionnalité », on pourrait également citer, entre autres choses, la décision n° 2004-496 DC du 10 juin 2004, *Loi pour la confiance dans l'économie numérique*, à propos de l'exigence constitutionnelle de transposition des directives communautaires tirée de l'article 88-1 de la Constitution.

[64] Article 54 de la Constitution.

[65] Article 52 de la Constitution.

existantes en droit interne[66]. Il existe une autre hypothèse, envisagée cette fois par Yann Aguila, selon laquelle la décision du Gouvernement conduisant au retrait de la France d'un traité de protection de l'environnement pourrait être contestée sur le fondement de l'article 10 de la Charte.

Ensuite, en matière de contentieux *a posteriori*, seul l'article 8 de la Charte a fait l'objet d'un recours effectif devant le Conseil constitutionnel, dans une décision du 14 février 2025. La QPC avait été transmise par le Conseil d'État[67], à la demande de l'association « *One Voice* », afin de contester des dispositions du code de l'environnement sur la base d'une inconstitutionnalité à l'article 8. Le Conseil constitutionnel a rejeté la requête, adoptant une interprétation incitative de l'article 8, qui ne crée pas d'obligations constitutionnelles pour le législateur. Il a notamment estimé que cet article ne fait pas partie des normes de référence pouvant fonder un examen en QPC, conformément à l'article 61-1 de la Constitution. En effet, l'article 8 « n'institue pas un droit ou une liberté que la Constitution garantit » et « sa méconnaissance ne peut donc, en elle-même, être invoquée à l'appui d'une question prioritaire de constitutionnalité[68]. Or, bien qu'il fût difficile, en pratique, d'arriver à une conclusion différente, cela demeure néanmoins une source de déception pour l'invocabilité contentieuse des dispositions « incitatives » de la Charte.

En outre, un constat similaire au contentieux *a priori* des articles 8 et 10 peut être formulé pour les articles 9 et 10 de la Charte. N'ayant pas fait l'objet de saisines QPC sur ces deux derniers fondements, le Conseil constitutionnel n'a pas eu l'occasion de préciser si leur méconnaissance par le législateur pouvait être valablement invoquée lors du contrôle de constitutionnalité *a posteriori*. On rouvre ici encore le débat sur l'invocabilité, cette fois au regard des conditions matérielles de saisine du Conseil. Bien qu'en tant qu'OVC, les articles 9 et 10 de la Charte n'instituent pas de droits et libertés invocables par le justiciable ordinaire dans le cadre d'une QPC, peuvent-ils néanmoins justifier certaines atteintes législatives à des principes constitutionnels ou, à l'inverse, servir de fondement à une censure du législateur ? Tout d'abord, le

[66] Dans cette hypothèse, et dans le cadre de transpositions de directives européennes, il serait tout à fait possible de lier l'article 10 de la Charte à la notion d'identité constitutionnelle de la France.

[67] CE, 5e- 6e ch réunies., 19 novembre 2024, *Association One voice,* req. n° 487936, § 4 : « D'autre part, le grief tiré de ce que ces dispositions législatives [...] méconnaîtraient le principe constitutionnel prescrivant l'éducation et la formation à l'environnement énoncé à l'article 8 de la Charte de l'environnement de 2004, dont le Conseil constitutionnel n'a pas fait application à ce jour, soulève une question, non dénuée de rapport avec les termes du litige, qui présente un caractère nouveau au sens et pour l'application de l'article 23-5 de l'ordonnance du 7 novembre 1958. »

[68] CC, n° 2024-1121 QPC du 14 février 2025, *Association One voice*, § 20 ; v. aussi H. Kassoul, « La faune sauvage captive face aux normes constitutionnelles », *Dalloz actualité*, 21 février 2025.

Conseil constitutionnel a déjà eu l'occasion de statuer sur le préambule[69] et l'article 6[70] de la Charte, en estimant qu'ils ne pouvaient être invoqués par les requérants en ce qu'ils n'instituaient pas de droits et libertés. Il est raisonnable de penser que le juge constitutionnel adopterait une approche similaire si l'occasion se présentait. Ensuite, nous ne sommes pas à l'abri d'une reconnaissance normative tardive des articles 9 et 10, à l'instar de celle qui a été opérée dans la décision n° 2019-823 QPC du 31 janvier 2020, *Union des industries de la production des plantes*. En effet, le Conseil a jugé qu'il découlait du considérant 3 du préambule de la Charte un OVC de « protection de l'environnement, patrimoine commun des êtres humains », qui pouvait justifier la limitation de la liberté d'entreprendre[71]. Si l'on reprenait cette hypothèse à partir l'article 9, on pourrait, par exemple, imaginer une QPC formée à l'encontre d'une loi visant à restreindre l'accès du public aux données scientifiques sur l'environnement (recherches en biotechnologie, brevets sur des technologies de dépollution, etc.). Le Conseil constitutionnel pourrait alors juger que cette restriction est conforme à la Constitution, en s'appuyant notamment sur l'article 9, qui incite à la recherche et à l'innovation à contribuer à la préservation de l'environnement. À l'inverse, pour qu'une loi soit censurée en contrôle *a posteriori*, il faudrait — supposons — qu'elle impose des restrictions injustifiées aux financements de projets de recherche environnementale, ou qu'elle empêche l'innovation publique ou privée dans des domaines environnementaux.

2. Le contentieux devant le juge administratif

Le bilan est plus modeste encore au Conseil d'État, notamment au regard des précédentes observations sur la jurisprudence constitutionnelle. Si 434 arrêts touchant à la Charte de l'environnement ont été rendus par la haute juridiction administrative[72], seulement *une occurrence* concerne spécifiquement l'un des trois derniers articles de la Charte. Il aura fallu attendre, en effet, le renvoi de la QPC *Association One voice* par le Conseil d'État en novembre 2024, pour qu'une décision — tous recours confondus — mentionne explicitement l'article 8.

Pourtant, depuis l'arrêt d'assemblée *Commune d'Annecy* rendu par le Conseil d'État le 3 octobre 2010, des avancées notables ont été opérées en

[69] CC, n° 2014-394 QPC du 7 mai 2014, *Société Casuca* ; v. aussi V. Champeil-Desplats, « Charte de l'environnement : la QPC bute sur l'incipit » (en ligne), *La Revue des droits de l'homme*, mai 2014, https://doi.org/10.4000/revdh.747 (consulté en mars 2025).
[70] CC, n° 2012-283 QPC du 23 novembre 2012, *M. Antoine de M.*
[71] CC, n° 2019-823 QPC du 31 janvier 2020, *Union des industries de la protection des plantes*.
[72] Dont 256 recours pour excès de pouvoir, 78 saisines QPC (56 requêtes rejetées et 22 requêtes transmises au Conseil constitutionnel) et 109 procédures de référés. Source : http://www.legifrance.gouv.fr (statistiques à jour du 20 mars 2025).

matière de contentieux administratif de la légalité environnementale[73]. On constate cependant un vide jurisprudentiel persistant concernant nos dispositions de la Charte. Plusieurs raisons pourraient l'expliquer, notamment l'absence de leur invocation par les requérants, leur relative faiblesse rédactionnelle imputée dès leur création (articles trop vagues, sans portée normative ?) et des voies de recours qui ne seraient pas nécessairement adaptées[74]. En cela, l'arrêt *Association One voice* a la particularité de ne pas directement porter sur le contentieux autonome de la légalité d'un acte administratif, mais sur le renvoi d'une QPC, ce qui permet d'écarter tout débat sur l'invocabilité directe des articles 8 à 10 de la Charte auprès du juge administratif. Dans la continuité de ce précédent, il est probable que les articles 9 et 10 soient indirectement invoqués dans le cadre de la transmission d'une question prioritaire de constitutionnalité, notamment en raison du caractère nouveau de la question soulevée.

En tout état de cause, ces limites intrinsèques aux dispositions 8 à 10 s'ajoutent à celles déjà connues, en particulier en matière de recours pour excès de pouvoir (REP ci-après) dans le domaine environnemental[75].

Il n'est pas non plus certain que les articles 8 à 10 de la Charte aient été mieux considérés, tant le contentieux administratif environnemental est très largement monopolisé par l'invocation des articles 5 et 7 de la Charte (lorsqu'elle est invoquée) et, de façon plus résiduelle, par l'article 1er. Si le juge venait à reconnaître la valeur normative de l'article 8, on pourrait imaginer par exemple des pistes de contentieux de la légalité des fermetures de formations diplômantes dédiées aux questions environnementales. De la même manière, l'article 9 pourrait être invoqué dans le cadre d'un Rep formé contre la suppression ou la restriction d'un programme de recherche environnementale. S'agissant de l'article 10, cependant, les choses se compliquent davantage, dans la mesure où toute saisine risquerait d'entraîner une fin de non-recevoir quasi automatique du juge administratif[76]. Quoi qu'il

---

[73] V. notamment S. Jolivet, « La charte de l'environnement devant le juge administratif : une appropriation inachevée ? », *in* M.-A. Cohendet, *Droit constitutionnel de l'environnement*, Paris, Mare & Martin, 2021, pp. 366-375.

[74] À commencer par l'hypothèse d'un OVC à la destination du législateur qui écarterait l'existence d'un droit subjectif pour le requérant.

[75] S. Jolivet, *op. cit.* : on peut citer, par exemple, la théorie de la loi-écran et la théorie de l'indépendance des législations, bien que celles-ci aient été grandement réaménagées à la lumière des particularités de ce contentieux.

[76] On revient inlassablement à la théorie jurisprudentielle des « *actes de gouvernement* ». Parmi les exemples notables de décisions concernant les actes administratifs liés aux engagements internationaux, on retrouve : la décision de suspendre l'exécution d'un traité (CE, Ass., 18 décembre 1992, *Préfet de Gironde c. Mahmedi*, req. n° 120461), la décision de la France de suspendre la coopération scientifique et technique avec l'Irak pendant la Guerre du Golfe (CE, 4e-1ère ss-sect. réunies, 23 septembre 1992, *GISTI et MRAP*, req. n° 20437-120737) sont des actes de gouvernement insusceptibles de recours. Il en va de même pour la décision de reprendre les essais nucléaires qui n'est pas détachable de la conduite des relations internationales de la France (CE, Ass., 29 septembre 1995, *Association Greenpeace France*, req. 171 277). Pourtant,

en soit, rien n'empêche les requérants potentiels d'invoquer ces dispositions à l'appui d'autres articles de la Charte bénéficiant d'une meilleure reconnaissance du juge, d'un principe g[77]énéral du droit ou d'un objectif de valeur constitutionnelle.

S'agissant enfin du recours aux procédures d'urgence, en particulier au référé-liberté[78], les critères d'accès sont globalement restrictifs, bien qu'il soit possible d'y recourir en matière environnementale depuis l'ordonnance du Conseil d'État en date du 20 septembre 2022[79]. Une telle possibilité a été admise en l'espèce pour le droit de vivre dans un environnement équilibré[80]. L'enjeu principal réside ici dans la qualification des articles 8 à 10 de la Charte en tant que de libertés fondamentales, condition déterminante pour permettre leur invocabilité dans le cadre d'un référé-liberté.

Il y a 20 ans, les commentateurs s'interrogeaient sur la valeur normative de la charte de l'environnement et sur son invocabilité devant les juges, notamment constitutionnels et administratifs. Au vu de la rareté des jurisprudences et de leur issue peu concluante, l'hypothèse d'interprétation selon laquelle les articles 8 à 10 de la Charte ne seraient que des OVC non invocables devant les juges semble — du moins en partie — se confirmer. Toutefois, si ces dispositions de la Charte sont peu usitées, c'est également — et surtout — parce qu'elles sont rarement invoquées par les requérants. *Faudrait-il alors que les juges fassent l'objet d'un nudge* (B) *?*

B. L'invocabilité par les requérants : une émergence récente, mais inévitable ?

Les avancées récentes opérées en droit de l'environnement montrent que, loin d'être figée, la Charte est une œuvre vivante. Ce regain d'intérêt pour le texte constitutionnel s'explique également par la montée, au sein de la société

---

les requérants n'avaient soulevé que des moyens de légalité externe comme l'absence de contreseing du Premier ministre, mais le contexte politique et international entourant les essais nucléaires semble l'avoir emporté en faveur du rejet de la requête.

[77] J.-S. Bergé, *L'application du droit national, international et européen*, Paris, Dalloz, 2013, spéc. p. 176. L'auteur constate ainsi que le renvoi préjudiciel à la Cour de justice permet « de déplacer une situation juridique d'un juge à un autre ».

[78] Créé par la loi n° 2000-597 du 30 juin 2000 *relative au référé devant les juridictions administratives*, *JO* n° 151 du 1er juillet 2000.

[79] L'ordonnance de référé (CE, 2e- 7e ch. réunies, ord. du 20 septembre 2022, req. n° 451129) vient ici confirmer une ancienne décision (TA Châlons-en-Champagne, ord. du 29 avril 2005, req. n° 0500828-0500829-0500830) et mettre fin à des jurisprudences contradictoires. V. à ce sujet D. Misonne, « Le référé-liberté garantit la conservation de la biodiversité en tant que composante du droit à l'environnement équilibré et respectueux de la santé » (en ligne), *Cedre, Droit Environnement Patrimoine*, 30 janvier 2025, https://doi.org/10.58079/137my (consulté en mars 2025) ; J.-C. Zarka, « Il est désormais possible de recourir au référé-liberté pour la protection de l'environnement ! » (en ligne), *Actu-Juridique.fr*, 9 décembre 2022, https://www.actu-juridique.fr/administratif/il-est-desormais-possible-de-recourir-au-refere-liberte-pour-la-protection-de-lenvironnement (consulté en mars 2025).

[80] Article 1er de la Charte de l'environnement.

civile, d'une aspiration accrue à la démocratie et à la justice environnementale[81]. Cela a conduit à sa mobilisation dans un cadre argumentatif de plus en plus juridique, marquant ainsi une rupture avec l'approche autrefois plus idéologique de la défense de l'environnement.

Pourtant, comme le note une partie de la doctrine publiciste, la Charte reste encore peu et souvent mal invoquée devant les juges constitutionnel et administratif, de sorte que les moyens soulevés par les requérants sont souvent écartés du revers de la main. Tel est le cas en matière de contrôle de constitutionnalité des lois de finances, comme le relèvent Fabrice Bin et Céline Viessant, ce qui a pour conséquence que « le Conseil constitutionnel a tendance à les "balayer" assez rapidement pour se prononcer au regard du principe d'égalité »[82]. Tel est le cas, également, devant le juge administratif, « où les moyens fondés sur les principes de conciliation et de précaution ont été écartés à chaque fois que les requérants ne les précisaient pas suffisamment », et où « les arguments climatiques ne sont jamais au cœur de la solution »[83]. En même temps, les fins de non-recevoir opposées aux requérants restent nombreuses, décourageant ainsi les tentatives[84] : accès restreint au prétoire, reconnaissance inégale des dispositions de la Charte, examen sommaire des moyens soulevés et autolimitation du juge — notamment constitutionnel —, qui estime notamment qu'il n'a pas à « substituer son appréciation à celle du législateur sur les moyens » à utiliser pour réaliser les objectifs écologiques[85], tout en rappelant qu'il « ne dispose pas d'un pouvoir général d'appréciation et de décision de même nature que celui du Parlement[86] ».

En contentieux *a priori*, les moyens invoqués lors des saisines parlementaires, en ce qu'ils instrumentalisent les dispositions de la Charte *contre* la primauté de l'environnement[87], sont souvent peu repris par le Conseil

---

[81] S. Mabile, « Les justiciables se saisissent-ils du droit de l'environnement ? », *Titre VII*, n° 13, novembre 2024, pp. 100-107 : « L'intensification des catastrophes climatiques et le dépassement de plusieurs limites planétaires font naître un besoin de régulation que le droit incarne […] La société civile ne cesse parallèlement d'alerter sur l'urgence climatique, l'effondrement de la biodiversité ou sur les conséquences des pollutions, dénonçant fréquemment l'ineffectivité du droit de l'environnement. »

[82] F. Bin, C. Viessant, « La prise en compte des enjeux environnementaux lors du contrôle de constitutionnalité des lois financières est-elle possible ? », *Titre VII*, n° hors-série, juillet 2024, pp. 160-169.

[83] F. Savonitto, « Les ressources constitutionnelles dans le contentieux administratif climatique », *Revue juridique de l'environnement,* vol. 47, n° 4, décembre 2022, p. 717.

[84] M.-A. Cohendet, M. Fleury, *op. cit.*, p. 64.

[85] CC, n° 2012-282 QPC du 23 novembre 2012, *Association France Nature Environnement et autre*, § 8.

[86] CC, n° 74-54 DC du 15 janvier 1975, cons. 1. V. aussi G. Bergougnous, « Le Conseil constitutionnel et le législateur », *Les Nouveaux Cahiers du Conseil constitutionnel*, 2013, vol. 1, n° 38, pp. 5-21.

[87] Par exemple, à l'encontre de l'installation d'éoliennes ou en faveur du nucléaire : v. R. Braillet, « Les député.e.s et la mobilisation de la Charte de l'environnement » (en ligne), *Revue des*

constitutionnel dans la construction de sa jurisprudence. Il apparaît fréquemment un décalage entre la traduction juridique des arguments politiques et économiques avancés par l'opposition parlementaire et l'interprétation juridique de la Charte par le juge, qui tend, elle, à restreindre l'applicabilité de ces dispositions[88]. Pareil constat peut être fait dans le cadre des QPC, où l'on retrouvera par exemple des invocations de l'article 6 du texte constitutionnel pour alléguer l'absence de conciliation opérée à l'encontre des intérêts économiques[89]. En règle générale, le contentieux constitutionnel de l'environnement est monopolisé par les associations qui font un usage militant du droit à leur disposition : par exemple, sur l'ensemble des décisions QPC qui mobilisent la Charte, « les trois cinquièmes ont été prononcées dans le cadre de QPC soulevées ou soutenues par des associations[90] ». Même constat s'agissant du contrôle de constitutionnalité des lois a priori : les associations présentent des contributions extérieures dans deux tiers des décisions de conformité rendues. Dans cette optique, les recours déposés sont souvent stratégiques[91] en remplissant une fonction de défense d'intérêts collectifs et sectoriels[92]. Dans une démarche militante, d'autres associations, telles que *Notre affaire à tous*[93] et *France Nature Environnement*, recourent à la QPC afin de clarifier la portée de la Charte et contribuer ainsi à l'évolution du droit constitutionnel environnemental[94].

---

droits de l'homme, n° 27, 2025. http://journals.openedition.org/revdh/21962 (consulté en mars 2025).

[88] *Ibid.*

[89] CC, déc. n° 2012-283 QPC du 23 novembre 2012, *M. Antoine de M.* ; CC, n° 2012-346 QPC du 11 octobre 2013, *Société Schuepbach Energy LLC*. V. aussi F. Savonitto, « Pas de Charte pour les ennemis de l'environnement ? Le Conseil constitutionnel face aux utilisations à rebours de la Charte de 2004 » (en ligne), *Revue des droits de l'homme*, n° 27, 2025. https://doi.org/10.4000/13h4x (consulté en mars 2025).

[90] A. M. Lecis Cocco Ortu, « Les stratégies des associations dans le contentieux constitutionnel de la Charte : un bilan de la contribution apportée à l'évolution jurisprudentielle » (en ligne), *Revue des droits de l'homme*, n° 27, 2025, https://doi.org/10.4000/13h4y (consulté en mars 2025).

[91] F. Savonitto, « Pas de Charte pour les ennemis de l'environnement ? Le Conseil constitutionnel face aux utilisations à rebours de la Charte de 2004 », *op. cit.* : « *l'ampleur du phénomène est incontestée quand bien même il n'est pas toujours aisé d'identifier avec certitude une utilisation à rebours de la Charte. Sonder l'intention des saisissants et justiciables est une entreprise délicate : la finalité de leur action devant le Conseil constitutionnel, à supposer même qu'elle soit unique, est rarement affichée avec clarté, en dehors du vœu de voir prononcer l'inconstitutionnalité* ».

[92] E. Chevalier (dir.), *Le juge, quelle voix au service de la protection de l'environnement ?, Paris,* IERDJ, 2024, p. 18.

[93] A. M. Lecis Cocco, *op. cit.*

[94] L'association a répondu à un questionnaire de la Commission des lois de l'Assemblée nationale en 2013. Cité aussi dans « L'action associative en matière de QPC. Analyse des interventions de FNE », *Revue juridique de l'environnement*, n° spécial, 2019, p. 27.

En tout état de cause, en l'absence d'accès aux mémoires déposés par les parties dans le cadre de la QPC n° 2024-1121 du 14 février 2025, il est difficile de déterminer précisément les arguments avancés par l'association requérante pour soutenir la violation de l'article 8 de la Charte de l'Environnement. Cette absence complique notre analyse des moyens juridiques soulevés, notamment l'interprétation donnée à l'article 8. De manière générale, il convient d'espérer qu'à l'avenir, les requérants n'hésitent pas à invoquer pleinement les articles 8, 9 et 10 de la Charte de l'Environnement au secours d'arguments juridiques clairs et rigoureux. Une telle approche contribuerait à renforcer l'efficacité du contentieux environnemental, en veillant à ce que ces dispositions ne demeurent plus uniquement déclaratives, mais soient véritablement prises en compte dans les contentieux constitutionnel et administratif futurs.

To be continued...

UNE CHARTE CONCURRENCÉE PAR LES AUTRES NORMES CONSTITUTIONNELLES ?

Florian SAVONITTO

Il y a certaines questions qui peuvent paraître curieuses ! Des questions pour lesquelles on se demande comment elles ont pu naître dans l'esprit de ceux qui se les posent. Et puis il y a d'autres questions, une fois que l'on a eu l'audace ou l'inconscience de les exprimer, à propos desquelles on redoute la réponse et qui pourraient même faire regretter de se les être posées !

Il me semble que la question à laquelle il convient de répondre, à savoir « La Charte est-elle concurrencée par les autres normes constitutionnelles ? », appartient à ces deux registres. Assurément, une telle interrogation suscite l'étonnement. Dans un colloque consacré à la Charte de l'environnement, pourquoi porter un intérêt aux normes entendues au sens large, c'est-à-dire aux principes, droits, libertés, exigences ou autres objectifs à valeur constitutionnelle qui n'en résultent pas ? Quelle drôle d'idée de se focaliser alors, selon l'expression de Marie-Anne Cohendet, sur les « droits constitutionnels classiques[1] » qui sont issus des autres textes du bloc de constitutionnalité. On se serait plutôt attendu à ce que toute l'attention soit concentrée sur ce qui relève du « constitutionnalisme environnemental », c'est-à-dire de « l'intégration au sein des textes constitutionnels de dispositions visant à la promotion de la défense de l'environnement[2] », plus communément dénommées « dispositions environnementales[3] » ou encore « normes constitutionnelles environnementales[4] ».

Et pourtant cette question n'est pas aussi saugrenue qu'elle n'y paraît. L'ambition de la Charte était, selon son instigateur Jacques Chirac, que « la protection de l'environnement devien[ne) un intérêt supérieur qui s'impos[e)

[1] M.-A. Cohendet (dir.), *Droit constitutionnel de l'environnement*, Paris, Mare & Martin, 2021, p. 221.

[2] V. Chiu et A. Le Quinio, « Avant-propos », *in* V. Chiu et A. Le Quinio, *La protection de l'environnement par les juges constitutionnels*, Paris, L'Harmattan, coll. « Droit comparé », 2021, p. 11 ; « Le constitutionnalisme environnemental prône l'incorporation constitutionnelle de dispositions visant à promouvoir la protection de l'environnement », J. R. May et E. Daly, « Les droits, devoirs et principes environnementaux dans le constitutionnalisme global », *in* M.-A. Cohendet (dir.), *op. cit.*, p. 221 et 248.

[3] V. Chiu et A. Le Quinio, « *Avant-propos* », art. cit, p. 12.

[4] M.-A. Cohendet (dir.), *op. cit.*, p. 247.

aux lois ordinaires[5] » ; que « l'écologie, le droit à un environnement protégé et préservé doivent être considérés à l'égal des libertés publiques[6] ». Dès lors, l'affirmation en 2004 « d'un constitutionnalisme (…) dédié à la protection constitutionnelle de l'environnement[7] » ne pouvait faire autrement que d'emporter des conséquences sur les « droits constitutionnels classiques » qui correspondent, dans une perspective historique, aux deux premières générations de droits symbolisées par les textes de 1789 et de 1946 ou, plus schématiquement dans le cadre du développement durable, aux intérêts économiques et sociaux.

Ces nouvelles « normes environnementales » élevées au rang au plus haut de la hiérarchie étaient nécessairement créatrices d'« antinomies constitutionnelles »[8]. Elles entraient nécessairement en « conflits[9] » en « contradictions » — d'autres pourraient dire en concurrence — avec les droits économiques et sociaux consacrés principalement dans la Déclaration de 1789 et dans le Préambule de la Constitution de 1946. De leur coexistence au sein du même bloc, il appartenait alors aux juges, en particulier constitutionnels, de les concilier. Mais cette conciliation conçue comme « une méthode de résolution d'un conflit de normes[10] » ne pouvait plus aboutir comme auparavant à faire primer les droits économiques et sociaux sur ceux environnementaux maintenant qu'ils sont élevés au rang le plus haut de la hiérarchie normative. Cette évolution devait alors emporter deux effets sur l'œuvre du législateur : la jurisprudence constitutionnelle devait conforter les législations environnementales, tandis que les législations économiques ou sociales nouvelles ou passées s'exposaient davantage à une déclaration d'inconstitutionnalité. En effet, les unes voyaient leurs atteintes aux droits économiques et sociaux désormais justifiées par les droits et devoirs environnementaux, tandis que les autres pouvaient dorénavant se voir opposer

---

5 J. Chirac, Discours d'Avranches du 18 mars 2002.

6 J. Chirac, Discours d'Orléans du 3 mai 2001.

7 S. Pierré-Caps, « Avant-propos », *in* J. Sohnle (dir.), *Le constitutionnalisme environnemental. Quel impact sur les systèmes juridiques ?*, Lausanne, Peter Lang, 2019, p. 19.

8 V. Goesel-Lebihan, *Contentieux constitutionnel*, 2ᵉ éd., Ellipses, 2016.

9 « Le conflit entre des droits est inévitable, et il est impossible de hiérarchiser a priori et dans l'absolu. Le rôle du juge est précisément de concilier, de rechercher des équilibres entre des droits en partie contradictoires. La reconnaissance du droit à l'environnement va incontestablement se traduire par quelques restrictions à l'exercice d'autres droits, en particulier le droit de propriété, mais c'est bien le but poursuivi ! », C. Martinand, *Environnement et développement durable. L'indispensable mobilisation des acteurs économiques et sociaux*, Avis du Comité économique et social, 24 décembre 2002, p. 14.

10 V. Saint-James, *La conciliation des droits de l'homme et des libertés en droit public français*, Paris, PUF, 1995, p. 7-8 : « La conciliation sera donc entendue comme le résultat de la volonté préméditée d'une autorité juridique qui, placée devant un conflit de normes de valeur identique, mais de signification contradictoire, en assure la coexistence d'un esprit de transaction, de compromis, par la recherche d'un équilibre entre les concepts antinomiques. » ; V. Jeanne, *La protection de l'environnement comme composante de l'intérêt général*, Université Paris-Saclay, 2021, p. 135.

des griefs tirés de la Charte de l'environnement. Mais vingt ans après l'entrée en vigueur de cette Charte, il n'est pas certain que la conciliation entre d'un côté les droits environnementaux et, de l'autre, les droits économiques et sociaux ait connu un si profond bouleversement. Le peu de déclarations d'inconstitutionnalité prononcées sur le fondement de la Charte depuis 2005 invite à ce constat, quand bien même l'objectif de protection de l'environnement a été promu au rang constitutionnel en 2020.

Mais le contentieux constitutionnel offre également une autre forme de concurrence entre droits environnementaux et droits classiques. Cette concurrence joue non plus cette fois-ci lorsqu'ils sont mis face à face, mais lorsqu'ils participent à une œuvre commune. Autrement dit, cette concurrence ne se déroule donc plus dans l'opération de conciliation, c'est-à-dire lorsque le sort d'une disposition législative dépend de leur opposition, mais lorsque les normes environnementales et classiques collaborent, concourent au même objectif : parvenir à une déclaration de conformité ou bien d'inconstitutionnalité. En effet, « de nombreuses dispositions de la Constitution peuvent être appliquées pour protéger l'environnement[11] ». Cette protection constitutionnelle « par ricochet » ou « indirecte » est rarement mise en lumière dans la mesure où l'écriture de la Charte est venue justement combler un vide jurisprudentiel, le Conseil constitutionnel peinant[12] jusqu'alors, sinon à faire obstacle, à la réinterprétation des « droits classiques (…) en fonction[13] » des exigences contemporaines environnementales. Pourtant, le Conseil constitutionnel n'est pas sans reconnaître, certes à de rares occasions, une environnementalisation des droits classiques sous l'influence de la Charte[14]. Les requérants ne manquent pas non plus de solliciter des griefs économiques tirés de la DDHC, tels le droit de propriété ou la liberté d'entreprendre pour contester, aux côtés des griefs environnementaux fondés sur la Charte, une même disposition législative. Dès lors, une concurrence s'installe aux fins de déterminer qui des deux se trouve le plus efficace, qui des deux est le plus à même d'atteindre l'objectif fixé quant au sort contentieux de la disposition législative ?

La question de savoir si la « Charte est concurrencée par les autres normes constitutionnelles » conduit donc à aborder les deux facettes de cette concurrence entre normes environnementales et normes classiques : celle premièrement qui se déroule dans le cadre de leur conciliation (I), puis celle deuxièmement qui se réalise dans le cadre de leur collaboration (II).

---

[11] M. Prieur et al., *Droit de l'environnement*, Paris, Dalloz, 2023, p. 61.

[12] F. Mélin-Soucramanien et J. Pini, *Constitution et droit de l'environnement*, *Juris-Classeur*, 1997, n° 8, fasc. 152.

[13] M.-A. Cohendet (dir.), *op. cit.*, p. 38.

[14] Dans l'une de ses premières décisions sur la Charte, le commentaire accessible sur le site du Conseil constitutionnel mentionne que son « article 4 ajoute une exigence constitutionnelle supplémentaire au principe d'égalité », *Comm.* CC, déc. n° 2009-599 DC du 29 décembre 2009, p. 28.

I. La concurrence dans la conciliation

Cette problématique n'est pas nouvelle. À la moindre décision du Conseil constitutionnel un tant soit peu osée sur la Charte, fleurissent dans la presse des tribunes écrites notamment par d'anciens de ses membres. Ils n'hésitent pas à agiter le spectre du gouvernement des juges en vue de dénoncer toute tentative de faire prévaloir *l'environnement sur tout*, c'est-à-dire sur toute considération économique et sociale. Toutefois, il est difficile aujourd'hui d'appréhender cette concurrence en ces termes aussi simplistes, en opposant d'un côté les normes qui protègent l'environnement et, de l'autre, celles qui intéressent le développement économique et le progrès social. Outre que cette concurrence s'est complexifiée (A), elle a surtout été exagérée (B).

A. Complexification

Cette concurrence se présente dans deux situations : soit lorsque des normes classiques sont opposées à des dispositions législatives qui prennent leur fondement dans la Charte de l'environnement, qui lui sont, en quelque manière, rattachées[15] ; soit lorsque des normes environnementales sont invoquées à l'encontre de dispositions législatives qui prennent leur fondement dans les autres textes du bloc de constitutionnalité extérieurs à la Charte.

Cette conciliation est parfois aisée à analyser. C'est le cas des QPC du 31 janvier 2020[16] et du 11 février 2022[17] dans lesquelles le Conseil constitutionnel se soucie de préciser que le législateur a entendu poursuivre l'OVC de protection de l'environnement en adoptant les dispositions contestées des articles L. 253-8 du code rural et de la pêche maritime et L. 541-30-2 du code de l'environnement. Elles n'ont toutefois pas connu le même sort : en 2020, les sages rejettent le grief fondé sur la liberté d'entreprendre tendu, qu'en 2022, ils sanctionnent le législateur pour avoir méconnu le droit au maintien des conventions légalement conclues.

En revanche, la conciliation est parfois plus complexe à identifier. Le Conseil constitutionnel ne mentionne pas toujours explicitement l'exigence constitutionnelle à laquelle se rattachent les dispositions législatives contestées. C'est particulièrement le cas lorsque des dispositions économiques et sociales se voient opposées un grief environnemental. Par exemple, dans la QPC n° 2021-971 QPC du 18 février 2022, le Conseil constitutionnel contrôle à l'aune des articles 1er et 3 de la Charte la seconde phrase de l'article L.144-4 du code minier. Or, les sages se contentent de prononcer l'inconstitutionnalité des dispositions qui prévoient que les concessions

---

15 L'autrice regrette « une logique de détachement » qui participe à « l'isolement de la Charte », P. Rrapi, « Le Conseil constitutionnel face à la Charte de l'environnement : vous avez dit hésitant ? », *in* M.-A. Cohendet (dir.), *Droit constitutionnel de l'environnement*, *op. cit.*, p. 359.

16 CC, déc. n° 2019-823 QPC du 31 janvier 2020.

17 CC, déc. n° 2021-968 QPC du 11 février 2022.

minières auparavant perpétuelles sont prolongées de droit, quelles que soient les conséquences environnementales que suscitera leur exploitation. Ils ne précisent nullement quels objectifs elles poursuivent et encore moins si elles sont liées, par exemple, à la liberté contractuelle ou à la liberté d'entreprendre. Quand bien même il n'est pas hasardeux de prétendre que la disposition législative revêt un caractère économique, ou du moins qu'elle n'a pas un objet environnemental, conclure que le Conseil constitutionnel a mis face à face des droits environnementaux et des droits économiques prête néanmoins à discussion.

Les sages se font parfois moins silencieux, bien que tout doute n'en soit pas pour autant dissipé. Dans la décision sur la *Loi relative aux conditions de mise sur le marché de certains produits phytopharmaceutiques en cas de danger sanitaire pour les betteraves sucrières*, le juge constitutionnel en 2020 affirme que « le législateur (...) a poursuivi un motif d'intérêt général[18] », lorsqu'il examine le grief tiré de l'article 1er de la Charte. Il a « entendu faire face aux graves dangers qui menacent la culture de ces plantes, en raison d'infestations massives de pucerons vecteurs de maladies virales, et préserver en conséquence les entreprises agricoles et industrielles de ce secteur et leurs capacités de production ». La deuxième partie de cette motivation laisse entendre que l'article L. 253-8-3 du code rural et de la pêche maritime se rattache à la liberté d'entreprendre. Pour autant, les sages ne l'opposent pas formellement au droit de vivre dans un environnement équilibré et respectueux de la santé[19]. En outre, la première partie de la motivation introduit une ambiguïté. Elle ouvre la porte à un rattachement à l'OVC de protection de l'environnement[20], ce qui conduirait à remettre à cause la conclusion selon laquelle ce contentieux a donné lieu à l'opposition entre des exigences constitutionnelles environnementales et économiques. La même difficulté se présente avec la QPC du 17 septembre 2015. Le Conseil constitutionnel a reconnu « que, en suspendant la fabrication et l'exportation de (...) produits » à vocation alimentaire contenant du bisphénol A « en France ou depuis la France, le législateur a apporté à la liberté d'entreprendre des restrictions qui ne sont pas en lien avec l'objectif poursuivi »[21] de protection de la santé issu du 11e alinéa du Préambule de la Constitution de 1946. Mais cette conciliation qui a mis en balance des exigences constitutionnelles économiques et sociales aurait pu inclure sur l'un de ses plateaux des exigences environnementales. Le Conseil constitutionnel a gardé

[18] CC, déc. n° 2020-809 DC du 10 décembre 2020.

[19] Dans la décision n° 2019-823 QPC du 31 janvier 2020, le Conseil constitutionnel était allé jusqu'à affirmer « que, en adoptant les dispositions contestées, le législateur a assuré une conciliation qui n'est pas manifestement déséquilibrée entre la liberté d'entreprendre et les objectifs de valeur constitutionnelle de protection de l'environnement et de la santé ».

[20] En ce sens, CC, déc. n° 2016- 737 DC du 4 août 2016 et Comm. CC, déc. n° 2016- 735 DC et n° 2016-737 DC du 4 août 2016, p. 12.

[21] CC, déc. n° 2015-480 QPC du 17 septembre 2015.

volontairement le silence sur les questions de savoir si les dispositions de l'article 1er de la loi n° 2010-729 du 30 juin 2010 pouvaient se voir opposer le principe de précaution ou si elles étaient justifiées par l'article 5 de la Charte, prétextant qu'elles étaient « sans lien[22] » avec la constitutionnalité de la disposition.

La consécration de l'OVC de protection de l'environnement oblige d'ailleurs à faire un choix. Le Conseil constitutionnel a-t-il mis face à face des exigences constitutionnelles économiques et environnementales lorsque les dispositions législatives contrôlées au regard d'un droit ou d'une liberté économique ont été reconnues comme ne poursuivant qu'un objectif d'intérêt général de protection de l'environnement ? Ce cas de figure se présente nécessairement dans le contentieux constitutionnel antérieur à la décision du 31 janvier 2020[23]. Rétrospectivement, ces dispositions peuvent être regardées comme se rattachant à l'OVC de protection de l'environnement. Mais ce lien ne peut être établi avec certitude qu'à l'égard des dispositions législatives qui ont été expressément reconnues comme poursuivant « l'objectif d'intérêt général de protection de l'environnement ». Il est plus délicat de l'affirmer systématiquement pour les autres objectifs environnementaux qui gravitent autour, tels ceux « de réduire la consommation énergétique des bâtiments résidentiels[24] », ou « de contribuer à la lutte contre la pollution atmosphérique[25] ». Cette prudence s'appuie sur la jurisprudence constitutionnelle ultérieure à la décision du 31 janvier 2020 : certains objectifs environnementaux n'ont pas bénéficié du label de l'OVC. C'est le cas de l'objectif « d'assurer le financement de l'indemnisation des dégâts causés par le grand gibier aux cultures et récoltes agricoles[26] », des objectifs tant de « maîtrise, par les collectivités publiques, de l'occupation des sols et du développement urbain » que du respect des règles d'urbanisme qui la permettent, de l'objectif[27] assigné « aux associations communales d'assurer une bonne organisation de la chasse et le respect d'un équilibre agro-sylvo-

[22] Comm. CC, déc. n° 2015-480 QPC du 17 septembre 2015, p. 7.

[23] CC, déc. n° 2002-464 DC du 27 décembre 2002 ; CC, déc. n° 2012-282 QPC du 23 novembre 2012 ; CC, déc. n° 2013-346 QPC du 11 octobre 2013 ; CC, déc. n° 2016- 737 DC du 4 août 2016 ; CC, déc. n° 2016-605 QPC du 17 janvier 2017 ; CC, déc. n° 2018-771 DC du 25 octobre 2018 ; CC, déc. n° 2019-808 QPC du 11 octobre 2019 ; v. notamment Comm. CC, déc. n° 2019-823 QPC du 31 janvier 2020, p. 11-13.

[24] CC, déc. n° 2015-718 DC du 13 août 2015.

[25] CC, déc. n° 2013-317 QPC du 24 mai 2013 ; la cohérence du Conseil constitutionnel est parfois mise à mal : dans la décision n° 2022-991 QPC du 13 mai 2022, il relève qu'il s'agit d'un « motif d'intérêt général » lorsque « le législateur a entendu (…) favoriser la production d'énergie hydroélectrique qui contribue au développement des énergies renouvelables, mais dans la décision n° 2023-848 DC du 9 mars 2023, il considère que « le législateur a poursuivi l'objectif de valeur constitutionnelle de protection de l'environnement » à propos de dispositions qui « visent à favoriser la production d'énergies renouvelables et le développement des capacités de stockage d'énergie ».

[26] CC, déc. n° 2021-963 QPC du 20 janvier 2022.

[27] CC, déc. n° 2020-853 QPC du 31 juillet 2020.

cynégétique[28] » ou encore des mesures législatives qui cherchent « à faciliter l'intervention des services de lutte contre l'incendie » ou souhaitent « éviter la dégradation des paysages[29] ».

L'analyse de cette concurrence s'est aussi complexifiée en raison de l'évolution du champ des exigences constitutionnelles environnementales. À l'inverse des droits économiques et sociaux consacrés par la DDHC de 1789 et le Préambule de la Constitution de 1946, la mobilisation des exigences issues de la Charte est limitée à son objet : l'environnement. L'accueil d'un grief tiré de la Charte est alors suspendu à la vérification préalable que la disposition législative contestée porte une atteinte à l'environnement, présente un risque environnemental ou emporte tout simplement des incidences sur l'environnement. Le Conseil constitutionnel a ainsi déclaré inopérants les griefs tirés du principe de précaution et du 5e alinéa de la Charte qui étaient dirigés contre la nouvelle formulation de l'article L. 2151-2 du code de la santé[30]. Selon le commentaire, « la critique était (…) mal dirigée[31] » car elle visait une disposition qui intéresse « uniquement (…) la recherche sur l'embryon humain ». Leur sort aurait été sûrement différent s'ils avaient ciblé d'autres dispositions de la loi relative à la bioéthique qui portaient sur « l'encadrement de l'insertion de cellules humaines dans un embryon animal ». Cette décision rappelle donc « la frontière entre environnement et santé[32] » qui avait déjà été tracée durant les travaux préparatoires. À tout le moins, elle confirme que le champ environnemental qui conditionne l'application des exigences normatives de la Charte n'a pas vocation à s'étendre indéfiniment. Pour autant, les juges de la Charte ont trouvé quelques voies pour la déployer au-delà de la sphère à laquelle elle avait été circonscrite initialement. Les juridictions administratives[33] acceptent d'appliquer la Charte lorsque le risque sanitaire emprunte un vecteur environnemental ou, pour reprendre les termes de la résolution votée par l'Assemblée nationale, lorsqu'il y a « un risque pour l'environnement ayant également une incidence sur la santé[34] ». Si les articles 1er et 5 facilitent ces ponts, ce vecteur environnemental reste parfois difficile à appréhender[35].

Le Conseil constitutionnel a également étendu le champ d'application de certaines dispositions de la Charte vers de nouveaux terrains[36]. C'est le cas du

---

28 CC, déc. n° 2021-944 QPC du 4 novembre 2021.

29 CC, déc. n° 2024-1109 QPC du 18 octobre 2024.

30 CC, déc. n° 2021-821 DC du 29 juillet 2021.

31 Comm. CC, déc. n° 2021-821 DC du 29 juillet 2021.

32 N. Kosciusko-Morizet, Compte-rendu de la 2e séance du 26 mai 2004, *A.N.*

33 CE, 12 avril 2013, *Association Coordination Interrégionale Stop THT et autres*, n° 342409.

34 *Résolution sur la mise en œuvre du principe de précaution*, *A.N.*, 1er février 2012, n° 837.

35 Par ex., CE, *Association Traditions, Terroirs et Ruralité*, 21 février 2018, n° 403254 ; sur le sujet, v. F. Savonitto, « Le progrès technique au prisme de la Charte », *RFDC*, 2025, à paraître.

36 L'article 7 de la Charte a connu un certain reflux : le champ d'application du principe de participation est réservé aux décisions publiques ayant une incidence directe et significative sur l'environnement selon la décision CC, déc. n° 2012-282 QPC du 23 novembre 2012 ; le grief

droit de vivre dans un environnement équilibré et respectueux de la santé qui a pourtant connu à ses débuts une jurisprudence restrictive[37]. Dans la ligne de la jurisprudence administrative, il a également reconnu qu'il était invocable à l'encontre de dispositions législatives qui ont des conséquences pour la santé humaine dès lors qu'elles affectent l'environnement[38]. Surtout, le *Commentaire* précise, dans ses circonstances, l'inutilité de « mobiliser l'exigence constitutionnelle de protection de la santé résultant du onzième alinéa du Préambule de la Constitution de 1946[39] » si l'article 1er de la Charte est invoqué. Le juge constitutionnel incite alors à les regarder comme des doublons, ce qui ne participe pas à la lisibilité de la frontière entre droits sociaux et environnementaux, et, par là même, à l'analyse de la concurrence entre ces exigences. D'autres avancées sont également à citer. La QPC du 13 mai 2022 lui a donné l'opportunité d'opposer l'article 1er de la Charte, pour la première fois, à des dispositions législatives « qui n'affectaient pas directement la santé humaine (…), mais qui étaient susceptibles de nuire à l'environnement et d'engendrer indirectement des conséquences néfastes pour l'homme[40] ». Il a également « donner à l'article 1er son plein effet pour l'avenir[41] » dans le but de porter son regard sur un horizon plus lointain. Interprété à la lumière du septième alinéa du Préambule de la Charte, le juge constitutionnel en « déduit » que « le droit de vivre dans un environnement équilibré et respectueux de la santé impose que soient pris en considération les effets sur le long terme des décisions prises par le législateur pouvant porter gravement atteinte à l'environnement[42] ». La décision du 17 mai 2024[43] lui a enfin offert l'occasion de contrôler au regard des articles 1er et 3 de la Charte des dispositions relatives à l'organisation des missions d'une autorité administrative, plus précisément les dispositions confiant à une même entité — l'Autorité de sûreté nucléaire et de radioprotection — les fonctions d'expertise et de décision auparavant exercées de manière distincte par deux institutions : l'Autorité de sûreté nucléaire et l'Institut de radioprotection et de sûreté nucléaire. L'extension du champ d'application des exigences

---

tiré de l'article 7 de la Charte ne peut emporter d'effet à l'encontre de dispositions législatives qu'après l'entrée en vigueur de la Charte de l'environnement, en vertu de la décision CC, déc. n° 2016-595 QPC du 18 novembre 2016 ; la notion de « décision publique » ne s'étend pas aux dispositions législatives, selon la décision CC, déc. n° 2023-851 DC du 21 juin 2023 ; Quant au grief fondé sur le principe de précaution, il est déclaré inopérant à l'encontre des mesures législatives pérennes d'après la décision CC, déc. n° 2013-346 QPC du 11 octobre 2013.

[37] CC, déc. n° 2012-282 QPC du 23 novembre 2012 ; CC, déc. n° 2014-394 QPC du 7 mai 2014.

[38] CC, déc. n° 2020-809 DC du 10 décembre 2020, p. 16.

[39] Comm. CC, déc. n° 2020-809 DC du 10 décembre 2020, p. 16.

[40] Comm. CC, déc. n° 2022-991 QPC du 13 mai 2022, p. 16.

[41] Voir la vidéo sur le site du Conseil constitutionnel de la plaidoirie de Me Texier lors de l'audience du 17 octobre 2023.

[42] Comm. CC, déc. n° 2023-1066 QPC du 27 octobre 2023, p. 25.

[43] CC, déc. n° 2024-868 DC du 17 mai 2024.

constitutionnelles environnementales facilite donc l'invocation de griefs environnementaux à l'encontre des dispositions économiques et sociales, bien qu'elle contribue corrélativement au brouillage de cette concurrence.

Cette extension ne sert pas toujours la protection de l'environnement. Le Conseil constitutionnel n'a pas fait obstacle à des velléités contre nature, à savoir l'utilisation à rebours des exigences constitutionnelles de la Charte[44]. Ses articles 5, 6 et 7 ont ainsi été invoqués dans le cadre des contrôles *a posteriori* et *a priori* aux fins de déclarer inconstitutionnelles des dispositions législatives jugées trop protectrices de l'environnement[45]. Cette instrumentalisation se caractérise par la volonté de faire triompher des considérations économiques et sociales sur l'environnement au moyen paradoxalement d'un instrument conçu pour le protéger. Ce phénomène invite alors à la prudence : la mobilisation des exigences tirées de la Charte dans le contentieux constitutionnel ne conduit pas nécessairement, d'une part, à protéger l'environnement et, d'autre part, à se voir opposer des exigences constitutionnelles économiques et sociales issues de la DDHC 1789 ou du Préambule de la Constitution de 1946.

Ce même mouvement d'extension se constate lorsque les exigences environnementales servent de « bouclier[46] » aux dispositions législatives contestées. Les sages ont tendance à reconnaître avec assez de facilité qu'elles poursuivent l'OVC de protection de l'environnement. Certaines dispositions législatives auraient pu pourtant ne pas bénéficier de ce commode label. C'est le cas des dispositions contestées de l'article L. 411-2-1 du code de l'environnement qui prévoient que, pour la délivrance des dérogations espèces protégées, sont réputés répondre à une raison d'intérêt public majeur (RIIPM) les projets d'installation à une raison impérative d'intérêt public majeur les projets d'installations de production d'énergies renouvelables ou de stockage d'énergie dans le système électrique satisfaisant aux conditions prévues à l'article L. 211-2-1 du code de l'énergie. Le Conseil constitutionnel se suffit qu'elles « visent à favoriser la production d'énergies renouvelables et le développement des capacités de stockage d'énergie[47] ». L'étude d'impact comme les parlementaires justifiaient la reconnaissance de la RIIPM au nom de « l'indépendance énergétique de la France » ou de « la sécurité de

[44] F. Savonitto, « Pas de Charte pour les ennemis de l'environnement ? Le Conseil constitutionnel face aux utilisations à rebours de la Charte de 2004 », *Revue des Droits de l'Homme*, 2025, n° 27, https://journals.openedition.org/revdh/21614.

[45] 2011-182 QPC du 14 octobre 2011 ; 2012-270 QPC du 27 juillet 2012 ; 2012-283 QPC du 23 novembre 2012 ; CC, déc. n° 2013-316 QPC du 24 mai 2013 ; CC, déc. n° 2013-317 QPC du 24 mai 2013 ; CC, déc. n° 2013-346 QPC du 11 octobre 2013 ; CC, déc. n° 2014-396 QPC du 23 mai 2014 ; CC, déc. n° 2014-411 QPC du 9 septembre 2014 ; CC, déc. n° 2014-694 DC du 28 mai 2014 ; CC, déc. n° 2015-718 DC du 13 août 2015 ; CC, déc. n° 2016-595 QPC du 18 novembre 2016 ; CC, déc. n° 2016-737 DC CC, déc. n° 2022-847 DC du 29 décembre 2022.

[46] Comm. CC, déc. n° 2023-1066 QPC du 27 octobre 2023, p. 11.

[47] CC, déc. n° 2023-848 DC du 9 mars 2023.

l'approvisionnement en énergie[48] ». La voie était alors grande ouverte à une nouvelle mobilisation de la catégorie des « intérêts fondamentaux de la Nation » consacrée au 6e alinéa du Préambule de la Charte. Celle-ci aurait eu le mérite de ne pas accorder une finalité environnementale à des dispositions législatives qui sont également la source de dégradations environnementales. Même le Gouvernement ne nie pas « que les travaux d'installation de production d'énergie renouvelable et le fonctionnement même de cette installation sont susceptibles de causer certaines atteintes à l'environnement[49] », notamment à la biodiversité.

Ce label environnemental a ainsi été accordé, en 2023, à des dispositions législatives qui, tantôt, prévoient des mesures propres à accélérer la réalisation de nouveaux réacteurs électronucléaire[50], tantôt, fixent le régime applicable à la création et à l'exploitation d'un centre de stockage en couche géologique profonde de déchets radioactifs[51], quand bien même elles sont paradoxalement reconnues comme étant la source de nuisances environnementales. Étendre délibérément la catégorie de l'OVC de protection de l'environnement à des dispositions ambivalentes d'un point de vue environnemental contribue à la diluer et, par voie de conséquence, à en brouiller sa lisibilité. Comme l'une des faces de ses dispositions législatives peut nuire à l'environnement, les saisissants ne manquent pas de leur opposer les droits et devoirs de la Charte de l'environnement. Il s'ensuit que l'OVC de protection de l'environnement fondé sur les dispositions du préambule de la Charte de 2004 « permet de justifier — et donc d'autoriser — certaines limites apportées par la loi à des normes constitutionnelles[52] » environnementales, tel le droit de vivre dans un environnement équilibré et respectueux de la santé consacré à l'article 1er de la Charte. Cette dilution est à l'origine du paradoxe — pas totalement nouveau — consistant à opposer *l'environnement vs. l'environnement*, voire la *Charte vs la Charte*. Cette dilution de l'OVC de protection de l'environnement conduit certains auteurs à conclure qu'il renferme une dose de « scélératesse »[53], en ce que les dispositions législatives qui s'y inscrivent peuvent revêtir d'autres finalités que protéger l'environnement, y compris lui nuire dans certaines de leurs dimensions. De l'extension du champ de l'OVC de l'environnement ne résulte pas nécessairement la fragilisation constitutionnelle des dispositions législatives économiques. Certaines d'entre

---

[48] L. Maillart-Méhaignerie, 1re Séance du 14 décembre 2022, *A.N.*, p. 7091 ; étude d'impact du *Projet de loi relatif à l'accélération de la production d'énergies renouvelables*, *op. cit.*, p. 36.
[49] Observations du Gouvernement sur la *Loi relative à l'accélération de la production d'énergies renouvelables*, 21 février 2023, p. 7.
[50] CC, déc. n° 2023-851 DC du 21 juin 2023.
[51] CC, déc. n° 2023-1066 QPC du 27 octobre 2023.
[52] G. Sutter, « Utilité et limites des OVC sur le plan contentieux », *Titre VII*, 2022, n° 8.
[53] M. Molinier-Dubost, « Droit des générations futures à un environnement équilibré et respectueux de la santé et stockage des déchets radioactifs. La prudente audace du Conseil constitutionnel (observations sur deux oxymores) », *AJCT*, 2023, p. 35.

elles peuvent même y trouver un refuge bienvenu pour mieux se mettre à l'abri des droits et devoirs environnementaux. Cette extension du champ de l'OVC de protection de l'environnement ne fait, finalement, qu'accentuer une difficulté déjà constatée dans le contentieux constitutionnel. Certaines dispositions législatives poursuivent des motifs d'intérêt général à la fois économique et environnemental ou social et environnemental. Le premier couple est illustré, par exemple, par les dispositions des articles L. 214-18-1 du code de l'environnement et 7 de la *Loi relative à l'accélération des procédures liées à la construction de nouvelles installations nucléaires à proximité de sites nucléaires existants et au fonctionnement des installations existantes*. Pour l'adoption de l'un, « le législateur a entendu, non seulement préserver le patrimoine hydraulique, mais également favoriser la production d'énergie hydroélectrique qui contribue au développement des énergies renouvelables[54] », tandis que, pour celle de l'autre, le Parlement a « mis en œuvre les exigences constitutionnelles inhérentes à la sauvegarde des intérêts fondamentaux de la Nation, au nombre desquels figurent l'indépendance de la Nation ainsi que les éléments essentiels de son potentiel économique, et poursuivi l'objectif de valeur constitutionnelle de protection de l'environnement[55] ». Le second couple est illustré par les dispositions notamment de l'article 125 de la *Loi pour la reconquête de la biodiversité, de la nature et des paysages* ou de l'article L. 253-8 du code rural et de la pêche maritime. À chaque fois le Conseil constitutionnel reconnaît que leur adoption a poursuivi l'objectif de protection de l'environnement et de la santé[56].

B. Exagération

L'intrication des exigences environnementales, économiques et sociales participe à rendre quelque peu simpliste, voire caricaturale toute représentation qui les oppose catégoriquement. Surtout, les enseignements à tirer de cette conciliation, aussi difficile soit-elle à observer, sont loin d'être fructueux. Le Conseil constitutionnel a rarement prononcé des déclarations d'inconstitutionnalité de dispositions législatives dites économiques ou environnementales prononcées sur le fondement d'une exigence constitutionnelle de la Charte. La QPC du 18 février 2022[57] qui avait constaté la méconnaissance des articles 1er et 3 de la Charte est la seule, semble-t-il, à appartenir à cette catégorie. L'explication de cette audace ne réside pas dans l'intensité rehaussée, depuis 2020, du contrôle du droit de vivre dans un environnement équilibré et respectueux de la santé. Le juge constitutionnel n'a nullement fait référence à la formulation devenue désormais classique selon laquelle « Les limitations portées par le législateur à l'exercice de ce

[54] CC, déc. n° 2022-991 QPC du 13 mai 2022.
[55] CC, déc. n° 2023-851 DC du 21 juin 2023.
[56] CC, déc. n° 2016-737 DC du 4 août 2016 et CC, déc. n° 2019-823 QPC du 31 janvier 2020.
[57] CC, déc. n° 2021-971 QPC du 18 février 2022.

droit ne sauraient être que liées à des exigences constitutionnelles ou justifiées par un motif général et proportionnées à l'objectif poursuivi[58] ». Il se contente juste d'affirmer qu'aucune « disposition législative ne prévoyai(en)t que l'administration prenne en compte les conséquences environnementales d'une telle prolongation avant de se prononcer[59] ». La nature des dispositions législatives examinées expliquerait donc l'absence de la mention habituelle relative au contrôle des garanties légales. Dépourvues de toute prise en compte des conséquences environnementales, elles ne réclameraient pas de pousser davantage son examen. Cette décision s'explique aussi par le « contexte idéal[60] » dans laquelle elle a été rendue : d'une part, les parlementaires avaient déjà purgé l'inconstitutionnalité, les sages ne manquant pas de saluer le nouveau dispositif législatif qu'il l'avait déjà remplacée ; d'autre part, elle a sauvé la première « décision »[61] du Conseil de défense écologique à la tête duquel figure le chef de l'État. À cette catégorie, il convient d'inclure la QPC du 12 août 2022[62]. Bien qu'elle n'invalide pas les articles 29, 30 et 36 de la *Loi portant mesures d'urgence pour la protection du pouvoir d'achat*, elle formule deux réserves conditionnant la constitutionnalité de ces dispositions relatives à la sécurité d'approvisionnement en gaz et en électricité. Si onze autres déclarations d'inconstitutionnalité ont été prononcées sur le fondement de la Charte[63], elles ont toutes concerné l'article 7 de la Charte. Il serait toutefois aventureux de regarder les dispositions législatives sanctionnées quasi intégralement pour violation du principe de participation comme revêtant un caractère économique[64]. Il s'ensuit que la Charte a rarement fait obstacle aux législations économiques et sociales dans le cadre du contentieux constitutionnel. Ce constat remet assurément en cause le discours selon lequel le Conseil constitutionnel ferait désormais « prévaloir l'environnement sur tout » au risque de glisser vers « le gouvernement des juges[65] ». Il incite même à penser que la conciliation s'opère systématiquement au détriment des constitutionnelles environnementales. Or, une telle conclusion serait également excessive.

---

[58] CC, déc. n° 2020-809 DC du 10 décembre 2020.

[59] CC, déc. n° 2021-971 QPC du 18 février 2022.

[60] F. Savonitto, « Une décision environnementale historique », *Le Blog du Cercop, questions constitutionnelles*, 4 juin 2022.

[61] V. le site de la présidence de la République, https://www.elysee.fr/emmanuel-macron/conseil-de-defense-ecologique.

[62] CC, déc. n° 2022-843 DC du 12 août 2022.

[63] CC, déc. n° 2011- 183/184 QPC du 14 octobre 2011 ; CC, déc. n° 2012-262 QPC du 13 juillet 2012 ; CC, déc. n° 2012-269 QPC du 27 juillet 2012 ; CC, déc. n° 2012-270 QPC du 27 juillet 2012 ; CC, déc. n° 2012-283 QPC du 23 novembre 2012 ; CC, déc. n° 2014-395 QPC du 7 mai 2014 ; CC, déc. n° 2014-396 QPC du 23 mai 2014 ; CC, déc. n° 2016-595 QPC du 18 novembre 2016 ; CC, déc. n° 2020-843 QPC du 28 mai 2020 ; CC, déc. n° 2021-891 DC du 19 mars 2021.

[64] Une seule déclaration d'inconstitutionnalité sur le fondement du principe d'information consacré à l'article 7 de la Charte : CC, déc. n° 2008-564 DC du 19 juin 2008.

[65] P. Steinmetz, « Les "Sages" feront-ils prévaloir l'environnement sur tout ? », *Le Figaro*, 31 août 2022, p. 17.

Les sages ne censurent pas à profusion les dispositions législatives qui poursuivent l'objectif de protection de l'environnement sur le fondement d'exigences constitutionnelles économiques ou sociales[66]. Peu de décisions sont à recenser depuis que la Charte est entrée en vigueur. En 2009, le Conseil constitutionnel a invalidé pour rupture caractérisée de l'égalité devant les charges publiques l'article 7 de la Loi de finances pour 2010, qui instituait la contribution carbone destinée à lutter contre le réchauffement climatique[67]. En 2011, l'article L. 321-5-1 du code forestier « permettant l'établissement d'une servitude de passage et d'aménagement dans les propriétés privées pour faciliter la lutte contre les incendies de forêt » a été sanctionné pour incompétence négative du législateur qui affectait l'exercice du droit propriété[68]. En 2013[69], le Conseil a jugé qu'était contraire à la liberté d'entreprendre les dispositions de l'article L. 224-1 du code de l'environnement pour laquelle « était avancé un motif général de protection de l'environnement[70] » : l'amélioration de la lutte contre la pollution atmosphérique via l'augmentation de la protection de bois suscitée par l'obligation d'utiliser du bois dans les constructions nouvelles. Le contrôle, en 2015, de la Loi relative à la transition énergétique pour la croissance verte a donné lieu aux censures des articles 44 et 83[71] : le premier impose « aux entreprises ou groupements d'entreprises appartenant au secteur de la grande distribution d'établir un programme d'actions afin de réduire les émissions de gaz à effet de serre et de polluants atmosphériques résultant du transport des marchandises qu'ils commercialisent sur le territoire national ». Le Conseil constitutionnel accueille le grief de l'incompétence négative fondé sur l'article 34 de la Constitution selon lequel « la loi détermine les principes fondamentaux (…) des obligations civiles et commerciales ». Il est reproché au législateur de s'être « borné à renvoyer à un décret le soin de déterminer le "champ" de ces entreprises » ; le second entend « favoriser la diminution de la production de déchets », en évitant « que les éco-organismes ne soient contrôlés par des entreprises de traitement des déchets qui, contrairement aux entreprises soumises au principe de "responsabilité élargie du producteur", n'ont pas intérêt à voir diminuer le volume des déchets à la source ». Il est la source d'une atteinte disproportionnée au droit de propriété et à la garantie des droits au motif que le législateur a renvoyé à un décret la détermination des conditions relatives à l'obligation nouvellement imposée aux sociétés et à leurs associés et actionnaires selon laquelle « la majorité du capital d'un éco-organisme constitué sous forme de société soit détenue par des producteurs, importateurs et distributeurs représentatifs des adhérents à cet éco-organisme

---

66 CC, déc. n° 2023-851 DC du 21 juin 2023.
67 CC, déc. n° 2009-599 DC du 29 décembre 2009.
68 CC, déc. n° 2011-182 QPC du 14 octobre 2011.
69 CC, déc. n° 2013-317 QPC du 24 mai 2013.
70 Comm. CC, déc. n° 2013-346 QPC du 11 octobre 2013.
71 CC, déc. n° 2015-718 DC du 13 août 2015.

pour les produits concernés ». Avec l'article 11 de la Loi pour la reconquête de la biodiversité, de la nature et des paysages, le législateur avait aménagé une exemption au profit des associations régies par la loi du 1er juillet 1901, pour la vente et l'échange de semences ou de matériels de reproduction des végétaux appartenant au domaine public. « Elle leur permettrait de céder, fournir ou transférer les semences et matériels en cause à titre onéreux, sans être tenues par l'ensemble des règles visées à l'article L. 661-8 du code rural et de la pêche maritime, contrairement à d'autres personnes susceptibles de procéder aux mêmes opérations de vente ou d'échange[72] ». La différence de traitement adoptée « en vue de la préservation de la biodiversité » a été déclarée contraire au principe d'égalité devant la loi, les sages ont estimé qu'elle était sans rapport avec l'objet de la loi. En 2022, l'article L. 541-30-2 du code de l'environnement, bien que couvert expressément par l'OVC de protection de l'environnement, est déclaré inconstitutionnel au motif qu'il porte une atteinte manifestement disproportionnée au droit au maintien des conventions légalement conclues[73]. Les réserves d'interprétation conditionnant la conformité des dispositions environnementales aux normes économiques restent également mesurées[74]. Ce corpus de décisions est finalement assez limité, surtout au regard de l'ampleur des exigences constitutionnelles opposables.

Certes, par le passé, l'objectif d'intérêt général de protection de l'environnement avait déjà justifié des limitations à l'exercice des normes économiques et sociales[75]. Mais avec l'élévation de l'objectif de protection de l'environnement au rang constitutionnel en 2020[76], les dispositions législatives protectrices de l'environnement sont mieux armées dans cette entreprise de conciliation. « L'érection de la protection de l'environnement en tant qu'OVC a (…) eu (…) un (…) effet, celui d'alléger le contrôle de proportionnalité exercé : d'entier, celui-ci est devenu restreint à la sanction des seules disproportions manifestes, laissant ainsi au législateur une marge de manœuvre supplémentaire dans la mise en œuvre de la conciliation, qui sera moins strictement contrôlée[77] ». Ainsi, lorsque le Conseil constitutionnel regardait auparavant la protection de l'environnement seulement comme un objectif d'intérêt général, il exigeait que les atteintes portées aux libertés constitutionnelles économiques, telle la liberté d'entreprendre, ne soient pas

---

[72] CC, déc. n° 2016-737 DC du 4 août 2016.

[73] CC, déc. n° 2021-968 QPC du 11 février 2022.

[74] CC, déc. n° CC, déc. n° 2010-57 QPC du 18 octobre 2010 ; CC, déc. n° 2011-201 QPC du 2 décembre 2011.

[75] CC, déc. n° 2003-488 DC du 29 décembre 2003.

[76] CC, déc. n° 2019-823 QPC du 31 janvier 2020.

[77] V. Goesel Le Bihan, « Conciliation entre principes dans la jurisprudence constitutionnelle relative à la protection de l'environnement », *Titre VII*, 2024, n° 13, https://www.conseil-constitutionnel.fr/publications/titre-vii/conciliation-entre-principes-dans-la-jurisprudence-constitutionnelle-relative-a-la-protection-de-l.

« disproportionnées au regard de l'objectif poursuivi » pour prononcer une déclaration de conformité. Dorénavant, depuis 2020, il opère un « contrôle restreint[78] » sur ces libertés lorsque les atteintes sont justifiées par l'OVC de protection de l'environnement. Il se contente de vérifier que « le législateur a assuré une conciliation qui n'est pas manifestement déséquilibrée entre » ce nouvel OVC dont la consécration a été attendue une quinzaine d'années[79] et les libertés « de second rang[80] » que sont la liberté d'entreprendre[81], le droit au maintien des conventions légalement conclues[82], le droit de propriété[83], voire le principe de libre administration des collectivités territoriales[84]. Néanmoins, ce relâchement du contrôle des mesures protectrices de l'environnement était déjà perceptible dans la jurisprudence constitutionnelle avant 2020. Les sages ne se sont pas opposés à des législations environnementales qui instauraient des limites jugées pourtant « importantes »[85] à ces libertés de « second rang ». Dans la QPC du 11 octobre 2013, ils ont ainsi écarté des griefs tirés du principe d'égalité, du droit de propriété et de la liberté d'entreprendre. De plus, certaines mesures environnementales avaient déjà fait l'objet d'un contrôle restreint au motif qu'elles avaient l'avantage de poursuivre concurremment l'OVC de protection de la santé publique[86].

Une autre plus-value est également à souligner. De la référence au 3e alinéa du Préambule de la Charte qui définit l'environnement comme « le patrimoine commun des êtres humains », le Conseil en a déduit que « le législateur est fondé à tenir compte des effets que les activités exercées en France peuvent porter à l'environnement à l'étranger[87] ». Dès lors, si le paragraphe IV de l'article L. 253-8 du code rural et de la pêche interdisant notamment la production, la vente en France, mais aussi l'exportation de certains produits phytopharmaceutiques constitue une restriction à la liberté d'entreprendre, celle-ci se trouve justifiée sur le fondement de la portée extraterritoriale de la Charte. Cette décision contraste avec celle de 2015[88] dans laquelle avaient été contrôlées des mesures suspensives sur la fabrication, l'importation, l'exportation et la mise sur le marché de contenants alimentaires et ustensiles

---

78 Comm. CC, déc. n° 2021-968 QPC du 11 février 2021, p. 12.

79 F. Savonitto, « Un verdissement en devenir de la jurisprudence constitutionnelle », *AJDA*, 2020, n° 20, p. 1126.

80 V. Goesel Le Bihan, « Conciliation entre principes dans la jurisprudence constitutionnelle relative à la protection de l'environnement », art. cit

81 CC, déc. n° 2019-823 QPC du 31 janvier 2020.

82 CC, déc. n° 2021-968 QPC du 11 février 2021.

83 CC, déc. n° 2024-1109 QPC du 18 octobre 2024.

84 CC, déc. n° 2022-99° QPC du 22 avril 2022.

85 Comm. CC, déc. n° 2013-346 QPC du 11 octobre 2013, p. 11 : le législateur avait posé « une interdiction générale et absolue du recours à la fracturation hydraulique pour l'exploration et l'exploitation des hydrocarbures ».

86 Comm. CC 2016-737 DC du 4 août 2016, p. 12.

87 CC, déc. n° 2019-823 QPC du 31 janvier 2020.

88 CC 2015-480 QPC du 17 septembre 2015.

contenant du bisphénol A. Les sages avaient alors abrogé seulement celles emportant des incidences externes, c'est-à-dire celles suspendant l'exportation de tels produits et leur production en France au motif que « le législateur a apporté à la liberté d'entreprendre des restrictions qui ne sont pas en lien avec l'objectif[89] » de protection de la santé. Ils confirment que les législations protectrices de l'environnement ne sont pas cantonnées à prévenir ou à réparer les atteintes environnementales sur le seul territoire national[90].

Finalement, la jurisprudence constitutionnelle ne semble pas dresser un sérieux rempart aux législations, qu'elles soient environnementales, économiques ou sociales. Elle s'attache jusque-là à accompagner l'action du législateur, quelle que soit son orientation, sans s'y opposer. Deux exemples illustrent cette position jurisprudentielle. En 2020, le Conseil constitutionnel n'a pas invalidé à l'aune de l'article 1er de la Charte la disposition législative qui déroge temporairement à l'interdiction législative des néonicotinoïdes pour la culture des betteraves sucrières[91], interdiction qui avait elle-même été reconnue, en 2016, licite au regard de la liberté d'entreprendre[92]. Il en va de même des dispositions relatives à la part de l'énergie nucléaire dans la production d'électricité. Les députés ont vainement critiqué à l'aune d'exigences économiques et environnementales tantôt sa réduction[93], tantôt les conditions permettant d'en augmenter les capacités de production[94]. Dès lors, il apparaît exagéré de présenter le Conseil constitutionnel comme défenseur de l'environnement ou du libéralisme économique. Ses décisions s'attachent à soutenir l'action du Parlement, ce qui interroge davantage son statut de juridiction constitutionnelle plutôt que la coloration plus ou moins verte de sa jurisprudence.

II. La concurrence dans la collaboration

Au sortir de l'analyse de la conciliation où sont mises face à face, d'un côté, les exigences environnementales, de l'autre, les exigences économiques et sociales, les conclusions en ressortent mitigées. Durant ces vingt premières années, la Charte s'est illustrée en tant que bouclier des législations environnementales et moins comme un glaive contre les législations économiques et sociales. Le constat n'est pas forcément plus glorieux lorsque la Charte est, non pas opposée aux normes économiques sociales, mais concourt aux mêmes objectifs qu'eux, à savoir la conformité ou l'inconstitutionnalité d'une même disposition législative. La réponse à la question de savoir quelles exigences — environnementales ou classiques —

[89] CC 2015-480 QPC du 17 septembre 2015.
[90] CC, déc. n° 2019-808 QPC du 11 octobre 2019.
[91] CC, déc. n° 2020-809 DC du 10 décembre 2020.
[92] CC, déc. n° 2016-737 DC du 4 août 2016.
[93] CC, déc. n° 2015-718 DC du 13 août 2015.
[94] CC, déc. n° 2023-851 DC du 21 juin 2023.

permettent de mieux atteindre l'objectif fixé varie selon l'objet de la disposition législative attaquée (A) selon la nature du contentieux constitutionnel (B) et selon la finalité du recours introduit (C).

A. Une concurrence variable selon l'objet de la disposition législative attaquée

Les dispositions législatives sont rarement contestées à l'aune uniquement des exigences constitutionnelles environnementales. Seule une quinzaine de décisions présente au moins une disposition législative qui n'est contestée qu'au regard uniquement des exigences tirées de la Charte. Elles ne représentent qu'un peu plus d'un quart des décisions dans lesquelles un grief de la Charte est invoqué. Il n'est donc pas inhabituel dans le contentieux constitutionnel qu'une même disposition législative se voit reprocher de méconnaître des exigences environnementales et classiques. Ce corpus de décisions est donc propice à mesurer l'efficacité de ces deux types de normes. Cette comparaison nécessite de tenir compte de différents paramètres, dont l'objet environnemental de la disposition législative contestée.

L'absence de monopole reconnu aux droits et devoirs consacrés par la Charte dans la contestation des dispositions environnementales rend possible la concurrence entre exigences environnementales et classiques. Si le champ d'application de la Charte est circonscrit au domaine environnemental, ni la Constitution ni la jurisprudence constitutionnelle ne fait obstacle à ce que des normes classiques puissent être opposées à une disposition législative qui porte une atteinte à l'environnement, présente un risque environnemental ou emporte tout simplement des incidences sur l'environnement. Ces normes classiques qui préexistaient à la Charte ont d'ailleurs influencé son écriture. Le Constituant a ainsi jugé « superflu[95] » toute référence au « droit à l'accès à la justice », sachant qu'il était déjà garanti par les dispositions de la DDHC. Il n'est donc pas étonnant que ces dernières soient mobilisées dans le prétoire du Conseil constitutionnel lorsqu'une législation restreint les conditions d'exercice du droit au recours juridictionnel en matière environnementale[96]. Il en est de même du principe, résultant de l'article 4 de la Déclaration de 1789, selon lequel tout fait quelconque de l'homme qui cause à autrui un dommage oblige celui par la faute duquel il est arrivé à la réparer ». Ce principe de responsabilité a pu être mobilisé à l'encontre de dispositions législatives qui se sont vu opposer également « le principe selon lequel toute personne doit

---

[95] N. Kosciusko-Morizet, *Rapport sur le Projet de loi constitutionnelle (n° 992) relatif à la Charte de l'environnement*, AN, n° 1595, 12 mai 2004, p. 126.

[96] Par ex, CC, déc. n° 2011-138 QPC du 17 juin 2011 ; CC, déc. n° 2019-777 QPC du 19 avril 2019 ; CC, déc. n° 2019-788 QPC du 7 juin 2019 ; CC, déc. n° 2021-981 QPC du 17 mars 2022 ; CC, déc. n° 2022-986 QPC du 1er avril 2022 ; CC, déc. n° 2022-1032 QPC du 27 janvier 2023.

contribuer à la réparation des dommages qu'elle cause à l'environnement[97] » consacré à l'article 4 de la Charte et l'obligation de vigilance à l'égard des atteintes à l'environnement qui pourrait résulter de son activité, déduite de la combinaison des deux premiers articles de la Charte[98].

La limitation du champ d'application des exigences de la Charte est assurément un inconvénient par rapport aux exigences classiques. Des griefs fondés sur le principe de participation du public en matière environnementale ont ainsi été écartés au motif que les décisions publiques visées par les dispositions législatives contestées ne présentaient pas d'incidence directe ou significative sur l'environnement[99]. De même ont été déclarés inopérants des griefs tirés des articles 1er et 3, faute au deuxième alinéa de l'article L. 581-9 du code de l'environnement d'« entre(r) (…) dans le champ d'application de la Charte[100] » de 2004. L'objet « non environnemental » des dispositions législatives n'a, en revanche, pas fait obstacle à leur contrôle au regard des libertés d'entreprendre[101] et d'expression[102]. Ces QPC se sont même avérées fructueuses : le paragraphe V de l'article L. 224-1 du code de l'environnement dont il a été reconnu qu'il était la source d'une « incidence indirecte sur l'environnement » a été abrogé pour méconnaissance de l'article 4 de la DDHC, tandis que les deuxième et troisième alinéas de l'article L. 581-9 de l'environnement ont fait l'objet d'une réserve d'interprétation aux fins d'assurer sa conformité à l'article 11 de la DDHC. L'invocation des exigences classiques se révèle donc utile ici à l'encontre de dispositions législatives dont le caractère environnemental prête à discussion. Cette plus-value pourrait expliquer que certaines décisions ne présentent que des griefs économiques, là où il aurait pu être attendu que les justiciables ou les saisissants soulèvent également des griefs environnementaux. Par exemple, les dispositions de l'article L. 6361-14 du code des transports ont été déclarées contraires au principe d'impartialité garanti par l'article 16 de la DDHC au motif que n'est instituée aucune séparation entre les fonctions de poursuite et les fonctions de jugement au sein de l'Autorité de contrôle des nuisances aéroportuaires, qui est une autorité administrative indépendante compétente en matière de lutte contre les nuisances engendrées par le transport aérien[103]. La société requérante n'avait fait nullement référence à l'article 1er et 3 de la Charte là où, en 2024, la saisine parlementaire n'a pas hésité à s'en prévaloir à l'encontre des nouvelles dispositions de l'article L. 592-1 du code de

---

97 CC, déc. n° 2020-881 QPC du 5 février 2021.

98 CC, déc. n° 2011-116 QPC du 8 avril 2011.

99 CC, déc. n° 2012-282 QPC du 12 novembre 2012 ; CC, déc. n° 2013-317 QPC du 24 mai 2013.

100 CC, déc. n° 2012-282 QPC du 12 novembre 2012.

101 CC, déc. n° 2012-282 QPC du 12 novembre 2012 ; CC, déc. n° 2013-317 QPC du 24 mai 2013.

102 CC, déc. n° 2012-282 QPC du 12 novembre 2012.

103 CC, déc. n° 2017-675 QPC du 24 novembre 2017.

l'environnement qui confient à une même AAI les fonctions d'expertise et de décision dans les domaines de la sûreté nucléaire et de la radioprotection[104].

B. Une concurrence variable selon la nature du contentieux constitutionnel

Selon que le Conseil constitutionnel se prononce dans le cadre du contrôle fondé sur l'article 61 ou 61-1 de la Constitution, le spectre des normes constitutionnelles invocables varie. Dans le cadre du contrôle *a posteriori*, leur périmètre est réduit aux « droits et libertés que la Constitution garantit ». Toutes les exigences de la Charte ne peuvent donc s'y déployer. Le Conseil constitutionnel a très tôt exclu le principe de conciliation énoncé à son article 6[105] ainsi que les 7 alinéas de son Préambule[106], sauf à ce que ces derniers soient interprétés avec l'un de ses dix articles[107]. Le sort des articles 5, 8[108], 9 et 10 dans le contentieux de la QPC reste marqué d'un flou, faute de savoir si les exigences susceptibles d'en résulter appartiennent à la catégorie des droits et libertés constitutionnels. Les opportunités n'ont pourtant pas manqué de clarifier le statut du principe de précaution[109]. L'invocabilité de la Charte en QPC demeure donc restreinte à ses articles 1er, 2, 3, 4 et 7. Pour autant, ce spectre réduit n'affecte pas l'efficacité de la Charte[110] dans la mesure où les articles 1er et 7 ont été les seuls à produire des effets contentieux.

En revanche, dans le cadre du contrôle *a priori*, l'intégralité des dispositions de la Charte est invocable. Du moins, c'est ce qui est déduit de la formulation du Conseil selon laquelle les « dispositions (de l'article 5), comme l'ensemble des droits et devoirs définis dans la Charte de l'environnement, ont valeur constitutionnelle ; qu'elles s'imposent aux pouvoirs publics et aux autorités administratives dans leur domaine de compétence respectif[111] ». Or, des inconnues subsistent : les sages n'ont jamais examiné de dispositions législatives à l'aune d'un alinéa d'un Préambule ou au regard des trois derniers articles de la Charte[112]. Pourtant,

---

[104] CC, déc. n° 2024-868 DC du 17 mai 2024.
[105] CC, déc. n° 2012-283 QPC du 23 novembre 2012.
[106] CC, déc. n° 2014-394 QPC du 7 mai 2014.
[107] CC, déc. n° 2022-843 DC du 12 août 2022 ; CC, déc. n° 2023-1066 QPC du 27 octobre 2023.
[108] Concernant l'article 8 de la Charte, la réponse ne devrait pas tarder, CE, 19 novembre 2024, *One Voice*, n° 487936.
[109] CC, déc. n° 2013-346 QPC du 11 octobre 2013 ; CC, déc. n° 2015-480 QPC du 17 septembre 2015.
[110] À noter toutefois l'invitation du juge administratif à soulever une QPC fondée sur l'article 6 de la Charte, CE,1er décembre 2023, n° 457118, *Syndicat national des fabricants d'isolants en laines minérales manufacturées (FILMM)*, *JurisData* n° 2023- 022250, v. L. Fonbaustier, « Chronique de jurisprudence relative à la Charte de l'environnement », *EEI*, 2024, n° 8-9, p. 8.
[111] CC, déc. n° 2008-564 DC du 19 juin 2008.
[112] CC, déc. n° 2018-768 DC du 26 juillet 2018.

l'opportunité leur a été offerte dès 2021[113] de se prononcer sur le septième et dernier alinéa du Préambule de la Charte où figure le devoir de ne « pas compromettre la capacité des générations futures et des autres peuples à satisfaire leurs propres besoins ». Le Conseil a renoncé à la saisir. Il a préféré censurer l'article 165 de la Loi de finances pour 2022, qui autorise pour une durée illimitée sur le territoire de la commune de Wittelsheim le stockage des produits dangereux non radioactifs en couches géologiques profondes présents sur le territoire de la commune de Wittelsheim au motif qu'il constituait un cavalier budgétaire. Le choix de privilégier l'examen de l'article 47 de la Constitution a privé de tout contrôle le grief environnemental. Autrement dit, l'efficacité de la Charte a pâti du contrôle préalable des griefs fondés sur les normes constitutionnelles classiques[114]. Or, dans le contrôle *a priori,* l'examen des vices de procédure est systématiquement prioritaire. Il s'ensuit que certains griefs tirés de la Charte n'ont donc jamais été appréciés. Le Conseil s'attache à déclarer inconstitutionnelles les dispositions législatives qui ont été adoptées selon une procédure contraire à la Constitution[115] sans ne jamais se prononcer sur le fond des mesures votées, et plus particulièrement sur leur respect au regard de la Charte. L'extension du spectre des normes classiques invocables en DC est donc propice à amoindrir l'efficacité des griefs tirés de la Charte.

C. Une concurrence variable selon la finalité du recours constitutionnel

Devant le prétoire du Conseil constitutionnel, les recours des saisissants ou justiciables poursuivent deux finalités : invalider des dispositions législatives qui sont jugées, soit nuisibles à l'environnement, soit trop protectrices. Il est dès lors attendu que les premières se voient opposer les exigences de la Charte, tandis que les secondes, les exigences classiques. Or, les requérants ne suivent pas toujours ces logiques contentieuses. Ils s'emploient parfois, d'un côté, à mobiliser les exigences de la Charte pour faire prévaloir des considérations économiques et sociales sur l'environnement, tandis que, de l'autre, à invoquer des griefs économiques et sociaux aux fins de déclarer inconstitutionnelles des dispositions législatives sources de nuisances environnementales.

[113] CC, déc. n° 2021-833 DC du 28 décembre 2021.

[114] « Sans qu'il soit besoin d'examiner l'autre grief et sans que le Conseil constitutionnel ne préjuge de la conformité du contenu de ces dispositions aux autres exigences constitutionnelles, il y a lieu de constater que, adoptées selon une procédure contraire à la Constitution, elles lui sont donc contraires », CC, déc. n° 2021-833 DC du 28 décembre 2021 ; v. également l'article 208 de la Loi de finances pour 2024, qui est un exemple similaire qui concerne d'ailleurs aussi l'extraction des déchets au sein du stockage souterrain en couches géologiques profondes des produits dangereux non radioactifs présents sur le territoire de la commune de Wittelsheim : CC, déc. n° 2023-862 DC du 28 décembre 2023.

[115] À propos des articles 17 et 18 de la Loi relative à la croissance et à la transformation des entreprises, CC, déc. n° 2019-781 DC du 16 mai 2019.

L'utilisation à rebours de la Charte constitue le premier de ces deux paradoxes. Elle se caractérise par la volonté des requérants de faire triompher des considérations économiques et sociales sur l'environnement au moyen paradoxalement d'un instrument conçu pour le protéger. Le Conseil constitutionnel ne s'est pas opposé sur le principe à ces velléités qui apparaissent contre nature, quand bien même la Charte ne dispose pas de mécanisme pour se prémunir de son emploi contre elle-même. Pire, deux de ses dispositions incitent à de telles initiatives : d'une part, l'alinéa 6 de son préambule qui consacre l'équivalence de la protection de l'environnement et des autres intérêts de la nation ; d'autre part, l'article 6 qui, aux côtés de la protection et de la mise en valeur de l'environnement, reconnaît explicitement le développement économique et le progrès social au sein du développement durable, où aucun d'un de ses trois intérêts ne prime sur un autre dans l'entreprise de conciliation des politiques publiques incombant au Parlement et aux autorités réglementaires. Ce silence de la Charte ainsi que ses chevaux de Troie[116] ont donc ouvert la porte à ces utilisations à rebours qui ont rencontré un franc succès. Le phénomène est notable. Treize décisions sont à dénombrer[117], ce qui représente près de 20 % du contentieux de la Charte devant le Conseil constitutionnel[118]. Leur importance s'accroît encore si la focale est portée sur les déclarations d'inconstitutionnalité. Depuis 2005, la Charte en a suscité douze, ce qui demeure un bilan honorable au regard du nombre total de décisions qui s'y réfèrent. Mais, ce succès contentieux de la Charte n'est qu'un trompe-l'œil. Parmi ces douze, quatre déclarations d'inconstitutionnalité[119] sont le fruit d'une utilisation à rebours. Si toutes

---

[116] A. Farinetti, « L'utilisation du principe de participation dans le cadre de la QPC : la Charte contre elle-même ? », *Environnement*, n° 12, décembre 2024, étude 17.

[117] 2011-182 QPC du 14 octobre 2011 ; 2012-270 QPC du 27 juillet 2012 ; 2012-283 QPC du 23 novembre 2012 ; CC, déc. n° 2013-316 QPC du 24 mai 2013 ; CC, déc. n° 2013-317 QPC du 24 mai 2013 ; CC, déc. n° 2013-346 QPC du 11 octobre 2013 ; CC, déc. n° 2014-396 QPC du 23 mai 2014 ; CC, déc. n° 2014-411 QPC du 9 septembre 2014 ; CC, déc. n° 2014-694 DC du 28 mai 2014 ; CC, déc. n° 2015-718 DC du 13 août 2015 ; CC, déc. n° 2016-595 QPC du 18 novembre 2016 ; CC, déc. n° 2016-737 DC CC, déc. n° 2022-847 DC du 29 décembre 2022.

[118] Et encore, la proportion est plus élevée si sont retirées, parmi le total de ces soixante-quatre décisions, celles prises sur le fondement de l'article 37 alinéa 2 ainsi que celles où la Charte n'est citée que comme justification d'une atteinte législative à un principe constitutionnel et non comme le fondement d'un grief opposé à une disposition législative.

[119] CC, déc. n° 2012-270 QPC du 27 juillet 2012 : le 5° du II de l'article L 211-3 du code de l'environnement qui permet à l'autorité réglementaire de déterminer en particulier les conditions dans lesquelles l'autorité administrative peut délimiter des zones où il est nécessaire d'assurer la protection quantitative et qualitative des aires d'alimentation des captages d'eau potable d'une importance particulière pour l'approvisionnement, ainsi que des zones d'érosion et y établir un programme d'actions à cette fin ; CC, déc. n° 2012-283 QPC du 23 novembre 2012 : les articles L. 341-3 et L. 341-13 du code de l'environnement où le premier renvoie au pouvoir réglementaire la détermination des conditions dans lesquelles les intéressés sont invités à présenter leurs observations lorsqu'un monument naturel ou un site fait l'objet d'un projet de classement, tandis que le second prévoit que le déclassement total ou partiel d'un monument ou d'un site classé est prononcé, après avis de la commission supérieure des sites, par décret en

sanctionnent une atteinte au principe de participation, une pluralité de dispositions de la Charte offre un fondement à une utilisation à rebours. À des fins économiques ou sociales, ont été mobilisés respectivement à huit, quatre et trois reprises les principes de participation du public en matière environnementale, de conciliation des politiques publiques et de précaution. À l'aune de l'article 7, il est principalement reproché aux dispositions législatives protectrices de l'environnement la carence du législateur de n'avoir prévu la mise en œuvre d'aucune procédure de participation du public à l'élaboration des décisions publiques en cause[120]. Plus rarement est contestée l'insuffisance des conditions de la participation, soit qu'aucune procédure permettant à l'administration de tenir compte des observations formulées n'ait été instaurée[121], soit que n'a été envisagée qu'une participation indirecte[122]. Quant à l'article 5, il est invoqué aux fins de sanctionner la carence, « l'excès »[123] ou la défaillance du législateur : soit le Parlement est critiqué pour ne pas avoir prévu de procédures d'évaluation des risques[124] ; soit il est blâmé pour l'établissement d'interdiction pérenne, générale et absolue, là où le principe de précaution exige seulement l'adoption de mesures provisoires et proportionnées afin de parer à la réalisation du dommage[125] ; soit la législation votée est accusée de faire obstacle, de manière constante, à l'application du principe de précaution, de telle sorte que les autorités publiques seraient privées de prendre des mesures provisoires et proportionnées en cas de risque incertain[126]. Concernant l'article 6, les requérants prétendent que le législateur a privilégié excessivement la

---

Conseil d'État et qu'il est notifié aux intéressés ; CC, déc. n° 2014-396 QPC du 23 mai 2014 : le paragraphe I de l'article L 214-17 du code de l'environnement, avant le 1er janvier 2013, envisage l'établissement de deux listes distinctes de cours d'eau, l'une pour les cours d'eau sur lesquels aucune autorisation ou concession ne peut être accordée pour la construction de nouveaux ouvrages s'ils constituent un obstacle à la continuité écologique et l'autre pour les cours d'eau sur lesquels il est nécessaire d'assurer le transport suffisant des sédiments et la circulation des poissons migrateurs ; CC, déc. n° 2016-595 QPC du 4 août 2016 : le premier alinéa de l'article L. 541-22 du code de l'environnement, dans sa rédaction issue de l'ordonnance n° 2000-914 du 18 septembre 2000 relative à la partie législative du code de l'environnement entre le 3 mars 2005 et le 13 juillet 2010, renvoyait au pouvoir réglementaire la détermination des conditions d'exercice de l'activité d'élimination de certains déchets.

[120] CC, déc. n° 2011-182 QPC du 14 octobre 2011 ; 2012-270 QPC du 27 juillet 2012 ; CC, déc. n° 2013-316 QPC ; CC, déc. n° 2013-317 QPC du 24 mai 2013 ; CC, déc. n° 2016-595 QPC du 18 novembre 2016.

[121] CC, déc. n° 2012-283 QPC du 23 novembre 2012.

[122] CC, déc. n° 2014-396 QPC du 23 mai 2014 ; CC 2014-411 QPC du 9 septembre 2014 ; v. M. Fleury, « La QPC et l'article 7 de la Charte de l'environnement : une définition en clair-obscur du droit de participer », *Politeia*, 2020, n° 37, p. 609.

[123] V. Goesel-Le Bihan, « Le Conseil constitutionnel "botte-t-il en touche" lorsqu'il ne statue pas sur le grief tiré de l'article 5 de la Charte de l'environnement ? Le juge constitutionnel et le principe de précaution », *RFDA*, 2017, p. 1047.

[124] CC, déc. n° 2014-396 QPC du 23 mai 2014

[125] CC, déc. n° 2013-346 QPC du 11 octobre 2013 ; CC, déc. n° 2014-694 DC du 28 mai 2014.

[126] CC, déc. n° 2016-737 DC du 4 août 2016.

protection et la mise en valeur de l'environnement au détriment du développement économique et/ou du progrès social[127].

L'absence d'opposition de principe pourrait laisser croire que le Conseil constitutionnel est resté spectateur face aux utilisations à rebours de la Charte, voire les encourage au regard des quatre déclarations d'inconstitutionnalité prononcées. Cette conclusion est néanmoins en décalage avec la jurisprudence qu'il a développée sur chacun des griefs invoqués par les « ennemis de l'environnement », quitte à ce qu'elle ait suscité parfois l'« incompréhension[128] ».

Le cas le plus emblématique porte sur l'article 5 dont l'appréciation a donné lieu à une « pirouette »[129], sinon à un « subterfuge[130] » de la part du Conseil constitutionnel. Il en a livré une interprétation désignée par les uns de « systémique[131] », et par les autres d'« irrégulière[132] ». Elle a été inaugurée à l'occasion d'une QPC de 2013[133] dans laquelle une société pétrolière texane contestait les articles 1er et 3 de la Loi n° 2011-835 du 13 juillet 2011 *visant à interdire l'exploration et l'exploitation des mines d'hydrocarbures liquides ou gazeux par fracturation hydraulique et à abroger les permis exclusifs de recherches comportant des projets ayant recours à cette technique*. Afin d'éviter l'examen de ces dispositions législatives qui l'aurait conduit à les déclarer inconstitutionnelles, le Conseil constitutionnel a reconnu le caractère inopérant du grief fondé sur l'article 5 de la Charte au motif qu'elles revêtent un caractère pérenne. Cette confusion inouïe entre « conséquence juridique de l'application du principe (l'interdiction de mesures pérennes) » et « sa condition d'application (la présence d'un risque hypothétique)[134] » est incompréhensible, sauf si l'intention originelle était de ne pas opposer un principe consacré par la Charte à une disposition législative protectrice de l'environnement. Cette interprétation « neutralisante[135] » a été réitérée à l'occasion de la contestation de la loi de 2014 qui comporte un article unique

---

[127] CC, déc. n° 2012-283 QPC du 23 novembre 2012 ; CC, déc. n° 2013-346 QPC du 11 octobre 2013 ; CC, déc. n° 2015-718 DC du 13 août 2015 ; CC, déc. n° 2022-847 DC du 29 décembre 2022. Selon les requérants, le même intérêt ne souffre pas toujours de la prévalence de l'intérêt environnemental. Dans les deux premières, il est allégué que la conciliation est opérée à l'encontre de l'intérêt économique, dans la dernière, il s'agit de l'intérêt social, tandis que, dans la troisième, les deux seraient minorés.

[128] V. Goesel-Le Bihan, art. cit, p. 1047.

[129] K. Foucher, « Le Conseil constitutionnel, embarrassé par le principe de précaution », *Constitutions*, 2015, p. 123.

[130] F. Savonitto, « Le progrès technique au prisme de la Charte de l'environnement », art. cit

[131] V. Goesel-Le Bihan, art. cit, p. 1047.

[132] J. Bétaille, « Les obligations prudentielles : prévention et précaution », *in* C. Cerda-Guzman et F. Savonitto (dir.), *Les 10 ans de la Charte de l'environnement. 2005-2015*, Paris, Institut Universitaire Varenne, 2016, p. 117.

[133] CC, déc. n° 2013-346 QPC du 11 octobre 2013.

[134] J. Bétaille, art. cit, p. 117.

[135] *Ibid.*, p. 115.

ayant « pour objet d'interdire, sans limitation de durée, la mise en culture des variétés de maïs génétiquement modifié[136] ».

Le cas de l'article 6 a fait l'objet d'un traitement plus radical. Le juge constitutionnel a vidé totalement de sa substance le principe de conciliation en accordant au législateur une exceptionnelle liberté dans la pondération des intérêts à prendre en compte pour promouvoir le développement durable. De ce faible « contrôle de durabilité[137] », il en ressort un inconvénient : le Conseil constitutionnel se défend de faire primer la protection et la mise en valeur de l'environnement. Il en découle également un avantage : les sages refusent de faire prévaloir le développement économique et le progrès social sur l'intérêt environnemental. La mobilisation de ce grief dans le contentieux constitutionnel n'a donc pas plus d'utilité pour les « amis » que pour les « ennemis de l'environnement ».

Quant à l'article 7, le risque des utilisations à rebours est, en partie, « contenu par la conception restrictive de la notion de décision publique ayant une incidence sur l'environnement[138] » retenue par les sages qui exigent, au mépris de la lettre du texte, qu'elle soit « directe et significative[139] ». Cette « réduction de la Charte[140] » habituellement décriée se révèle ici paradoxalement bénéfique pour endiguer discrètement ce phénomène. Le champ d'application du principe de participation n'est néanmoins pas la seule variable avec laquelle le Conseil constitutionnel peut jouer. La modulation des effets de la déclaration d'inconstitutionnalité parvient également à le juguler[141]. L'usage de ce « redoutable pouvoir[142] » est pourtant généralement dénoncé, plus particulièrement en ce domaine où il est fréquent, car il emporterait « pour conséquence de limiter encore la portée des droits et libertés garantis dans la Charte de l'environnement[143] ». Mais le sentiment de « frustration[144] » ou de « découragement[145] » qu'il fait habituellement naître

---

136 CC, déc. n° 2014-694 DC du 28 mai 2014.

137 C. Cans, « Le principe de conciliation : vers un contrôle de la "durabilité" ? », *in Terres du droit. Mélanges en l'honneur de Yves Jégouzo*, Paris, Dalloz, 2009, p. 552

138 A. Farinetti, « L'utilisation du principe de participation dans le cadre de la QPC : la Charte contre elle-même ? », art. cit

139 CC, déc. n° 2012-270 QPC du 27 juillet 2012 ; CE, 23 novembre 2015, n° 381249, *Société Altus Energy*.

140 P. Rrapi, « Le Conseil constitutionnel face à la Charte de l'environnement : vous avez dit hésitant ? », art. cit, p. 363.

141 A. Farinetti, art. cit.

142 D. Rousseau, P.-Y. Gahdoun et J. Bonnet, *Droit du contentieux constitutionnel*, Paris, LGDJ-Lextenso, 13e éd., 2023, p. 458.

143 E. Chevalier et J. Makowiak, *Dix ans de QPC en matière d'environnement : quelle (r)évolution ?*, Conseil constitutionnel, Recherche réalisée à l'occasion des dix ans de la QPC, 25 janvier 2020, p. 111.

144 *Ibid.*, p. 111.

145 J. Bétaille, « Les droits procéduraux environnementaux », *in* M.-A. Cohendet (dir.), *Droit constitutionnel de l'environnement*, *op. cit.*, p. 269.

chez les requérants[146] devient justement ici un avantage lorsqu'il affecte les « ennemis de l'environnement ». Il est rare qu'ils récoltent les fruits de leur utilisation à rebours victorieuse de l'article 7 de la Charte. Sur les quatre déclarations d'inconstitutionnalité prononcées, trois se sont finalement transformées en défaite contentieuse faute aux conséquences manifestement excessives que provoquerait une abrogation immédiate des mesures législatives contestées[147].

Une autre forme de concurrence tout aussi inattendue que la première a également lieu. De nombreuses dispositions de la Constitution hors la Charte de 2004 sont invoquées aux fins de protéger plus ou moins directement l'environnement. Autrement dit, des griefs tirés des autres textes du bloc de constitutionnalité sont dirigés contre des dispositions législatives qui sont susceptibles d'avoir des incidences négatives contre l'environnement : le principe d'égalité devant la loi[148] ; le principe d'égalité devant les charges publiques[149] ; le principe de responsabilité issu de l'article 4 de la DDHC[150] ; le principe de sauvegarde de la dignité de la personne humaine[151] ; la liberté de conscience[152] ; le principe de libre administration des collectivités territoriales[153] ; le principe de séparation des pouvoirs[154] ; le droit à un recours juridictionnel effectif[155] ; le droit de propriété[156] ; la liberté d'entreprendre[157] ; la liberté d'aller et venir[158] ; le principe de nécessité des peines[159] ; le principe du respect des droits de la défense[160] ; l'objectif à valeur constitutionnelle que constitue la possibilité pour toute personne de disposer d'un logement

---

146 « Le manque d'effet de la censure sur le dossier au fond freine les requérants, qui ont plutôt le sentiment pour certains d'avoir "*travaillé à la gloire du droit de l'environnement*" », E. Chevalier et J. Makowiak, *Dix ans de QPC en matière d'environnement : quelle (r)évolution ?*, *op. cit.*, p. 144.

147 CC, déc. n° 2016-595 QPC du 18 novembre 2016, p. 17 : les sages n'ont pas cette fois-ci modulé les effets passés de l'article L. 541-22 du code de l'environnement, faute de disposer d'éléments concrets justifiant des conséquences manifestement excessives qu'entraînerait une telle censure.

148 CC, déc. n° 2022-990 QPC du 22 avril 2022 ; CC, déc. n° 2022-991 QPC du 13 mai 2022 ;

149 CC, déc. n° 2019-796 DC du 27 décembre 2019 ; CC, déc. n° 2021-946 QPC du 19 novembre 2021.

150 CC, déc. n° 2020-881 QPC du 5 février 2021.

151 CC, déc. n° 2021-821 DC du 29 juillet 2021 ; le Conseil d'État a renvoyé dernièrement une QPC au Conseil constitutionnel aux fins de savoir si un principe à valeur constitutionnelle de dignité de tous les êtres vivants de sensibilités était issu du Préambule de la Constitution de 1946 : CE, 19 novembre 2024, n° 487936.

152 CC, déc. n° 2021-964 QPC du 20 janvier 2022.

153 CC, déc. n° 2022-990 QPC du 22 avril 2022 ; CC, déc. n° 2023-852 DC du 20 juillet 2023.

154 CC, déc. n° 2023-852 DC du 20 juillet 2023.

155 CC, déc. n° 2023-851 DC du 21 juin 2023 ; CC, déc. n° 2023-852 DC du 20 juillet 2023.

156 CC, déc. n° 2022-990 QPC du 22 avril 2022.

157 CC, déc. n° 2014-422 QPC du 17 octobre 2014.

158 CC, déc. n° 2014-422 QPC du 17 octobre 2014.

159 CC, déc. n° 2014-416 QPC du 26 septembre 2014.

160 CC, déc. n° 2014-416 QPC du 26 septembre 2014.

décent[161] ; l'exigence constitutionnelle de transposition des directives[162] ; les objectifs de valeur constitutionnelle d'accessibilité et d'intelligibilité de la loi[163], ainsi que de prévention des atteintes à l'ordre public environnemental et de santé publique[164]...

Ces tentatives n'ont guère porté leurs fruits. La préséance occasionnelle de l'examen du grief environnemental, sans qu'elle soit imposée par un texte constitutionnel ou organique, a pu couper court à tout contrôle du grief classique. Ainsi, dans la QPC du 18 février 2022, le Conseil constitutionnel a éludé l'analyse du principe d'égalité pourtant invoqué[165]. Il n'a pas été au-delà de l'appréciation des articles 1er et 3 de la Charte qui a conclu à l'inconstitutionnalité des dispositions de l'article L. 144-4 du code minier, avant la date d'entrée en vigueur de la Loi n° 2021-1104 du 22 août 2021 *portant lutte contre le dérèglement climatique et renforcement de la résilience face à ses effets*. Parfois, le juge constitutionnel exerce un contrôle extrêmement liminaire des griefs non environnementaux. La décision n° 2023-848 DC illustre ce travers[166]. Si son examen s'attarde sur l'article 1er de la Charte et l'incompétence négative, il en déduit par la suite la licéité de la disposition législative contestée à toute une liste non exhaustive d'exigences constitutionnelles sans s'appesantir sur chacune d'elles. Or, certaines d'entre elles rejetées en bloc n'entretiennent pas un lien tel avec le droit de vivre dans un environnement équilibré et respectueux de la santé, que de son contrôle puisse découler leur conformité. La motivation lapidaire laisse entendre que les sages franchissent pourtant ce pas. Ils expédient, sinon occultent, le contrôle des droits à un « procès équitable et du droit » et à un « recours juridictionnel effectif » pour ne se concentrer que sur celui du droit de vivre dans un environnement équilibré et respectueux de la santé, lorsqu'ils ont eu à apprécier l'article 19 de la *Loi relative à l'accélération de la production d'énergies renouvelables*.

Surtout, le « potentiel important[167] » que représentent les droits classiques appliqués à l'environnement est loin d'être exploité par le Conseil constitutionnel. Depuis que la Charte est entrée en vigueur, rares, voire inexistantes, sont les décisions qui déclarent inconstitutionnelles des dispositions législatives nuisibles à l'environnement sur le fondement d'exigences constitutionnelles économiques ou sociales. À tout le moins, il est possible de citer la décision n° 2009-599 DC qui s'oppose à la promulgation de la disposition instituant la contribution carbone pour rupture caractérisée

---

[161] CC, déc. n° 2019-796 DC du 27 décembre 2019.
[162] CC, déc. n° 2008-564 DC du 19 juin 2008.
[163] CC, déc. n° 2020-881 QPC du 5 février 2021.
[164] CC, déc. n° 2014-416 QPC du 26 septembre 2014.
[165] CC, déc. n° 2021-971 QPC du 18 février 2022.
[166] CC, déc. n° 2023-848 DC du 9 mars 2023.
[167] M.-A. Cohendet, « En droit interne et en droit de la Convention européenne des Droits de l'Homme », *in* M.-A. Cohendet (dir.), *Droit constitutionnel de l'environnement*, *op. cit.*, p. 221.

de l'égalité devant les charges publiques[168]. Si elles comportaient de trop nombreuses exemptions et exonérations, cette mesure incomplète n'était pas nuisible à l'environnement. Cette censure globale a donc l'inconvénient de porter sur une disposition législative qui protégeait l'environnement, bien que très insuffisamment. Des hésitations se font jour donc à classer cette décision parmi celles qui œuvrent, sur le fondement des droits classiques, à la protection de l'environnement. Il en est de même de la décision 2019-777 DC[169]. Si les sages abrogent l'article L. 600-13 du code de l'urbanisme pour méconnaissance du droit à un recours juridictionnel effectif, les dispositions entretiennent un rapport trop lointain avec l'environnement pour affirmer que cette déclaration d'inconstitutionnalité participe véritablement à sa protection.

N'est pas plus élevée l'efficacité des réserves d'interprétation fondées sur les exigences classiques. Celles-ci ne concourent pas à étendre ou à restreindre le dispositif législatif en vue d'une meilleure protection de l'environnement. C'est le cas, entre autres, de l'article L. 425-1 du code des assurances qui institue un fonds de garantie des risques liés à l'épandage agricole des boues d'épuration urbaines et industrielles. La réserve introduite sur le fondement du principe d'égalité devant les charges publiques oblige à ce que la taxe soit assise sur les boues d'épuration que le producteur a l'autorisation d'épandre et non sur la quantité de boues produites. En réduisant l'assiette de cette taxe par rapport au dispositif prévu lors de l'écriture de la Loi du 30 décembre 2006 *sur l'eau et les milieux aquatiques*, cette interprétation restrictive sauve la disposition de la censure, mais ne facilite pas le financement du fonds national des risques liés à l'épandage agricole des boues urbaines et industrielles. Elle ne contribue donc pas à une meilleure protection de l'environnement. D'autres réserves sont enfin formulées sans qu'elles n'emportent d'incidences ni positives ni négatives sur l'environnement[170]. C'est le cas, par exemple, de la QPC du 2 février 2016[171]. La décision est assortie d'une réserve aux fins que les dispositions de l'article L. 323-4 du code de l'énergie soient conformes au droit de propriété garanti par l'article 17 de la DDHC. Si les sages prémunissent les propriétaires de toutes conséquences qui aboutiraient à les priver de la jouissance normale de leur propriété grevée de servitude, l'interprétation neutralisante n'a aucun effet sur la protection de l'environnement.

Finalement, l'observateur de la jurisprudence constitutionnelle peine à identifier, depuis l'écriture de la Charte de 2004, un corpus de décisions du Conseil constitutionnel dans lequel les griefs classiques ont concouru à une meilleure protection de l'environnement. Si les tentatives ne manquent pas, les requérants ne sont pas suivis par le juge constitutionnel dans leur entreprise

[168] CC, déc. n° 2009-599 DC du 29 décembre 2009.
[169] CC, déc. n° 2019-777 DC du 19 avril 2019.
[170] CC, déc. n° 2010-57 QPC du 18 octobre 2010.
[171] CC, déc. n° 2015-518 QPC du 2 février 2016.

d'environnementalisation des droits économiques et sociaux. L'entrée en vigueur de la Charte n'a pas donc provoqué « une lame de fond en faveur de la protection constitutionnelle de l'environnement[172] ». Elle n'a pas entraîné dans son sillage le développement d'une jurisprudence constitutionnelle qui aurait intégré la protection constitutionnelle dans les droits fondamentaux classiques. Le constitutionnalisme environnemental[173] ne repose donc aujourd'hui que sur une jambe, à savoir la consécration en 2004 de droits constitutionnels de nature environnementale, dont on peine à les regarder encore comme nouveaux vingt ans après leur naissance. La faiblesse de l'efficacité environnementale des droits classiques ne serait pas pour autant une difficulté si elle était compensée par une jurisprudence audacieuse de la Charte de l'environnement. Or, si les sages ont veillé à poser quelques nouvelles pierres jurisprudentielles sur lesquelles ils pourront s'appuyer dans le futur pour développer et enrichir les exigences de la Charte de 2004, la jurisprudence constitutionnelle environnementale ne se cantonne jusque-là qu'à accompagner, voire à soutenir l'action du législateur en matière environnementale. Elle se garde encore de s'y opposer tant les déclarations d'inconstitutionnalité et les réserves d'interprétation sur le fondement de la Charte se font rares. Pourtant, l'urgence environnementale devrait inciter à faire prévaloir davantage les droits et devoirs qu'elle consacre pour faire rempart aux insuffisances du législateur dans la protection de l'environnement.

[172] V. Chiu et A. Le Quinio, « Avant-propos », art. cit, p. 13.
[173] *Ibid.*, p. 15.

La Charte de l'environnement et le droit de l'Union européenne. Entre concurrence et complémentarité

Laetitia Guilloud-Colliat

La constitutionnalisation du droit de l'environnement en France a été tardive. Aussi, lorsque la Charte est entrée en vigueur en 2005, le droit européen de l'environnement était-il déjà très développé[1]. Il semble en effet exister un lien consubstantiel entre le droit international et européen d'une part, et le droit de l'environnement d'autre part[2], conçus comme « des disciplines interdépendantes[3] ». L'influence du droit de l'Union européenne sur la Charte de l'environnement[4] a ainsi été mise en évidence avant même que cette dernière n'entre en vigueur[5]. On rappellera, en outre, que la toute

---

[1] Les premières mesures ayant une incidence en matière de protection de l'environnement à l'échelle européenne ont été adoptées à la fin des années soixante/début des années soixante-dix. En l'absence de compétence environnementale inscrite dans les traités, elles ont été adoptées sur le fondement de l'article 100 (actuel article 115 TFUE) concernant le rapprochement des dispositions nationales qui ont une incidence directe sur l'établissement ou le fonctionnement du marché intérieur, ainsi que sur l'article 235 (actuel article 352 TFUE) du traité. Cf. C. Blumann, « Historique de la politique communautaire de l'environnement », *in* J. Dutheil de la Rochère (dir.), *Le droit communautaire de l'environnement*, La Documentation française, 1998, 142 p., et M. Carpentier, « La naissance de la politique de l'environnement », *RAE*, 1999, n° 3-4, pp. 284-297.

[2] Selon E. Naim-Gesbert, « le droit international et le droit européen sont [...] des sources majeures du droit de l'environnement, comme amorces, aiguillons, racines, mais aussi dans leurs structures de pensée et leurs techniques », « Ordres juridiques et droit de l'environnement », *in* B. Bonnet (dir.), *Traité des rapports entre les ordres juridiques*, Paris, LGDJ, 2016, p. 1363.

[3] F. Picod, « Charte de l'environnement et droit communautaire », *RJE*, n° spécial, 2005, p. 210.

[4] Cette influence n'est évidemment pas exclusive d'autres sources d'inspiration émanant du droit international ou de la CEDH mais ces dernières ne seront pas évoquées ici. Cf. notamment S. Doumbé-Billé, « La Charte et le droit international », *RJE*, 2005, hors-série, pp. 191-198 ; et H. Delzangles, « La Charte de l'environnement et les normes externes », *in* C. Cerda-Guzman et F. Savonitto (dir.), *Les 10 ans de la Charte de l'environnement 2005-2015*, Paris, Institut Universitaire Varenne, 2016, pp. 153-171.

[5] Cf. notamment en ce sens Y. Coppens, *Rapport de la Commission Coppens de préparation de la Charte de l'environnement*, Paris, La Documentation française, 2005, spéc. p. 16 : « La Charte de l'environnement doit aussi être cohérente avec les engagements internationaux déjà souscrits par la France. La Commission les a examinés et a veillé à rédiger la Charte de manière à éviter des conflits de normes. » Cf. également Y. Jégouzo, « La genèse de la Charte constitutionnelle de l'environnement », *RJE*, n° spécial, 2003, pp. 23-34, et du même auteur

première décision par laquelle le Conseil constitutionnel a reconnu la valeur constitutionnelle de la Charte est celle dans laquelle il affirme que le Traité établissant une Constitution pour l'Europe est conforme à cette dernière[6]. Dans ce contexte, la question de la plus-value de la Charte à l'égard du droit européen de l'environnement, lui aussi doté d'une valeur supralégislative, pourrait se poser.

Ces constats n'excluent cependant pas les hypothèses de conflit entre la norme constitutionnelle et le droit européen. Ces derniers sont sans aucun doute inéluctables. En effet,

> la coexistence d'ordres juridiques distincts, leur rencontre et même leur interpénétration viennent nécessairement impacter la cohérence de chaque ordre ou tout au moins modifier l'enchaînement des règles et éventuellement réorganiser les bases et les notions fondatrices d'un ordre juridique donné et, partant, la structure d'ensemble. Chaque ordre juridique, chaque système n'est plus intelligible en lui-même. Il ne se définit plus seulement en lui-même, mais également par rapport aux autres[7].

Ainsi, bien que la Charte reprenne « les grands principes directeurs du droit de l'environnement inscrits dans le traité et mis en œuvre par le droit dérivé […], en cas d'évolution ultérieure du droit communautaire, on ne peut exclure que certaines dispositions de la Charte ne soient plus conformes aux normes communautaires[8] ». D'aucuns ont même avancé l'hypothèse que certaines dispositions de la Charte pourraient avoir été sciemment conçues comme devant faire écran à leur pendant international et/ou européen[9]. Dès lors, ce

---

« Retour sur l'écriture de la Charte de l'environnement par la Commission Coppens », *in* C. Cerda-Guzman et F. Savonitto (dir.), *Les 10 ans de la Charte de l'environnement 2005-2015*, *op. cit.*, p. 23-35.

[6] À la suite d'une saisine en tant que juge électoral à propos du décret du 9 mars 2005 décidant de soumettre un projet de loi au référendum, le Conseil constitutionnel, dans une décision du 24 mars 2005, affirme qu'« en tout état de cause, le traité établissant une Constitution pour l'Europe n'est pas contraire à la Charte de l'environnement de 2004 ». Décision n° 2005-31 REF du 24 mars 2005, requêtes de M. S. Hauchemaille et de M. A. Meyet, cons. n° 7. Cf. S. Brondel, « Le traité établissant une Constitution pour l'Europe n'est pas incompatible avec la Charte de l'environnement », *AJDA*, 2005, n° 13.

[7] B. Bonnet, « Introduction générale », *in* B. Bonnet (dir.), *Traité des rapports entre les ordres juridiques*, Paris, LGDJ, 2016, p. 34.

[8] Cf. J. Bizet, *Avis au nom de la commission des Affaires économiques et du Plan sur le projet de loi constitutionnelle, adopté par l'Assemblée nationale, relatif à la Charte de l'environnement*, Sénat, 16 juin 2004, n° 353, p. 45.

[9] Cf. en ce sens M. Prieur (dir.), *Droit de l'environnement*, Paris, Dalloz, 2023 p. 76 : « on a […] pu se demander si l'adoption de la Charte n'était pas, pour certains, le moyen d'ériger un écran constitutionnel contre une version exigeante du principe de précaution imposée par des dispositions supranationales. » Cf. en ce sens N. Kosciusko-Morizet, *Rapport fait au nom de la Commission des lois constitutionnelles sur le projet de loi constitutionnelle (n° 992) relatif à la Charte de l'environnement*, Assemblée nationale, 12 mai 2004, n° 1595, p. 36 : « quoique celui-ci [le principe de précaution] soit considéré comme un principe général de l'ordre juridique européen, c'est sa définition par la Charte, sensiblement plus stricte et plus précise, qui prévaudra ».

n'est plus seulement la plus-value, mais également le bien-fondé de l'adoption de la Charte qui pourrait être interrogé.

Il convient néanmoins de rappeler qu'en vertu des dispositions de l'article 191 TFUE, les principes proclamés par l'Union européenne en matière environnementale encadrent « la politique de l'Union dans le domaine de l'environnement », et non celle des États[10]. L'environnement constitue une compétence partagée de l'Union européenne, au sein de laquelle les États membres et les institutions européennes peuvent légiférer. L'articulation de l'exercice des compétences entre ces deux niveaux d'intervention respecte les principes classiques de subsidiarité et de proportionnalité. En ce sens la Charte de l'environnement apparaît plus complémentaire que redondante ou concurrente au droit européen de l'environnement, en ce qu'elle permet — notamment — d'encadrer l'action des autorités nationales dans des situations dans lesquelles le droit européen de l'environnement ne s'applique pas, contribuant ainsi à l'émergence de ce que certains auteurs qualifient de « droit global de l'environnement[11] ». En effet, des requérants ne peuvent invoquer le droit européen de l'environnement pour contester une norme nationale que si cette dernière interfère avec une mesure européenne adoptée en la matière[12]. Dans le cas contraire, seules les dispositions de la Charte de l'environnement seront invocables à l'encontre du droit interne, législatif ou réglementaire[13].

Ainsi, bien que « la compétence environnementale de l'Union, comme toutes les compétences que celle-ci partage avec ses membres, implique des interactions permanentes entre législation commune et législations ou réglementations nationales[14] », les hypothèses de concurrence ou de conflit

[10] Ni l'action des personnes privées.

[11] Cf. M.-A. Cohendet, M. Fleury, « Droit constitutionnel et droit international de l'environnement », *RFDC*, n° 122, 2020, p. 275.

[12] Cf. en ce sens CJUE, 9 mars 2010, *Raffinerie Mediterranee (ERG) SpA e.a. contre Ministero dello Sviluppo economico e.a.*, aff. C-378/08, point 46 : « dès lors que l'article 174 CE [actuel article 191 TFUE], lequel contient le principe du pollueur-payeur, s'adresse à l'action de la Communauté, cette disposition ne saurait être invoquée en tant que telle par des particuliers aux fins d'exclure l'application d'une réglementation nationale, telle que celle en cause au principal, intervenant dans un domaine relevant de la politique de l'environnement lorsque n'est applicable aucune réglementation communautaire adoptée sur le fondement de l'article 175 CE [actuel article 192 TFUE] couvrant spécifiquement la situation concernée ». Cf. également CJCE, 14 juillet 1994, *Procédure pénale contre Matteo Peralta*, aff. C-379/92, points 57 et suivants. Comme le souligne l'avocat général Kokott dans ses conclusions sur l'affaire *Raffinerie Mediterranee (ERG) SpA*, l'article 191 TFUE « se borne à définir les objectifs généraux de la Communauté en matière d'environnement, auxquels le législateur communautaire doit donner corps avant qu'ils ne lient les États membres. L'applicabilité de dispositions nationales en matière de responsabilité ne saurait par conséquent être mesurée à l'aune de l'article 174 CE », 22 octobre 2009, point 45. Cf. également CJUE, 7 novembre 2019, *Asociación Española de la Industria Eléctrica (UNESA)*, aff. C-105/18 à C-113/18, point 29.

[13] La mesure interne environnementale devra cependant respecter l'ensemble du droit européen, y compris les règles relatives au marché commun, mais cela excède le sujet ici abordé.

[14] E. Truilhé-Marengo, *Droit de l'environnement de l'Union européenne*, Paris, Larcier, 2015, p. 47.

entre le droit européen de l'environnement et la Charte à l'occasion de l'adoption d'une réglementation nationale restent théoriquement circonscrites bien que non négligeables. Elles peuvent ainsi se présenter lorsque les autorités internes adoptent une mesure visant à mettre en œuvre un acte de droit dérivé[15]. Celle-ci doit alors respecter à la fois le droit européen et la Charte de l'environnement. Les deux arguments pourraient éventuellement être soulevés devant un juge national, sous réserve de la nature de la norme et de la compétence du juge concerné. En effet, si le juge administratif peut en principe contrôler la conventionnalité comme la constitutionnalité d'une norme réglementaire d'application du droit de l'Union européenne, cette compétence s'exerce sous réserve, dans le second cas, de l'application de la théorie de la loi-écran. Quant au juge constitutionnel s'il n'est pas en principe le juge de la conventionnalité de la loi, la situation est différente lorsqu'il s'agit de contrôler la conformité d'une loi de transposition à la directive transposée[16], solution qui a été plus récemment appliquée aux lois d'application des règlements européens[17]. Certes, dans cette hypothèse, il refuse en principe d'en contrôler la constitutionnalité, car cela le conduirait dans le même temps à examiner la validité de la directive et à faire obstacle à sa transposition[18], sauf en cas d'atteinte à l'identité constitutionnelle de la France[19]. Mais cette jurisprudence a été progressivement assortie d'exceptions qui offrent désormais, dans certains cas, la possibilité d'un double contrôle de

---

[15] Cf. par exemple : CJUE, 3 octobre 2019, *Wasserleitungsverband Nördliches Burgenland*, aff. C-197/18, point 54 : « les États membres disposent d'une certaine marge de manœuvre dans le choix des modalités précises de mise en œuvre des prescriptions de la directive 91/676. Toutefois, ils sont, en toute hypothèse, tenus de veiller à ce que les objectifs de cette directive, et partant les objectifs de la politique de l'Union dans le domaine de l'environnement, soient atteints, conformément aux exigences de l'article 191, paragraphes 1 et 2, TFUE. »

[16] Décision n° 2006-540 DC du 27 juillet 2006, *Loi relative au droit d'auteur et aux droits voisins dans la société de l'information*, cons. 18 : « Considérant qu'il appartient par suite au Conseil constitutionnel, saisi dans les conditions prévues par l'article 61 de la Constitution d'une loi ayant pour objet de transposer en droit interne une directive communautaire, de veiller au respect de cette exigence [...] ».

[17] Décision n° 2018-765 DC du 12 juin 2018, *Loi relative à la protection des données personnelles*, cons. 3 : « Il appartient au Conseil constitutionnel, saisi dans les conditions prévues par l'article 61 de la Constitution d'une loi ayant pour objet de transposer en droit interne une directive de l'Union européenne, de veiller au respect de cette exigence. Il en va de même pour une loi ayant pour objet d'adapter le droit interne à un règlement de l'Union européenne. »

[18] Décision n° 2004-496 DC du 10 juin 2004, *Loi pour la confiance dans l'économie numérique :* « les 2 et 3 du I de l'article 6 se bornent à tirer les conséquences nécessaires des dispositions inconditionnelles et précises du 1 de l'article 14 de la directive susvisée sur lesquelles il n'appartient pas au Conseil constitutionnel de se prononcer ; que, par suite, les griefs invoqués par les requérants ne peuvent être utilement présentés devant lui », cons. 9.

[19] Décision n° 2006-540 DC du 27 juillet 2006, *Loi relative au droit d'auteur et aux droits voisins dans la société de l'information*, cons. 26. Avant cette décision le Conseil constitutionnel se référait à « une disposition expresse contraire de la Constitution » cf. notamment décision n° 2004-496 DC du 10 juin 2004, *Loi pour la confiance dans l'économie numérique*, cons. 7.

conventionnalité et de constitutionnalité des dispositions législatives par le juge constitutionnel[20].

Par ailleurs, à l'issue de l'adoption d'une norme européenne en matière environnementale, les autorités internes conservent la possibilité soit de compléter la législation de l'Union, soit d'y déroger (clause de sauvegarde). En effet, selon l'article 193 TFUE, « les mesures de protection arrêtées en vertu de l'article 192 ne font pas obstacle au maintien et à l'établissement, par chaque État membre, de mesures de protection renforcées », dès lors qu'elles sont compatibles avec les traités et notifiées à la Commission[21]. En outre, la possibilité pour les États de déroger à une norme européenne ayant une incidence environnementale est prévue à la condition que cette dernière ait été adoptée sur le fondement d'une base juridique environnementale[22], ou dans le

[20] En effet, si le juge constitutionnel refuse en principe de contrôler la conformité à la Constitution de dispositions législatives qui se bornent à tirer les conséquences nécessaires des dispositions inconditionnelles et précises d'une directive, le contrôle redevient possible lorsque celles-ci contiennent des dispositions adoptées dans le cadre de la marge d'appréciation accordée au législateur. Cf. en ce sens décision n° 2018-768 du 26 juillet 2018, *Loi relative à la protection du secret des affaires,* cons. 14 : « Sans dispenser les États membres de l'Union européenne de leur obligation de transposer les dispositions résultant de cette directive, cet article 1 [de la directive] leur confère une marge d'appréciation pour prévoir des dispositions complémentaires renforçant la protection du secret des affaires. Dès lors, il appartient au Conseil constitutionnel de se prononcer sur le grief tiré de ce que le législateur aurait méconnu la liberté d'entreprendre en ne prévoyant pas de telles dispositions complémentaires, s'ajoutant à celles tirant les conséquences nécessaires des dispositions inconditionnelles et précises de la directive. » En outre, le Conseil constitutionnel a également admis qu'il lui appartenait « de contrôler le respect, par une disposition se bornant à tirer les conséquences nécessaires de dispositions inconditionnelles et précises d'une directive, de certaines exigences constitutionnelles, sans rattacher pour autant celles-ci à l'identité constitutionnelle : il en est ainsi des règles procédurales d'adoption de la loi et du partage entre la loi et le règlement. Ceci se justifie dans la mesure où le contrôle du respect de ces exigences constitutionnelles n'implique pas une appréciation de fond du Conseil constitutionnel sur les dispositions de la directive transposée », Commentaire de la décision n° 2018-768 du 26 juillet 201, *Loi relative à la protection du secret des affaires*, https://www.conseil-constitutionnel.fr/sites/default/files/as/root/bank_mm/decisions/2018768dc/2018768dc_ccc.pdf, pp. 4-5. Ce contrôle s'exerce également lorsqu'il s'agit de veiller au respect par le législateur de l'objectif de valeur constitutionnelle d'accessibilité et d'intelligibilité de la loi (décision n° 2018-768 du 26 juillet 2018, *Loi relative à la protection du secret des affaires,* cons. 4).

[21] Certaines dispositions de droit dérivé rappellent également cette possibilité. Cf. par exemple l'article 16, paragraphe 1, de la directive 2004/35/CE, du 21 avril 2004, sur la responsabilité environnementale en ce qui concerne la prévention et la réparation des dommages environnementaux (Directive 2004/35/CE du 21 avril 2004, *JOUE* n° L 143, 30 avril 2004).

[22] Cf. article 191 § 2, alinéa 2 TFUE : « [...] les mesures d'harmonisation répondant aux exigences en matière de protection de l'environnement comportent, dans les cas appropriés, une clause de sauvegarde autorisant les États membres à prendre, pour des motifs environnementaux non économiques, des mesures provisoires soumises à une procédure de contrôle de l'Union. » On peut évoquer à ce titre l'article 23-1 de la directive 2001/18/CE du Parlement européen et du Conseil du 12 mars 2001 relative à la dissémination volontaire d'organismes génétiquement modifiés dans l'environnement et abrogeant la directive 90/220/CEE du Conseil, *JOUE* L 106 du 17 avril 2001, p. 1.

cadre de l'article 114 TFUE qui reste très utilisé pour adopter des mesures environnementales en raison de leur incidence sur le fonctionnement du marché intérieur[23]. Dans les deux cas — sous réserve des règles régissant la compétence des juridictions nationales évoquées précédemment — l'incompatibilité de la mesure nationale avec la mesure européenne pourrait alors être soulevée devant les juridictions internes, de même que son inconstitutionnalité, en fonction des stratégies contentieuses adoptées par les requérants.

La question des rapports entre la Charte et le droit européen de l'environnement ne peut donc pas être tranchée de manière univoque. Potentiellement contradictoires, redondantes ou complémentaires, en raison de leur formulation ou de leur champ d'application, les normes européennes et constitutionnelles dans le domaine qui nous intéresse — le droit de l'environnement — ont une articulation qui dépend en grande partie de l'interprétation qui en est donnée et de l'application qui en est faite par les juridictions nationales. Pour évaluer l'impact concret de cette coexistence, il convient donc de compléter la comparaison textuelle des dispositions (I), par un examen de leur articulation contentieuse devant les juridictions internes (II).

I. La comparaison textuelle entre la Charte de l'environnement et le droit européen de l'environnement

Si le droit de l'Union européenne — communautaire à l'époque — a été pris en considération lors de l'élaboration de la Charte, cette dernière n'en constitue cependant pas un décalque dont l'apport, quoique non négligeable, consisterait simplement à étendre le champ d'application des principes généraux du droit de l'environnement au-delà du cercle d'influence du droit européen. Elle présente en effet des spécificités quant à la formulation, la portée et la nature des droits, des objectifs et des principes qu'elle consacre. Sur certains points elle semble ainsi rester en deçà du droit de l'Union, même s'il est parfois difficile d'apprécier la portée des variations résultant de la formulation des dispositions, ce qui conduit à conclure que l'« imprégnation

---

[23] Cf. article 114 § 4 TFUE « Si, après l'adoption d'une mesure d'harmonisation par le Parlement européen et le Conseil, par le Conseil ou par la Commission, un État membre estime nécessaire *de maintenir* des dispositions nationales justifiées par des exigences importantes visées à l'article 36 ou relatives à la protection de l'environnement ou du milieu de travail, il les notifie à la Commission, en indiquant les raisons de leur maintien » ; et article 114 § 5 TFUE : « En outre, sans préjudice du paragraphe 4, si, après l'adoption d'une mesure d'harmonisation par le Parlement européen et le Conseil, par le Conseil ou par la Commission, un État membre estime nécessaire d'*introduire* des dispositions nationales basées sur des preuves scientifiques nouvelles relatives à la protection de l'environnement ou du milieu de travail en raison d'un problème spécifique de cet État membre, qui surgit après l'adoption de la mesure d'harmonisation, il notifie à la Commission les mesures envisagées ainsi que les raisons de leur adoption. »

européenne[24] » de la Charte n'est que partielle (A). Sur d'autres, en revanche, elle apparaît incontestablement novatrice par rapport au droit européen, ce qui permet de souligner, de manière plus positive, « l'irréductible spécificité » de la Charte (B).

A. « L'imprégnation européenne » partielle de la Charte de l'environnement

En dépit des multiples assertions concernant l'influence exercée par le droit européen sur l'élaboration de la Charte[25], une analyse plus attentive révèle que celle-ci présente des limites. En effet, les principes mentionnés dans les traités ne se retrouvent pas formulés à l'identique au sein de la Charte (1). En outre, le droit européen de l'environnement ne se limite pas au droit primaire, mais englobe le droit dérivé, qui est lui aussi doté d'une valeur supralégislative, mais dont le contenu, extrêmement dense[26], ne se retrouve que très exceptionnellement repris par la norme constitutionnelle, laquelle s'apparente pour sa part à un « décalogue des temps modernes[27] » (2).

1. Une correspondance partielle entre le contenu de la Charte et le droit primaire de l'Union

Si les articles 1 et 2, à l'instar de certains considérants du Préambule, constituent un élément important de spécificité de la Charte[28], plusieurs dispositions de cette dernière paraissent trouver une correspondance au sein des traités européens[29]. Cependant l'équivalence n'est que partielle. En effet, selon F. Picod, « sur un certain nombre de points, on peut observer que la Charte est en retrait par rapport au droit communautaire et au droit international[30] ». Si la comparaison systématique des dispositions concernées amène à une conclusion moins radicalement défavorable à la Charte, on constate effectivement des différences de formulation entre les textes reflétant des variations plus substantielles des garanties octroyées par ces derniers.

---

[24] H. Gaudin, « Propos introductifs », *in* H. Gaudin (dir.), *La constitution européenne de la France*, Paris, Dalloz, 2017, p. 3.

[25] Cf. *supra* note 5.

[26] Au 4 mars 2024, la base juridique Eur-lex dénombre 1029 actes juridiques de droit dérivé adoptés en matière environnementale.

[27] A. Van Lang, *Droit de l'environnement*, Paris, PUF, 2021, pp. 74-75.

[28] Cf. *infra.*

[29] Cf. J. Bétaille « Ce que la Charte de l'environnement a d'européen », *in* H. Gaudin (dir.), *La constitution européenne de la France, op. cit.*, pp. 35-49.

[30] F. Picod, « Charte de l'environnement et droit communautaire », précité, p. 215. Cf. également M.-A. Cohendet, « Les effets de la réforme », *RJE*, n° spécial, 2003 : « Si la proclamation d'un droit au niveau constitutionnel est en principe une garantie pour le respect de ce droit, cela est vrai si et seulement si cette constitutionnalisation ne conduit pas, en fait, à une régression de ce droit. Or l'analyse du contenu de la Charte au regard des autres normes et de la jurisprudence n'est pas toujours très rassurante. »

Ainsi, l'article 3 de la Charte fait référence à l'obligation imposée à « toute personne » de « prévenir les atteintes qu'elle est susceptible de porter à l'environnement ou, à défaut, en limiter les conséquences ». Cela n'est pas sans rappeler le principe d'action préventive mentionné à l'article 191 § 2 TFUE, si ce n'est que ce dernier impose des obligations seulement aux institutions européennes. Cependant, à l'échelle européenne, le principe d'action préventive s'accompagne de la consécration du principe de correction par priorité à la source qui n'apparaît pas en tant que tel dans la charte, même si certains auteurs estiment qu'il est induit par la référence au principe de prévention[31] ainsi que par l'obligation de « limiter les conséquences » des atteintes à l'environnement. En outre, l'obligation de prévention mentionnée par la Charte ne produit ses effets que « dans les conditions définies par la loi », ce qui est susceptible d'en atténuer la portée.

L'article 4 de la Charte prévoit également que « toute personne doit contribuer à la réparation des dommages qu'elle cause à l'environnement, dans les conditions définies par la loi », là où le traité sur le fonctionnement de l'Union européenne mentionne pour sa part le principe pollueur-payeur[32]. De nouveau, si le champ d'application de la disposition constitutionnelle semble vaste[33], le verbe « contribuer », comme la référence aux « conditions définies par la loi », constituent potentiellement une atténuation de l'obligation imposée. Enfin, l'absence de référence au principe pollueur-payeur, loin d'être anecdotique, reflète également une divergence de fond avec le droit européen. En effet, ce principe « a été inventé et reconnu d'abord comme un instrument économique visant à inciter les entreprises à privilégier la prévention, même si leurs contributions peuvent également financer la réduction et la lutte contre la pollution [...]. Or, financer des mesures de prévention n'a qu'un rapport indirect avec la réparation du dommage[34] ». Par

---

[31] Cf. en ce sens Y. Jégouzo, « De certaines obligations environnementales : prévention, précaution et responsabilité », *AJDA,* 2005, p. 1164 : « la prévention englobe également la correction à la source visant à prévenir les risques environnementaux dès le stade de la fabrication des produits ou des équipements ». La prévention des risques implique en effet de s'intéresser aux causes sous-jacentes de ces derniers, ce qui rejoint le principe de correction par priorité à la source.

[32] Article 191 § 2 TFUE.

[33] Cf. S. Maljean-Dubois, « Le projet de charte française de l'environnement au regard du droit européen et international », *REDE,* n° 4, 2003, p. 420 : « La formulation de la Charte [...] s'adresse à toute personne, publique ou privée, physique ou morale, donc y compris les "citoyens" et pas seulement les entreprises. »

[34] Y. Jégouzo, « De certaines obligations environnementales : prévention, précaution et responsabilité », précité, p. 1169. On trouve déjà une illustration de cette dimension préventive du principe dans une recommandation du Conseil du 3 mars 1975 qui mentionne « le principe du "pollueur-payeur", suivant lequel les personnes physiques ou morales, de droit privé ou public, responsables d'une pollution doivent payer les frais des mesures nécessaires pour *éviter* cette pollution », Recommandation du Conseil du 3 mars 1975 relative à l'imputation des coûts et à l'intervention des pouvoirs publics en matière d'environnement (75/436/Euratom, CECA, CEE), point 2. Cependant, bien que plus indirect, le lien entre réparation et prévention n'est pas

ailleurs, le principe pollueur-payeur a contribué à développer le recours aux instruments économiques dans le domaine de la protection de l'environnement à l'échelle européenne. Dès lors son éviction de la Charte de l'environnement est également susceptible de refléter une divergence de méthode.

L'article 5 de la Charte, relatif au principe de précaution, est celui qui apparaît comme le plus en recul au regard de son homologue européen, car il ne s'applique qu'aux dommages pouvant « affecter de manière grave et irréversible l'environnement », alors que de telles conditions ne s'appliquent pas en droit de l'Union. En outre, il autorise seulement l'adoption de mesures « provisoires et proportionnées ». Or, si le principe n'est pas défini par le droit primaire, l'examen de la jurisprudence européenne témoigne d'une plus grande souplesse dans son interprétation et son application[35].

L'article 6 de la Charte consacrant le développement durable[36] n'est pas sans rapport avec l'article 11 TFUE qui consacre également la notion. Cependant l'article 11 TFUE associe au développement durable une exigence d'intégration de la protection de l'environnement dans la définition et la mise en œuvre des politiques et actions de l'Union susceptible d'atténuer en partie les possibles effets pervers de cette notion. En effet, dans le cadre d'un développement qualifié de durable, l'intégration *a minima* des préoccupations environnementales peut devenir un alibi à la poursuite du développement économique au détriment des exigences de préservation de l'environnement[37]. D'où l'intérêt de la référence au « principe »[38] d'intégration imposant que toutes les mesures adoptées à l'échelle européenne tiennent compte des exigences relatives à la protection de l'environnement. De même, l'article 37

complètement exclu. Ainsi, dans son *Livre blanc sur la responsabilité environnementale* du 9 février 2000 la Commission soulignait : « si les pollueurs doivent réparer les dommages causés en supportant les coûts correspondants, ils réduiront la pollution tant que le coût marginal reste inférieur au montant de la compensation ainsi évitée. Le principe de responsabilité permet donc de prévenir les dommages », COM(2000) 55 final, p. 12.

[35] Ainsi selon le juge européen « le principe de précaution implique que, lorsque des incertitudes subsistent quant à l'existence ou à la portée de risques pour la santé des personnes, les institutions peuvent prendre des mesures de précaution sans avoir à attendre que la réalité et la gravité de ces risques soient pleinement démontrées », Tribunal, 21 octobre 2003, *Solvay Pharmaceuticals contre Conseil*, aff. T-392/02, point 122.

[36] La notion de développement durable se trouve également dans le dernier alinéa du Préambule de la Charte (« afin d'assurer un développement durable, les choix destinés à répondre aux besoins du présent ne doivent pas compromettre la capacité des générations futures et des autres peuples à satisfaire leurs propres besoins »).

[37] C. Cans évoque à ce sujet un « leurre juridique », un « slogan dangereux pour l'avenir de l'environnement », (« Le développement durable en droit interne : apparence du droit et droit des apparences », *AJDA*, 2003, p. 649). Selon P. Thieffry, « l'objectif de développement durable, par sa dimension conciliatrice, est aujourd'hui à la fois un allié et un ennemi de la protection de l'environnement », *Traité de droit européen de l'environnement et du climat*, Bruxelles, Bruylant, 2020, p. 343.

[38] La qualification en tant que « principe » est contestée. De fait, le terme n'est pas employé dans le traité, et l'exigence d'intégration n'est pas mentionnée dans l'article 191 TFUE énumérant les principes fondateurs de la politique européenne de l'environnement.

de la Charte des droits fondamentaux de l'Union européenne précise qu'« un niveau élevé de protection de l'environnement et l'amélioration de sa qualité doivent être intégrés dans les politiques de l'Union et assurés conformément au principe du développement durable ». La référence à « niveau élevé de protection de l'environnement », en dépit des limites auxquelles cette notion est elle-même confrontée[39], donne en apparence au droit européen une dimension plus protectrice de l'environnement que celle que l'on peut trouver à l'article 6 de la Charte. Néanmoins, cette appréciation peut être relativisée par la prise en compte de l'article 1 de la Charte, ainsi que par la présence dans son préambule de dispositions susceptibles d'orienter la notion de développement durable dans un sens favorable à la protection de l'environnement[40]. En outre, dans le commentaire de l'une de ses décisions, le Conseil constitutionnel remarque que l'article 6 « est souvent présenté comme constitutionnalisant, sans le dire expressément, un principe d'intégration des préoccupations environnementales dans les politiques publiques, tel que celui affirmé pour la première fois dans la déclaration de Rio sur l'environnement et le développement de 1992 […] [et] repris dans le droit de l'Union européenne[41] ».

L'article 7 de la Charte consacre « dans les conditions et les limites définies par la loi » les principes d'information et de participation. Certains auteurs n'ont pas manqué de souligner le caractère lacunaire de l'article 7 qui laisse « subsister de larges zones d'incertitude quant à la définition du principe de participation[42] », comme la référence à l'encadrement par le législateur. On

---

[39] Ainsi, comme le souligne P. Thieffry, « la recherche d'un niveau de protection *élevé* ne doit pas nécessairement conduire à un niveau de protection *optimal* », *Traité de droit européen de l'environnement et du climat*, *op. cit.*, p. 331.

[40] Ainsi, dans une décision du 12 août 2022, le Conseil constitutionnel s'est fondé sur les dispositions du préambule de la Charte affirmant que la « préservation de l'environnement doit être recherchée au même titre que les autres intérêts fondamentaux de la Nation et que les choix destinés à répondre aux besoins du présent ne doivent pas compromettre la capacité des générations futures à satisfaire leurs propres besoins », mis en relation avec son article 1er, pour encadrer le champ d'application de l'article 30 de la loi portant mesures d'urgence pour la protection du pouvoir d'achat concernant le projet d'installation d'un terminal méthanier flottant sur le site portuaire du Havre. Décision n° 2022-843 DC du 12 août 2022, *Loi portant mesures d'urgence pour la protection du pouvoir d'achat*, cons. 12. Cf. également décision n° 2023-1066 QPC du 27 octobre 2023, *Association Meuse nature environnement et autres*, cons. 6 : « Il découle de l'article 1er de la Charte de l'environnement éclairé par le septième alinéa de son préambule que, lorsqu'il adopte des mesures susceptibles de porter une atteinte grave et durable à un environnement équilibré et respectueux de la santé, le législateur doit veiller à ce que les choix destinés à répondre aux besoins du présent ne compromettent pas la capacité des générations futures et des autres peuples à satisfaire leurs propres besoins, en préservant leur liberté de choix à cet égard. »

[41] Commentaire de la décision n° 2012-283 QPC émis par le Conseil constitutionnel, https://www.conseil-constitutionnel.fr/sites/default/files/as/root/bank_mm/decisions/2012283qpc/ccc_283qpc.pdf, p. 9.

[42] A. Van Lang, « Le principe de participation : un succès inattendu », *Nouveaux Cahiers du Conseil constitutionnel,* n° 43, avril 2014. Ainsi, l'article 7 de la Charte n'accorde qu'un droit

observera cependant que le principe s'applique à « toute personne » ainsi qu'à « l'élaboration des décisions publiques ayant une incidence sur l'environnement » ce qui lui donne une portée assez large. En outre, à l'échelle européenne, ces principes sont consacrés non par le droit primaire, mais en raison de la participation de l'Union à la Convention d'Aarhus — laquelle mentionne également l'accès à la justice contrairement à la Charte — et de l'adoption de plusieurs directives en ce sens[43]. Ainsi, comme le souligne P. Thieffry, « ces objectifs essentiels pour la protection de l'environnement ne bénéficient pas de l'autorité d'un principe de la politique de l'environnement *stricto sensu*. On peut d'ailleurs y voir une explication de ce que l'Union est en délicatesse au regard de ses engagements pris au titre de la convention d'Aarhus[44] ».

Enfin la Charte comporte trois dispositions faisant référence à l'éducation et à la formation (article 8), à la recherche et à l'innovation (article 9) et à l'action européenne et internationale de la France (article 10), qui trouvent moins leur équivalent en droit de l'Union, si ce n'est, pour la dernière, à l'article 191 § 1 TFUE qui mentionne la contribution de la politique européenne de l'environnement à « la promotion, sur le plan international, de mesures destinées à faire face aux problèmes régionaux ou planétaires de l'environnement ». Ainsi, loin de se contenter d'incorporer à l'identique au sein de la Constitution les dispositions inscrites dans les traités européens, la Charte de l'environnement procède à des ajustements. Si ces derniers sont parfois présentés comme des reculs par la doctrine, une interprétation univoque ne permet pas, à elle seule, de résumer la complexité des relations qui s'exercent entre ces deux sources du droit. Dès lors, si l'on peut constater un retard de la Charte de l'environnement par rapport au droit européen, c'est moins en considération du droit primaire, dont elle s'inspire, que du droit dérivé, qu'elle ne saurait évidemment résumer.

2. Une correspondance exceptionnelle entre la Charte et le droit dérivé de l'Union

Le droit européen de l'environnement ne se limite pas aux traités, il s'incarne aussi dans une multitude de normes de droit dérivé. Certaines de ces dispositions peuvent, là encore, correspondre en partie à des normes intégrées dans la Charte de l'environnement. Ainsi, l'obligation de réparer les dommages causés à l'environnement, énoncée à l'article 4 de la Charte, trouve un écho dans la directive 2004/35/CE du Parlement européen et du Conseil du

---

d'accès à l'information et non un droit à être informé. Cependant les dispositions législatives adoptées pour sa mise en œuvre ont une portée beaucoup plus étendue (cf. l'article L 124-7-II du code de l'environnement).

[43] Cf. *infra*.

[44] P. Thieffry, *Traité de droit européen de l'environnement et du climat*, *op. cit.*, p. 311.

21 avril 2004 sur la responsabilité environnementale[45], dont le champ d'application est cependant plus strict[46]. Par ailleurs, les droits à l'information et à la participation énoncés à l'article 7 de la Charte se trouvent énoncés dans plusieurs dispositions de droit dérivé[47]. Enfin, si l'on ne trouve pas en droit primaire de disposition mentionnant, à l'instar de l'alinéa 3 du Préambule de la Charte, que « l'environnement est le patrimoine commun des êtres humains », la directive « Oiseau » mentionne par exemple que les espèces d'oiseaux migrateurs constituent « un patrimoine commun[48] » des États membres, sans que la disposition revête la même étendue[49].

Cependant, l'essentiel du droit dérivé de l'Union européenne ne se limite pas à énoncer des droits, des objectifs et des principes, mais contient une réglementation détaillée dans les différents domaines relatifs à la protection de l'environnement et à la lutte contre les pollutions et les nuisances, laquelle dispose également de la primauté à l'égard du droit national. Ainsi, compte tenu de la portée matérielle du droit européen de l'environnement, pour un requérant, invoquer l'inconventionnalité d'une norme nationale adoptée en

---

[45] Directive 2004/35/CE du Parlement européen et du Conseil du 21 avril 2004 sur la responsabilité environnementale en ce qui concerne la prévention et la réparation des dommages environnementaux, *JOUE L 143, 30 avril 2004, pp. 56-75.*

[46] En effet, cette dernière impose de réparer les « dommages environnementaux », limitativement définis comme les dommages causés aux espèces et habitats naturels protégés, les dommages affectant les eaux et les dommages affectant les sols. En outre, à la différence de l'article 4 qui concerne « toute personne », la directive s'applique aux dommages causés par l'une des activités professionnelles énumérées à l'annexe III.

[47] Directive 2003/4/CE du Parlement européen et du Conseil du 28 janvier 2003 concernant l'accès du public à l'information en matière d'environnement et abrogeant la directive 90/313/CEE du Conseil, *JOUE* n° L 41 du 14 février 2003 pp. 26-32 ; directive 2003/35/CE du Parlement européen et du Conseil du 26 mai 2003 prévoyant la participation du public lors de l'élaboration de certains plans et programmes relatifs à l'environnement, et modifiant, en ce qui concerne la participation du public et l'accès à la justice, les directives 85/337/CEE et 96/61/CE du Conseil, *JOUE* n° L 156 du 25 juin 2003 pp. 17-25 ; règlement (CE) 1367/2006 du Parlement européen et du Conseil du 6 septembre 2006 concernant l'application aux institutions et organes de la Communauté européenne des dispositions de la convention d'Aarhus sur l'accès à l'information, la participation du public au processus décisionnel et l'accès à la justice en matière d'environnement, *JOUE* n° L 264 du 25 septembre 2006, pp. 13-19.

[48] Directive 2009/147/CE du 30 novembre 2009 du Parlement européen et du Conseil concernant la conservation des oiseaux sauvages, *JOUE* L 20 du 26 janvier 2010, cons. 4.

[49] En effet, dans une décision n° 2019-823 QPC du 31 janvier 2020, le Conseil constitutionnel a jugé qu'il découlait du préambule de la Charte de l'environnement un objectif de valeur constitutionnelle de « protection de l'environnement, patrimoine commun des êtres humains ». Pour ce faire, le juge s'est fondé sur plusieurs dispositions du Préambule de la Charte — « l'avenir et l'existence même de l'humanité sont indissociables de son milieu naturel », « l'environnement est le patrimoine commun des êtres humains », « la préservation de l'environnement doit être recherchée au même titre que les autres intérêts fondamentaux de la Nation », « afin d'assurer un développement durable, les choix destinés à répondre aux besoins du présent ne doivent pas compromettre la capacité des générations futures et des autres peuples à satisfaire leurs propres besoins » — qui ne trouvent pas d'équivalent en droit de l'Union (sous réserve de la référence au développement durable).

matière environnementale peut constituer une stratégie contentieuse plus avantageuse qu'invoquer son éventuelle inconstitutionnalité à l'égard de la Charte de l'environnement, à condition que la disposition en question se trouve dans le champ d'application du droit de l'Union et que le juge national dispose d'une compétence pour exercer ce contrôle[50]. C'est d'autant plus vrai que, devant le juge administratif, dès lors que l'acte réglementaire contesté a été pris en application d'une loi, cette dernière fait « écran » au contrôle de la constitutionnalité, mais pas à l'examen de la conventionnalité de la norme. L'impact du droit européen dérivé de l'environnement sur le droit national se manifeste ainsi depuis plusieurs années, de manière particulièrement emblématique, dans le cadre de ce qui est traditionnellement désigné comme le « contentieux climatique » devant le juge administratif. Ainsi, le non-respect des obligations imposées par la « directive-cadre sur l'air[51] » a donné lieu à plusieurs décisions du Conseil d'État dans lesquelles, après avoir enjoint le Premier ministre et le ministre en charge de l'Environnement d'élaborer des plans relatifs à la qualité de l'air compatibles avec les exigences européennes[52], celui-ci a émis une nouvelle injonction visant à la complète exécution de la précédente accompagnée d'une astreinte de 10 millions d'euros par semestre de retard[53]. L'astreinte a ensuite été liquidée une première fois par une décision du Conseil d'État du 4 août 2021[54], puis une deuxième fois dans une décision du 17 octobre 2022[55]. Dans ce contexte, le juge administratif devient l'instrument de la mise en œuvre du droit dérivé de l'environnement.

B. L'irréductible spécificité de la Charte de l'environnement

Face au dynamisme du droit de l'Union européenne et à sa capacité de pénétration dans l'ordre juridique interne par l'intermédiaire des juridictions nationales, la Charte de l'environnement est-elle condamnée à l'obsolescence programmée ? Une telle conclusion serait hâtive. En effet, si la Charte peut difficilement rivaliser avec le champ d'application matériel du droit dérivé, elle présente une plus-value au regard du droit primaire de l'Union, que ce soit

---

[50] Cf. les éléments développés dans l'introduction. On rappellera que si les Etats membres disposent d'une autonomie institutionnelle et procédurale en la matière, la Cour de justice n'hésite pas — sur le fondement des principes d'effectivité et d'équivalence qu'elle a elle-même dégagés — à énoncer des exigences minimales en la matière. Ainsi, selon elle, les organisations de défense de l'environnement « doivent nécessairement pouvoir faire valoir en justice les règles du droit national qui mettent en œuvre la législation de l'Union en matière d'environnement ainsi que les règles du droit de l'Union de l'environnement qui ont un effet direct ». CJUE, 8 novembre 2016, *Lesoochranárske zoskupenie VLK*, aff. C-243/15, point 59.

[51] Directive 2008/50/CE du Parlement européen et du Conseil du 21 mai 2008 concernant la qualité de l'air ambiant et un air pur pour l'Europe, *JOUE* n° L 152, 11 juin 2008, p. 1.

[52] CE, 12 juillet 2017, req. n° 394254, *Assoc. Les Amis de la Terre*.

[53] CE, ass., 10 juillet 2020, req. n° 428409, *Assoc. Les Amis de la Terre*.

[54] CE, 4 août 2021, req. n° 428409, *Assoc. Les Amis de la Terre*.

[55] CE, 17 octobre 2022, req. n° 428409, *Assoc. Les Amis de la Terre*.

en raison de la consécration inédite du droit de vivre dans un environnement équilibré et respectueux de la santé, ou en raison de la jurisprudence restrictive de la Cour de justice relative à la portée des dispositions du traité en la matière. On peut ainsi porter au crédit de la Charte non seulement la subjectivation de la protection de l'environnement (1), mais également l'extension de la portée des dispositions relatives à la protection de l'environnement au-delà de ce que permettent les principes mentionnés dans les traités européens (2).

1. La subjectivation de la protection de l'environnement

L'article 1er de la Charte affirme que « chacun a le droit de vivre dans un environnement équilibré et respectueux de la santé ». Son article 2 ajoute, en miroir, que « toute personne a le devoir de prendre part à la préservation et à l'amélioration de l'environnement ». Le Conseil constitutionnel a tiré les conséquences les plus étendues de ces dispositions. Ainsi, dans une décision du 8 avril 2011, il a jugé que celles-ci pouvaient être invoquées dans le cadre d'une question prioritaire de constitutionnalité (QPC)[56], affirmant dans le même temps que « le respect des droits et devoirs énoncés en termes généraux par ces articles s'impose non seulement aux pouvoirs publics et aux autorités administratives dans leur domaine de compétence respectif, mais également à l'ensemble des personnes[57] ». En outre, si le contrôle exercé sur les modalités de mise en œuvre de ces dispositions par le législateur est traditionnellement restreint, dès lors que le juge constitutionnel, « ne dispose pas d'un pouvoir général d'appréciation et de décision de même nature que celui du Parlement », et ne peut donc « substituer son appréciation à celle du législateur sur les moyens par lesquels le législateur entend mettre en œuvre le droit de chacun de vivre dans un environnement équilibré et respectueux de la santé ainsi que le principe de prévention des atteintes à l'environnement[58] », celui-ci semble néanmoins avoir été plus récemment étendu. Dans une décision du 10 décembre 2020, le Conseil affirmait ainsi que « s'il est loisible au législateur, statuant dans le domaine de sa compétence, de modifier des textes antérieurs ou d'abroger ceux-ci en leur substituant, le cas échéant, d'autres dispositions, il doit prendre en compte, notamment, le devoir de prendre part à la préservation et à l'amélioration de l'environnement mentionné à l'article 2 de la Charte de l'environnement et ne saurait priver de garanties légales le droit de vivre dans un environnement équilibré et respectueux de la santé consacré par l'article 1er de la Charte de l'environnement ». Il ajoutait en outre que « les limitations portées par le législateur à l'exercice de ce droit ne

[56] Décision n° 2011-116 QPC du 8 avril 2011, *M. Michel Z. e.a.*
[57] *Ibid.* cons. 5.
[58] Décision n° 2012-282 QPC du 23 novembre 2012, *Association France Nature Environnement e.a.*, cons. 8.

sauraient être que liées à des exigences constitutionnelles ou justifiées par un motif d'intérêt général et proportionnées à l'objectif poursuivi[59] ».

Or, ces deux dispositions ne trouvent pas d'équivalent dans les traités européens. L'article 37 de la Charte des droits fondamentaux de l'Union européenne se contente d'affirmer, comme cela a été rappelé précédemment, qu'« un niveau élevé de protection de l'environnement et l'amélioration de sa qualité doivent être intégrés dans les politiques de l'Union et assurés conformément au principe du développement durable ». De l'avis quasi unanime de la doctrine, cette disposition ne saurait être interprétée comme la reconnaissance du droit à en environnement sain à l'échelle de l'Union européenne. Ainsi, selon Claire Vial, « si les "potentialités juridictionnelles" de cette disposition existent, le juge de l'Union ne les a jusqu'à présent pas employées pour consacrer et protéger un quelconque droit à un environnement sain et il ne nous paraît pas prêt à le faire au vu de sa récente jurisprudence[60] ». Non sans raison, l'auteure voit dans ces réticences le refus « d'assurer la prééminence de l'environnement sur d'autres intérêts, tels que ceux économiques[61] ». Une évolution semble néanmoins récemment émerger de la jurisprudence européenne. En effet, dans un arrêt du 25 juin 2024, *Acciaierie d'Italia*, la Cour de justice affirme qu'« *eu égard au lien étroit existant entre la protection de l'environnement et celle de la santé humaine, la directive 2010/75 [relative aux émissions industrielles] vise à faciliter non seulement l'application de l'article 37 de la Charte [...] mais aussi l'application de l'article 35 de la Charte [...]. La directive 2010/75 contribue ainsi à la sauvegarde du droit de tout un chacun de vivre dans un environnement propre à assurer sa santé et son bien-être, visé au considérant 27 de cette directive.* » La Charte de l'environnement conserve cependant une certaine spécificité à cet égard, comme en raison de la portée de ses dispositions.

---

[59] Décision n° 2020-809 DC du 10 décembre 2020, *Loi relative aux conditions de mise sur le marché de certains produits phytopharmaceutiques en cas de danger sanitaire pour les betteraves sucrières*, cons. 13 et 14.

[60] C. Vial, « Développement de la politique environnementale de l'Union européenne : peu d'espoir à l'horizon », *in* B. Bertrand et al. (dir.), *L'identité du droit de l'Union européenne. Mélanges en l'honneur de Claude Blumann*, Bruxelles, Bruylant, 2015, p. 814. De même, selon J. Bétaille, « il existe sans aucun doute un droit de l'Union européenne "de" l'environnement compte tenu du remarquable développement du droit dérivé mais pas un droit "à" l'environnement dans l'ordre juridique de l'Union européenne », J. Bétaille, « Ce que la Charte de l'environnement a d'européen », précité, pp. 41-42. Cf. également N. Le Bonniec, « La reconnaissance d'un droit fondamental à un environnement sain dans l'ordre juridique de l'Union européenne : simple possibilité ou réelle nécessité ? », *RUE*, 2016, p. 211-220.

[61] *Ibid.*, p. 813.

2. L'extension de la portée de la protection de l'environnement

Si la portée des dispositions de la Charte de l'environnement a pu, à l'origine, soulever certaines hésitations[62], la jurisprudence du Conseil constitutionnel a largement contribué à exploiter les potentialités qui y étaient incluses. Après avoir affirmé, dans une décision du 19 juin 2008, que « l'ensemble des droits et devoirs définis dans la Charte de l'environnement ont valeur constitutionnelle[63] », il confirme dans une décision du 10 novembre 2011 que cette dernière concerne non seulement l'ensemble de ses articles, mais également son préambule[64], sur la base duquel le Conseil constitutionnel a dégagé un objectif de valeur constitutionnelle de « protection de l'environnement, patrimoine commun des êtres humains[65] ». En outre, « le Conseil constitutionnel a fait œuvre créatrice en reconnaissant de nouvelles exigences constitutionnelles que la lecture de la Charte ne laissait pas explicitement transparaître[66] ». Pour autant, l'invocabilité de la Charte présente également certaines limites. Le juge constitutionnel a ainsi déclaré que le Préambule et l'article 6 n'étaient pas invocables en QPC[67], car ils n'instituaient pas « des droits et libertés » au sens de l'article 61-1 de la Constitution, ce qui a été contesté par la doctrine[68]. La question n'a pas été soulevée pour les articles 8 à 10 de la Charte. Quant à l'article 5 le grief a été déclaré inopérant dans la décision concernée[69]. L'invocabilité des dispositions

---

[62] Cf. notamment B. Mathieu, « Observations sur la portée normative de la Charte de l'environnement », *Les Cahiers du Conseil constitutionnel,* 2003, n° 15, pp. 145-152 ; M.-A. Cohendet, « La doctrine de la Charte de l'environnement : nos choix et leurs conséquences », *RJE,* 2016, Hors-série, pp. 296-318.

[63] Décision n° 2008-564 DC du 19 juin 2008, *Loi relative aux organismes génétiquement modifiés*, cons. 18 et 49.

[64] Décision n° 2011-192 QPC du 10 novembre 2011, *Ekaterina B., épouse D., et autres*, cons. 20. Le Conseil fait référence à « la sauvegarde des intérêts fondamentaux de la Nation, réaffirmés par la Charte de l'environnement ».

[65] Décision n° 2019-823 QPC du 31 janvier 2020, *Union des industries de la protection des* plantes, cons. 4.

[66] F. Savonitto, « Le Conseil constitutionnel et le contentieux climatique. Un acteur au milieu du gué », *AJDA,* 2022, p. 154. La remarque s'appuie sur la manière dont le Conseil constitutionnel a combiné les articles 1er et 2 de la Charte pour en déduire une obligation constitutionnelle selon laquelle chacun est tenu à un devoir de vigilance à l'égard des atteintes à l'environnement qui pourraient résulter de son activité.

[67] Cf. décision n° 2012-283 QPC du 23 novembre 2012, *M. Antoine de M.*, cons. 22 (concernant l'article 6), et décision n° 2014-394 QPC du 7 mai 2014, *Société Casuca*, cons. 5 (concernant le Préambule de la Constitution).

[68] Selon M. Prieur, cette attitude reflète « une conception singulièrement étriquée de la notion de "droits et libertés" », *Droit de l'environnement, op. cit.*, p. 86. Cf. également V. Champeil-Desplats, « Charte de l'environnement : la QPC bute sur l'incipit », *La Revue des droits de l'homme* [En ligne], Actualités Droits-Libertés, mis en ligne le 19 mai 2014.

[69] Décision n° 2013-346 QPC du 11 octobre 2013, *Société Schuepbach Energy LLC*, cons. 20. Selon le commentaire de la décision émis par le Conseil constitutionnel, « cette question demeure donc réservée ». Commentaire en ligne sur le site Internet du Conseil constitutionnel :

de la Charte en QPC a donc été explicitement admise à ce jour seulement pour les articles 1er à 4[70], ainsi que pour l'article 7[71]. Le Conseil opère en outre « une distinction entre les dispositions qui, par elles-mêmes, renvoient aux "conditions définies par la loi" et nécessitent donc l'intervention du législateur pour leur mise en œuvre, et les dispositions qui ne procèdent à aucun renvoi à la loi et sont donc d'une application plus immédiate[72] ». Cette distinction suscite une certaine ambiguïté sur la portée des dispositions concernées. Certains auteurs considèrent ainsi que

> le renvoi au législateur signifie [...] que seul le législateur est compétent pour en préciser les limites et/ou les modalités, à l'exclusion du pouvoir réglementaire. Il est utile que le législateur intervienne pour favoriser leur application, et le législateur a le devoir de le faire, mais cette intervention n'est pas nécessaire pour que ce soient des normes valides et directement invocables[73].

Dans un commentaire émis sur l'une de ses décisions, le Conseil affirme cependant — à propos des articles 3 et 4 de la Charte — que « cette double référence constitutionnelle aux "conditions définies par la loi" conduit le Conseil constitutionnel à encadrer plus strictement l'invocabilité de ces [...] dispositions. [...] Le Conseil exclut ainsi l'applicabilité directe de ces articles. Ils nécessitent l'intervention de la loi qui fait l'objet du contrôle de constitutionnalité[74] ».

En dépit de ces limites, l'invocabilité des dispositions de la Charte reste globalement plus étendue que celle des dispositions « équivalentes » inscrites dans le Traité sur le fonctionnement de l'Union européenne. En effet, la Cour a jugé à plusieurs reprises que l'article 191 TFUE se borne « à définir les objectifs généraux [...] en matière d'environnement dans la mesure où il confie le soin de décider de l'action à entreprendre au Conseil de l'Union européenne, le cas échéant, selon la procédure de codécision avec le Parlement européen[75] ». Quant à l'article 37 de la Charte, de l'avis de la doctrine, il présente « une valeur ajoutée modeste, sinon inexistante » et une « (faible)

---

https://www.conseil-constitutionnel.fr/sites/default/files/as/root/bank_mm/decisions/2013346qpc/ccc_346qpc.pdf, p. 16

[70] Décision n° 2011-116 QPC du 8 avril 2011, *M. Michel Z. e.a.*, cons. 5 et 6.

[71] Décision n° 2011-183/184 QPC du 14 octobre 2011, *Association France Nature Environnement*, cons. 6.

[72] Commentaire de la décision n° 2023-1066 QPC émis par le Conseil constitutionnel, https://www.conseil-constitutionnel.fr/sites/default/files/as/root/bank_mm/decisions/20231066qpc/20231066qpc_ccc.pdf, p. 12.

[73] M. Prieur (dir.), *Droit de l'environnement*, *op. cit.*, p. 79.

[74] Commentaire de la décision n° 2011-116 QPC émis par le Conseil constitutionnel, https://www.conseil-constitutionnel.fr/sites/default/files/as/root/bank_mm/decisions/2011116qpc/ccc_116qpc.pdf, p. 9.

[75] Cf. notamment CJUE, 9 mars 2010, *Raffinerie Mediterranee (ERG) SpA e.a. contre Ministero dello Sviluppo economico e.a.*, aff. C-378/08, point 45.

utilité contentieuse[76] ». Ainsi, selon P. Thieffry, les principes du droit de l'environnement inscrits en droit de l'Union européenne

> ont un caractère intrinsèquement général, un degré d'abstraction accentué ou, pour certains, un caractère ambigu [...] ce qui les rend moins intensément obligatoires que les mesures qu'ils inspirent et moins prévisibles dans leur impact concret. Il faut ainsi souligner la portée très différente des principes de la politique de l'environnement en droit de l'Union et en droit interne[77].

Cette appréciation est confortée par l'analyse de certaines décisions rendues par le juge européen. Ainsi, dans un arrêt du 4 avril 2019, le Tribunal affirme que

> le principe de précaution, tel que prévu à l'article 191, paragraphe 2, TFUE, s'adresse à l'action de l'Union et qu'il ne peut être interprété en ce sens qu'une institution de l'Union est tenue, sur le fondement de ce principe, d'adopter une mesure précise, telle que le refus d'une autorisation envisagé par la requérante. En effet, cette disposition se borne à définir les objectifs généraux de l'Union en matière d'environnement [...]. De plus, s'il est vrai que ce principe peut justifier l'adoption d'une mesure restrictive par une institution, il n'en reste pas moins qu'il ne l'impose pas[78].

En outre, si les principes mentionnés à l'article 191 TFUE peuvent être invoqués à l'encontre des mesures adoptées par les institutions européennes, la portée du contrôle exercé par le juge européen reste limitée. Ce dernier a ainsi jugé à plusieurs reprises que,

> en raison de la nécessité de la mise en balance de certains des objectifs et principes visés à l'article 130 R [actuel article 191 TFUE], ainsi que de la complexité de la mise en œuvre des critères, le contrôle judiciaire doit nécessairement se limiter au point de savoir si le Conseil, en adoptant le règlement, a commis une erreur d'appréciation manifeste quant aux conditions d'application de l'article 130 R du traité[79].

Les institutions européennes disposent donc d'une marge d'appréciation étendue. Enfin, concernant le contenu des obligations imposées aux institutions européennes, le juge semble avoir opté pour une interprétation souple, estimant notamment que « s'il est constant que l'article 130 R, paragraphe 2, du traité exige que la politique de la Communauté dans le domaine de l'environnement vise un niveau de protection élevé, un tel niveau de protection, pour être compatible avec cette disposition, ne doit pas

---

[76] C. Vial, R. Tinière, *Droit de l'Union européenne des droits fondamentaux*, Bruxelles, Bruylant, 2023, pp. 562 et 563. En effet, comme la Cour l'a affirmé à propos de la Charte, « les droits reconnus par celle-ci qui font l'objet de dispositions dans les traités s'exercent dans les conditions et les limites définies par ceux-ci. Tel est le cas de l'article 37 de la Charte ». CJUE, 21 décembre 2016, *Associazione Italia Nostra Onlus contre Comune di Venezia e.a.,* aff. C-444/15, point 62.

[77] Traité de droit européen de l'environnement et du climat, *op. cit.*, p. 314.

[78] Tribunal, 4 avril 2019, *ClientEarth contre Commission*, aff. T-108/17, point 284.

[79] CJCE, 14 juillet 1998, *Safety Hi-Tech Srl contre S. & T. Srl,* aff. C-284/95, point 37. *Cf. également* CJUE, 21 décembre 2016, *Associazione Italia Nostra Onlus contre Comune di Venezia e.a.*, aff. C-444/15, point 46.

nécessairement être techniquement le plus élevé possible[80] ». Dès lors, et malgré quelques exceptions[81], la référence à l'article 191 TFUE dans la jurisprudence de la Cour de justice reste souvent purement incantatoire[82].

Cependant, l'extension de l'applicabilité et de l'invocabilité des dispositions de la Charte par le Conseil constitutionnel ne préjuge pas de l'effectivité de celle-ci[83], c'est-à-dire de l'étendue de la protection offerte à l'environnement (ou à ses défenseurs), laquelle dépend de l'intensité du contrôle du juge et du contenu même de la décision rendue[84]. Or, de ce point de vue les critiques à l'égard de la jurisprudence constitutionnelle sont nombreuses. Ainsi, selon M. Fleury et M.-A. Cohendet « en dépit de la constitutionnalisation de la Charte, l'impératif écologique ne pèse pas fortement sur le législateur [...] et l'effectivité de la Charte reste assez

---

[80] CJCE, 14 juillet 1998, *Safety Hi-Tech Srl contre S. & T. Srl,* aff. C-284/95, point 49. *Cf. également* CJUE, 21 décembre 2016, *Associazione Italia Nostra Onlus contre Comune di Venezia e.a.*, aff. C-444/15, point 44.

[81] Certaines décisions sont cependant plus emblématiques des contraintes que les dispositions de l'article 191 TFUE sont susceptibles d'engendrer à l'égard des institutions européennes. Ainsi, dans le cadre d'un renvoi préjudiciel relatif à l'interprétation de la directive 2008/98/CE du Parlement européen et du Conseil relative aux déchets, la Cour de justice affirme que cette dernière doit être interprétée « à la lumière de l'article 191, paragraphe 2, TFUE, qui dispose que la politique de l'Union dans le domaine de l'environnement vise un niveau de protection élevé et est fondée, notamment, sur les principes de précaution et d'action préventive. Il s'ensuit que les termes "se défaire" et donc la notion de "déchet" au sens de l'article 3, point 1, de la directive 2008/98, ne sauraient être interprétés de manière restrictive », CJUE, 14 octobre 2020, *Sappi Austria Produktions-GmbH & Co.*, aff. C-629/19, point 43. Dans une autre affaire, elle se fonde sur les dispositions de l'article 191 TFUE et sur l'article 3 § 3 TUE pour retenir une interprétation large de la notion « plans et programmes » soumis à évaluation environnementale selon les termes de la directive 2001/42 (CJUE, 25 juin 2020, *A e.a.,* aff. C-24/19, point 47 et 48). Enfin, dans l'affaire *Luonnonsuojeluyhdistys Tapiola Pohjois-Savo – Kainuu ry* du 10 octobre 2019, aff. C-674/17, elle se fonde sur le principe de précaution pour encadrer l'usage de l'article 16, paragraphe 1, de la directive « habitats » qui autorise les États membres à déroger au système de protection stricte des espèces naturelles jugeant que « si l'examen des meilleures données scientifiques disponibles laisse subsister une incertitude sur le point de savoir si une telle dérogation nuira ou non au maintien ou au rétablissement des populations d'une espèce menacée d'extinction dans un état de conservation favorable, l'État membre doit s'abstenir de l'adopter ou de la mettre en œuvre », point 66.

[82] Ainsi, en matière environnementale, la faiblesse de l'encadrement juridictionnel des institutions européennes sur la base du droit primaire contraste avec la jurisprudence exigeante de la Cour concernant le respect du droit dérivé par les Etats membres. Cf. J.-C. Bonichot, *La Cour de justice de l'Union européenne*, Paris, Dalloz, 2021, spéc. pp. 245-267 : « Une Cour verte ? La Cour de justice et la protection de l'environnement ».

[83] L'effectivité étant entendue comme « le caractère d'une règle de droit qui produit l'effet voulu ». G. Cornu, *Vocabulaire juridique*, Paris, PUF, 2022, p. 386. Sur la distinction entre l'invocabilité et l'effectivité cf. notamment M. Boutonnet, « La force normative des principes environnementaux, entre droit de l'environnement et théorie générale du droit », *in* C. Thibierge, *La force normative. Naissance d'un concept*, Bruxelles, Bruylant, 2009, spéc. pp. 494-498.

[84] Ainsi la reconnaissance de l'invocabilité d'une disposition de la Charte accompagnée d'un rejet au fond du recours aura une faible incidence en matière d'effectivité accordée à la protection de l'environnement.

chimérique[85] ». Certains auteurs s'interrogent, « le Conseil constitutionnel serait-il l'ennemi de l'environnement[86] ? », constatant que la Charte est notamment invoquée par les pollueurs, contre elle-même, devant le juge[87]. C'est pourquoi il convient de compléter la comparaison textuelle des dispositions par une étude de leur mobilisation contentieuse.

II. L'articulation contentieuse de la Charte et du droit européen de l'environnement

Les développements précédents ont contribué à mettre l'accent sur le rôle du juge constitutionnel dans l'extension de la portée de la Charte, par opposition à une jurisprudence plus restrictive du juge européen dans l'interprétation de la portée du droit primaire de l'environnement. Reste cependant en suspens la question de la portée du droit européen devant les juridictions nationales, et plus spécialement celle de la manière dont ces dernières tranchent un litige lorsqu'est soulevé devant elles simultanément l'argument de la non-conformité d'une norme interne à l'égard de la Charte et du droit européen de l'environnement. En effet, le contrôle de l'application du droit européen de l'environnement ne constitue en aucun cas un monopole de la Cour de justice de l'Union européenne, les juridictions nationales étant les « juges de droit commun » du droit de l'Union[88]. On peut également, pour juger de l'effectivité respective des droits interne et européen de l'environnement, comparer les positions des juridictions nationales et européennes lorsqu'elles ont à trancher des affaires similaires, selon un phénomène parfois qualifié de « circulation des situations[89] ». On remarque alors, d'une part, des phénomènes de redondance, voire d'influence (A), et d'autre part, des situations de concurrence, voire de contradiction (B).

A. Des phénomènes de redondance et des tentatives d'influence

Le droit européen de l'environnement et la Charte peuvent simultanément servir de normes de référence au contrôle exercé par les juridictions internes

---

[85] « Chronique d'un rendez-vous manqué », *RJE*, n° 4, 2019, p. 799. Sur le « *self restraint* » du juge à l'égard de la Charte, cf. F. Savonitto, « Le Conseil constitutionnel et le contentieux climatique. Un acteur au milieu du gué », *op. cit.*, pp. 152-159.

[86] Cf. M. Prieur (dir.), *Droit de l'environnement*, *op. cit.*, p. 90. Et l'auteur d'ajouter : « C'est ce qu'une lecture attentive de ses décisions incite à penser. Sans doute, sa jurisprudence n'est-elle pas purement négative, mais en dehors de la reconnaissance de la constitutionnalité de la loi prohibant l'exploitation du gaz de schiste par fracturation hydraulique et de sa jurisprudence, au demeurant nuancée, sur l'article 7, son bilan reste très pauvre. »

[87] Cf. par ex. décision n° 2013-346 QPC du 11 octobre 2013, *Société Schuepbach Energy LLC*. Cf. également A. Farinetti, « L'utilisation du principe de participation dans le cadre de la QPC : la Charte contre elle-même ? », *Environnement*, n° 12, 2014, étude 17.

[88] Tribunal, 10 juillet 1990, *Tetra Pak Rausing SA c/Commission*, aff. T-51/89.

[89] J.-S. Bergé, *L'application du droit national, international et européen*, Paris, Dalloz, 2013, spéc. p. 176. L'auteur constate ainsi que le renvoi préjudiciel à la Cour de justice permet « de déplacer une situation juridique d'un juge à un autre ».

dans le cadre du litige qui leur est soumis, de façon plus ou moins étendue en fonction des compétences qui leur sont dévolues[90]. Dans ce cas, le juge interne tend à s'approprier le droit européen de l'environnement. Les effets de cette appropriation restent cependant relativement limités. En effet, au sein de la juridiction administrative, on assiste le plus souvent à une certaine banalisation des dispositions du droit européen de l'environnement dans le contexte d'une utilisation croisée avec celles de la Charte (1). Néanmoins, on observe également au sein du Conseil d'État la tentation d'influencer l'interprétation du droit européen de l'environnement par la Cour de justice dans un sens similaire à celui de la Charte (2).

1. Une banalisation des dispositions du droit européen de l'environnement devant le juge administratif

Lorsque des moyens tenant à la violation du droit européen de l'environnement et de la Charte sont simultanément présentés devant le juge administratif, ce dernier ne leur octroie que rarement un traitement différencié. Ainsi, quand le Conseil d'État rejette le recours, il le fait au regard des moyens considérés dans leur ensemble[91], et les dispositions invoquées sont parfois

---

[90] La référence au droit de l'Union européenne est plus limitée devant le Conseil constitutionnel qui, sauf dans les cas particuliers évoqués dans l'introduction (cf. *supra* note 20), n'est pas juge de la conventionnalité des lois. Elle n'est cependant pas inexistante. En effet, quand il exerce le contrôle des lois de transposition des directives le Conseil constitutionnel vise la directive transposée, mais il peut également viser d'autres dispositions du droit de l'Union européenne. Par exemple dans sa décision n° 2008-564 DC du 19 juin 2008, *Loi relative aux organismes génétiquement modifiés*, il vise deux directives et un règlement adoptés en la matière, ainsi que plusieurs arrêts de la Cour de justice. Il peut également viser des textes de droit européen en QPC pour interpréter une loi qui lui est déférée. Cf. décision n° 2019-823 QPC du 31 janvier 2020, *Union des industries de la protection des plantes* : le Conseil doit se prononcer sur la conformité à la Constitution d'une disposition législative interdisant la production, le stockage et la circulation en France des produits phytopharmaceutiques contenant des substances actives non approuvées par l'Union européenne. Pour ce faire, le Conseil constitutionnel se réfère au règlement (CE) n° 1107/2009 du Parlement européen et du Conseil du 21 octobre 2009 concernant la mise sur le marché des produits phytopharmaceutiques, selon lequel « des produits phytopharmaceutiques ne peuvent être mis sur le marché européen que si les substances actives qu'ils contiennent ont été approuvées par les instances compétentes de l'Union européenne. Une telle approbation est notamment refusée aux substances qui ont des effets nocifs sur la santé humaine ou animale ou des effets inacceptables sur l'environnement », (cons. 7) et constate que « par ces dispositions, le législateur a entendu prévenir les atteintes à la santé humaine et à l'environnement susceptibles de résulter de la diffusion des substances actives contenues dans les produits en cause, dont la nocivité a été constatée dans le cadre de la procédure prévue par le règlement du 21 octobre 2009 » (cons. 9).

[91] Cf. notamment CE, 23 février 2009, *Département de l'Ariège*, req. n° 292397 : à l'encontre de la décision du ministre de l'écologie et du développement durable d'introduire cinq ours slovènes dans les Pyrénées sont invoqués l'article 7 de la Charte de l'environnement et l'article 22 de la directive 92/43/CEE dite « Habitats ». Les deux arguments sont écartés ; CE, 23 avril 2009, *Association FNE et autres*, req. n° 306242 : les requérants contestaient la conformité du décret du 10 avril 2007 autorisant la création de l'installation nucléaire de base « Flamanville 3 » à l'égard des objectifs de l'article 6 § 4 de la directive 85/337/CE du Conseil

assimilées au regard de leur contenu[92]. L'assimilation des dispositions du droit européen et de la Charte est particulièrement manifeste à l'égard du principe de précaution, en dépit des spécificités que présente l'article 5 en raison des conditions qui encadrent son application. Ainsi selon le Conseil d'État, « le principe de précaution garanti par les stipulations précitées de l'article 191-2 du traité sur le fonctionnement de l'Union européenne a une portée garantissant l'effectivité du respect du principe de valeur constitutionnelle dont la méconnaissance est alléguée par les requérants[93] ». De même, lorsqu'il

---

du 27 juin 1985 concernant l'évaluation des incidences de certains projets publics et privés sur l'environnement, comme des dispositions de l'article 7 de la Charte de l'environnement, mais les deux arguments sont rejetés dès lors que « le débat et l'enquête publique se sont déroulés antérieurement à la délivrance de l'autorisation de création de l'installation litigieuse » ; CE, 14 mars 2011, *Fédération nationale de la pêche en France*, req. n° 346968 : la fédération réclame la suspension de l'arrêté du 4 octobre 2010 relatif à la mise en place d'autorisations de pêche de l'anguille en eau douce. Elle se prévaut notamment des articles 3 et 4 de la Charte de l'environnement et du règlement (CE) n°1100/2007 du 18 septembre 2007 instituant des mesures de reconstitution du stock d'anguilles européennes, mais selon le juge aucun de ces moyens n'est « de nature à créer un doute sérieux quant à la légalité de l'arrêté attaqué » ; CE, 27 janvier 2016, *Association Très grande vigilance en Albret*, req. n° 386869 : « ni la directive du 13 décembre 2011 concernant l'évaluation des incidences de certains projets publics et privés sur l'environnement, ni l'article 191 du traité sur le fonctionnement de l'Union européenne, ni l'article 3 de la Charte de l'environnement, […] pas plus qu'aucun autre texte ou principe, n'impose d'inclure au dossier d'expropriation soumis à enquête publique un document formalisant les engagements pris par les financeurs ; que, par suite, […] les associations requérantes ne sont pas fondées à demander l'annulation de la décision implicite et des dispositions qu'elles attaquent » ; CE, 15 mars 2021, *Association « Terre d'abeille » et autres*, n° 450194 : « ni la Charte de l'environnement, ni le droit de l'Union européenne ne sont de nature à créer un "doute sérieux" sur la légalité de l'arrêté du 5 février 2021 de la ministre de la transition écologique et du ministre de l'agriculture et de l'alimentation autorisant provisoirement l'emploi de semences de betteraves sucrières traitées avec des produits phytopharmaceutiques ».

[92] Cf. CE, 28 mars 2011, *Collectif contre les nuisances du TGV de Chasseneuil-du-Poitou et de Mignes-Auxances*, req. n° 330256. Selon le juge, « il ne ressort pas des pièces des dossiers que l'organisation de l'enquête publique complémentaire dans certaines communes seulement ait, en tout état de cause, méconnu le droit à l'information et le droit de participer au processus décisionnel protégés par l'article 7 de la Charte de l'environnement, l'article 6 de la directive 85/337/CEE du 27 juin 1985 concernant l'évaluation des incidences de certains projets publics et privés sur l'environnement et l'article 6 de la convention d'Aarhus du 25 juin 1998 ». Les différentes dispositions mentionnées apparaissent ainsi complètement assimilées au regard de leur contenu. Cf. également CE, 27 juillet 2016, *M. A… B.*, req. n° 378327 : « la soumission du projet à une enquête publique régie par les dispositions du code de l'environnement doit être regardée comme une modalité d'information et de participation du public assurant la mise en œuvre des objectifs fixés aussi bien par l'article 7 de la charte de l'environnement que par la directive du 26 mai 2003 prévoyant la participation du public lors de l'élaboration de certains plans et programmes relatifs à l'environnement ou par la convention d'Aarhus du 25 juin 1998 ; qu'ainsi, contrairement à ce que soutient le requérant, le principe de participation n'a pas été méconnu. »

[93] CE, 3 octobre 2016, *La Confédération paysanne et autres*, req. n° 388649, § 20. Cf. également CE, 6 avril 2006, *Ligue pour la protection des oiseaux*, req. n° 283103 : l'arrêté du ministre de l'écologie et du développement durable relatif aux dates d'ouverture de la chasse

annule la norme attaquée, le juge ne procède pas à cette annulation sur la seule base du droit de l'Union européenne lorsque la violation de la Charte ou du Code de l'environnement est parallèlement invoquée[94].

Pourtant, en de rares occasions, invoquer le droit européen de l'environnement devant le juge administratif pour réclamer l'annulation d'une mesure interne présente un intérêt particulier, dès lors que le respect de la Charte de l'environnement ne peut être contrôlé par le juge en raison de l'application de la théorie de la loi-écran. Ainsi, dans l'affaire *Association nationale pour la protection des eaux et rivières — TOS* du 27 juin 2007, l'association requérante réclamait l'abrogation de deux décrets du 17 juillet 2006 concernant les piscicultures[95]. À l'appui du recours exercé contre le premier décret (concernant l'abrogation du régime d'autorisation des piscicultures), elle soulevait la méconnaissance de l'article 7 de la Charte de

---

aux oiseaux de passage et au gibier d'eau « ne méconnaît pas l'objectif de protection complète fixé par la directive du 2 avril 1979 ; que, *par voie de conséquence*, elle ne méconnaît pas le principe de précaution formulé dans la Charte de l'environnement ainsi qu'à l'article L 110-1 du code de l'environnement ». On retrouve le même raisonnement et le même considérant dans CE, 13 juillet 2006, *Association France-Nature-Environnement*, req. n° 293764 ; cf. également CE, 10 juillet 2023, *Association « One Voice »*, req. n° 465654 : en l'absence d'incertitude, les moyens tirés de la non-conformité de l'arrêté attaqué relatif à la mise en place de mesures d'effarouchement de l'ours brun dans les Pyrénées pour prévenir les dommages aux troupeaux au principe de précaution défini par l'article 191 TFUE comme l'article 5 de la Charte de l'environnement doivent être écartés. On trouve également une référence à l'articulation entre les différents niveaux de consécration du principe dans la décision CE, 20 mars 2023, *Association FNE et autres*, req. n° 449788 : « l'article 12 de la directive "Habitats" doit être interprété à la lumière du principe de précaution mentionné au paragraphe 2 de l'article 191 du traité sur le fonctionnement de l'Union européenne pour apprécier la conformité aux objectifs qu'il définit des mesures adoptées. [...] Il appartient également à l'Etat, lorsqu'il prend des mesures qui ne découlent pas des prescriptions inconditionnelles résultant du droit de l'Union européenne mais supposent l'exercice d'un pouvoir d'appréciation, de veiller au respect du principe de précaution garanti par l'article 5 de la Charte de l'environnement. »

[94] Cf. Conseil d'État, 11 septembre 2020, *LPO et One Voice*, n° 443482 et 443567, req. n° 424976 : « Eu égard à l'ensemble de ces circonstances et au principe de précaution, le moyen tiré de ce que l'arrêté attaqué, en tant qu'il fixe un quota de prélèvement supérieur à zéro, méconnaît l'objectif d'amélioration de l'état de conservation de l'espèce, résultant des articles 2 et 7 de la directive n° 2009/147/CE du 30 novembre 2009, transposés notamment aux articles L. 425-16 et L. 425-17 du code de l'environnement, apparaît, en l'état de l'instruction, propre à créer un doute sérieux quant à sa légalité ». Ainsi, le principe de précaution consacré par la Charte et la directive européenne permettent ensemble d'obtenir la suspension de l'arrêté concernant la chasse de la tourterelle des bois ; cf. également CE, 31 octobre 2022, req. n° 466125, *Association Respire et autres* : le juge constate qu'« en abrogeant les dispositions du décret du 9 août 2021 rendant obligatoire la mise en œuvre du contrôle technique périodique pour les véhicules à deux roues motorisés relevant des catégories et sous-catégories L3e, L4e, L5e et L7e, de cylindrée supérieure à 125 cm3, le décret du 25 juillet 2022 a méconnu la directive 2014/45/UE du Parlement européen et du Conseil du 3 avril 2014 », mais il considère également que « le décret attaqué a été pris au terme d'une procédure irrégulière, dès lors que ses dispositions n'ont pas fait l'objet d'une consultation du public préalablement à leur adoption ».

[95] Respectivement décrets n° 2006-880 et 2006-881 du 17 juillet 2006.

l'environnement et l'incompatibilité avec deux directives européennes. Cependant, les dispositions réglementaires concernées ayant été prises en application d'une ordonnance du 18 juillet 2005 ratifiée par le législateur, le Conseil d'État, rappelant « qu'il n'appartient pas au juge administratif de statuer sur la conformité d'une disposition législative à la Constitution », juge « que la ratification de l'ordonnance du 28 juillet 2005 fait dès lors obstacle à ce que soit examiné le moyen tiré de ce que cette abrogation méconnaîtrait l'article 7 de la Charte de l'environnement ». Si l'application de la théorie de la « loi écran » fait obstacle à l'exercice du contrôle de constitutionnalité par le juge administratif, le contrôle de la conventionnalité reste possible. En l'espèce il ne peut cependant conduire à l'annulation des dispositions concernées qui n'entrent pas dans le champ d'application des directives invoquées. En revanche, concernant le second décret — qui procède à une refonte de la nomenclature des opérations soumises à autorisation ou à déclaration au titre de la police de l'eau et qui soumet les piscicultures à déclaration qu'à l'exception de celles d'entre elles dont la capacité de production annuelle est supérieure à 20 tonnes — le juge considère que la question de sa conformité avec l'article 6 de la directive 2006/11/CE du 15 février 2006 qui soumet les rejets de pisciculture contenant de l'ammoniaque et des nitrites à une autorisation fixant les normes d'émission « soulève une difficulté sérieuse » justifiant de surseoir à statuer jusqu'à ce que la Cour de justice se soit prononcée sur cette question[96]. On retrouve la même situation plus récemment, dans une affaire *Association One Voice* du 29 novembre 2019. L'Association One Voice et la LPO demandaient l'annulation de cinq arrêtés du 24 septembre 2018 relatifs à l'emploi des gluaux pour la capture des grives et des merles noirs. Or, le moyen reposant sur la violation de l'article 6 de la Charte soulevé par les requérantes n'était pas recevable en raison de l'écran formé par l'article L. 424-4 du code de l'environnement[97]. En revanche, concernant les moyens tirés de la

[96] À la question qui lui est ainsi posée, la Cour répond que « l'article 6 de la directive 2006/11/CE du Parlement européen et du Conseil, du 15 février 2006, concernant la pollution causée par certaines substances dangereuses déversées dans le milieu aquatique de la Communauté, ne peut être interprété comme permettant aux États membres, une fois arrêtés, en application de cet article, des programmes de réduction de la pollution des eaux comprenant des normes de qualité environnementale, d'instituer, pour certaines installations réputées peu polluantes, un régime de déclaration assorti du rappel de ces normes et d'un droit, pour l'autorité administrative, de s'opposer à l'ouverture de l'exploitation ou d'imposer des valeurs limites de rejet propres à l'installation concernée ». CJUE, 6 novembre 2008, *Association nationale pour la protection des eaux et rivières - TOS contre Ministère de l'Écologie, du Développement et de l'Aménagement durables*, aff. C-381/07.

[97] CE, 29 novembre 2019, *Association One Voice*, req. n° 425519 : « Si l'association One Voice soutient que l'arrêté attaqué méconnaît l'article 6 de la Charte de l'environnement dès lors qu'il est pris sur le fondement de l'article L 424-4 du code de l'environnement qui méconnaît lui-même ces dispositions de la Charte en permettant l'utilisation des modes et moyens de chasse consacrés par les usages traditionnels, un tel moyen, faute d'avoir été présenté selon les

méconnaissance des dispositions et objectifs de la directive 2009/147/CE du 30 novembre 2009, le juge procède à un renvoi préjudiciel à la Cour de justice. Ainsi, le droit européen de l'environnement peut ainsi devenir un moyen de contrôler, voire d'annuler des dispositions du droit interne dans des situations où la Charte n'est pas invocable. Mais le renvoi préjudiciel peut aussi devenir un instrument par lequel le Conseil d'État tente d'influencer l'interprétation d'une disposition du droit de l'Union pour obtenir de cette dernière une interprétation compatible avec la Charte.

2. L'instrumentalisation du renvoi préjudiciel pour influencer le contenu des dispositions du droit européen de l'environnement

Alors que le renvoi préjudiciel est souvent perçu comme un moyen pour la Cour de justice de « prescrire une solution au juge français »[98], le Conseil d'État a entrepris, dans sa décision du 3 octobre 2016 « Confédération paysanne », d'utiliser ce mécanisme pour tenter d'influencer l'interprétation, par la juridiction européenne, d'une disposition du droit de l'Union qui dispose d'un équivalent dans la Charte. Dans cette affaire, les requérants soulevaient la non-conformité à l'égard du principe de précaution garanti par la Charte du décret prévoyant l'exclusion de la mutagenèse du régime applicable aux organismes génétiquement modifiés. Cependant, ce dernier ayant été adopté pour la transposition d'une directive, le Conseil d'État reprend l'opération de « translation » opérée dans l'arrêt Arcelor[99], afin d'éviter de confronter la directive au principe constitutionnel. Ainsi, en se fondant sur la jurisprudence de la Cour de justice énoncée en la matière, le juge administratif considère que « le principe de précaution garanti par les stipulations précitées de l'article 191-2 du traité sur le fonctionnement de l'Union européenne a une portée garantissant l'effectivité du respect du principe de valeur constitutionnelle dont la méconnaissance est alléguée par les requérants[100] ». Il affirme alors que la question de savoir si les États membres disposent d'une marge d'appréciation pour définir le régime susceptible d'être appliqué aux organismes obtenus par mutagenèse et notamment pour les soumettre à un encadrement, soulève une difficulté sérieuse d'interprétation, qu'il y a lieu de renvoyer à la Cour de justice de l'Union européenne. En outre, dans l'hypothèse la directive du 12 mars 2001 serait interprétée comme exemptant les organismes génétiquement modifiés obtenus par mutagenèse des mesures d'encadrement qu'elle prévoit, il

---

modalités prévues par l'article 23-5 de l'ordonnance du 7 novembre 1958 portant loi organique sur le Conseil constitutionnel n'est, en tout état de cause, pas recevable. »

[98] M. Boutonnet, « La force normative des principes environnementaux, entre droit de l'environnement et théorie générale du droit », précité, p. 497.

[99] Selon l'expression utilisée par le Commissaire du gouvernement dans l'affaire CE, 8 février 2007, *Arcelor Atlantique Lorraine e.a*, req. n° 287110.

[100] CE, 3 octobre 2016, *La Confédération paysanne et autres*, req. n° 388649, § 20.

considère également que sa validité à l'égard de l'article 191-2 TFUE soulève une difficulté sérieuse qu'il convient de renvoyer à la Cour de justice[101].

Par ce renvoi préjudiciel à plusieurs facettes, le Conseil d'État semble ainsi chercher à obtenir soit la reconnaissance d'une possibilité d'encadrement de ces organismes au niveau national, soit la remise en cause de la validité de la directive par la Cour de justice sur le fondement du principe de précaution. En effet, la position du juge administratif sur la validité de la directive apparaît assez clairement énoncée dans l'arrêt. Ainsi, selon lui,

> depuis l'adoption de la directive du 12 mars 2001, de nouvelles variétés, notamment les variétés résistantes aux herbicides, ont été obtenues grâce aux techniques de mutagenèse aléatoire in vitro et aux techniques nouvelles de mutagenèse dirigée. Or, il s'avère impossible de déterminer avec certitude l'existence et l'importance du risque allégué. [...] Dans la mesure où la modification directe du génome permettrait d'obtenir les mêmes effets que l'introduction d'un gène étranger, des risques de dommages pourraient résulter des propriétés de la plante ainsi obtenue. De plus, dès lors que le développement des techniques nouvelles permet une accélération dans la production de modifications du patrimoine génétique sans proportion avec celles qui sont susceptibles d'intervenir de manière naturelle ou aléatoire, la possibilité d'occurrence de dommages résultant de modifications non intentionnelles du génome ou des propriétés de la plante ainsi obtenue serait corrélativement multipliée[102].

La réponse de la Cour de justice semble quasiment dictée par les arguments soulevés par la juridiction de renvoi[103], ce qui conduit certains auteurs à évoquer un usage « stratégique » du renvoi préjudiciel[104], voire, une question posée « sous la menace qu'à défaut d'y répondre de façon suffisamment convaincante, le respect du principe national de précaution protégé par la Charte de l'environnement ne soit réactivé[105] ».

Or, l'appel du Conseil d'État semble avoir été entendu, puisque, dans son arrêt rendu en réponse au renvoi ainsi formulé, la Cour affirme, d'une part, que « les organismes obtenus au moyen de techniques/méthodes de mutagenèse constituent des organismes génétiquement modifiés au sens de

---

[101] *Ibid.,* point 30.

[102] *Ibid.*, § 28.

[103] Ainsi selon le Conseil d'Etat, « compte tenu de l'évolution des techniques de mutagénèse, de l'apparition de nouvelles variétés de plantes obtenues grâce à ces techniques et de l'impossibilité de déterminer avec certitude l'existence et l'importance des risques en résultant, et dans la mesure où la probabilité de dommages réels persiste dans l'hypothèse où les risques invoqués se réaliseraient, la validité de la directive du 12 mars 2001 pourrait, du fait de l'absence de mesures de précaution applicables aux organismes obtenus grâce à ces techniques, être mise en cause au regard du principe de précaution » (*ibid.*, § 29). Or, selon la jurisprudence traditionnelle de la Cour de justice la validité d'un acte de l'Union doit s'opérer en fonction des éléments de fait et de droit existant à la date où l'acte a été adopté (CJCE, 5 octobre 1994, *Crispoltoni e.a.,* aff. C-133/93, point 43), et il n'est pas possible d'invoquer des informations scientifiques nouvelles, survenues postérieurement à l'adoption de l'acte en cause, pour contester sa légalité (CJCE 22 oct. 2002, National Farmers Union, aff. C-241/01).

[104] J. Teyssedre, « L'évolution de la doctrine des rapports de systèmes du Conseil d'État », *RUE,* 2021, p. 627.

[105] E. Dubout, « Le Conseil d'État, juge constitutionnel européen », *RFDA*, n° 2, 2020, p. 305.

cette disposition », et que ne sont exclus du champ d'application de cette dernière que les organismes obtenus au moyen de techniques/méthodes de mutagenèse qui ont été traditionnellement utilisées pour diverses applications et dont la sécurité est avérée depuis longtemps ; et d'autre part, que la directive « n'a pas pour effet de priver les États membres de la faculté de soumettre de tels organismes, dans le respect du droit de l'Union, en particulier des règles relatives à la libre circulation des marchandises édictées aux articles 34 à 36 TFUE, aux obligations prévues par ladite directive ou à d'autres obligations »[106]. Ce faisant, la Cour procède à une interprétation « quasiment *contra legem*[107] », en se référant explicitement aux éléments mentionnés par le Conseil d'État[108]. Par la suite la Cour, se prononçant sur un nouveau renvoi préjudiciel opéré par le Conseil d'État dans le cadre de cette affaire[109], a quelque peu atténué la portée de son audace en affirmant que

> les effets inhérents aux cultures *in vitro* ne justifient pas, en tant que tels, que soient exclus de cette exemption [du champ d'application de la directive] les organismes obtenus par l'application *in vitro* d'une technique/méthode de mutagenèse qui a été traditionnellement utilisée pour diverses applications *in vivo* et dont la sécurité est avérée depuis longtemps au regard de ces applications[110].

Le Conseil d'État doit donc déterminer au cas par cas quelles techniques de mutagenèse entrent dans la catégorie des techniques/méthodes traditionnellement utilisées et dont la sécurité est avérée depuis longtemps, sans pouvoir se référer de manière générale au procédé employé. Cependant, si la conciliation des deux catégories de normes — européenne et constitutionnelle — devant le juge interne paraît ainsi possible, des risques de concurrence, voire de contradiction ne sont pas à exclure.

B. Des risques de concurrence, voire de contradiction

Contrairement au Conseil d'État, le juge constitutionnel n'est pas en principe juge de la conventionnalité des lois, sauf lors de l'examen des lois de transposition des directives, exception qui s'est également étendue aux lois d'application des règlements européens[111]. Or, dans une telle situation, les

---

[106] CJUE, 25 juillet 2018, *Confédération paysanne e.a.*, aff. C-528/16.
[107] P. Thieffry, *Traité de droit européen de l'environnement et du climat*, *op. cit.*, p. 354.
[108] CJUE, 25 juillet 2018, *Confédération paysanne e.a.*, aff. C-528/16, point 48. Sur la décision rendue en application cf. CE, 7 février 2020, *Confédération paysanne et autres*, req. n° 388649.
[109] CE, 8 novembre 2021, *Confédération paysanne et autres*, req. n° 451264. Le renvoi porte notamment sur la question de savoir si « pour distinguer parmi les techniques/méthodes de mutagénèse les techniques/méthodes qui ont été traditionnellement utilisées pour diverses applications et dont la sécurité est avérée depuis longtemps, au sens de l'arrêt de la Cour de justice du 25 juillet 2018, il y a lieu de ne considérer que les modalités selon lesquelles l'agent mutagène modifie le matériel génétique de l'organisme ou il y a lieu de prendre en compte l'ensemble des variations de l'organisme induites par le procédé employé, y compris les variations somaclonales, susceptibles d'affecter la santé humaine et l'environnement ».
[110] CJUE, 7 février 2023, *Confédération paysanne e.a.* aff. C-688/21, point 64.
[111] Cf. *supra* note 17.

hypothèses de divergences entre les exigences constitutionnelles et conventionnelles ne sont pas impossibles. En outre, des situations de contradictions potentielles ou indirectes, c'est-à-dire de divergence de jurisprudences entre le Conseil constitutionnel d'une part, et la Cour de justice (voire le Conseil d'État) d'autre part, lorsque les différentes juridictions se prononcent sur des affaires similaires, peuvent également survenir. Ainsi, dans sa décision 2014-694 DC du 28 mai 2014, le juge constitutionnel était amené à se prononcer sur la loi relative à l'interdiction de la mise en culture des variétés de maïs génétiquement modifié. À l'encontre de cette dernière était soulevée sa non-conformité d'une part à l'égard de plusieurs directives et règlements de l'Union européenne, et d'autre part à l'égard de l'article 5 de la Charte de l'environnement. Le juge constitutionnel rejette le premier moyen au motif « qu'en l'espèce la loi déférée n'a pas pour objet de transposer une directive de l'Union européenne ; que, dès lors, le grief tiré de la méconnaissance de l'article 88-1 de la Constitution doit être écarté[112] », argument dont la pertinence reste contestable et contestée[113]. Puis il écarte le second sur la base d'une argumentation encore plus fragile selon laquelle serait « inopérant le grief tiré de ce que l'interdiction pérenne de la mise en culture de ces variétés de maïs méconnaîtrait le principe de précaution[114] », ajoutant ainsi « une condition d'applicabilité au principe de précaution, condition inexistante dans l'article 5 de la Charte de l'environnement[115] ». Ainsi, le juge constitutionnel, par une interprétation restrictive de l'article 88-1 de la Constitution, comme de l'article 5 de la Charte, évite de censurer une mesure dont la non-conformité au droit de l'Union européenne avait pourtant été établie par le Conseil d'État — et par la Cour de justice saisie sur renvoi

---

[112] Décision 2014-694 DC du 28 mai 2014 *Loi relative à l'interdiction de la mise en culture des variétés de maïs génétiquement modifié*, cons. 5.

[113] Comme le souligne D. Simon, « il apparaît paradoxal, voire incohérent, que la position du Conseil constitutionnel conduise à accepter sans état d'âme que, dans le champ d'une directive, la loi de transposition puisse se voir privée d'effet par une législation ultérieure, qui complète, modifie ou contredit frontalement les dispositions assurant l'application en France de la directive. S'il suffit d'opérer une transposition formellement correcte et d'obtenir le blanc-seing du Conseil constitutionnel, pour pouvoir ensuite adopter des dispositions législatives radicalement incompatibles avec le droit de l'Union, mais bénéficiant d'une immunité constitutionnelle, on peut craindre que la pratique des lois "rectificatives" se développe », « La décision "OGM" du Conseil constitutionnel : une occasion manquée ? », *Europe* n° 7, juillet 2014, alerte n° 24. On remarquera que dans sa jurisprudence postérieure, le Conseil constitutionnel semble avoir évolué vers une position moins stricte cf. *infra*.

[114] Décision 2014-694 DC du 28 mai 2014 *Loi relative à l'interdiction de la mise en culture des variétés de maïs génétiquement modifié*, cons. 6.

[115] E. Chevalier, J. Markowiak, *Dix ans de QPC en matière d'environnement : quelle (r)évolution ?* Recherche réalisée à l'occasion des dix ans de la QPC avec le soutien du Conseil constitutionnel, janvier 2020, disponible en ligne sur le site du Conseil constitutionnel, p. 15. Ainsi, « le Conseil constitutionnel a semble-t-il confondu la conséquence juridique de l'application du principe (l'interdiction de mesures pérennes) avec sa condition d'application (la présence d'un risque hypothétique) », *ibid.*, p. 16.

préjudiciel — lorsqu'elle avait été adoptée sous une forme réglementaire[116]. Il ressort ainsi de l'analyse des affaires tranchées par le juge constitutionnel qu'une décision conforme à la Charte n'est pas forcément conforme au droit de l'Union européenne (1), et qu'une décision conforme au droit européen n'est pas nécessairement conforme à la Charte de l'environnement (2).

1. Une décision conforme à la Charte de l'environnement n'est pas forcément conforme au droit de l'Union européenne.

En effet, la jurisprudence constitutionnelle semble parfois en retrait du droit de l'Union.

Ainsi, le Conseil constitutionnel s'est prononcé dans sa décision n° 2020-809 DC du 10 décembre 2020 sur la conformité à la Charte de l'environnement des dispositions de la loi relative aux conditions de mise sur le marché de certains produits phytopharmaceutiques en cas de danger sanitaire pour les betteraves sucrières qui introduisent une dérogation à l'interdiction d'utilisation des pesticides contenant des néonicotinoïdes et de semences traitées avec ces produits. Il considère que ces dérogations « ne privent pas de garanties légales le droit de vivre dans un environnement équilibré et respectueux de la santé garanti par l'article 1 de la Charte de l'environnement et que la limitation apportée à l'exercice de ce droit est justifiée par un motif d'intérêt général et proportionnée à l'objectif poursuivi[117] ». Il affirme également, en réponse à l'argumentation présentée par les sénateurs qui ont soumis la loi à son contrôle[118], que

> loin de contrevenir aux dispositions du règlement européen du 21 octobre 2009[119], le renvoi aux conditions prévues à l'article 53 dudit règlement pour prévoir les dérogations mentionnées ci-dessus à l'interdiction d'emploi de certains produits phytopharmaceutiques vise à en assurer le respect. Le grief tiré de la méconnaissance de l'article 88-1 de la Constitution doit donc être écarté[120].

La jurisprudence du Conseil constitutionnel refusant d'opérer un renvoi préjudiciel dans le cadre du contrôle *a priori*[121] trouve ici ses limites. En effet, dans un arrêt du 19 janvier 2023, la Cour de justice, saisie par le Conseil d'État

---

[116] Cf. notamment CE, 28 novembre 2011, *Société Monsanto*, requête n° 312921 et CJUE, 8 septembre 2011, *Monsanto e.a.*, aff. C-58/10 et C-68/10.
[117] Décision n° 2020-809 DC du 10 décembre 2020, *Loi relative aux conditions de mise sur le marché de certains produits phytopharmaceutiques en cas de danger sanitaire pour les betteraves sucrières*, considérant 24.
[118] *Ibid.*, cons. 11 : « Les sénateurs requérants soutiennent enfin que ce même article procéderait à une adaptation incomplète du droit interne au règlement du 21 octobre 2009 mentionné ci-dessus, en méconnaissance de l'obligation résultant de l'article 88-1 de la Constitution ».
[119] Règlement n° 1107/2009 du Parlement européen et du Conseil du 21 octobre 2009 concernant la mise sur le marché des produits phytopharmaceutiques.
[120] *Ibid.*, cons. 25.
[121] Cf. *supra* note 16.

belge d'un renvoi préjudiciel portant sur l'interprétation de ce même article 53 juge quant à elle que ce dernier

> doit être interprété en ce sens qu'il ne permet pas à un État membre d'autoriser la mise sur le marché de produits phytopharmaceutiques en vue du traitement de semences, ainsi que la mise sur le marché et l'utilisation de semences traitées à l'aide de ces produits, dès lors que la mise sur le marché et l'utilisation de semences traitées à l'aide de ces mêmes produits ont été expressément interdites par un règlement d'exécution[122].

Le contrôle de conventionnalité n'a donc pas été exercé correctement exercé par le Conseil constitutionnel[123]. En outre, si la conformité de la mesure à l'article 1er de la Charte est reconnue, la position retenue par le juge constitutionnel semble en définitive « faire primer l'amélioration de la production végétale sur la prévention des risques pour la santé humaine et animale ainsi que pour l'environnement que pourrait induire l'usage des semences traitées à l'aide des produits phytopharmaceutiques, dont la nocivité a été avérée[124] ».

Ce constat de divergence sur le niveau de protection de l'environnement garanti par la Charte et par le droit européen n'est pas isolé. Ainsi, dans la décision n° 2022-991 QPC du 13 mai 2022, *Association France nature environnement et autres (Moulins à eau)* le Conseil constitutionnel, qui est conduit à apprécier la conformité à l'article 1er de la Charte de l'article L. 214-18-1 du Code de l'environnement qui exonère les moulins équipés pour la production hydroélectrique des obligations de restauration de la continuité écologique des cours d'eau, juge en l'espèce que « le grief tiré de la méconnaissance de l'article 1er de la Charte de l'environnement doit être écarté[125] ». S'il n'est pas fait référence au droit de l'Union européenne devant le juge constitutionnel, le Conseil d'État, saisi d'un recours contre un arrêté préfectoral fixant des prescriptions supplémentaires à l'autorisation d'exploiter l'énergie hydroélectrique sur un barrage, et en réponse à la société requérante qui invoquait les dispositions de l'article L. 214-18-1 du code de l'environnement, juge à cette occasion

> ces dispositions, en tant qu'elles exonèrent les moulins à eau existant à la date de publication de la loi du 24 février 2017 des obligations mentionnées au 2° du I de l'article L. 214-17 du code de l'environnement, indépendamment de leur incidence sur la continuité écologique des cours d'eau concernés et de leur capacité à affecter les

---

[122] CJUE, 19 janvier 2023, *Pesticide Action Network Europe ASBL e.a.*, aff. C-162/21, point 54.

[123] Le Conseil d'Etat n'a guère fait mieux en la matière cf. CE, 15 mars 2021, *Association « Terre d'abeille » et autres*, n° 450194 : « ni la Charte de l'environnement, ni le droit de l'Union européenne ne sont de nature à créer un "doute sérieux" sur la légalité de l'arrêté du 5 février 2021 de la ministre de la transition écologique et du ministre de l'agriculture et de l'alimentation autorisant provisoirement l'emploi de semences de betteraves sucrières traitées avec des produits phytopharmaceutiques ».

[124] CJUE, 19 janvier 2023, *Pesticide Action Network Europe ASBL e.a.*, aff. C-162/21, point 50.

[125] Décision n° 2022-991 QPC du 13 mai 2022, *Association France nature environnement et autres (Moulins à eau)*, cons. 12.

mouvements migratoires des anguilles, méconnaissent les objectifs de la directive du 23 octobre 2000 ainsi que le règlement du 18 septembre 2007[126].

De nouveau, la protection accordée à l'environnement par le droit européen apparaît plus efficace que celle octroyée par la Charte, ce qui conduit certains auteurs à affirmer que « même sans avoir solennellement consacré le droit de vivre dans un environnement sain, le droit de l'Union permet d'en garantir la substance, parfois davantage que le droit constitutionnel[127] ».

2. Une décision conforme au droit européen n'est pas nécessairement conforme à la Charte de l'environnement

De même qu'une décision conforme à la Charte n'est pas nécessairement conforme au droit européen de l'environnement, la conventionnalité d'une norme ne lui confère pas pour autant un brevet de constitutionnalité. En témoigne la décision n° 2008-564 DC du 19 juin 2008, dans laquelle le Conseil constitutionnel doit se prononcer sur la loi relative aux organismes génétiquement modifiés. Concernant le contrôle de l'article 11 de la loi, les sénateurs à l'origine du recours font valoir « qu'en créant une clause de confidentialité au bénéfice des exploitants d'organismes génétiquement modifiés et en renvoyant à un décret en Conseil d'État le soin de fixer "la liste des informations qui ne peuvent en aucun cas rester confidentielles" », ce dernier « n'assure pas une correcte transposition de la directive en ce qu'il contrevient à l'objectif général de celle-ci que sont l'information et la consultation permanentes du public », tandis que les députés soutiennent, quant à eux, que le législateur « n'a pas exercé une compétence qui lui est confiée par l'article 7 de la Charte de l'environnement[128] ». Le Conseil constitutionnel répond successivement au grief d'inconstitutionnalité et d'inconventionnalité, affirmant d'ailleurs à cette occasion que même « si la transposition en droit interne d'une directive communautaire résulte d'une exigence constitutionnelle, il ressort de la Constitution et notamment de son article 88-4 que cette exigence n'a pas pour effet de porter atteinte à la répartition des matières entre le domaine de la loi et celui du règlement tel qu'elle est déterminée par la Constitution[129] ». Ainsi, après avoir affirmé que

[126] CE, 28 juillet 2002, *SARL Centrale Moulin Neuf*, n° 443911, § 18.

[127] L. Navel, « Le droit de vivre dans un environnement équilibré et respectueux de la santé comme principe inhérent à l'identité constitutionnelle de la France : une élucubration ? », *JCP A*, n° 28, 2023, étude 2232.

[128] Décision n° 2008-564 DC du 19 juin 2008, *Loi relative aux organismes génétiquement modifiés*, considérant 52.

[129] *Ibid.*, considérant 53. Selon le commentaire de la décision « il n'y a pas, en cette matière, de théorie de la compétence liée de l'Etat qui primerait sur les règles de compétence fixées dans la Constitution ». Commentaire de la décision n° 2008-564 DC émis par le Conseil constitutionnel, précité, p. 15. Cf. également décision n° 2018-768 DC du 26 juillet 2018, *Loi relative à la protection du secret des affaires,* cons. 4 : selon le Conseil constitutionnel l'exigence constitutionnelle de transposition des directives n'a pas « pour effet de porter atteinte

l'article 11 met correctement en œuvre l'article 25 de la directive 2001/18/CE relatif à la publicité des informations contenues dans les dossiers de demande d'autorisation, il rappelle que l'article 7 de la Charte prévoit que l'accès à l'information s'exerce « dans les conditions et les limites définies par la loi ». Dès lors, le juge estime qu'« en se bornant à renvoyer de manière générale au pouvoir réglementaire le soin de fixer la liste des informations qui ne peuvent en aucun cas demeurer confidentielles, le législateur a, eu égard à l'atteinte portée aux secrets protégés, méconnu l'étendue de sa compétence[130] ». Ainsi, bien que la disposition législative soit conforme à la directive, elle est déclarée contraire à la Charte et l'exigence de transposition ne saurait purger ce vice d'inconstitutionnalité[131].

De telles dissonances peuvent alors être instrumentalisées par les requérants pour tenter de « contrer » l'application le droit européen. En effet, le Conseil constitutionnel estime depuis 2004 que la transposition des directives résulte d'une « exigence constitutionnelle[132] » à laquelle peut néanmoins faire obstacle une règle ou un principe inhérent à l'identité constitutionnelle de la France. Aussi, à l'occasion de la saisine portant sur la loi relative à la protection du secret des affaires — qui vise à transposer la directive (UE) 2016/943 du Parlement européen et du Conseil du 8 juin 2016 sur la protection des savoir-faire et des informations commerciales non divulguées contre l'obtention, l'utilisation et la divulgation illicites — les requérants ont soulevé le fait que l'article L. 151-8 n'avait pas prévu au titre

---

à la répartition des matières entre le domaine de la loi et celui du règlement telle qu'elle est déterminée par la Constitution », ni ne dispense « le législateur du respect de l'objectif de valeur constitutionnelle d'accessibilité et d'intelligibilité de la loi ». Dans sa décision 2004-496 DC, *Loi pour la confiance dans l'économie numérique* il avait cependant refusé d'examiner le grief de l'incompétence négative parce que la disposition législative se bornait « à tirer les conséquences nécessaires des dispositions inconditionnelles et précises du 1 de l'article 14 de la directive susvisée sur lesquelles il n'appartient pas au Conseil constitutionnel de se prononcer ; que, par suite, les griefs invoqués par les requérants ne peuvent être utilement présentés devant lui », considérant, point 9. Le champ de son contrôle s'est progressivement étendu. Ainsi, le grief fondé sur l'incompétence négative peut donc toujours être présenté à l'encontre de dispositions transposant une directive européenne.

[130] *Ibid.*, cons. 57.

[131] Cf. dans le même sens devant le Conseil d'État : CE, 31 octobre 2022, req. 443191, *Association One Voice* : « Si le ministre chargé de l'agriculture fait valoir que le Premier ministre n'était pas tenu de soumettre le projet de décret à une procédure de participation du public dès lors qu'il était tenu de procéder à la transposition des dispositions précises et inconditionnelles de la directive 2010/63/UE, cette seule circonstance ne peut conduire à rendre inopérante l'obligation prévue par l'article 7 de la Charte de l'environnement de soumettre les décisions publiques ayant une incidence directe et significative sur l'environnement à la participation du public », point 5. (En l'espèce cependant les dispositions contestées du décret attaqué ne peuvent être regardées comme ayant des effets directs et significatifs sur l'environnement, dès lors le moyen tiré de la méconnaissance de l'obligation de participation du public est écarté).

[132] Décision n° 2004-496 DC du 10 juin 2004, *Loi pour la confiance dans l'économie numérique*.

des exceptions à la protection du secret des affaires, une exception en faveur de la recherche en matière d'environnement, ce qui contreviendrait selon eux à l'article 9 de la Charte de l'environnement, dont les dispositions relèveraient de l'identité constitutionnelle de la France. En l'espèce le Conseil constitutionnel écarte cependant le grief au motif que « les dispositions contestées ne mettent pas en cause les dispositions de l'article 9 de la Charte de l'environnement[133] ». L'articulation des normes constitutionnelles et européennes s'avère ainsi un potentiel facteur de désordre du point de vue de la hiérarchie des normes, et une source de complexité en matière d'exercice du contrôle juridictionnel. Cela constitue pourtant un moindre mal s'il en résulte en contrepartie une meilleure protection de l'environnement.

[133] Décision n° 2018-768 DC du 26 juillet 2018, *Loi relative à la protection du secret des affaires*, cons. 27.

La dimension anthropocentrée de la Charte : un modèle dépassé ?

Carolina Cerda-Guzman

Lors de la célébration des dix ans de la Charte de l'environnement, la professeure Frédérique Rueda-Despouey avait produit une fascinante étude de droit comparé visant à déterminer si cette Charte, qui avait paru si originale au moment de son adoption, avait connu une célébrité à l'international en devenant un modèle d'inspiration pour d'autres systèmes juridiques[1]. Au terme de son analyse, Frédérique Rueda-Despouey avait dû reconnaître sa déception : « aucune des Constitutions ou révisions constitutionnelles intervenues dans le monde [entre 2005 et 2015] — il y en a eu 29 — ne fait référence explicitement à la France ou ne reprend le modèle de la Charte. C'est une situation un peu décevante du point de vue du rayonnement potentiel d'un modèle. »

Dix ans plus tard, le constat reste le même : la Charte de l'environnement n'est pas un produit d'exportation. Alors que le ministère de l'Europe et des Affaires étrangères et le ministère de la Justice promeuvent une « Stratégie d'influence par le droit[2] », la France n'est toujours pas devenue un modèle mondial de référence en droit constitutionnel environnemental.

Pourtant, un premier cas d'inspiration aurait pu exister en 2023. Cette année, le Chili s'était lancé dans la rédaction d'un nouveau projet de Constitution. Il y avait déjà eu une précédente tentative entre 2021 et 2022 avec une assemblée constituante à la composition extrêmement originale. Cette dernière avait produit un texte accordant une place prépondérante à l'environnement. La proposition était si innovante qu'elle a pu être qualifiée par David Landau et Rosalind Dixon comme l'ensemble de dispositions environnementales le plus ambitieux et complet au monde[3]. Toutefois, suite

---

[1] F. Rueda-Despouey, « La Charte française de l'environnement : entre jeux d'influences et jeux de miroir », *in* C. Cerda-Guzman et F. Savonitto (dir.), *Les 10 ans de la Charte de l'environnement. 2005-2015*, Paris, Institut Universitaire Varenne, coll. « Colloques & Essais », 2016, p. 63-73.

[2] Cette stratégie, exposée le 21 mars 2023, vise à faire du droit l'une des priorités d'action de la diplomatie française. Pour plus d'informations, voir https://www.diplomatie.gouv.fr/IMG/pdf/strategie_d_influence_par_le_droit_2023-2028_cle822128.pdf.

[3] Phrase originale : « (…) *the Chilean constitutional draft* (…) *would have included the world's most ambitious and comprehensive environmental provisions* (…) ». Voir D. Landau et R. Dixon, « Utopian constitutionalism in Chile », *Global constitutionalism*, 2024, p. 218-238.

au référendum constituant du 4 septembre 2022, ce projet de Constitution a été massivement rejeté par la population avec 62 % de non[4]. Après ce rejet, il a été décidé de maintenir le processus constituant, mais de modifier les modalités d'élaboration du texte. C'est ainsi que, pour éviter toute fougue créatrice incontrôlable, la rédaction du nouveau texte a été confiée non pas à une assemblée de représentants, mais à un comité d'experts, dont les membres devaient être désignés par le Parlement chilien[5]. Comme à l'époque, les deux chambres du Parlement étaient opposées politiquement, ceci a permis d'aboutir à un comité parfaitement équilibré politiquement : douze experts nommés par les partis de gauche, douze experts nommés par les partis de droite. Or, pour qu'une disposition soit validée, il fallait une majorité des 3/5e. Ainsi, chaque proposition devait parvenir à un accord transversal. Pour que les experts nommés par la droite acceptent l'inclusion de normes pro-environnementales dans l'avant-projet de Constitution, il fallait donc s'appuyer sur des modèles qui s'éloignent des propositions du projet antérieur, lequel faisait figure dorénavant d'épouvantail et générait un constitutionnalisme d'aversion[6]. En recherchant un modèle n'effrayant pas les experts plus conservateurs, mais qui tout en même temps, permettrait d'opérer une avancée par rapport au droit constitutionnel chilien existant, la Charte de l'environnement française est devenue une évidence. Pour ce faire, le comité d'experts n'a pas fait le choix d'opérer une reprise mot pour mot de la Charte, mais il en a gardé l'idée d'un chapitre dédié à la thématique de l'environnement et a repris certains éléments, dont sa philosophie fondée davantage sur une incitation faite à l'État de protéger l'environnement pour le bénéfice des individus, qu'une liste de droits particulièrement contraignants, au bénéfice de la nature[7]. Cette stratégie a paru longtemps extrêmement efficace, car ce chapitre dédié à l'environnement fut également maintenu par l'instance habilitée pour effectuer des amendements au texte. Ainsi, le Chili aurait pu constituer un des rares exemples de pays s'appuyant ouvertement sur la Charte française. Toutefois, cette tentative fut à nouveau infructueuse,

---

[4] Pour plus d'analyse sur la phase du processus constituant chilien allant de 2019 à 2022, voir C. Cerda-Guzman, « Autopsie d'un échec. Retour sur le rejet du projet de Constitution pour le Chili », *Jus Politicum. Revue de droit politique*, n° 29, 2023, p. 111-147.

[5] Par la suite, cet avant-projet de Constitution élaboré par les experts devait être amendé par une assemblée d'élus. Pour plus d'informations sur cette seconde phase du processus constituant chilien allant de 2022 à 2023, voir C. Cerda-Guzman, « D'un projet de Constitution trop "avant-gardiste" à un projet "rétrograde". Retour sur la seconde phase de l'expérience chilienne d'écriture d'une constitution », *Mshbordeaux.hypothèses*, en ligne le 17 novembre 2023.

[6] K. Lane Scheppele, « Aspirational and aversive constitutionalism: The case for studying cross-constitutional influence through negative models », *International Journal of Constitutional Law*, 1 (2), 2003, p. 296-324.

[7] La mention de la Charte française par l'un des experts (Flavio Quezada) est attestée dans le rapport final de la commission à la page 11. Voir https://www.procesoconstitucional.cl/wp-content/uploads/2023/05/INFORME-FINAL-SUBCOMISION-DERECHOS-ECONOMICOS-SOCIALES-CULTURALES-Y-AMBIENTALES.pdf.

puisque ce texte connut le même sort que le précédent : un rejet par référendum (le 17 décembre 2023) avec 55 % des voix[8].

Finalement, vingt ans après son adoption, il semblerait que la Charte soit vouée à n'être qu'un objet d'intérêt purement national. Rien ne laisse à penser que ce constat soit amené à changer. Si sa mise en forme constitue un frein à son exportation[9], sa philosophie sous-jacente l'est tout autant. En effet, on est en droit de s'interroger sur la pertinence à l'heure actuelle d'un texte constitutionnel environnemental profondément ancré dans une philosophie anthropocentrique, puisque, même lorsque la Charte évoque la diversité biologique, le milieu naturel ou l'environnement, tous ces éléments sont rattachés à l'Homme, à ses besoins et à son existence. C'est au final « encore et toujours l'homme qu'il s'agit de protéger[10] ». Il est vrai que la question de l'anthropocentrisme du droit de l'environnement au moment où la Charte est rédigée était une question qui, selon Laurent Fonbaustier, était peu débattue en France à l'époque[11]. Or, ce constat n'est plus valable aujourd'hui. En 2025, il paraît inconcevable de parler de droit constitutionnel de l'environnement sans aborder, à un moment ou à un autre — qu'on le veuille ou non —, la question des droits de la nature, et donc de poser la question d'un passage vers une vision écocentrée du droit constitutionnel.

Cette dernière postule que la protection effective de la nature (qui n'englobe pas uniquement les êtres vivants présents et futurs, mais également les écosystèmes, l'eau ou l'air de manière holistique et non individuelle[12]) passe nécessairement par un décentrement du monde, et que le droit ne doit plus viser à protéger la nature dans l'intérêt des êtres humains, mais pour les intérêts propres à la nature[13]. Pour ce faire, cette nature doit être reconnue comme un sujet de droit et disposer à ce titre de ses propres droits (différents de ceux attribués aux Hommes), faisant ainsi basculer les Constitutions sur un nouvel axe : celui de l'écocentrisme. Le XXIe siècle ne serait donc pas celui du constitutionnalisme environnemental ou écologique ou biocentrique, mais celui de l'écocentrisme. Dès lors, la Charte, avec sa philosophie

---

[8] Pour plus d'analyse sur l'échec de ce second projet de Constitution au Chili, voir C. Cerda-Guzman, « Le référendum constituant du 17 décembre 2023 : la fin (amère) de la saga constituante chilienne ? », *Questions constitutionnelles. Revue de droit constitutionnel*, en ligne le 11 décembre 2023.

[9] Le choix d'un texte à part, adossé à un préambule, complique son identification à l'étranger, comme l'avait déjà signalé Frédérique Rueda-Despouey, article préc., p. 71 et suiv.

[10] L. Fonbaustier, « Environnement et pacte écologique. Remarques sur la philosophie d'un nouveau "droit à" », *Cahiers du Conseil constitutionnel*, 2004, n° 15, https://www.conseil-constitutionnel.fr/nouveaux-cahiers-du-conseil-constitutionnel/environnement-et-pacte-ecologique-remarques-sur-la-philosophie-d-un-nouveau-droit-a.

[11] *Idem.*

[12] V. Molinares Hassan et D. Díaz Marriaga, « Protección a la naturaleza desde el paradigma ecocéntrico : análisis de sentencias de la Corte Constitucional de Colombia y de otros tribunales de este país », *Cuestiones constitucionales*, n° 47, 2022, p. 219-242.

[13] A. Marcos, « Etica ambiental », *Universitas Philosophica*, n° 33, 1999, p. 31-57.

anthropocentrée, porterait en elle une vision datée, voire arriérée, des rapports entre êtres humains et nature.

Cette analyse est celle que l'on pourrait effectuer à première vue. Pourtant, une analyse comparée plus approfondie invite à tempérer grandement cette assertion. S'il est indéniable que le modèle écocentrique constitue l'un des plus intrigants ces temps-ci, le modèle anthropocentrique reste très largement le modèle dominant en droit constitutionnel environnemental. Ainsi, considérer que la Charte est datée du simple fait qu'elle est anthropocentrée est juridiquement faux (I). Pour autant, on perçoit des évolutions internes à ce modèle, qui est loin d'être monolithique. De nouvelles propositions anthropocentrées émergent qui, elles, en revanche, peuvent à terme faire de la Charte un modèle dépassé (II).

I. L'écocentrisme : un contre-modèle encore rare

De prime abord, il importe de bien distinguer deux choses : l'état du droit positif et l'état des discussions doctrinales. Si, dans bien des cas, le bouillonnement des discussions doctrinales va de pair avec de fortes évolutions normatives, il arrive que les deux soient déconnectés ou que l'une devance l'autre. Dans le cas des droits de la nature, on constate une multiplication des consécrations en droit positif à travers le monde, nourrissant une riche littérature autour de cette thématique, qui y voit un signe de basculement vers un modèle écocentrique. Les débats autour d'une vision écocentrée du droit constitutionnel occupent un tel espace que l'on a l'impression (de l'extérieur) qu'il est devenu le modèle dominant (A). Pour autant, lorsque l'on examine différents cas d'espèce, on constate que les consécrations de droits à la nature n'impliquent pas nécessairement une bascule axiologique sur le plan constitutionnel. En réalité, rares sont les exemples réels de constitutions écocentrées dans le monde (B).

A. L'apparente popularité des droits de la nature et du modèle écocentrique

La question des droits de la nature naît d'abord en doctrine avant de naître en droit positif. À cet égard, l'article de Christopher Stone, « *Should Trees Have Standing ? Towards Legal Rights for Natural Objects*[14] » est souvent considéré comme l'acte de naissance intellectuelle de ces droits. Dans cet article, l'auteur envisage l'hypothèse de conférer des droits non seulement aux arbres, mais aussi aux océans, aux rivières et même à l'environnement naturel dans son ensemble[15]. Bien que cette proposition soit née aux États-Unis et ait

[14] C. Stone, « Should Trees Have Standing ? Towards Legal Rights for Natural Objects », *Southern California Law Review*, n° 45, 1972, p. 450-501.
[15] *Ibid.*, p. 456.

été pensée dans un système de *Common Law*[16], sa consécration en droit positif se fera dans un contexte et une culture juridique extrêmement différents, à savoir la Constitution équatorienne adoptée en 2008.

Si ce texte marque autant les spécialistes, c'est parce qu'il introduit et formalise une rupture dans la manière qu'ont les Constitutions de traiter de la nature. Celle-ci n'est plus protégée pour l'intérêt et l'utilité des Hommes, mais pour elle-même. L'article 71 de la Constitution d'Équateur affirme par exemple que « La nature ou Pacha Mama, où se reproduit et se réalise la vie, a droit à ce qu'on respecte intégralement son existence, le maintien et la régénération de ses cycles vitaux, sa structure, ses fonctions et ses processus évolutifs ». Ainsi, la Constitution équatorienne opère plusieurs innovations. Non seulement elle considère que la nature (ou *Pacha Mama*) est une entité juridique digne de posséder des droits, mais elle lui attribue des droits spécifiques (comme le droit au respect du maintien et de la régénération de ses cycles vitaux).

En se fondant sur cette nouveauté juridique se développe une réflexion doctrinale autour de la personnalité juridique qu'il convient d'accorder à cette nature et des bienfaits qu'une telle reconnaissance pourrait apporter à sa protection[17]. Si elle possède des droits, on doit dès lors considérer qu'elle est un sujet de droit, autour duquel il convient de repenser les relations juridiques. Boaventura de Sousa Santos — auteur régulièrement cité dans la doctrine latino-américaine — insiste sur le potentiel émancipateur de ces droits de la nature, dans la mesure où ils défient le paradigme anthropocentrique et protègent la vie sous toutes ses formes depuis une position contre-hégémonique[18]. Ainsi, il y aurait un lien logique systématique entre consécration des droits de la nature et bascule axiologique du droit.

Bien que ce lien ne soit pas toujours clairement explicité ou démontré dans la doctrine, dans les faits, on constate que le caractère iconoclaste de ces droits a rapidement attiré l'attention. Depuis l'adoption de la Constitution équatorienne, les droits de la nature ont indéniablement enregistré une expansion. On les retrouve dans la jurisprudence de plusieurs États, aussi différents les uns que les autres que le Bangladesh (avec la rivière Turag)[19],

---

[16] La démonstration faite par Christopher Stone s'appuie explicitement sur les logiques propres à la *Common Law*. Voir *ibid.*, p. 459 et suiv.

[17] D. Boyd, *The Rights of Nature : A Legal Revolution That Could Save the World*, ECW Press, 2017, 312 p. ; P. Brunet, « Les droits de la nature, une nouvelle façon de protéger les ressources », *L'Économie politique*, n° 100, 2023, p. 34-48.

[18] B. de Sousa Santos, *Derecho y emancipación*, Centro de Estudios y Difusión del Derecho Constitucional-CEDEC, 2012, p. 24.

[19] Cour suprême du Bangladesh, 1er juillet 2019, *Human Rights and Peace for Bangladesh vs Gouvernement du Bangladesh et autres*, n° 13989/2016. Pour accéder à une version traduite en anglais de la décision, voir https://ecojurisprudence.org/initiatives/rights-of-rivers-in-bangladesh.

l'Inde (concernant le Gagne et la Yamuna)[20], la Colombie (avec la rivière Atrato)[21] ou plus récemment le Pérou (avec la rivière Marañón)[22]. Cette « jurisprudence de la Terre », pour reprendre l'expression de Thomas Berry[23], semble être devenue le nouvel éden du constitutionnalisme vert. À première vue, le monde semble donc être bel et bien devenu « Stone »[24]. Faut-il pour autant en déduire que toutes les Constitutions, de tous ces États, sont devenues à la suite de ces consécrations des Constitutions écocentriques ? Un examen plus approfondi nous amène à émettre d'importantes réserves.

B. La rareté des constitutions véritablement écocentriques

En dépit de ces jurisprudences, il apparaît difficile d'affirmer que le « contractualisme écocentrique » ait supplanté le contractualisme social anthropocentrique. D'un point de vue strictement normatif, il importe de souligner qu'une partie de ces innovations ne sont pas toutes de portée constitutionnelle. La reconnaissance de droits de la nature ou de la personnalité juridique des fleuves, mers, lacs ou forêts ne passe pas nécessairement par le droit constitutionnel. C'est le cas, par exemple en Espagne, où la lagune du *Mar Menor* s'est vue reconnaître la personnalité juridique le 30 septembre 2022, par une loi[25] et non par la Constitution ou une jurisprudence constitutionnelle. De même, les exemples néo-zélandais[26] ou canadiens[27], souvent invoqués dans les publications scientifiques, nous montrent que ces reconnaissances peuvent aussi passer par des textes législatifs ou réglementaires. Mais, même lorsque ces droits sont reconnus,

---

[20] Haute Cour de l'État de l'Uttarakhand, 20 mars 2017, *Mohammed Salim vs État de l'Uttarakhand* ; Haute Cour de l'État de l'Uttarakhand, 30 mars 2017, *Lalit Miglani vs État de l'Uttarakhand.* Pour plus d'informations sur cette jurisprudence, voir G. Bordon, « Des droits pour les fleuves transfrontaliers ? La gouvernance du Gange en question », *Revue Internationale de Droit Économique*, 2022, p. 77-94.

[21] Cour constitutionnelle de Colombie, 10 novembre 2016, T-622/16. Pour une analyse de cette décision, voir notamment : Franck Lafaille, « Constitution éco-centrique et État social de droit. À propos du constitutionnalisme andin », *RFDC*, 2019, 2 118), p. 333-355.

[22] Cour Supérieure de Justice de Loreto, 15 mars 2024, n° 00010-2022-0-1901-JM-CI-01.

[23] M. E. Tucker et J. Grim, *Thomas Berry : Selected Writings on the Earth Community*, Orbis Books, 2014 ; P. D. Burdon, « A Theory of Earth Jurisprudence », *Australian Journal of Legal Philosophy*, n°37, 2012, p. 28-60.

[24] V. David, « La lente consécration de la nature, sujet de droit. Le monde est-il enfin Stone ? », *Revue Juridique de l'Environnement*, 37 (3), 2012, p. 469-485.

[25] Loi 19/2022, du 30 septembre, pour la reconnaissance de la personnalité juridique à la lagune du Mar Menor et son bassin, *BOE*, n° 237, 3 octobre 2022, p. 135131-135135.

[26] Loi du 20 mars 2017 dite *Te Awa Tupua (Whanganui River Claims Settlement) Bill.* Voir https://www.legislation.govt.nz/bill/government/2016/0129/latest/d56e357.html. Pour une analyse, voir V. David, « La nouvelle vague des droits de la nature. La personnalité juridique reconnue aux fleuves Whanganui, Gange et Yamuna », *Revue Juridique de l'Environnement*, vol. 42 (3), 2017, p. 409-424.

[27] Résolution n° 025-21 de la municipalité régionale de Comté de Minganie de la Province de Québec, 16 février 2021, Reconnaissance de la personnalité juridique et des droits de la rivière Magpie-Mutehekau Shipu.

notamment par la justice constitutionnelle, cela n'autorise pas à considérer automatiquement que la Constitution de ces pays est devenue écocentrée. Ces reconnaissances apparaissent bien souvent comme ponctuelles, détachées de toute remise en cause du reste des droits constitutionnels. Ainsi, ces droits de la nature coexistent avec des Constitutions anthropocentriques.

Or, c'est en cela que le cas de la Constitution de l'Équateur reste exceptionnel : c'est parce que ce texte ne se contente pas de reconnaître des droits de la nature, mais consacre une autre vision des rapports entre la nature et les individus. Pour cela, il s'appuie sur la cosmogonie andine, qui permet de donner une dimension intrinsèquement interculturelle et collective à ces droits de la nature, d'où l'importance du nom donné à cette nature : « la *Pacha Mama* ». Il ne s'agit pas de simples « droits », mais de tout un « univers juridique avec ses principes, droits, obligations et garanties pour sa protection[28] ». Comme le souligne également la Cour constitutionnelle colombienne dans sa fameuse décision du 10 novembre 2016 sur la rivière Atrato[29], le basculement à une vision écocentrique de la Constitution a une dimension culturelle qui implique nécessairement l'adhésion à des « idées, croyances, conduites, mythes, sentiments, attitudes, actes, coutumes, institutions, codes, biens, formes artistiques et langages[30] ».

Cette « Constitution culturelle » est indispensable au modèle écocentrique car il permet que ces droits de la nature ne s'expriment pas uniquement à travers le prisme contentieux, et donc seulement par la voie du juge, mais par bien d'autres moyens et notamment par la participation citoyenne. Dans cette Constitution écocentrique, les êtres humains se voient dicter un certain mode de vie, conforme à ce que la Constitution équatorienne appelle le « *buen vivir* ». Les articles 277 et 278 du texte listent ainsi une série de devoirs à la charge de l'État, des personnes et des collectivités, qui soumettent la production, l'échange et la consommation de biens et services à une responsabilité sociale et environnementale. Toutefois, ce modèle cosmogonique est rare. Il est repris en partie par la Constitution de la Bolivie, adoptée l'année suivante, notamment dans sa dimension du *buen vivir*, mais sans intégrer toutes les incidences de la Constitution équatorienne. Ainsi, malgré leur popularité dans les discussions doctrinales, et malgré tout l'intérêt que l'on peut porter à ces évolutions, les propositions écocentrées restent extrêmement marginales dans le panorama des Constitutions dans le monde. Dès lors, difficile d'en conclure que le modèle anthropocentrique qui irrigue la Charte de l'environnement en France est de ce seul fait dépassé.

---

[28] V. Solano Paucay et M. David Marín, « Derechos de la Naturaleza y la jurisprudencia constitucional en Ecuador », *Foro. Revista de Derecho*, n° 41, 2024, p. 9.
[29] Sentence précitée.
[30] Voir le § 6.9 de la sentence précitée.

II. L'anthropocentrisme : un modèle à renouveler

Comme bien souvent, l'arbre masque la forêt. La focalisation autour des droits de la nature n'est pas véritablement révélatrice de l'état du droit positif. Quantitativement parlant, les Constitutions anthropocentriques dépassent bien largement celles qui sont écocentrées ou qui intègrent des éléments d'écocentrisme (A). Toutefois, l'émergence des droits de la nature n'a pas été sans incidence sur le modèle anthropocentrique. Celui-ci se voit questionné et de nouvelles modalités de mise en œuvre de cet anthropocentrisme sont formulées, pouvant conduire à voir en la Charte de l'environnement un modèle en voie de dépassement (B).

A. La persistance des constitutions anthropocentrées

En 2024, 161 pays dans le monde mentionnent dans leur Constitution l'obligation pour l'État et/ou les personnes de protéger ou de préserver l'environnement. Au sein de ce groupe, seule une poignée a opéré ou est en voie d'opérer une bascule vers l'écocentrisme. Ainsi, considérer que la Charte est dépassée par le simple fait qu'elle a une approche anthropocentrique est excessif. D'autant plus que, si on la compare aux autres Constitutions anthropocentrées, la Charte française, par sa longueur, offre une gamme importante d'articles.

Le fait est qu'il est fort probable que ce modèle anthropocentrique reste le modèle dominant pour encore un certain nombre d'années, tant les résistances sont fortes. Les droits de la nature ne sont pas considérés par toutes et tous comme le Graal tant attendu et sont même parfois vertement raillés. En France, les critiques viennent notamment de spécialistes du droit de l'environnement. Michel Prieur, par exemple, considère que « donner à la nature des droits qui renforceraient sa protection, c'est une utopie totale[31] ». Julien Bétaille, quant à lui, considère que l'attribution de la personnalité juridique à la nature est « une idée mystifiée » qui se révèle en réalité « inutile et inefficace[32] ».

À cette opposition explicite et claire à l'égard de ces « droits » s'ajoute également un scepticisme plus profond concernant cette fameuse « nature » à

[31] Propos tenus lors d'un grand entretien qui lui était dédié. Voir I. Favre, « Michel Prieur, 40 ans de combats pour un droit de l'environnement », *Les humanités*, mis en ligne le 14 septembre 2022, https://www.leshumanites-media.com/post/michel-prieur-40-ans-de-combats-pour-un-droit-de-l-environnement.

[32] J. Bétaille, « La personnalité juridique de la nature démystifiée, éléments de contre-argumentation », *Actu-environnement*, mis en ligne le 13 novembre 2020, https://www.actu-environnement.com/blogs/julien-betaille/180/personnalite-juridique-nature-demystifiee-elements-contre-indication-12-438.html. Voir également J. Bétaille, « Reconnaître des "droits" à la nature : des enjeux politiques et démocratiques, davantage qu'une question juridique », *Le Club des Juristes*, mis en ligne le 9 septembre 2022, https://www.leclubdesjuristes.com/societe/planete/reconnaitre-des-droits-a-la-nature-des-enjeux-politiques-et-democratiques-davantage-quune-question-juridique-761.

protéger. En effet, le modèle écocentrique pose des questions redoutables, et notamment celle d'être en capacité, comme le souligne Laurent Fonbaustier, « d'élaborer un critère fiable, permettant d'attribuer, par le jeu des reconnaissances d'intérêts, une valeur certaine (et le cas échéant contrastée ou variable) aux éléments constitutifs de l'environnement ». Par son approche, la Constitution écocentrique oblige à décortiquer la nature dans toutes ces composantes, afin que chacune d'elles puisse être protégée, sans que l'on soit toujours en capacité scientifique de le faire ou d'évaluer leur valeur. Et même si on y parvenait, qui peut les déterminer et les protéger, si ce n'est l'humain ?

Certains ont proposé des procédures et des mécanismes pour déterminer ces valeurs, à l'image de Bruno Latour qui, dans son ouvrage *Politiques de la Nature*[33], imagine une nouvelle séparation des pouvoirs autour de deux chambres chargées de jauger puis de hiérarchiser ces valeurs. Mais le problème reste entier car, dans son modèle, le porte-voix des entités non humaines demeure humain. Difficile de faire sans l'Homme et difficile d'imaginer un droit constitutionnel conçu et consenti par des entités non humaines. Ainsi, tant que le droit est ce qu'il est, à savoir une création humaine, il est probablement condamné à être anthropocentré. Pour autant, ce constat n'empêche pas de penser qu'il puisse y avoir différentes formes de faire de l'anthropocentrisme, et c'est sur cet aspect que la Charte peut apparaître comme datée, c'est-à-dire marquée par une époque, et explique pourquoi elle ne constitue pas un modèle particulièrement attractif.

B. Un anthropocentrisme à réinventer

Le grand handicap de l'anthropocentrisme, tel qu'il est mis en place dans le cadre de la Charte, est son adhésion sans réserve à la vision individualo-utilitariste de l'être humain car cette vision pèse sur le poids accordé par les gouvernants (mais aussi par les juges) aux intérêts et objectifs à préserver. Affirmer, comme le fait la Charte dans son préambule, qu'il faut préserver l'environnement c'est une chose, mais lorsque l'on rajoute que cette préservation doit être recherchée « au même titre que les autres intérêts fondamentaux de la Nation », cela conduit à profondément altérer la valeur accordée à cette protection. C'est la raison profonde qui explique que la concurrence par les autres normes constitutionnelles se fasse souvent au détriment de la Charte[34]. De fait, l'absence de protection accrue de l'environnement au sein de la hiérarchie constitutionnelle des valeurs constitue une des plus grandes faiblesses axiologiques de la Charte.

Or, c'est sur ce point que l'on voit émerger de nouvelles propositions constitutionnelles afin, non pas tant de faire basculer les Constitutions vers un écocentrisme, mais pour orienter l'anthropocentrisme sur un nouvel axe. D'où

[33] B. Latour, *Politiques de la nature. Comment faire entrer les sciences en démocratie*, Paris, La Découverte, coll. « Poche », 2004, 383 p.

[34] Voir la contribution écrite de Florian Savonitto dans cet ouvrage.

les propositions de nouveaux objets constitutionnels. Ceci était particulièrement prégnant dans le projet de Constitution chilienne de 2022, mentionné précédemment. Sans être un texte écocentrique ni cosmogonique, il ambitionnait malgré tout de refonder l'État autour d'une « relation harmonieuse entre les personnes, la nature et l'organisation de la société[35] » (article 8), marquée par une philosophie de la réparation. Ce projet de Constitution complétait les droits environnementaux traditionnels par la consécration d'obligations (faites à l'État) de prendre en compte de nouveaux risques ou de nouvelles pratiques. Il mentionnait la crise climatique et écologique (art. 129.1)[36], la conservation de l'atmosphère et du ciel nocturne (art. 135.1). Il évoquait également une solidarité intergénérationnelle (art. 128.1) ou la réduction et la valorisation des déchets (art. 133). Mais aussi, et surtout, il se donnait pour objectif de réguler l'impact de ces droits sur l'économie à travers une consécration de la fonction sociale et écologique de la propriété (art. 52.1, 78.2, 138) et en précisant que la liberté d'entreprendre et de développer des activités économiques doit être compatible avec la protection de la nature (art. 80.1). Ainsi, étaient clairement ciblés les droits ou intérêts qui devaient être restreints ou adaptés. Ce même souci de clarification des objectifs à poursuivre se retrouvait au niveau institutionnel, puisque le projet de Constitution précisait la manière et les conditions dans lesquelles la gouvernance participative devait être mise en œuvre pour la gestion de l'eau (à travers des conseils de bassin — art. 143.3) et des autres biens communs naturels inappropriables qu'il consacrait. À la lecture de ce projet de Constitution, il est indéniable que l'on avait face à soi une Constitution anthropocentrique, mais ce texte ne visait pas à placer l'Homme et ses intérêts au-dessus de tout : l'Homme, ses intérêts et l'appareil d'État étaient soumis au respect de la nature et de ses besoins.

D'un point de vue extérieur, tous les articles de ce projet de Constitution peuvent être jugés comme inutilement constitutionnels, dans le sens où il n'est pas nécessaire de les insérer dans un texte constitutionnel ; une simple loi suffit pour réguler cette conciliation et ce mode de gouvernance. Toutefois, c'est omettre l'objectif axiologique de ce projet de Constitution, à savoir réorienter les orientations utilitaires de l'anthropocentrisme des institutions étatiques elles-mêmes, y compris celles des juges constitutionnels.

La prise en compte des enjeux environnementaux par les Constitutions constitue l'un des plus importants facteurs de renouveau du droit constitutionnel depuis une cinquantaine d'années. Reste à savoir si elle parviendra à une bascule de l'axe autour duquel tourne le constitutionnalisme moderne. Le Chili a fait une proposition qui aurait pu constituer une piste

---

[35] Pour une traduction complète en français de ce projet de Constitution, voir https://sites.google.com/view/nouvelleconstitutionchilivf/accueil.

[36] Pour le moment, le climat apparaît dans les Constitutions d'Algérie, Bolivie, Côte d'Ivoire, Cuba, République dominicaine, Équateur, Thaïlande, Tunisie, Venezuela, Vietnam et Zambie.

intéressante. Le rejet du texte ne permet pas de savoir si cela aurait eu des incidences concrètes, mais nul doute que le flambeau sera repris par d'autres pays car le constitutionnalisme connaît une autre évolution. Longtemps dominées par une vision occidentale, les Constitutions se font de plus en plus diverses et en recherche d'une plus grande symbiose avec l'éthos culturel de leurs propres sociétés. Bien que certains puissent le déplorer, cette évolution, croisée avec une autre vision de l'anthropocentrisme, pourrait rapidement faire de la Charte un modèle archaïque.

UNE CHARTE AXÉE SUR LE DÉVELOPPEMENT DURABLE. MODÈLE INADAPTÉ OU NOUVELLE CONSTITUTIONNALISATION ? UNE CONSTITUTIONNALISATION PEUT EN CACHER UNE AUTRE

Carlos Manuel ALVES

Le développement durable peut-il encore perdurer ? Ou est-il atteint d'obsolescence programmée ? Longtemps triomphant et décliné à l'envi, voire jusqu'à la nausée.... La Charte n'a pas échappé à cette tendance. Cette notion est définie dans le Préambule. « Qu'afin d'assurer un développement durable, les choix destinés à répondre aux besoins du présent ne doivent pas compromettre la capacité des générations futures et des autres peuples à satisfaire leurs propres besoins[1]. » Cette définition fait bien évidemment écho à celle du fameux rapport Brundtland[2], nouvelle illustration de l'ombre portée du droit international sur la Charte que nous évoquerons à nouveau ultérieurement. En outre, le développement durable apparaît comme un objectif mentionné par l'article 6.

De nos jours, cet apogée paraît bien loin. Le développement durable semble de prime abord en déclin, dépassé, démonétisé, voire dé-Naturé, semble-t-il, à l'heure de la transition et ses différentes déclinaisons : énergétique, écologique ou encore climatique. Dans la même veine, on en veut pour preuve l'appellation du ministère dédié. Il apparaît cependant qu'en droit, la pertinence du développement durable est questionnée depuis longtemps. Déjà en 2003, d'aucuns évoquaient une apparence de droit[3].

Toutefois, la transition écologique entretient des relations complexes avec le développement durable. Tout d'abord, la transition écologique serait... « une nouvelle méthode permettant l'avènement d'un développement qualifié

---

[1] Charte de l'environnement, Préambule, considérant 7.

[2] « La satisfaction des besoins des générations présentes sans compromettre la capacité des générations futures à satisfaire leurs propres besoins. » Commission mondiale sur l'environnement et le développement, *Notre avenir à tous*, Montréal, Éd. du fleuve, 1988, p. 51. Cette dimension transgénérationnelle est mentionnée par la Déclaration de Rio aux principes 1 et 3.

[3] C. Cans, « Le développement durable en droit interne : apparence du droit et droit des apparences », *AJDA*, 2003, n° 5, pp. 210-218.

de durable, prenant ainsi le relais du principe d'intégration[4] ». Une nouvelle méthode au service d'un concept vieillissant ou d'un concept qui, tel un Phénix, renaît de ses cendres. En effet, le développement durable connaîtrait une troisième génération après 1972 et la Déclaration de Stockholm ; 2009 et les lois Grenelle ; 2015 et la loi relative à la transition énergétique pour une croissance verte. Ainsi, la stratégie nationale de transition écologique est-elle orientée vers un développement durable. Il y a fort à craindre que le concept ne parvienne pas à s'émanciper « des thématiques de la croissance et du développement durable[5] ».

Dans la même veine et en somme, conséquence de cette liaison dangereuse, ces deux notions partageraient les mêmes turpitudes. « Les critiques que formulait Chantal Cans au sujet du développement durable pourraient poindre pour la transition écologique. La transition écologique serait au fond simplement apte à guider les politiques ; lancer des initiatives et des orientations plutôt que d'imposer les moyens et les fins[6]. »

Sa traduction dans la Charte de l'environnement la plus éminente est bien évidemment constituée par l'article 6 qui édicte un principe de conciliation. Ce lien entre développement durable et conciliation a été clairement établi en droit international. Selon la Cour internationale de justice, « Le concept de développement durable traduit bien cette nécessité de concilier développement économique et protection de l'environnement[7] ».

Ce principe de conciliation prévu par la Charte fait écho au principe d'intégration prévu en droit international[8] et en droit de l'Union européenne[9] (ci-après UE). C'est donc une intégration au rabais, minorée, qui a été effectuée par la Charte de l'environnement[10]. Néanmoins, bien que

---

[4] G. Audrain-Derney, « Une méthode contemporaine pour un concept vieillissant : transition écologique et développement durable », *in* A. Van Lang (dir.), *Penser et mettre en œuvre les transitions écologiques*, Paris, Mare et Martin, 2018, pp. 63-76.

[5] L. Touzeau-Mouflard, « La transition écologique, nouveau lieu commun du droit de l'environnement ? », *Revue juridique de l'environnement*, 2023, HS 22, vol. 48. pp. 417-426.

[6] *Idem*, p. 420.

[7] CIJ, 25 septembre 1997, *Affaire relative au projet Gabcikovo-Nagymaros, Hongrie/Slovaquie*, *in* P. Billet et E. Naïm-Gesbert (dir.), *Les grands arrêts du droit de l'environnement*, Paris, Dalloz, n° 37, 2017, § 140.

[8] Déclaration de Rio, principe 4.

[9] Article 11 TFUE et article 37 de la Charte des droits fondamentaux de l'UE.

[10] Intégration *a minima* comme le confirme aussi le refus du Conseil constitutionnel d'ériger le principe de conciliation en droit ou en liberté, ce qui rend impossible son invocation dans le cadre de la QPC. CC, 23 novembre 2012, n° 2012-283 QPC, point 22, « que cette disposition n'institue pas un droit ou une liberté que la Constitution garantit ; que sa méconnaissance ne peut, en elle-même, être invoquée à l'appui d'une question prioritaire de constitutionnalité sur le fondement de l'article 61-1 de la Constitution ». La doctrine a pu souligner à l'envi le caractère pour le moins contestable de ce refus. En effet, un principe n'est pas antinomique d'un droit. Tel est le cas du principe de dignité humaine. En revanche, le principe de conciliation peut être invoqué dans le cadre du contrôle *a priori* à l'instar de toutes les dispositions de la Charte. CC, 28 avril 2005, n° 2005-514 DC, *Registre international* ; CC, 7 juillet 2005,

maladroite[11], cette transcription atteste du phénomène bien connu de la circulation des concepts juridiques en droit de l'environnement. Le rapport *Coppens* faisait déjà référence aux sources européennes du principe d'intégration et de l'objectif de développement durable. « Cette troisième étape du pacte républicain se singularise par l'influence très visible des droits communautaire et international dans les définitions retenues. Cet état de choses résulte du souhait exprimé ouvertement par la Commission Coppens de ne pas s'écarter du droit international, donnant ainsi acte de son antériorité en la matière[12]. » Est-il utile de rappeler qu'analyser, observer le droit de l'environnement « c'est nécessairement naviguer en eaux claires entre différents ordres juridiques[13] » ? À cet égard, cette communication ne peut qu'évoquer la dimension européenne de la Charte de l'environnement[14].

De quel développement durable parle-t-on ? Suite à la Charte et aux lois Grenelle, un nouveau développement durable a pu être identifié. À dire vrai, la Charte semble hésiter. D'une part, elle instaure un principe de conciliation qui implique, qui suppose donc un antagonisme entre développement économique et protection de l'environnement. D'autre part, plusieurs passages du Préambule, dont le 7e considérant, postulent un nouveau modèle de développement qui préfigure les exigences de la transition écologique. Cette hésitation semble levée par les lois Grenelle I et II, qui font référence à une dynamique de développement suivant des modes de production et de consommation responsables.

Instrument de mise en œuvre du développement durable, le principe d'intégration ne peut qu'être influencé par l'émergence d'un « nouveau » développement durable, vecteur donc d'une nouvelle intégration environnementale[15].

Le détour par les sources européennes du principe de conciliation est on ne peut plus instructif et inévitable. Loin d'être face à une page blanche, les auteurs de la Charte ont tenu compte de la partition déjà largement écrite par les auteurs de la Charte constitutionnelle de l'UE.

---

n° 2005-516 DC, *Loi de programme sur l'orientation de la politique énergétique* ou encore CC, 13 août 2015, n° 2015-718 DC, *Loi relative à la transition énergétique pour la croissance verte*.

[11] Selon la formule du Doyen Prieur, « *l'article 6 se réfère, implicitement, mais maladroitement à l'obligation d'intégration* ». M. Prieur, Les nouveaux droits, *AJDA*, 2005, n° 21, pp. 1157-1163.

[12] A. Van Lang, *Droit de l'environnement*, Paris, PUF, coll. "Thémis droit", 5e éd., 2021, p. 178.

[13] E. Naïm-Gesbert, « Ordres juridiques et droit de l'environnement », *in* B. Bonnet (dir.), *Traité des rapports entre ordres juridiques*, Paris, LGDJ, 2016, pp. 1363-1370.

[14] J. Bétaille, « Ce que la Charte de l'environnement a d'européen, » *in* H. Gaudin (dir.), *La constitution européenne de la France*, Paris, Dalloz, coll. "Thèmes et commentaires", 2017, pp. 35-49.

[15] L. Fonbaustier, « Quelques réflexions sur les conditions d'un nouveau développement durable », *in* L. Fonbaustier et V. Magnier (dir.), *Développement durable et entreprise*, Paris, Dalloz, coll. « Thèmes et commentaires », 2013, pp. 23-44.

En effet, cette troisième étape du pacte républicain se singularise par l'influence très visible des droits communautaire et international dans les définitions retenues. Cet état de choses résulte du souhait ouvertement exprimé par les membres de la Commission Coppens de ne pas s'écarter du droit international, donnant ainsi acte de son antériorité en la matière. La Charte apparaît donc comme le reflet de la globalisation du droit[16].

À l'instar du principe de subsidiarité, le principe d'intégration inscrit à l'article 11 TFUE ne saurait épuiser l'ensemble des manifestations de l'intégration environnementale. Tout au plus, s'agit-il d'une *prime inter pares*. Ce principe textuel n'est que la transcription juridique d'une exigence implicite de conciliation qui irrigue les traités européens. Ses manifestations ne sauraient se limiter à une lecture strictement institutionnelle. Au-delà de cette intégration seulement opposable aux autorités publiques, ne convient-il pas de déceler une autre intégration, une intégration de nouvelle génération, une intégration 2.0 en somme qui s'adresse à de nouveaux acteurs, des acteurs privés, notamment ceux issus des différents secteurs économiques à la source des maux environnementaux ? Est-il nécessaire de rappeler que cent entreprises sont responsables de 71 % des émissions de gaz à effet de serre ? En somme, après les nouveaux instruments serait venu le temps des nouveaux acteurs[17].

Dans la mouvance du droit de l'UE, la constitutionnalisation de l'environnement via la Charte se traduit non seulement par la proclamation de droits, mais aussi par de nouvelles responsabilités des acteurs de la protection de l'environnement, dont les entreprises[18]. Depuis la fameuse décision *Michel Z. et a.*[19], « la Charte (…) impose à "toute personne" les devoirs de préservation de l'environnement (article 2), de prévention des atteintes (article 3) (…). En outre, combinant les articles 1er et 2 de la Charte, le Conseil constitutionnel a consacré une "obligation de vigilance" de chacun à l'égard des atteintes à l'environnement ». « Il s'agit sans doute d'une manière pour lui d'intégrer dans les normes auxquelles il se réfère l'obligation de vigilance envers l'environnement qui s'impose aux États en application du droit international (due diligence ou due protection)[20] ». « Le monde des

---

[16] A. Van Lang, *Droit de l'environnement*, Paris, PUF, coll. « Thémis droit », 5e éd., 2021, p. 159.

[17] P. Thieffry, « L'intégration de la protection de l'environnement dans les autres politiques : après les nouveaux instruments, les nouveaux acteurs », *Revue des Affaires Européennes*, 2003-2004, n° 4, pp. 509-513.

[18] Y. Aguila, Les acteurs face à la constitutionnalisation du droit de l'environnement, *Nouveaux Cahiers du Conseil constitutionnel*, 2014, n° 43, pp. 43-55.

[19] CC, 8 avril 2011, n° 2011-116 QPC, *Michel Z. et a.* Voir également CC, 10 novembre 2017, n° 2017-672 QPC, *Association Entre Sein et Brotonne et autres*. Pour un bilan récent, voir J. de Saint Sernin, « L'obligation de vigilance environnementale : l'apport de la jurisprudence du Conseil constitutionnel » *in* C. Beaucillon et C. Gallo (dir.), *Vigilance et diligence en droit public*, Bruxelles, Bruylant, 2024, pp. 109-122.

[20] M. Prieur, J. Bétaille, M. -A. Cohendet, H. Delzangles, J. Makowiak et P. Steichen, *Droit de l'environnement*, Paris, Dalloz, coll. « Précis », 9e éd., 2023, p. 88.

entreprises est particulièrement concerné par ces différentes obligations[21]. » Et ce d'autant plus que « De manière inédite, le Conseil constitutionnel a conféré un effet horizontal aux droits et devoirs énoncés aux articles 1er et 2 de la Charte, renforçant dans le même sens l'effet direct de celle-ci[22] ».

Par conséquent, l'intégration se mue en vecteur d'une constitutionnalisation des entreprises[23], corollaire indispensable d'un pluralisme ordonné. En somme, une constitutionnalisation peut en cacher une autre ! C'est que « dans le processus de globalisation, le centre de la constitutionnalisation migre du système politique vers différents secteurs sociétaux qui produisent des normes constitutionnelles à une certaine distance des constitutions politiques des États-nations[24] ». Il s'agit donc de démocratiser le marché[25], de faire advenir une Économie de droit[26], tout comme le constitutionnalisme a fait advenir l'État de droit[27]. En l'état, si l'on peut dire, « Il y a un État de droit, il n'y a pas une Économie de droit[28] ».

Nouant un véritable « partenariat public-public »[29], l'UE et la France par le truchement de leurs ordres juridiques ont vocation à véhiculer de concert (malgré quelques notes dissonantes, quelques cacophonies) une approche, une démarche teintée d'« empathie systémique[30] » reflétant le primat, la primauté

---

[21] Y. A Guila, « Les acteurs face à la constitutionnalisation du droit de l'environnement », préc., p. 55 (nous soulignons).

[22] J. de Saint-Sernin, « L'obligation de vigilance environnementale : l'apport de la jurisprudence du Conseil constitutionnel » *in* C. Beaucillon et C. Gallo (dir.), *Vigilance et diligence en droit public*, Bruxelles, Bruylant, 2024, pp. 107-122.

[23] G. Teubner, « Constitutionnalisme sociétal et globalisation : alternatives à la théorie constitutionnelle centrée sur l'État », *Revue juridique Thémis*, vol. 39, 2005, pp. 435-458 ; G. Teubner, *Fragments constitutionnels. Le constitutionnalisme sociétal à l'ère de la globalisation*, Paris, Classiques, Garnier, coll. « Bibliothèque de la pensée juridique », 2016.

[24] G. Teubner, « L'auto-constitutionnalisation des ETN ? Sur les rapports entre les codes de conduite "privés" et "publics" des entreprises », *Revue interdisciplinaire d'études juridiques*, 75 (2), 2015, pp. 1-25.

[25] E. Carpano et G. Martin, *Démocratie et marché dans l'Union européenne*, Bruxelles, Bruylant, 2021.

[26] G. Farjat, « De la globalisation de l'économie à une Économie de droit », *in* I. Daugareilh (dir.), *Responsabilité sociale de l'entreprise transnationale et globalisation de l'économie*, Bruxelles, Bruylant, 2010, pp. 795-812 ; J. -P. Robé, « Les multinationales, vecteur d'un nouveau constitutionnalisme », *in* R. Sève (dir.), *L'entreprise multinationale dans tous ses États*, Paris, Dalloz, 2013, pp. 337-364.

[27] A. Rainer, « L'État de droit comme fondement du constitutionnalisme européen, » *RFDC*, 2014-12, vol. 100, pp. 769-776.

[28] G. Farjat, « La Constitution économique de l'Europe et le couplage droit-économie », *in* O. Debarge, T. Georgopoulos et O. Rabaey (dir.), *La Constitution économique de l'Union européenne*, Bruxelles, Bruylant, 2008, pp. 59-99, spéc. p. 76.

[29] C.-M. Alves, « Énergies renouvelables et droit de l'Union européenne : entre marché (intérieur) et intérêt général », *Revue juridique de l'environnement*, 2014, n° 2, pp. 263-276, spéc. p. 276.

[30] L'empathie systémique consiste à « *comprendre le mode opératoire d'un autre système et à en tirer les conséquences* ». C.-A. Morand, *Le droit néo-moderne des politiques publiques*, Paris, LGDJ, coll. « Droit et société », 1999, p. 127 et s. Il s'agit notamment de tenir compte des

de l'économie inhérente au développement durable. C'est que si le développement durable a mué, tout change pour que rien ne change.

Il s'ensuit une intégration, une constitutionnalisation suscitée par les pouvoirs publics destinée à « verdir » le comportement des entreprises (I). Face aux errances et aux erreurs des pouvoirs publics, cette approche n'est pas exclusive d'un effet de *feed-back*, d'une rétroaction du marché destinée à contrecarrer l'impuissance publique (II).

I. Une constitutionnalisation suscitée par la puissance publique

Cette autolimitation induite par le constitutionnalisme passe par le recours à des instruments économiques[31] « naturellement » idoines ou du moins présentés comme tels dès lors qu'il s'agit de réorienter le comportement des agents économiques. C'est pourquoi le principe d'intégration se traduit notamment par le recours aux instruments économiques afin d'implanter le souci environnemental au sein des entreprises. Ces outils ont pour point commun d'être fondés sur les lois du marché. Fortement préconisés par l'UE (A), ils sont fort logiquement promus par les États membres (B) dans le cadre d'une coopération loyale environnementale.

A. Une constitutionnalisation préconisée par l'UE

Parmi la large gamme de ces instruments préconisés au tournant des années quatre-vingt-dix, après la chute du mur de Berlin par l'OCDE, puis par l'UE figurent notamment des instruments fondés sur la certification de la performance environnementale des entreprises. Ces instruments attestent de l'intégration des paramètres environnementaux par les acteurs économiques. En somme, c'est l'information délivrée qui doit permettre aux entreprises concernées de se distinguer de leurs concurrentes. Ce bénéfice, ce dividende doit favoriser l'adhésion des agents économiques à ces instruments qui reposent sur le volontariat malgré le recours à la forme du règlement. Ce faisant, ces outils préfigurent l'intégration volontaire préconisée au titre de la RSE. La puissance publique européenne fait le pari du mariage réussi entre raison écologique et rationalité économique. L'environnement est censé représenter un avantage concurrentiel dans la compétition économique. « Dans ce cas, le législateur offre un cadre juridique aux opérateurs

---

points de vue et des critères de décision des acteurs que la puissance publique souhaite influencer. En l'occurrence, le droit fait sienne la logique des acteurs économiques afin d'orienter leur comportement dans un sens plus conforme à l'intérêt général. « *On n'est en plus à se demander si le droit est indépendant de l'économie ou déterminé par elle, « mais à observer comment le droit pénètre l'économie et comment, pour pénétrer l'économie, il doit absorber l'économie.* »

[31] S. Maljean-Dubois (dir.), *L'outil économique en droit international et européen de l'environnement*, Paris, La Documentation française, coll. « Monde européen et international », 2002.

économiques qui souhaitent réduire l'empreinte environnementale globale de leurs produits ou de leurs activités[32]. »

De manière symbolique et significative, il s'agit de deux instruments créés dans la perspective de l'achèvement du marché intérieur. L'un adopte une approche globale ; l'autre une approche ayant trait aux produits. L'un consiste à promouvoir les entreprises les plus respectueuses de l'environnement, tandis que l'autre « récompense » les produits éponymes, à savoir d'une part, l'écoaudit et d'autre part, l'écolabel[33].

1. L'écoaudit

Créé en 1993, le système de management vert[34] doit permettre d'améliorer l'image de marque des entreprises par le bénéfice du logo européen.

Ce dispositif fondé sur l'adhésion établit une méthodologie en trois temps garantissant non seulement le respect de la législation environnementale, mais aussi l'amélioration de la performance environnementale. Initialement centré sur les entreprises industrielles, il a été étendu en 2001 aux services. Cette contribution à l'intérêt général environnemental peut être prolongée par un autre instrument laissé à la libre appréciation des entreprises dans le cadre d'une démarche de labellisation de leurs produits (2).

2. L'écolabel

Cet instrument incitatif cherche à encourager les entreprises à commercialiser des produits écologiques. En effet, « Ce système est destiné à promouvoir, grâce à l'utilisation du label écologique de l'UE, les produits qui présentent un degré élevé de performance environnementale[35] ».

Créé en 1992, également dans la perspective de l'achèvement du marché intérieur, l'écolabel accorde une prime de notoriété censée rimer avec

---

[32] A. Tomadini, « La protection de l'environnement et la liberté d'entreprendre, ou le pot de terre contre le pot de fer », *in* A.-S. Epstein et M. Nioche (dir.), *Le droit économique, levier de la transition écologique ?*, Bruxelles, Bruylant, coll. « Droit-économie-international », 2022, pp. 157-174, spéc. p. 167.

[33] Institué en 1992 dans la perspective de l'achèvement du marché intérieur. Règlement (CEE) n° 880/92 du Conseil, du 23 mars 1992, concernant un système communautaire d'attribution de label écologique, *JOCE* L 99 du 11 avril 1992, p. 1. Cette législation a été plusieurs fois remaniée. Règlement (CE) n° 66/2010 du Parlement européen et du Conseil du 25 novembre 2009 établissant le label écologique de l'UE, *JOUE* n° L 27, 30 janvier 2010, p. 1.

[34] Règlement 1836/93 du Conseil du 29 juin 1993 permettant la participation volontaire des entreprises du secteur industriel à un système communautaire de management environnemental et d'audit, *JOCE* n° L 168, 10 juillet 1993, p. 1. cet instrument a été maintes fois révisé entretemps. Règlement (CE) n° 1221/2009 du Parlement européen et du Conseil du 25 novembre 2009 concernant la participation volontaire des organisations à un système communautaire de management environnemental et d'audit (EMAS), abrogeant le règlement (CE) n° 761/2001 et les décisions de la Commission 2001/681/CE et 2006/193/CE, *JOUE* n° L 342, 22 décembre 2009, p. 1.

[35] Règlement (CE) n° 66/2010 précité, considérant 5.

avantage concurrentiel aux produits concernés. Initialement consacré aux marchandises, l'écolabel a été étendu aux services lors de la révision opérée en 2000. L'information ainsi fournie aux consommateurs doit permettre de favoriser les entreprises les plus vert…ueuses.

Ces révisions à l'aube des années 2000 préfigurent l'émergence d'une approche volontariste de la RSE adoptée par l'UE[36]. Pour mémoire, celle-ci est définie comme « l'intégration volontaire des préoccupations sociales et environnementales des entreprises à leurs activités commerciales et leurs relations avec leurs parties prenantes[37] ».

Un autre levier pour impulser, encourager une intégration accrue des exigences environnementales passe par le concours des États membres afin de persuader les entreprises. La coopération loyale n'est plus seulement au service de l'intégration… économique.

B. Une constitutionnalisation promue par les États membres

Comme indiqué *supra*, le principe européen d'intégration a inspiré le Constituant français. Europe s'est muée en muse en quelque sorte. Cette rencontre a accouché du principe de conciliation inscrit à l'article 6 de la Charte de l'environnement. Ce faisant, un écosystème juridique propice à une néointégration est apparu. En amont de cette consécration (?) constitutionnelle, le législateur ordinaire avait pu être inspiré par l'esprit de l'article 11 TFUE. Si la Charte de l'environnement constitue (si l'on peut dire) la partie émergée de l'impact du principe européen d'intégration, il convient de souligner qu'une forme de néointégration avait pu être décelée au sein de la loi NRE[38] du 15 mai 2001 et de la loi Rana Plaza sur le devoir de vigilance du 27 mars 2017.

En amont de sa consécration constitutionnelle, le principe européen d'intégration a inspiré le législateur français. En 2001, la loi NRE[39] préfigure cette démarche consistant à implanter le souci environnemental partout et pour tous, et ce, aussi bien dans les politiques publiques que dans les activités privées.

Cette loi a pour objet d'atténuer certains dysfonctionnements de l'économie de marché, dont les dégradations environnementales. La loi NRE comporte trois volets en termes de régulation : de la finance, de la concurrence et de l'entreprise. C'est au titre de ce dernier volet qu'une obligation environnementale est imposée aux entreprises. En l'occurrence, il s'agit

---

[36] Livre vert « Promouvoir un cadre européen pour la responsabilité sociale des entreprises », COM(2001) 366 final du 18 juillet 2001.

[37] Communication de la Commission concernant la responsabilité sociale des entreprises : une contribution des entreprises au développement durable, COM(2002) 347 final du 2 juillet 2002 (nous soulignons).

[38] Loi n° 2001-420 du 15 mai 2001 relative aux nouvelles régulations économiques, *JORF* n° 113 du 16 mai 2001, p. 776.

[39] Dont l'intitulé est en soi révélateur.

encore (et seulement) d'information. En vertu de l'article 116 de la loi NRE, les entreprises françaises cotées ont l'obligation de rendre compte, parallèlement à leurs informations comptables et financières, des conséquences environnementales de leurs activités. Ici aussi, la démarche est purement incitative. Il s'agit d'encourager les plus grandes entreprises françaises à modifier leur comportement par le recours à la sanction économique (*name and shame*), à mieux intégrer les paramètres environnementaux.

L'on doit à la vérité de reconnaître que tel ne semble pas être le cas malgré les progrès apportés par la loi *Grenelle II*[40]. À défaut d'avoir notablement influencé les acteurs économiques, le législateur français a inspiré le législateur européen. Celui-ci a adopté une directive à l'automne 2014. Il s'agit là aussi de définir un cadre permettant de récompenser les entreprises les plus vert…ueuses en donnant des informations environnementales aux investisseurs potentiels[41].

Ceci étant, les États membres dont la France n'ont pas eu seulement recours à l'information parmi les paramètres économiques. La demande a été également sollicitée. Rien de tel que les marchés (publics) pour infléchir le marché[42]. C'est ainsi que le droit de la commande publique a été érigé en véritable levier de réorientation du marché et donc de ses acteurs[43].

---

[40] Loi n° 2010-788 du 12 juillet 2010 portant engagement national pour l'environnement, *JORF* n° 160, 13 juillet 2010, p. 12905.

[41] Directive 2014/95/UE du Parlement européen et du Conseil du 22 octobre 2014 modifiant la directive 2013/34/UE en ce qui concerne la publication d'informations non financières et d'informations relatives à la diversité par certaines grandes entreprises et certains groupes, *JOUE* n° L 330, 15 novembre 2014, p. 1.

[42] À cet égard, il convient d'évoquer l'Agenda 21 adopté lors du Sommet de la Terre à Rio. Ce texte comporte un alinéa intitulé de manière fort significative : « Orienter la consommation par le biais des marchés publics ». Celui-ci est ainsi libellé : « Les gouvernements eux-mêmes jouent également un rôle dans la consommation (…) et peuvent avoir une influence considérable tant sur les décisions des entreprises (…). Ils devraient donc réexaminer les politiques d'achat de fournitures de leurs organismes et départements afin d'améliorer si possible l'élément environnement de leurs procédures d'acquisition, sans préjudice des principes du commerce international ». Chapitre IV, § 23, Agenda 21, site des Nations unies.

[43] Parmi une abondante littérature juridique, il convient de mentionner sans prétendre à l'exhaustivité : C.-M. Alves, « Marchés publics, environnement et droit communautaire : le marché contre la puissance publique… tout contre ? », *Revue Aménagement-Environnement*, n° 1, 2010, p. 3. H. Pongerard-Payet, « Critères sociaux et écologiques des marchés publics : droits communautaire et interne entre guerre et paix », *Europe*, octobre 2004, p. 6. F. Martucci, « Commande publique, développement durable et protection de l'environnement dans le marché intérieur : vers un achat public écologiquement responsable », *in* K. Martin-Chenut et R. de Quenaudon (dir.), *Développement durable : mutations ou métamorphoses de la responsabilité ?*, Paris, Éditions Pédone, 2016, p. 239. P. Reis, « Marchés publics et ordre concurrentiel, ordre concurrentiel et logiques sociale et environnementale dans la passation des marchés publics », *in Mélanges Pirovano. L'ordre concurrentiel*, Paris, Éd. Frison-Roche, 2003, p. 145. R. Le Velly, « Quand la concurrence rencontre la durabilité : l'introduction du développement durable dans le droit de la commande publique », *Droit et société*, n° 110, 2022, pp. 171-188.

Ce couple pourrait sembler mal assorti de prime abord. Marier marché (même public) et environnement paraît tout sauf évident. Pourtant, la commande publique n'est plus seulement un moyen de satisfaire les besoins des États membres en recourant au marché. Elle est aussi un instrument permettant d'orienter l'achat public et donc en cascade, les entreprises retenues en fonction de l'intérêt général, en l'espèce l'environnement. Sous l'impulsion du juge de l'Union puis du législateur éponyme, le Code français intègre désormais la faculté pour les pouvoirs adjudicateurs de sélectionner les entreprises en fonction de critères environnementaux[44]. Ce faisant, les entreprises candidates sont fortement incitées à faire leur les préoccupations environnementales…ne serait-ce qu'en raison du poids de la commande publique (17 % du PIB de l'UE).

Toutefois, deux écueils montrent que le rôle de Pygmalion des pouvoirs publics comporte des zones d'ombre, des angles morts.

D'une part, en ce qui concerne les pouvoirs publics nationaux/ adjudicateurs, il s'agit d'une simple faculté.

D'autre part, s'agissant de l'UE, du droit de l'UE, les critères de choix doivent être liés à l'objet du marché, ce qui réduit d'autant la place faite aux considérations écologiques. Ainsi, un critère général tel que le « comportement » environnemental d'une entreprise ne saurait être admis. À cet égard, une jurisprudence de la Cour de justice montre à elle seule toute l'ambivalence de l'Europe à l'égard du « verdissement » des marchés publics[45]. Le mariage entre écolabels et marchés publics a pu être qualifié d'impossible[46]. Cet arrêt est symptomatique des tiraillements dans la promotion de l'intégration par les entreprises à l'aune de l'intégration économique. En l'espèce, le juge de l'Union a considéré que les pouvoirs adjudicateurs peuvent utiliser les spécifications d'un écolabel privé, mais ne pouvaient pas s'y référer en tant que tel au nom de la concurrence. Or, c'est faire fi du développement de ces labels privés face aux insuffisances des labels publics, tels que l'écolabel européen[47]. Le législateur européen est toutefois revenu en partie sur cette jurisprudence en 2014. Désormais, les pouvoirs

---

[44] Le Code des marchés publics a ajouté, suivant en cela la jurisprudence de la Cour de justice, les préoccupations environnementales et sociales dans les critères de sélection des offres et des candidatures. Décret n° 2004-15 du 7 janvier 2004, portant Code des marchés publics, *JORF n° 6,* 8 janvier 2004, p. 37003. M.-P. Lavoillotte, « L'environnement dans le nouveau code des marchés publics : l'affirmation du contrat au service de l'environnement », *AJDA,* 2004, p. 2081. Article R. 2152-8 Code de la commande publique.

[45] CJCE, 10 mai 2012, *Commission/Pays-Bas*, aff. C-368/10, ECLI:EU:C:2012:284.

[46] E. Lanzarone et H. Braunstein, « Écolabels et marchés publics, un mariage impossible ? », *Le Moniteur-Contrats publics*, septembre 2012, p. 56.

[47] A. Gouritin, « EU regulation 66/2010 on the EU ecolabel: in between green consumerism and green wash? », *Revue européenne du droit de la consommation*, n° 3, 2012, pp. 493-510.

adjudicateurs peuvent exiger des soumissionnaires le bénéfice d'un label environnemental ou social précis[48]. En vertu de l'article 43, § 1er :

> Lorsque les pouvoirs adjudicateurs souhaitent acquérir des travaux, des fournitures ou des services présentant certaines caractéristiques d'ordre environnemental, social ou autre, ils peuvent, dans les spécifications techniques, les critères d'attribution ou les conditions d'exécution du marché, exiger un label particulier en tant que moyen permettant de prouver que les travaux, services ou fournitures correspondent aux caractéristiques requises[49].

En somme, une saine émulation doit permettre une intégration qui ne rime pas avec régression.

Ceci démontre s'il en était besoin que la puissance publique nationale ou européenne n'est pas omnipotente. Et ce d'autant plus que l'UE marque le pas voire avance à reculons. Dès lors, en sens inverse, l'intégration dépend aussi des acteurs privés, notamment des entreprises (II).

II. Une constitutionnalisation ressuscitée face à l'impuissance publique ?

La RSE promue par la loi nationale ou européenne l'est également par la petite loi, celle dont se dotent les entreprises, à savoir le contrat. Une contractualisation de la RSE s'est développée de façon volontaire tolérée par la puissance publique avant d'être exigée par celle-ci selon un schéma circulaire. Il s'agit donc d'une « autolimitation imposée de l'extérieur[50] » à des degrés divers. Il s'ensuit un « fondu-enchaîné » des normes privées et publiques ; les premières se muant en secondes.

A. Une contractualisation volontaire de la RSE

Les entreprises concourent à la protection de l'environnement grâce au contrat. Deux catégories de clauses peuvent être décelées.

Les clauses peuvent exiger le respect de la législation existante. À cet égard, la petite loi peut venir au secours de la Loi environnementale souvent malmenée à tel point qu'elle peut parfois être qualifiée de tigre de papier. Ceci étant, comme l'avait souligné la Commission européenne dans son Livre vert en 2001, la RSE ne saurait se limiter au respect des obligations juridiques en vigueur. Il s'agit aussi d'aller au-delà et « d'investir » davantage dans le capital humain et l'environnement[51].

Les clauses peuvent aussi se faire l'écho de normes internationales, telles que le *Global Compact*, pacte mondial des Nations Unies adopté en 2000 lors

---

[48] Directive 2014/24/UE du Parlement européen et du Conseil du 26 février 2014 sur la passation des marchés publics et abrogeant la directive 2004/18/CE, *JOUE* n° L 94, 28 mars 2014, p. 65.

[49] Nous soulignons.

[50] G. Teubner, L'autoconstitutionnalisation des ETN ? Sur les rapports entre codes de conduite « privés » et « publics » des entreprises, préc.

[51] Livre vert préc., p. 8.

du Forum économique mondial à Davos sous l'impulsion du Secrétaire général Kofi Annan[52]. Ce texte incite les entreprises à promouvoir et à respecter le droit international relatif aux droits de l'homme, au travail et à l'environnement « dans leur sphère d'influence[53] ». En somme, un pacte peut en cacher en autre…

Des règles juridiquement contraignantes peuvent en découler. Ainsi, le *reporting* extrafinancier avant d'être consacré par le législateur français, puis repris par le législateur européen, avait été élaboré par la GRI (*Global Reporting Initiative*) en 1999.

De même, le devoir de vigilance récemment inscrit en droit positif par la loi dite *Rana Plaza* relative au devoir de vigilance des sociétés mères et des entreprises donneuses d'ordre[54] provient de la RSE. En effet, la coalition européenne pour la RSE des entreprises[55] préconise la responsabilité des sociétés mères à l'égard de l'impact négatif de leurs filiales.

Quid encore de la campagne de désinvestissement dans les énergies fossiles qui pourrait inspirer la Commission européenne, gardienne de la concurrence et de l'interdiction des aides d'État seule à même, sinon de bannir du jour au lendemain toute subvention, toute forme d'avantage économique au profit des énergies fossiles du moins d'exiger une conditionnalité négative ? Cette suppression est largement évoquée et préconisée par de nombreuses instances internationales, telles que les Nations unies, l'OCDE, l'Agence internationale de l'énergie ou encore le G20[56].

De là à dire que les entreprises suscitent un renouveau, ressuscitent la RSE, c'est-à-dire un degré accru d'intégration des considérations environnementales dans les activités commerciales… il n'y a qu'un pas. Où se vérifie à nouveau l'interaction entre puissance publique et marché, voire un schéma circulaire, de là à parler d'un cercle vert…ueux. En effet, la loi *Rana Plaza* prévoit le recours au contrat pour formaliser le devoir de vigilance.

---

[52] « En 2000, lors d'un Forum de Davos, le Secrétaire général des Nations unies, Kofi Annan, lançait l'idée d'un "Pacte mondial" (*Global Compact*) destiné à associer sur une base volontaire les entreprises multinationales aux objectifs des Nations unies ». E. Decaux, « L'ONU et la société civile », *Revue Projet*, 313 (6), 2009, pp. 35-41.

[53] Les signataires adhèrent par simple lettre adressée par leurs instances dirigeantes au secrétaire général de l'ONU. ce faisant, elles s'engagent à respecter dix principes universellement acceptés relatifs aux droits de l'homme, au droit du travail, au droit de l'environnement et à la lutte contre la corruption.

[54] Loi 2017-399 du 27 mars 2017 relative au devoir de vigilance des sociétés mères et des entreprises donneuses d'ordre, *JORF* n° 0074 du 28 mars 2017.

[55] 250 organisations dans 15 pays.

[56] L'AIE prône la suppression des aides aux énergies fossiles d'ici 2030, *Euractiv*, 15 juin 2015, https://www.euractiv.fr/section/energie/news/l-aie-prone-la-suppression-des-aides-aux-energies-fossiles-d-ici-2030. Selon l'OCDE, les États dépensent trop de milliards en faveur des énergies fossiles, *Le Monde*, 21 septembre 2015. Le G20 met le cap vers l'élimination des subventions aux énergies fossiles, *Actu-environnement*, 6 septembre 2016. Les dix-sept objectifs de l'ONU pour une planète durable, *Le Monde*, 25 septembre 2015.

Néanmoins, la force normative du contrat semble relative. En effet, la sanction juridique reste aléatoire.

La responsabilisation affichée serait-elle un paravent à la déresponsabilisation ? De manière significative, l'UE a fait évoluer sa conception de la RSE. Depuis 2011, la Commission met l'accent sur la responsabilisation des entreprises, sur la responsabilité des entreprises vis-à-vis des effets qu'elles exercent sur la société[57]. Ce faisant, un glissement s'opère d'une définition volontariste en faveur d'une acception finaliste[58]. C'est pourquoi les pouvoirs publics vont s'emparer de la RSE. En outre, l'autorégulation n'est-elle pas un jeu sans règles pour paraphraser François Ost[59] ?

B. Une contractualisation imposée

La loi *Rana Plaza* doublement née sous les auspices des entreprises entérine la pratique contractuelle comme mentionné à l'instant. La loi impose d'ailleurs le recours à la loi des parties... ou comment mieux signifier le « fondu enchaîné » entre la RSE volontaire et la RSE fortement suscitée.

Ceci étant, peu de sociétés sont débitrices de cette obligation. Il s'agit principalement des entreprises transnationales. Par conséquent, les deux formes de contractualisation sont condamnées à cohabiter encore et encore.

Malgré l'apparente consécration, la métamorphose du plomb contractuel en or législatif, la contractualisation ainsi imposée par la puissance publique apporte peu de changements au regard de la contractualisation volontaire. L'attitude du législateur français peut se justifier par la volonté de ne pas entraver la concurrence entre les entreprises nationales et étrangères. En effet, le droit français précurseur a tout intérêt à transformer l'essai au plan européen sur le modèle de ce qui a pu être fait pour le *reporting* extrafinancier. Ce faisant, « L'Union ne va pas se contenter de ces obligations de dire ou de faire-savoir ; elle va chercher à développer les obligations de faire ou de savoir-faire[60] ».

---

[57] Communication « RSE des entreprises : une nouvelle stratégie de l'UE pour la période 2011-2014 », COM(2011) 681 final du 25 octobre 2011.

[58] Sur cette évolution, V. R. Family, « La responsabilité sociétale de l'entreprise : du concept à la norme », *Recueil Dalloz,* 2013, pp. 1558-1563. O. Soria, « La place de la RSE dans le processus de création normative en droit de l'environnement » *in* F. Dupuich (dir.), *Regards croisés sur la RSE,* Paris, L'Harmattan, 2012, pp. 79-102.

[59] F. OST, « L'auto-organisation écologique des entreprises : un jeu sans conflits et sans règles ?, », *Revue interdisciplinaire d'études juridiques*, 1992, n° 28, pp. 147-178.

[60] F. Fines, « L'encadrement supranational des puissances privées au nom des droits de l'homme en droit de l'Union européenne », *in* J. Andriantsimbazovina (dir.), *Puissances privées et droits de l'homme. Essai d'analyse juridique*, Paris, Mare & Martin, coll. « Horizons européens », 2024, pp. 129-144, spéc. p. 139.

À cet égard, le devoir de vigilance consacré notamment par la loi française du printemps 2017 dite *Rana Plaza*[61] s'est avéré précieux. Et ce d'autant plus que l'essai a bel et bien été transformé par l'UE[62]. Ce devoir impose aux entreprises multinationales d'identifier et de prévenir les risques que fait encourir son activité à l'environnement et aux droits humains. Les entreprises sont responsabilisées tout au long de la chaîne de valeur et au-delà des frontières de l'Union européenne. Cette connivence des puissances publiques européenne et nationales, cette union des forces et des ordres juridiques devrait idéalement être parachevée par l'adoption d'un traité multilatéral sur la responsabilité des entreprises multinationales. Force est de constater que les vents mauvais qui affectent le *Green deal* depuis le printemps 2023 dans le sillage de l'invasion russe de l'Ukraine viennent fragiliser ce devoir de vigilance européen[63].

Pour sa part, le législateur français a franchi un pas supplémentaire favorisant le croisement, voire la fécondation mutuelle des logiques d'intérêt général et de marché par l'adoption de la loi Pacte au printemps 2019[64]. Il s'agit d'intégrer l'intérêt général aux missions de l'entreprise, de toute entreprise. Même si cette prise en charge pose autant de questions qu'elle n'ouvre de perspectives. S'agira-t-il d'un pacte faustien[65] ?

Un bon moyen de briser la liaison dangereuse unissant ce couple infernal serait d'introduire d'autres acteurs privés, d'autres acteurs du marché, d'autres acteurs politiques… pour accoucher non pas d'un pacte, mais d'un nouveau Contrat social et naturel conjuguant le marché, l'environnement et les droits de l'homme[66].

---

[61] Loi 2017-399 du 27 mars 2017 relative au devoir de vigilance des sociétés mères et des entreprises donneuses d'ordre, *JORF* n° 0074 du 28 mars 2017.

[62] *Proposée par la Commission européenne le 23 février 2022, la directive européenne sur le devoir de vigilance des entreprises en matière de durabilité, ou Corporate Sustainability Due Diligence Directive (dite directive CSDD), vise à imposer une obligation de vigilance au niveau européen. Voté par le Parlement européen le 1er juin 2023, le texte a été formellement adopté le 13 juin 2024. Directive (UE) 2024/1760 du Parlement européen et du Conseil sur le devoir de vigilance des entreprises en matière de durabilité et modifiant la directive 2019/1937 et le règlement 2023/2859, JOUE n° L, 5 juillet 2024, p. 1 dite directive CSDDD (Corporate Sustainable Due diligence directive).*

[63] Le recul de la Commission européenne sur le devoir de vigilance européen revient à affaiblir la lutte contre les abus des multinationales, *Le Monde*, 1er février 2025, https://www.lemonde.fr/idees/article/2025/02/01/le-recul-de-la-commission-europeenne-sur-le-devoir-de-vigilance-europeen-revient-a-affaiblir-la-lutte-contre-les-abus-des-multinationales_6526859_3232. html.

[64] Loi 2019-486 du 22 mai 2019 relative à la croissance et la transformation des entreprises, JORF n° 119 du 23 mai 2019. S. Michalak, « De la prise en compte à la prise en charge de l'intérêt général par l'entreprise. Quelques réflexions en marge de la loi PACTE », *RDP*, 2019, pp. 551-578.

[65] P. Abadie, *Entreprise responsable et environnement*, Bruxelles, Bruylant, coll. « Droit et économie », 2013.

[66] C.-M. Alves, « L'environnement, facteur d'avènement d'une République européenne », *Politeia*, n° 25, printemps 2014, pp. 49-57. Dans une perspective plus globale, D. Turpin,

Autrement dit, la Constitution économique est sommée de se métamorphoser en « Économie de droit »[67]. Dès lors, toutes les conditions semblent réunies pour que droit français et droit de l'UE s'épaulent mutuellement afin de favoriser un *aggiornamento* du droit constitutionnel du marché[68], de la Constitution économique de l'UE, mais aussi de la France[69] au service d'un « constitutionnalisme économique[70] ».

Ce couple formé par la puissance publique et le marché, les pouvoirs publics et les entreprises ne gagnerait-il pas à se muer en ménage à trois ? À l'évidence, la pression exercée par les citoyens, parents pauvres de ce dialogue parfois infructueux, pourrait influer soit directement, soit indirectement sur son issue : indirectement, via les tribunaux citoyens[71] ou par le truchement de la démocratie participative, directement, via le contentieux notamment climatique72 (en mettant la pression sur les États membres ou l'UE qui peuvent la répercuter sur les entreprises).

Et ce d'autant plus qu'il existe un lien entre les deux voies. Tel est le cas, par exemple, des relations entre tribunaux citoyens et contentieux environnemental : « Globalement, l'ambition de ces tribunaux n'est donc pas de produire et de diffuser du savoir juridique trop technique (même si certains le font), mais c'est surtout de convaincre de la légitimité d'une cause environnementale à défendre devant un juge, et ce, en publicisant les injustices et à terme changer le droit[73]. » De *lege ferenda*, ce pourrait également se

---

« Mondialisation et normes juridiques. Pour un nouveau contrat social global », *in Mélanges en l'honneur de Pierre Pactet. L'esprit des institutions. L'équilibre des pouvoirs*, Paris, Dalloz, 2003, pp. 437-451.

[67] G. Farjat, « De la globalisation de l'économie à une Économie de droit », *in* I. Daugareilh (dir.), *Responsabilité sociale de l'entreprise transnationale et globalisation de l'économie*, préc. ; J.-P. Robé, « Les multinationales vecteur d'un nouveau constitutionnalisme », préc.

[68] « On ne peut laisser se mondialiser le système économique sans parallèlement rechercher à construire un véritable ordre public international capable d'imposer le respect de certaines valeurs collectives aux opérateurs économiques. » B. Remiche, « Droit économique, marché et intérêt général », *in Philosophie du droit et droit économique. Quel dialogue ? Mélanges en l'honneur de Gérard Farjat*, Paris, Éd. Frison-Roche, 1999, pp. 82-97.

[69] H. Rabault, « La Constitution économique de la France », *RFDC*, n° 44, 1er décembre 2000, pp. 707-745.

[70] X. Magnon, « L'encadrement des puissances privées dans la jurisprudence du Conseil constitutionnel », *in* J. Andriantsimbazovina (dir.), *Puissances privées et droits de l'homme. Essai d'analyse juridique*, Paris, Mare & Martin, coll. « Horizons européens », 2024, pp. 207-220.

[71] C. Cournil, « Réflexions sur les méthodes de la doctrine environnementaliste à travers l'exemple des tribunaux environnementaux des peuples », *Revue juridique de l'environnement*, décembre 2016, HS/16, pp. 201-218.

[72] Définie comme « toute affaire dans laquelle les demandeurs ou la décision du tribunal se réfèrent de manière directe et expresse à une question liée soit par des faits, soit de droit aux politiques ou aux questions légales relatives aux causes ou aux impacts du changement climatique ». D. Markell et J.-B. Ruhl, « An Empirical Assessment of Climate Change in the Courts: A New Jurisprudence or Business as Usual ? », *Florida Law Review*, 64 (1), 2012, pp. 15-86, spéc. p. 26 et s.

[73] C. Cournil, « Réflexions sur les méthodes de la doctrine environnementaliste à travers l'exemple des tribunaux environnementaux des peuples », préc., p. 213.

vérifier par une révision de la Constitution à même de provoquer un changement de jurisprudence. Ainsi, la proposition de la Convention citoyenne sur le climat de réviser le Préambule de 1958 afin que « La conciliation des droits, libertés et principes qui en résultent ne saurait compromettre la préservation de l'environnement » serait à même de redonner vie au principe de conciliation. Toutefois, « Cette voie suppose, toutefois, de disposer d'une majorité de députés et de sénateurs qui soutiendrait une telle réforme. L'échec du Projet de loi constitutionnelle de 2021 nous enseigne que cette condition n'est pas toujours réunie[74] ».

Cette démarche, l'expression des attentes de la société civile, est d'autant plus nécessaire dans la mesure où la Charte de l'environnement fait l'objet d'une « application excessivement frileuse[75] » par les différents juges, dont ceux de la rue Montpensier, voire à rebours. En témoignent les lacunes du contrôle de durabilité, quelle que soit l'aile du Palais royal[76]. À cet égard, la décision *Union des industries de protection des plantes* est-elle susceptible de rééquilibrer la conciliation entre intérêts économiques et exigences écologiques ? « l'objectif (…) de protection de l'environnement ne sera vraisemblablement jamais atteint si nous ne reconfigurons pas notre façon d'entreprendre (sur et dans) le monde[77] ». C'est pourquoi

> Cette décision laisse entrevoir le développement d'un contentieux inédit, dans le cadre duquel la constitutionnalité de mesures participant à la mise en œuvre de la liberté d'entreprendre (…) pourrait être contestée, voire censurées, sur le fondement de l'objectif de valeur constitutionnelle de protection de l'environnement. Il ne s'agit là que d'une hypothèse qui ne pourra se vérifier qu'à la lumière des prochaines décisions rendues par le Conseil constitutionnel[78].

À nouveau, à l'instar du constat effectué à propos du devoir de vigilance, la jurisprudence constitutionnelle adoptée depuis n'incite guère à l'optimisme. En outre, si la composition du Conseil constitutionnel a pu s'avérer propice à la consécration de l'environnement en tant qu'OVC, ceci ne devrait plus être le cas dans un avenir prévisible au moment où l'hôte de la COP-21 quitte la

---

[74] F. Savonitto, « Charte de 2004 : quelle protection constitutionnelle pour l'environnement ? », *Le club des juristes*, 28 février 2025, https://www.leclubdesjuristes. com/observatoire-de-la-reforme-constitutionnelle/environnement/charte-de-2004-quelle-protection-constitutionnelle-pour-lenvironnement-9534.

[75] M. Prieur, J. Bétaille, M.-A. Cohendet, H. Delzangles, J. Makowiak et P. Steichen, *Droit de l'environnement*, préc., p. 76. Ce triste constat est d'ailleurs étendu aux deux cours suprêmes.

[76] C. Cans, « Le principe de conciliation : vers un contrôle de la "durabilité" ? », *in Terres du droit, Mélanges en l'honneur d'Yves Jegouzo*, Paris, Dalloz, 2009, pp. 547-572.

[77] L. Fonbaustier, « Le Conseil constitutionnel et la liberté d'entreprendre à la lumière des objectifs de valeur constitutionnelle de protection de l'environnement et de la santé », *Droit administratif*, 2000, n° 4, comm. 17.

[78] A. Tomadini, « La protection de l'environnement et la liberté d'entreprendre, ou le pot de terre contre le pot de fer », préc., p. 174.

rue Montpensier. À croire que la « phobie du juge[79] » révélée par la préparation de la Charte de l'environnement a été intériorisée. « On a été frappés du discours de nombreux élus face à la Charte, terrorisés à l'idée que les juges allaient devoir appliquer ce texte et devenir alors par leur pouvoir d'interprétation les nouveaux gouvernants[80] ».

Vingt ans le plus bel âge ? Difficile de le laisser dire. Une assertion à nuancer à tout le moins… Reste les ressources et les ressorts du « commerce des juges[81] » pour transcender les frontières, qu'elles soient juridiques ou juridictionnelles de l'office conçu de manière trop frileuse par les trois juges. Pour faire écho à la formule de Victor Hugo, « si vous avez la force, il nous reste le droit » et, par extension, le juge pourrait-on dire[82]. En l'occurrence, le Haut Conseil aurait tout intérêt à se muer en Hermès[83], à savoir un juge intermédiateur entre les ordres juridiques, vecteur de cohérence entre ceux-ci, voire en Hercule, juge codéterminateur de la loi. En effet,

> le rôle des juridictions — le juge constitutionnel ainsi que les autres juridictions suprêmes — sera déterminant dans la mise en œuvre de la Charte. Elles devront non seulement interpréter les notions ouvertes du texte, mais les mettre en harmonie avec les principes inscrits dans les conventions internationales et précisés par les Cours de justice internationales[84],

y compris donc, les droits européens. Après tout, le juge s'avère « le plus universalisable, mais aussi le plus universalisant des trois pouvoirs décrits par Montesquieu[85] ». Dès lors, le Haut Conseil pourrait s'inscrire dans cette

[79] E. Brosset, « Le droit à l'information sur l'environnement », *in* O. Lecucq et S. Maljean-Dubois (dir.), *Le rôle du juge dans le développement du droit de l'environnement*, Bruxelles, Bruylant, coll. « À la croisée des droits », 2008, pp. 61-82, spéc. p. 71.

[80] M. Prieur, « Du bon usage de la Charte constitutionnelle de l'environnement », *Environnement*, n° 4, 2005, pp. 7-11.

[81] J. Allard et A. Garapon, *Les juges dans la mondialisation. La nouvelle révolution du droit*, Paris, Seuil, La République des idées, 2005, p. 49. Voir aussi S. Maljean-Dubois, « Juge(s) et développement du droit de l'environnement. Des juges passeurs de frontières pour un droit cosmopolite ? », *in* O. Lecucq et S. Maljean-Dubois (dir.), *Le rôle du juge dans le développement du droit de l'environnement*, Bruxelles, Bruylant, coll. « À la croisée des droits », 2008, pp. 17-40, spéc. p. 39.

[82] C. Roulhac, « Le rôle du juge face aux revendications citoyennes envers les pouvoirs publics », *Cahiers Portalis*, n° 13, 2024, pp. 111-118, spéc. p. 118.

[83] François Ost a identifié trois figures mythiques du juge : Jupiter, Hercule et Hermès. F. OST, « Jupiter, Hercule et Hermès : trois modèles du juge » *in* P. Bouretz (dir.), *La force du droit*, Paris, Ed. Esprit, coll. « Philosophie », 2001, pp. 241-272. Ces trois figures correspondent tour à tour à un juge fidèle transcripteur de la loi, à un juge co-déterminateur de la loi ou enfin, à un juge intermédiateur entre les ordres juridiques.

[84] J. Morand-Deviller, « La Constitution et l'environnement », *Les Cahiers du Conseil constitutionnel*, n° 15, 2004, pp. 121-122. Dans la même veine relative à la prise en compte du droit international par le juge national, voir M. Torre-Schaub, « Le juge peut-il sauver le climat ? Les dynamiques du contentieux pour répondre à l'urgence climatique », *Recueil Dalloz*, 2020, p. 760.

[85] J. Allard et A. Garapon, *Les juges dans la mondialisation. La nouvelle révolution du droit*, préc., p. 84.

tendance à la « montée en puissance des juges » qui en fait des « juges mondiaux[86] » ; constat également vérifié non seulement à propos des juges internationaux, mais aussi s'agissant des juges nationaux. Ce faisant, le Conseil constitutionnel pourrait ainsi se doter de sa propre jurisprudence *Urgenda*[87] dite aussi jurisprudence « Colibri » car inspirée par l'idée que chacun doit faire sa part… à commencer par le juge ?

Ceci serait d'autant mieux venu pour deux raisons.

D'une part, l'obligation de vigilance jouerait un rôle plus satisfaisant à l'image de celui que lui a donné le juge néerlandais dans le feuilleton jurisprudentiel *Urgenda*. Ce devoir de vigilance climatique imputé à l'État aurait un double mérite. En premier lieu, il jouerait un rôle de laboratoire avant son extension à la protection de l'environnement dans son ensemble. En second lieu, il permettrait de faire émerger de manière indirecte une obligation de vigilance climatique puis environnementale à l'égard des multinationales[88] à l'instar du juge néerlandais, dans l'affaire *Urgenda*. *De lege ferenda*, le Conseil constitutionnel pourrait renforcer un tel effet direct horizontal à destination des juges ordinaires, notamment la Cour de cassation[89]. À moins que les juges de la rue Montpensier n'optent pour accorder une valeur normative complète au principe de conciliation prévu par l'article 6 de la Charte.

D'autre part, la jurisprudence restrictive précédemment décrite risque de provoquer le « désintérêt du justiciable »[90] pour la Charte au profit de la Convention européenne des droits de l'homme, surtout eu égard notamment à la jurisprudence *Aînées suisses pour le climat*[91] adoptée par la Cour de Strasbourg au printemps 2024.

---

[86] M. Delmas-Marty, « Préface », *in* C. Cournil et L. Varison (dir.), *Les procès climatiques entre le national et l'international*, Paris, Pédone, 2018, p. 14.

[87] À l'image de la fameuse jurisprudence *Urgenda* ainsi qualifiée. D. Misonne, « Urgenda, l'arrêt Colibri ou l'obligation de faire sa part dans la lutte contre le changement climatique, commentaire de Cour suprême des Pays-Bas, 20 décembre 2019, *Pays-Bas vs Urgenda* », *in* D. Misonne et M.-S. de Clippele (dir.), *Les grands arrêts inspirants du droit de l'environnement*, Bruxelles, Bruylant, coll. « Grands arrêts », 2024, pp. 102-116.

[88] P. Mougeolle, « La diligence raisonnable en matière de droits de l'homme, un catalyseur de la responsabilité climatique des multinationales ? », *JEDH*, 2022, n° 2, pp. 116-136.

[89] Pour une analyse relative à l'article 1er de la Charte aisément transposable à la lecture combinée des articles 1er et 2 de la Charte. M. Fleury et R. Royal, « Le Conseil constitutionnel, la Charte et les personnes privées : vers un effet horizontal de l'article 1er ? », *La Revue des droits de l'homme* [En ligne], 27/2025, mis en ligne le 4 mars 2025, consulté le 16 mars 2025, https://journals.openedition.org/revdh/21704#quotation.

[90] J. de Saint Sernin, « L'obligation de vigilance environnementale : l'apport de la jurisprudence du Conseil constitutionnel », préc., p. 121.

[91] CEDH, GC, 9 avril 2024, *Verein KlimaSeniorinnen Schweiz et autres c/ Suisse*, n° 53600/20, https://hudoc. echr. coe. int/fre#{%22itemid%22:[%22001-233258%2 2]}.

CHARTE DE L'ENVIRONNEMENT ET SANTÉ

Victoria CHIU

Le changement climatique et les nombreux progrès techniques et scientifiques ont augmenté de manière considérable la présence et la survenance des risques sanitaires et environnementaux[1]. Comme a pu le mettre en lumière le sociologue allemand Ulrich Beck, ces risques à grande échelle menacent, au-delà des individus, la société tout entière[2].

L'émergence de nouveaux risques tant pour la santé que pour l'environnement liés à l'utilisation des substances chimiques, telles que les pesticides, les perturbateurs endocriniens, les PFAS[3] ou encore les microplastiques pose la question de leur appréhension et de leur prévention par le droit.

L'actualité sur le sujet est brûlante, depuis la révélation de la pollution aux polluants éternels dans la Vallée de la Chimie au sud de Lyon au printemps 2022. Des concentrations importantes de ces substances chimiques ont été détectées dans le Rhône, dans les sols, dans certaines denrées alimentaires et même au sein de l'organisme d'habitants résidant à proximité des sites industriels, de l'Arkema et de Daikin, deux entreprises du secteur de la chimie qui produisent et utilisent des PFAS. Si le dossier juridique des PFAS est très complexe, il convient de mentionner l'ordonnance de référé du tribunal judiciaire de Lyon rendue le 2 août 2024[4], à la suite d'une requête de la métropole de Lyon, de la régie publique Eau du Grand Lyon, ainsi que du syndicat mixte Rhône-Sud, qui a nommé trois experts chargés d'établir les responsabilités des chimistes Arkéma et Daikin face à la présence de plusieurs PFAS dans les eaux puisées en aval de la plateforme industrielle de Pierre-Bénite. Leurs conclusions devraient être rendues en décembre 2025.

Au-delà de la question de la responsabilité juridique en cas de risques sanitaires et environnementaux, le droit appréhende avec beaucoup de

---

[1] B. Parance (dir.), *Santé et environnement. Expertise et régulation des risques*, Paris, CNRS Éditions, 2017, p. 8.

[2] U. Beck, *La société du risque, sur la voie d'une autre modernité*, traduit de l'allemand par L. Bernardi, Paris, Aubier, 2011.

[3] Les perfluoroalkylées et polyfluoroalkylées, appelées les PFAS, sont des substances chimiques très résistances — et très persistantes dans l'environnement — utilisées à grande échelle dans l'industrie.

[4] Tribunal judiciaire de Lyon, référés civils, 2 août 2024, n° 24/00538, *Métropole de Lyon et autres c/S.A. Arkema, S.A.S.U. Daikin Chemical France*.

difficulté et de retard le lien indissociable entre la santé humaine et la santé des écosystèmes naturels. Ce lien est pourtant mis en lumière avec la notion de santé environnementale, largement mobilisée dans de très nombreux champs de la recherche, tels que la médecine, la géographie, la biologie et la chimie, le droit français demeurant assez largement étranger à ce mouvement[5].

C'est dans le cadre de l'Organisation mondiale de la santé (ci-après OMS) que cette notion a émergé dès 1994. Selon l'OMS, « on ne peut protéger la santé sans – entre autres — préserver l'environnement et le remettre en état lorsque les activités humaines l'ont endommagé[6] ». Lors de la Conférence européenne sur l'environnement et la santé tenue en juin 1994 à Helsinki, une Charte de l'environnement et de la santé a été adoptée. Son article premier fait référence à la notion de santé environnementale en disposant que la « bonne santé et (le) bien-être exigent un environnement propre et harmonieux dans lequel tous les facteurs physiques, psychologiques, sociaux et esthétiques tiennent leur juste place. L'environnement devrait être traité comme une ressource aux fins de l'amélioration des conditions de vie et du bien-être[7] ».

En France, c'est la loi dite Barnier de 1995 qui consacra juridiquement le lien entre environnement et santé à travers la reconnaissance du droit de chacun à un environnement sain[8]. Il aura fallu attendre dix années supplémentaires pour que ce droit soit constitutionnalisé par la Charte de l'environnement de 2004, dont l'article 1er proclame que « chacun a le droit de vivre dans un environnement équilibré et favorable à la santé ».

La prise en compte de l'interdépendance entre la protection de la santé et celle de l'environnement est même mise en lumière par la Cour internationale de justice dans un avis consultatif du 8 juillet 1996, lorsqu'elle déclara que « l'environnement n'est pas une abstraction, mais bien l'espace où vivent les êtres humains et dont dépendent la qualité de leur vie et de leur santé, y compris pour les générations à venir[9] ». Un tel constat est identifié au sein de la Déclaration universelle de l'UNESCO sur la bioéthique et les droits de l'homme du 19 octobre 2005 qui précise que le meilleur état de santé passe par l'amélioration des conditions de vie et de l'environnement[10], et il convient

---

[5] S. Brimo, *La santé environnementale. Une approche juridique*, Paris, Dalloz, 2023, p. 13 ; C. Lepage, Ch. Huglo, « Les nombres et le droit de l'environnement aujourd'hui », *Archives de philosophie du droit*, n° 1, 2024, p. 280.

[6] OMS, Bureau régional de l'Europe et Commission des communautés européennes, *Plan d'action en faveur de l'environnement et de la santé dans la région européenne,* deuxième Conférence européenne sur l'environnement et la santé, Helsinki, 20 et 22 juin 1994, EUR/ICP/CEH 212, p. 8, https://iris.who.int/handle/10665/107933.

[7] *Ibid.*

[8] Article 1er de la loi n° 95-101 du 2 février 1995 relative au renforcement de la protection de l'environnement, *JORF*, n° 29, 3 février 1995.

[9] Cour internationale de justice dans un avis consultatif du 8 juillet 1996, Licéité de la menace ou de l'emploi d'armes nucléaires.

[10] Article 14, 2, c.

de prendre en considération l'interaction entre les êtres humains et les autres formes de vie[11].

Aujourd'hui, l'interdépendance étroite entre la santé et l'environnement est promue par les Nations Unies à travers l'approche de « One Health » (Une seule santé). La crise provoquée par la pandémie de la Covid-19 a accéléré son intégration dans les activités de différentes organisations internationales[12]. Ainsi, en octobre 2022, un premier plan d'action conjoint « Une seule santé » couvrant la période 2022-2026 a été élaboré par l'Alliance quadripartite qui rassemble l'OMS, l'Organisation des Nations Unies pour l'alimentation et l'agriculture, l'Organisation mondiale de la santé animale et le Programme des Nations Unies pour l'environnement.

En France, le Conseil économique, social et environnemental a indiqué, dans un avis rendu le 24 mai 2022, dans le cadre d'une autosaisine[13], la nécessité pour l'État d'adopter l'approche « One Health », incluant la santé humaine, animale et environnementale afin de lutter contre les nouvelles pandémies et, surtout, de mieux les prévenir et les éviter. Cependant, comme le souligne Sara Brimo, l'approche « One Health », même si elle est très ambitieuse, demeure « aujourd'hui peu opérationnelle[14] », à l'inverse du droit à un environnement sain qui « apparaît comme un outil contentieux plus facilement mobilisable dont le potentiel pourrait, par ailleurs, encore s'enrichir à l'avenir[15] ».

Face aux défis sanitaires et environnementaux auxquels nous sommes de plus en plus confrontés, l'approche *One Health* pourra conduire à une lecture renouvelée du droit à la protection de la santé[16] et du droit fondamental à un environnement sain tel que reconnu par la Charte de l'environnement de 2004. Comme l'affirme Agathe Van Lang, le premier article de la Charte permettrait de protéger la santé environnementale, car il « fait le lien entre les besoins de la biodiversité — la notion d'environnement équilibré renvoie à la qualité des

---

[11] Article 17.

[12] S. Negri, « Approche "One Health" et droit international. Les outils du droit et de la coopération internationale au service de la santé mondiale », Dossier : One Health en droit international et européen, *Confluence des droits, La revue*, n° 3, 2025, mis en ligne le 6 mars 2025, https://confluencedesdroits-larevue.com/?p=3780.

[13] CESE, Avis, *Pour une politique publique nationale de santé-environnement au cœur des territoires*, mai 2022, 102 p. ; https://www.lecese.fr/sites/default/files/pdf/ Avis/2022/2022_08 _sante_environnement.pdf.

[14] S. Brimo, « One Health et droit à un environnement sain : du global au justiciable, », Dossier : One Health en droit international et européen, p. 7, *Confluence des droits, La revue*, n° 3, 2025, mis en ligne le 6 mars 2025, https://confluencedesdroits-larevue.com/?p=3780.

[15] *Ibid.*

[16] Article L 110-1 du Code de la santé publique. Il convient de mentionner le travail mené par l'Alliance Santé Biodiversité constituée de huit structures à caractère national (fondations et associations) pour faire évoluer le droit français en proposant l'intégration du principe « une seule santé » dans le code de la santé publique et le code de l'environnement. Voir A. Michelot, « Quelle loi pour "une seule santé" en France ? Les propositions de la SFDE pour l'Alliance Santé Biodiversité », *RJE*, n° 1, 2023, pp. 105-138.

écosystèmes et de leurs fonctionnalités à leur profit — et le besoin de sécurité sanitaire, entre approche écologique et humaniste, entre sciences de la nature et sciences de la santé[17] ».

D'autres dispositions de la Charte de l'environnement font référence indirectement au lien entre santé et environnement, telles que les deux premiers considérants du préambule « Que les ressources et les équilibres naturels ont conditionné l'émergence de l'humanité ; Que l'avenir et l'existence même de l'humanité sont indissociables de son milieu naturel » ou encore l'article 5 relatif au principe de précaution[18]. Certes, le principe constitutionnel de précaution vise seulement le risque environnemental. Mais assez souvent, le risque environnemental est étroitement lié aux risques sanitaires. Dans cette perspective, les risques sanitaires entrent, indirectement, dans le champ d'application de l'article 5 de la Charte.

Vingt ans après la promulgation de la Charte de l'environnement, il convient de dresser les grandes tendances de son application par les juges constitutionnels et administratifs pour prévenir et pour réduire les risques environnementaux et sanitaires qui convergent.

Le temps a démontré que les effets de la Charte ne se limitent pas à la matière environnementale et qu'ils étaient à même à se déployer en matière de santé. Si un tel déploiement a été possible grâce à la mobilisation et l'interprétation de l'article 1er de la Charte sur le terrain de la santé, il demeure assez timide (I). Par ailleurs, le potentiel de la Charte est pour l'heure sous-exploité afin de pouvoir protéger la santé environnementale. Dans une approche prospective, il convient d'esquisser quelques pistes d'évolution pour que les juges constitutionnels et ordinaires deviennent des moteurs d'une telle protection (II).

I. La mobilisation timide de l'article 1er de la Charte sur le terrain de la santé

Tant la mobilisation autonome de l'article 1er de la Charte (A) que la stratégie de l'effet combiné de ses dispositions ont permis de manière timide et assez laborieuse d'étendre le champ d'application de ce texte constitutionnel aux préoccupations sanitaires (B).

---

[17] A. Van Lang, « Entre la chauve-souris et le pangolin ? La place du droit dans la science du "monde d'après" (le Covid-19) », *D.*, 2020, p. 1044.

[18] L'article 5 de la Charte de l'environnement dispose que « Lorsque la réalisation d'un dommage, bien qu'incertaine en l'état des connaissances scientifiques, pourrait affecter de manière grave et irréversible l'environnement, les autorités publiques veillent, par application du principe de précaution et dans leurs domaines d'attributions, à la mise en œuvre de procédures d'évaluation des risques et à l'adoption de mesures provisoires et proportionnées afin de parer à la réalisation du dommage ».

A. La mobilisation autonome de l'article 1er de la Charte

Le Conseil constitutionnel, de manière assez étonnante, a eu quelques hésitations pour reconnaître l'invocabilité autonome du droit fondamental à un environnement sain tel que reconnu par le premier article de la Charte.

Sa première application, combinée avec l'article 2 de la Charte, dans le cadre d'une question prioritaire de constitutionnalité (ci-après QPC) s'est réalisée en 2011[19]. Cela a permis au Conseil constitutionnel de dégager une obligation de vigilance de chacun à l'égard des atteintes à l'environnement qui pourraient résulter de son activité.

Toutefois, il a fallu attendre la décision QPC du 17 octobre 2014[20] pour que le Conseil examine, le grief tiré de la violation de l'article 1er de la Charte, considéré pour la première fois de manière autonome[21].

S'agissant de l'appréciation de l'applicabilité de l'article 1er de la Charte, la jurisprudence constitutionnelle semble assez souple. Son applicabilité est seulement subordonnée à ce que la disposition législative contestée soit « susceptible d'avoir des conséquences sur l'environnement[22] » ou « susceptible de porter atteinte à l'environnement[23] ».

Toutefois, dans l'une de ses décisions, le Conseil constitutionnel a explicitement mentionné que les produits prévus par les dispositions législatives contestées, à savoir les néonicotinoïdes, outre les conséquences sur l'environnement, « induisent des risques pour la santé humaine[24] ». Il convient de préciser que, dans cette décision rendue dans le cadre du contrôle *a priori*, les auteurs de la saisine invoquaient la méconnaissance par les dispositions législatives contestées tant de l'article premier de la Charte de l'environnement que du 11e alinéa du Préambule de 1946. Pour rappel, dès 1975[25], le Conseil constitutionnel a reconnu l'exigence constitutionnelle de

---

[19] CC, décision n° 2011-116 QPC, 8 avril 2011, *M. Michel Z.*

[20] CC, décision n° 2014-422 QPC, 17 octobre 2014, *Chambre syndicale des cochers chauffeurs CGT-taxis.*

[21] Le requérant soutenait que l'insuffisant encadrement de l'activité des VTC portait atteinte au droit à la protection de l'environnement en ce qu'il contrevenait à l'objectif de préservation de la fluidité du trafic. Le Conseil, après avoir mentionné l'article 1er de la Charte de l'environnement, affirme de manière très laconique que « le droit reconnu, par les dispositions contestées, aux voitures de tourisme avec chauffeur d'exercer l'activité de transport public de personnes sur réservation préalable ne méconnaît pas les exigences qui résultent de ces dispositions ».

[22] CC, décision n° 2014-394 QPC, 7 mai 2014, *Société Casuca* ; CC, décision n° 2020-809 DC du 10 décembre 2020, *Loi relative aux conditions de mise sur le marché de certains produits phytopharmaceutiques en cas de danger sanitaire pour les betteraves sucrières,*

[23] CC, décision n° 2021-971 QPC du 18 février 2022, *France nature environnement.*

[24] CC, décision n° 2020-809 DC du 10 décembre 2020, *Loi relative aux conditions de mise sur le marché de certains produits phytopharmaceutiques en cas de danger sanitaire pour les betteraves sucrières.*

[25] CC, décision n° 74-54 DC, 15 janvier 1975, *Loi relative à l'interruption volontaire de grossesse.*

protection de la santé sur le fondement du 11e alinéa du Préambule de la Constitution de 1946[26].

En l'espèce, le Conseil constitutionnel, prend en compte la relation étroite et interdépendante entre l'environnement et la santé, identifiée au sein de l'article 1er de la Charte. Ce constat l'a conduit à examiner les dispositions législatives contestées au regard du seul article 1er de la Charte. En faisant ainsi, le Conseil considère qu'en l'espèce, la protection de la santé peut être garantie et assurée par la seule application du droit de vivre dans un environnement équilibré et respectueux de la santé. Sur ce point, dans son commentaire, le Conseil constitutionnel explique que dans « l'hypothèse d'un contrôle d'une loi ayant des conséquences sur la santé humaine et l'environnement, celle-ci peut être contrôlée au regard du droit de vivre dans un environnement respectueux de la santé sans avoir besoin de mobiliser l'exigence constitutionnelle de protection de la santé résultant du 11e alinéa du Préambule de la Constitution de 1946[27] ».

Ainsi, la mobilisation de l'article 1er de la Charte sur le terrain de la santé est possible à condition d'être en présence d'un lien étroit entre l'environnement et la santé.

Du côté de la jurisprudence administrative, comme le souligne Rémi Radiguet, « sur vingt années d'existence, l'article 1er de la Charte ne semble être mobilisé au contentieux que durant les trois dernières années qui regroupent à elles seules plus de la moitié des décisions rendues par la haute juridiction administrative[28] ». Ainsi, dans le cadre du contentieux de la légalité, la mobilisation autonome de l'article 1er de la Charte est assez limitée et reste de nature « cosmétique[29] ». Cela s'explique, en partie, par l'application de la théorie de la loi-écran qui reste encore bien « vivace[30] ». Dans la décision du Conseil d'État du 19 juin 2006, *Association Eau et rivières de Bretagne*[31], les juges ont ainsi précisé que « lorsque les dispositions législatives ont été prises pour assurer la mise en œuvre des principes énoncés aux articles 1, 2 et 6 de la Charte, la légalité des décisions administratives s'apprécie par rapport à ces dispositions », sauf dans l'hypothèse où ces dispositions législatives seraient antérieures à la Charte et incompatibles avec elle. Cette solution a été

---

[26] Voir notamment le 11ème alinéa du Préambule de 1946 qui énonce que « la Nation garantit à tous, notamment à l'enfant, à la mère et aux vieux travailleurs, la protection de la santé, la sécurité matérielle, le repos et les loisirs ».

[27] CE, Sect., *Avis sur un projet de loi relatif à l'accélération des énergies renouvelables*, 15 et 22 septembre 2022, n° 40732 ; CE, Sect., *Avis sur un projet de loi visant à accélérer la construction de nouvelles installations nucléaires à proximité de sites nucléaires existants*, 27 octobre 2022, n° 5405769.

[28] R. Radiguet, « L'article 1er de la Charte appliqué par le juge administratif. D'une légalité cosmétique à une responsabilité cathartique ? », *AJDA*, n° 10, 2025, p. 480.

[29] *Ibid.*

[30] *Ibid.*

[31] CE, 19 juin 2006, *Assoc. Eau et rivières de Bretagne*, n° 282456, *Lebon* T. 703 ; *AJDA* 2006, p. 1584, ch. C. Landais et E. Lénica.

nuancée par le Conseil d'État dans une décision d'assemblée du 12 juillet 2013 dans laquelle il indique que, lorsque le pouvoir réglementaire ne se borne pas à tirer les conséquences nécessaires de la loi, « il appartient au juge administratif, au vu de l'argumentation dont il est saisi, de vérifier, si les mesures prises pour l'application de la loi (…) n'ont pas elles-mêmes méconnu ce principe[32] ». Il est également assez curieux de remarquer l'interprétation très étroite du Conseil d'État lorsqu'il affirme que l'article 1er de la Charte pose le principe de préservation de l'environnement[33].

S'agissant du contenu du droit de vivre dans un environnement équilibré et respectueux de la santé, rares sont les décisions de justice qui précisent ces deux caractéristiques accolées à ce droit. Si l'expression « environnement équilibré » renvoie à la protection et au maintien de la biodiversité, des grands équilibres écologiques, au bon fonctionnement des écosystèmes et à la maîtrise de la pollution[34], l'expression « respectueux de la santé » s'oppose à ce que des activités ou des produits nuisent à la santé de chacun, par exemple, par la pollution de l'eau ou de l'air. Cette dernière expression vise également à limiter l'idée qui conférerait « à l'environnement une qualité thérapeutique, voire médicamenteuse[35] ».

Toutefois, comme le relève Laurent Fonbaustier, il est tout à fait possible d'« imaginer, théoriquement, un environnement équilibré et présentant néanmoins pour la santé humaine un danger ou, inversement, déséquilibré et sain[36] ».

Ainsi, l'article 1er de la Charte a pu être valablement invoqué devant le juge administratif à propos des poussières d'amiante dans l'air à l'intérieur d'immeubles bâtis. C'est sa seconde caractéristique « respectueux de la santé » qui a fait l'objet d'un contrôle de la part du juge. Plus précisément, dans la décision du 26 février 2014[37], la plus haute juridiction administrative fait une application de sa solution dégagée en 2013 tout en précisant « qu'il appartient aux autorités administratives de veiller au respect du principe énoncé par l'article 1er de la Charte de l'environnement lorsqu'elles sont appelées à préciser les modalités de mise en œuvre d'une loi définissant le cadre de la protection de la population contre les risques que l'environnement

---

[32] CE, ass., 12 juillet 2013, *Fédération nationale de la pêche en France*.

[33] CE, Sect., *Avis sur un projet de loi relatif à l'accélération des énergies renouvelables*, 15 et 22 septembre 2022, n° 40732 ; CE, Sect., *Avis sur un projet de loi visant à accélérer la construction de nouvelles installations nucléaires à proximité de sites nucléaires existants*, 27 octobre 2022, n° 5405769.

[34] D. Perben, Assemblée nationale, Compte rendu intégral, 2e séance du mardi 25 mai 2004, session ordinaire de 2003-2004, *Journal officiel* du 26 mai 2004, n° 50 [2], p. 4040.

[35] M. Saddier, Assemblée nationale, Compte rendu intégral, 1re séance du 26 mai 2004, session ordinaire de 2003-2004, *Journal officiel* du 27 mai 2004, n° 51 [1], p. 4138.

[36] L. Fonbaustier, « Chronique de jurisprudence relative à la Charte de l'environnement : année 2022 », *Énergie, Environnement, Infrastructures*, n° 10, 2023, § 7.

[37] CE, 26 février 2014, *Assoc. Ban Asbestos France et autres*, n° 351514.

peut faire courir à la santé[38] ». Et elle juge que les dispositions réglementaires contestées, « qui concernent les mesures à prendre pour protéger la population contre les risques liés à la présence de poussière d'amiante dans l'air à l'intérieur d'immeubles bâtis, sont relatives au droit de vivre dans un environnement respectueux de la santé[39] ». Cependant, le juge ne constate pas, en l'espèce, une méconnaissance de l'article 1er de la Charte.

Parfois, la mobilisation de l'article 1er peut se faire à rebours de l'esprit de la Charte de l'environnement, mettant ainsi en lumière les tensions qui peuvent surgir dans certains cas entre le risque sanitaire et le risque environnemental. Tel est le cas d'une fédération de chasseurs qui avait attaqué le refus de la ministre de la Transition écologique d'ajouter à la liste des espèces susceptibles d'occasionner des dégâts la fouine (pour le département des Yvelines) et surtout le renard (dans les départements des Hauts-de-Seine, de la Seine-Saint-Denis et du Val-de-Marne)[40]. Elle invoquait la méconnaissance de l'article 1er de la Charte et faisait valoir que leur présence (en particulier celle du renard) serait de nature à porter atteinte à l'intérêt de la santé et de la sécurité publiques en exposant les populations locales à des risques de contamination par une maladie contagieuse (plus précisément l'échinococcose alvéolaire, dont le renard est porteur). Le Conseil d'État a cependant jugé que le risque ne serait pas tel que, dans les départements concernés, il serait de nature à imposer cette inscription sur la liste en cause. Par conséquent, il juge, qu'en l'espèce, la ministre n'a pas méconnu le droit à un environnement sain garanti par l'article 1er de la Charte.

Un nouveau tournant dans la jurisprudence administrative est opéré depuis la reconnaissance par le Conseil d'État en 2022[41] du droit de vivre dans un environnement équilibré et respectueux de la santé comme une liberté fondamentale dans le cadre du référé-liberté. Une telle consécration permet désormais aux requérants de saisir le juge des référés du fait des manquements de l'administration, par action ou par omission, en matière de prévention sanitaire[42]. Cependant, l'accès au prétoire en référé liberté est strictement encadré, limitant les chances de succès des requérants. En effet, outre, l'urgence qui doit être caractérisée, le requérant doit prouver que ses conditions ou son cadre de vie, ou les intérêts qu'il entend défendre, sont gravement et directement affectés.

Si la voie du référé apporte la preuve de l'invocabilité directe et de la portée autonome du droit de vivre dans un environnement équilibré et respectueux

---

[38] Cons. 7.
[39] *Ibid.*
[40] CE, 13 avril 2022, *Fédération Interdépartementale des chasseurs d'Ile-de-France*, n° 437785.
[41] CE, ord., 20 septembre 2022, *M. et Mme C...*, n° 451129.
[42] P.-A. Tomasi, P. Paoli, « Le droit fondamental à la protection de la santé : limite effective à l'action administrative ? », note sous TA Montreuil, 10 juillet 2023, n° 2207973, *Dalloz* actualité, 13 septembre 2023.

de la santé, pour l'heure, il est mobilisé dans le cadre du référé-liberté par des associations de protection de l'environnement quasi exclusivement à des fins de préservation de la biodiversité[43] et non à des fins de protection de la santé humaine ou de la santé environnementale.

À côté de la mobilisation de l'article 1er de la Charte de manière autonome sur le terrain de la santé, les requérants ont développé un usage combiné de ce dernier avec d'autres articles de la Charte.

B. La mobilisation combinée de l'article 1er avec d'autres dispositions de la Charte pour étendre son champ d'application aux préoccupations sanitaires

Le premier exemple qui peut être mentionné est celui de l'usage combiné de l'article 1er et de l'article 5 de la Charte afin de protéger la santé humaine et plus globalement la santé environnementale. Un tel usage peut être fait devant le juge constitutionnel dans le cadre du contrôle *a priori*. En revanche, dans le cadre du contrôle *a posteriori*, la difficulté d'un tel usage est liée à l'absence de précision de la part du Conseil constitutionnel pour savoir si l'article 5 de la Charte entre ou non dans la catégorie des « droits ou libertés que la Constitution garantit[44] ». Un tel manque de précision vingt ans après l'adoption de la Charte est assez regrettable.

Si l'adoption de la Charte de l'environnement a été marquée par des débats très vifs relatifs au principe de précaution[45], le Conseil constitutionnel et le juge administratif, sans jamais remettre en cause son effectivité juridique, se sont prononcés sur les conditions de son applicabilité.

L'article 5 de la Charte est relatif au principe de précaution avec un champ d'application assez étroit qui impose l'exigence d'un risque incertain de dommage grave et irréversible à l'environnement. Il dispose que

> lorsque la réalisation d'un dommage, bien qu'incertaine en l'état des connaissances scientifiques, pourrait affecter de manière grave et irréversible l'environnement, les autorités publiques veillent, par application du principe de précaution et dans leurs domaines d'attributions, à la mise en œuvre de procédures d'évaluation des risques et à l'adoption de mesures provisoires et proportionnées afin de parer à la réalisation du dommage.

S'agissant de la jurisprudence constitutionnelle, les décisions portant sur le principe constitutionnel de précaution sont assez peu nombreuses et manquent de clarté évidente.

---

[43] R. Radiguet, *op. cit.*, p. 485.

[44] Comme précisé plus haut, l'article premier de la Charte de l'environnement est invocable de manière autonome dans le cadre de la QPC depuis 2014.

[45] M. Prieur, « Promesses et réalisations de la Charte de l'environnement », *NCCC*, n° 43, 2014, p. 7.

En effet, depuis la décision QPC 2013[46], le Conseil constitutionnel précise que l'applicabilité du principe de précaution est subordonnée, curieusement et exceptionnellement[47], au caractère provisoire de la disposition législative contestée. Par voie de conséquence, le grief tiré de la méconnaissance de l'article 5 de la Charte est inopérant devant le Conseil constitutionnel dans l'hypothèse d'une disposition législative pérenne[48]. Toutefois, dans la décision DC du 9 mars 2023[49], le grief tiré de la méconnaissance de l'article 5 de la Charte dirigé contre l'article 19 de la loi aurait dû être rejeté par les juges en raison justement du caractère pérenne de la disposition législative. Rien n'est moins sûr, car la rédaction de la décision laisse supposer que le Conseil constitutionnel a d'abord examiné ce grief pour ensuite l'écarter[50]. Cela laisse planer le doute sur la question de savoir s'il s'agit d'un revirement jurisprudentiel concernant l'application du principe de précaution[51].

Plus globalement, si l'article 5 de la Charte n'a pas connu de développements importants et clairs dans la jurisprudence constitutionnelle, peut-être aussi parce que les requérants en font un usage modéré, il est appliqué de manière plus active par le juge administratif, et cela dans plusieurs centaines de décisions[52].

Sans évoquer en détail la jurisprudence administrative précisant les conditions d'application de l'article 5[53], il convient de voir dans quelle mesure l'usage combiné des articles 1 et 5 de la Charte produit des effets juridiques pour protéger tant la santé que l'environnement.

À titre liminaire, il convient de préciser qu'en droit interne, la méconnaissance du principe de précaution ne peut pas être invoquée à l'égard d'une décision qui n'affecte pas l'environnement au sens de l'article 5 de la

---

[46] CC, décision n° 2013-346 QPC du 11 octobre 2013, *Société Schuepbach Energy LLC* (Interdiction de la fracturation hydraulique pour l'exploration et l'exploitation des hydrocarbures).

[47] J. Bétaille, « Les obligations prudentielles : prévention et précaution », *in* C. Cerda-Guzman, F. Savonitto (dir.), *Les 10 ans de la Charte de l'environnement. 2005-2015*, Paris, Institut Universitaire Varenne, 2016, p. 103.

[48] CC., décision n° 2013-346 QPC, *précitée*, § 20.

[49] CC, décision n° 2023-848 DC du 9 mars 2023, *Loi relative à l'accélération de la production d'énergie renouvelable.*

[50] F. Savonitto, « Chronique de droit constitutionnel de l'environnement », *Questions constitutionnelles. Revue en ligne de droit constitutionnel*, 8 avril 2024, disponible en pdf à l'adresse suivante https://questions-constitutionnelles.fr/chronique-de-droit-constitutionnel-de-lenvironnement/?pdf=5426, p. 33.

[51] *Ibid.*

[52] N. Huten, « Le principe de précaution vingt ans après sa constitutionnalisation », *AJDA*, 2025, p. 492.

[53] Pour une étude récente voir N. Huten, « Le principe de précaution vingt ans après sa constitutionnalisation. Un bilan en trompe l'œil », *op. cit.* Voir aussi A. Van Lang, « Principe de précaution et refus d'une autorisation d'urbanisme : une avancée en trompe-l'œil ; note sous CE, 30 janvier 2012, *Sté Orange France*, requête n° 344992 », *Revue de droit immobilier*, 4 juin 2012, n° 6, pp. 327-330.

Charte ou qui ne porte par elle-même aucune atteinte à l'environnement. La mobilisation de l'article 5 de la Charte est impossible devant le juge administratif, lorsqu'il s'agit d'un risque sanitaire sans aucun lien avec une atteinte à l'environnement. C'est ainsi que les juges administratifs ont pu considérer comme inopérant le moyen tiré de la violation de l'article 5 de la Charte en constatant « l'absence de dommage susceptible d'affecter l'environnement », par exemple, dans le cadre de l'affaire des prothèses mammaires[54], ou encore de l'affaire du passe sanitaire imposant un schéma vaccinal complet dans le cadre de la gestion de la sortie de crise sanitaire liée à la Covid-19[55] ou enfin dans le cadre d'une demande d'un moratoire sur la vaccination contre les papillomavirus humains dans les collèges[56].

Toutefois, le principe de précaution peut être invoqué à l'égard des décisions qui « affectent l'environnement dans des conditions susceptibles de nuire à la santé des populations concernées ». Une telle interprétation extensive dégagée par le juge administratif résulte de l'usage combiné des articles 1 et 5 de la Charte.

En effet, certaines requêtes utilisent la stratégie de l'effet de bloc combinant les articles 1er et 5 de la Charte, pour étendre indirectement le champ d'application du principe de précaution aux problématiques sanitaires[57]. Plus généralement, pour le juge administratif, il résulte des dispositions des articles 1 et 5 de la Charte que le principe de précaution s'applique en cas de risque de dommage grave et irréversible pour l'environnement ou d'atteinte à l'environnement susceptible de nuire de manière grave à la santé. Comme le précise le rapporteur public Alexandre Lallet dans ses conclusions sur la décision du Conseil d'État de 2013, une telle interprétation est « la traduction de l'idée selon laquelle le droit de l'environnement ne se conçoit pleinement que dans sa relation à l'environné, qu'est l'être humain au premier chef, voire que l'humain fait partie intégrante de l'environnement. C'est ce que traduit le développement dans la période récente du concept de *"santé environnementale"* (…)[58] ».

L'usage combiné des articles 1 et 5 de la Charte, s'il permet d'étendre le champ d'application du principe de précaution afin de protéger la santé environnementale, il a également comme effet pervers de « neutraliser » l'article 1er de la Charte.

---

[54] CAA Lyon, 6 janvier 2022, n° 20LY00461, *B. A.*, CAA Versailles, 17 juin 2022, n° 19VE01130, *B. C.*

[55] CE, 19 mai 2022, n° 454621, *C. A.*

[56] CE, 25 juillet 2024, n° 493110, *Association d'entraide aux malades de myofasciite à macrophages*.

[57] CE, 27 mars 2023, n° 463186, *Assoc. Réseau Sortir du nucléaire.*

[58] C'est nous qui soulignons. A. Lallet, « Principe de précaution et déclaration d'utilité publique », conclusions sur CE, ass., 12 avril 2013, *Assoc. coordination interrégionale Stop THT et autres*, n° 342409, 342569, 342689, 342740, 342748 et 342821, *RFDA*, 2013, p. 610.

En effet, il est assez étonnant d'observer que dans les différents contentieux devant le juge administratif pour lesquels les requérants mobilisent tant l'atteinte à l'article 1 qu'à l'article 5 de la Charte, le moyen tiré de la méconnaissance du droit de vivre dans un environnement équilibré et respectueux de la santé s'efface au profit du principe de précaution. Autrement dit, l'usage combiné de ces deux articles de la Charte ne conduit pas le juge à vérifier le respect de l'article 1er de la Charte. Un tel constat est identifié dans le contentieux des déclarations d'utilité publique[59], dans le contentieux des antennes-relais[60], dans le contentieux des compteurs Linky[61] ou encore en matière nucléaire[62]. Comme le précise Rémi Radiguet, « cette combinaison-dilution laisse penser que la référence à l'article 1er par le juge administratif n'est qu'une clause de style reprise de manière mécanique[63] ». Alors même qu'un double contrôle permettrait au juge d'étendre le champ d'application de la Charte à la protection de la santé environnementale.

À l'image du juge administratif, il est possible de penser que le juge constitutionnel pourrait adopter une interprétation extensive de l'article 5 de la Charte de l'environnement[64]. Ainsi, en cas d'atteinte à l'environnement susceptible de nuire de manière grave à la santé, mais dont la réalisation demeurerait incertaine, le juge constitutionnel pourrait appliquer l'alinéa 11 du Préambule de 1946, les articles 1er et 5 de la Charte de l'environnement afin d'imposer au législateur d'agir en matière de santé environnementale.

Une telle position peut être déduite de la décision QPC du 19 mars 2021, qui certes ne porte ni sur l'article 1er ni sur l'article 5, mais sur l'article 7 de la Charte de l'environnement. Il résulte clairement de cette décision que la prévention des risques sanitaires par le juge constitutionnel peut être le résultat d'une application de la Charte de l'environnement. En l'espèce[65], le Conseil constitutionnel a censuré, sur le fondement de la méconnaissance de l'article 7 de la Charte[66], la procédure d'adoption des chartes d'engagement en matière d'épandage de pesticides dans certaines zones. Pour le juge constitutionnel, ces chartes, dès lors qu'elles régissent les conditions d'utilisation à proximité des habitations des produits phytopharmaceutiques, lesquels ont des

---

[59] CE, 14 nov. 2014, *Commune de Neuilly-Plaisance*, n° 363005 ; CE, 11 mai 2016, *Assoc. MBE Environnement et autres,* n° 384608 ; CE, 1er déc. 2023, *Assoc. Meuse Nature Environnement*, n° 467331.

[60] CE, 8 octobre 2012, *Commune de Lunel*, n° 342423.

[61] CE, 20 mars 2013, *Assoc. Robin des toits*, n° 354321 ; arrêt CE, 13 février 2024, n° 467054, *Assoc. Zones blanches et autres.*

[62] CE, 17 octobre 2014, *Comité de réflexion d'information et de lutte antinucléaire*, n° 361315.

[63] R. Radiguet, *op. cit.*, p. 481.

[64] V. Le Bihan, « Le Conseil constitutionnel "botte-t-il en touche" lorsqu'il ne statue pas sur le grief tiré de la violation de l'article 5 de la Charte de l'environnement ? », *RFDA*, 2018, p.1045.

[65] CC, décision n° 2021-891 QPC du 19 mars 2021, *Assoc. Générations futures et autres*.

[66] L. Fonbaustier, « Les droits procéduraux », *in* C. Cerda-Guzman, F. Savonitto (dir.), *Les 10 ans de la Charte de l'environnement 2005-2015*, Paris, Institut Universitaire Varenne, 2016, pp. 135-152.

conséquences sur la biodiversité et la santé humaine, ont une incidence directe et significative sur l'environnement. Par voie de conséquence, ces chartes entrent dans le champ d'application de l'article 7 de la Charte de l'environnement. Ainsi, le juge constitutionnel opère déjà une interprétation extensive des dispositions de la Charte en se fondant sur les liens étroits entre l'environnement et la santé.

Si des progrès ont été réalisés permettant de mobiliser les dispositions de la Charte de l'environnement sur le terrain de la santé environnementale, ils sont insuffisants. Face à ce constat, il est possible d'évoquer quelques pistes d'évolution souhaitables pour que la santé environnementale soit effectivement protégée par le Conseil constitutionnel sur le fondement de la Charte de l'environnement.

II. Les évolutions possibles de l'office du Conseil constitutionnel pour protéger la santé environnementale

Si certains auteurs ne manquent pas de proposer des évolutions possibles des décisions du Conseil constitutionnel en matière environnementale[67], notre propos sera limité à l'office du Conseil constitutionnel, qui est à renforcer pour protéger la santé environnementale. Dans cette perspective, sans remettre en cause l'équilibre institutionnel et sans basculer dans un « gouvernement des juges », il convient de mentionner quelques propositions d'évolution tant de nature substantielle (A) que de nature procédurale (B).

A. Des évolutions possibles de nature substantielle

La Charte telle qu'appliquée et interprétée par le Conseil constitutionnel n'a pas encore permis d'inciter le législateur à appréhender de manière globale les enjeux de santé et d'environnement. Comme le constate Sara Brimo, « aucun texte législatif de grande ampleur n'a, depuis l'entrée en vigueur de la Charte, été adopté en la matière ; les pouvoirs publics ont préféré individualiser chaque risque sanitaire ou environnemental (par exemple, le bruit, l'air, l'eau, les cancers) dans un texte de loi qui lui est spécifique »[68]. Et pourtant, le contenu de la Charte permet de mettre en place une vision holistique, globale des risques environnementaux et sanitaires. Encore faut-il que le Conseil constitutionnel s'en saisisse.

Les récentes jurisprudences constitutionnelles italiennes et espagnoles peuvent servir de modèles à suivre par le Conseil constitutionnel afin d'adopter une interprétation holistique des dispositions de la Charte de l'environnement.

---

[67] A. Le Quinio, « Les évolutions possibles des décisions du Conseil constitutionnel en matière environnementale à la lumière de jurisprudences constitutionnelles étrangères », *in* G. Herzog, A. Kebe (dir.), *Fixité et mutation(s) de la Ve République*, Rennes, Presses Universitaires de Rennes, à paraître en 2025.

[68] S. Brimo, *Santé environnementale. Une approche juridique*, Paris, Dalloz, 2023, p. 80.

Sur ce point, les juges constitutionnels français pourraient s'inspirer de la formulation proposée par la Cour constitutionnelle italienne qui, dans une décision du 23 mai 2019[69] avait affirmé l'existence

> d'un processus évolutif visant à reconnaître une nouvelle relation entre la collectivité territoriale et l'environnement qui l'entoure, au sein de laquelle s'est consolidée la prise de conscience du sol en tant que ressource naturelle écosystémique non renouvelable essentielle aux fins de l'équilibre environnemental capable d'exprimer une fonction sociale et d'intégrer une pluralité d'intérêts et d'utilités collectifs, y compris ceux à caractère intergénérationnel[70].

Dans un contexte un peu différent, dans la décision du 20 novembre 2024[71], le Tribunal constitutionnel espagnol a développé une interprétation écocentrique de la Constitution en concluant à la constitutionnalité de la loi attribuant la personnalité juridique à la lagune de Mar Menor[72]. Le raisonnement des juges constitutionnels espagnols se base sur une interprétation renouvelée de l'article 45 de la Constitution qui consacre, entre autres, le droit de jouir d'un environnement adéquat pour le développement de la personne[73]. Pour le Tribunal constitutionnel, cet article offre un cadre constitutionnel de référence suffisamment ouvert pour que le législateur puisse développer les mesures de protection de l'environnement à partir de perspectives et d'approches très diverses. Le Tribunal souligne que « ces mesures doivent, en tout état de cause, tenir compte et respecter », entre autres « la connexion étroite existant entre la protection des écosystèmes, du milieu naturel, de la vie non humaine et de la vie humaine, ainsi que le plein

---

[69] En l'espère, la Cour constitutionnelle s'est prononcée sur la constitutionnalité d'une loi régionale relative à la lutte contre l'artificialisation des sols et à la requalification des sols dégradés.

[70] Corte Costituzionale italiana, sentenza n° 179/2019, 23 mai 2019.

[71] Tribunal constitutionnel espagnol, STC 8583-2022, décision disponible en ligne en espagnol à l'adresse suivante : https://www.tribunalconstitucional.es/NotasDePrensa Documentos/NP_2024_115/STC%208583-2022.pdf; A. Soto Garcia, « Le Tribunal constitutionnel face à la personnalité juridique de la Mar Menor en Espagne : vers un modèle écocentrique du droit », *Questions constitutionnelles, Revue en ligne de droit constitutionnel*, 3 mars 2025, 19 p., https://questions-constitutionnelles.fr/le-tribunal-constitutionnel-face-a-la-personnalite-juridique-de-la-mar-menor-en-espagne-vers-un-modele-ecocentrique-du-droit.

[72] H. Delzangles, A. Zabalza, « La reconnaissance, en Espagne, de la personnalité juridique et de droits accordés à la Mar Menor. Quels enseignements pour la France ? », *AJDA*, 2023, pp. 606-615 ; H. Delzangles, « La reconnaissance, en Espagne, de la personnalité juridique et de droits à la "Mar Menor". Une contribution à la réflexion sur les "biens communs environnementaux" ? », *RJE*, n° 2, 2023, pp. 173-182.

[73] L'article 45 de la Constitution espagnole dispose que : « 1. Tous ont le droit de jouir d'un environnement approprié pour développer leur personnalité et le devoir de le conserver. 2. Les pouvoirs publics veilleront à l'utilisation rationnelle de toutes les ressources naturelles, afin de protéger et améliorer la qualité de la vie et de défendre et restaurer l'environnement, en ayant recours à l'indispensable solidarité collective. 3. Ceux qui violeront les dispositions du paragraphe précédent encourront, selon les termes fixés par la loi, des sanctions pénales ou, s'il y a lieu, administratives, et ils auront l'obligation de réparer les dommages causés », traduction française: https://boe.es/buscar/pdf/1978/BOE-A-1978-40000-consolidado.pdf.

épanouissement de cette dernière[74] ». Une telle interprétation davantage écocentrée et holistique des normes environnementales constitutionnelles permettrait de protéger tant la santé humaine que la santé animale et la santé des écosystèmes naturels.

S'agissant du droit de vivre dans un environnement équilibré et respectueux de la santé, le comportement actif exigé de la part de l'État pour sa mise en œuvre devrait conduire les juges constitutionnels à justifier de manière croissante des limites aux libertés économiques et ces dernières ne devraient être exercées que de manière à ne pas porter préjudice à la santé et à l'environnement.

Si le Conseil constitutionnel a renouvelé en 2023 son interprétation de l'article 1er de la Charte à la lumière de son préambule en reconnaissant un statut aux générations futures et en définissant une nouvelle obligation pour le législateur de ne pas porter atteinte à la capacité des générations futures à satisfaire leurs propres besoins[75], cette évolution ne doit pas être surestimée, car des limites strictes ont été posées par le Conseil constitutionnel[76] et son contrôle qu'il applique à l'article 1er demeure globalement assez faible.

---

[74] Le Tribunal constitutionnel espagnol précise que ces mesures doivent également tenir compte et respecter « l'obligation pour les pouvoirs publics de mettre en œuvre des mécanismes de protection et de défense de l'environnement, mais aussi d'amélioration, de restauration et de récupération des espaces ou de la biodiversité détériorés ou perdus ; et l'exigence de comprendre la solidarité collective mentionnée à l'article 45,2 de la Constitution non pas comme une simple adhésion à l'intérêt commun de préserver le *statu quo* en matière de conservation environnementale, mais comme une obligation de solidarité intergénérationnelle visant à conserver et améliorer l'environnement naturel afin que les générations futures aient la possibilité de jouir de leur propre droit à la vie, à l'intégrité physique et morale, et au développement de leurs projets de vie dans des conditions équivalentes à celles dont nous disposons actuellement »; traduit de l'espagnol : « *la obligación de los poderes públicos de desarrollar mecanismos de protección y defensa del medio ambiente, pero también de mejora, restauración y recuperación de los espacios o la biodiversidad deteriorada o perdida; y la exigencia de entender la solidaridad colectiva referida en el artículo 45.2 CE, no como una mera adhesión al interés común de preservar el estatus quo de preservación medioambiental, sino como una obligación de solidaridad intergeneracional llamada a conservar y mejorar el entorno natural de cara a que las futuras generaciones tengan la oportunidad de disfrutar de su propio derecho a la vida, la integridad física y moral y el desarrollo de sus proyectos vitales en condiciones equivalentes a aquellas de las que disponemos en la actualidad* », FJ 3.

[75] CC, décision n° 2023-1066 QPC, *Association Meuse nature environnement et autres* [Stockage en couche géologique profonde des déchets radioactifs) du 27 octobre 2023. Le Conseil constitutionnel juge qu'« il découle de l'article 1er de la Charte de l'environnement éclairé par le septième alinéa de son préambule que, lorsqu'il adopte des mesures susceptibles de porter une atteinte grave et durable à un environnement équilibré et respectueux de la santé, le législateur doit veiller à ce que les choix destinés à répondre aux besoins du présent ne compromettent pas la capacité des générations futures et des autres peuples à satisfaire leurs propres besoins, en préservant leur liberté de choix à cet égard », § 6.

[76] Il ressort de la décision du Conseil constitutionnel que d'une part, les intérêts des générations futures ne sont pris en compte qu'en cas d'« atteinte grave et durable à un environnement équilibré et respectueux de la santé » et d'autre part, les intérêts des générations futures doivent toujours se concilier avec d'autres intérêts.

B. Des évolutions possibles de nature procédurale

Parmi les évolutions possibles de nature procédurale, la première qui vient à l'esprit est celle liée à l'étendue du contrôle du Conseil constitutionnel qu'il applique à l'article 1er de la Charte. S'il est déjà réduit lorsqu'il l'examine de manière autonome, il est encore plus restreint quand l'article 1er a fait l'objet d'une combinaison avec d'autres dispositions de la Charte de l'environnement[77].

Depuis 2020[78], la prise en compte par le Conseil constitutionnel du lien étroit entre la santé et l'environnement, le conduit à imposer un encadrement étroit aux atteintes dont le droit de vivre dans un environnement équilibré et respectueux de la santé peut faire l'objet. L'exercice d'un contrôle renforcé par le Conseil constitutionnel est identifié lorsqu'il juge que le législateur « ne saurait priver de garanties légales le droit de vivre dans un environnement équilibré et respectueux de la santé[79] » et que « les limitations portées par le législateur à l'exercice de ce droit ne sauraient être que liées à des exigences constitutionnelles ou justifiées par un motif d'intérêt général et proportionnées à l'objectif poursuivi[80] ». La portée de cette solution a été limitée par le Conseil constitutionnel, puisqu'il ressort de la décision de 2023[81], que le contrôle de proportionnalité des limitations apportées à l'article 1er de la Charte demeure restreint[82] lorsque l'objectif poursuivi par le législateur est de valeur constitutionnelle. En l'espèce, les limitations apportées au droit de vivre dans un environnement équilibré et respectueux de la santé ont été justifiées par les objectifs de valeur constitutionnelle de protection de l'environnement[83] et de protection de la santé. À l'aune de ces objectifs, le

---

[77] F. Savonitto, « Le Droit de vivre dans un environnement équilibré et respectueux de la santé dans la jurisprudence du Conseil constitutionnel », *JCPA,* n° 28, 2023, p. 55.

[78] CC, 10 décembre 2020, n° 2020-809 DC, *Loi relative aux conditions de mise sur le marché de certains produits phytopharmaceutiques en cas de danger sanitaire pour les betteraves sucrières*.

[79] *Ibid.*, § 13 ; CC., décision n° 2023-851 DC 21 juin 2023, *Loi relative à l'accélération des procédures liées à la construction de nouvelles installations nucléaires à proximité de sites nucléaires existants et au fonctionnement des installations existantes*, § 68.

[80] CC, 10 déc. 2020, n° 2020-809 DC, cons. 14 ; CC, 9 mars 2023, n° 2023- 848 DC, *Loi relative à l'accélération de la production d'énergies renouvelables ;* CC., 27 octobre 2023, n° 2023-1066 QPC, cons. 7. Pour une application de la jurisprudence constitutionnelle sur ce point par le juge administratif, voir CE, 17 mai 2024, n° 487762, *Sociétés InnoVent et autres.*

[81] CC., décision n° 27 octobre 2023, *Stockage en couche géologique profonde des déchets radioactifs*. En l'espèce, le Conseil constitutionnel a reconnu un statut aux générations futures sur le fondement de l'article 1er de la Charte de l'environnement.

[82] V. Goesel-Le Bihan, « Conciliation entre principes dans la jurisprudence constitutionnelle relative à la protection de l'environnement », *Titre VII*, n° 13, novembre 2024, p. 115.

[83] Depuis la décision n° 2019-823 QPC du 31 janvier 2020, *Union des industries de la protection des plantes* [Interdiction de la production, du stockage et de la circulation de certains produits phytopharmaceutiques], le Conseil constitutionnel a jugé que la protection de l'environnement, patrimoine commun des êtres humains, constitue un objectif de valeur constitutionnelle en vertu du préambule de la Charte de l'environnement.

Conseil constitutionnel a conclu à la suffisance des garanties matérielles et procédurales prévues par le code de l'environnement et à la constitutionnalité de la disposition contestée autorisant le stockage de déchets radioactifs en couche géologique profonde[84].

Un tel raisonnement sur le fond ne manque pas de surprendre car, en mobilisant les objectifs de valeur constitutionnelle de protection de l'environnement et de protection de la santé, le Conseil constitutionnel n'hésite pas à opposer les dispositions de la Charte entre elles au détriment de la protection globale de l'environnement[85]. Afin de mettre fin à une instrumentalisation des dispositions de la Charte au profit des intérêts privés, il conviendrait que le Conseil constitutionnel dégage un principe général de l'interdiction de toute utilisation à rebours de la Charte.

Pour justifier le contrôle restreint opéré dans la décision précitée, les juges constitutionnels emploient leur formule classique selon laquelle « il n'appartient pas au Conseil constitutionnel de rechercher si les objectifs que s'est assignés le législateur auraient pu être atteints par d'autres voies, dès lors que les modalités retenues par la loi ne sont pas, en l'état des connaissances scientifiques et techniques, manifestement inappropriées à ces objectifs[86] ».

Sans remettre en cause le pouvoir d'appréciation du législateur, rien ne s'oppose à ce que le Conseil constitutionnel exerce un contrôle de proportionnalité entier en examinant concrètement le caractère suffisant, voire adapté des restrictions introduites par le législateur au droit de vivre dans un environnement équilibré et respectueux de la santé. Un tel contrôle aurait comme finalité d'apprécier si l'exercice du droit pouvait être satisfait par une mesure législative moins attentatoire à la santé environnementale, voire à l'environnement plus globalement. Comme le soulignent M.-A. Cohendet et M. Fleury, le Conseil constitutionnel « pourrait alors vérifier que la question a bien été examinée par le législateur et/ou que les connaissances techniques et scientifiques ont effectivement été prises en compte par le législateur[87] ».

---

[84] Pour le Conseil constitutionnel, « il ressort des travaux préparatoires que, en les adoptant, le législateur a entendu, d'une part, que les déchets radioactifs puissent être stockés dans des conditions permettant de protéger l'environnement et la santé contre les risques à long terme de dissémination de substances radioactives et, d'autre part, que la charge de la gestion de ces déchets ne soit pas reportée sur les seules générations futures. Ce faisant, il a souhaité poursuivre les objectifs de valeur constitutionnelle de protection de l'environnement et de protection de la santé », § 11.

[85] F. Savonitto, « Chronique de droit constitutionnel de l'environnement », *Questions constitutionnelles, Revue en ligne de droit constitutionnel*, 8 avril 2024, https://questions-constitutionnelles.fr/chronique-de-droit-constitutionnel-de-lenvironnement/?pdf=5426, p.12.

[86] *Ibid.*, § 11. En matière de protection de la santé, le Conseil constitutionnel a le même raisonnement, voir par exemple la décision n° 2015-458 QPC, 20 mars 2015, *Époux L.*, cons. 10.

[87] M.-A. Cohendet, M. Fleury, « La Charte a 20 ans : un grand potentiel à valoriser », *Titre VII*, n° 13, 2024, https://www.conseil-constitutionnel.fr/publications/titre-vii/la-charte-a-20-ans-un-grand-potentiel-a-valoriser.

Sur ce dernier point, il serait souhaitable de voir l'office du Conseil constitutionnel évoluer pour garantir l'indépendance des données scientifiques et techniques mobilisées par le législateur. Comme le propose Laurent Fonbaustier, « au nom d'une séparation des pouvoirs qu'il importe aujourd'hui de dépoussiérer (…) les missions du Conseil constitutionnel devraient désormais participer à la garantie de la scientificité des informations transmises[88] ».

À l'heure de la convergence des risques sanitaires et environnementaux, il importe que le Conseil constitutionnel « s'assure qu'à l'occasion de l'adoption des lois, une stricte séparation des instances d'évaluation et de décision a bien été respectée en amont et lors du processus d'élaboration des textes[89] ». Une telle évolution de son office

> donnerait l'assurance qu'à l'occasion des débats parlementaires et lors du processus législatif, l'intérêt général ne serait pas laissé en route au profit d'intérêts sectoriels poussés par d'obscures représentations d'intérêts avançant masqués sous couvert de science, ce qui est assurément déjà le cas dans des matières aussi importantes que l'agro-industrie alimentaire ou l'industrie pharmaceutique, pour ne donner que deux exemples connus[90].

Sur ce point, à la lecture de la décision de 2024 portant sur la loi relative à l'organisation de la gouvernance de la sûreté nucléaire et de la radioprotection pour répondre au défi de la relance de la filière nucléaire[91], il apparaît que le Conseil constitutionnel adopte une position plus souple, voire en retrait par rapport à la jurisprudence administrative portant sur l'indépendance fonctionnelle de l'autorité environnementale[92].

En l'espèce, la loi faisant l'objet du contrôle *a priori*, a conduit à la création de l'Autorité de sûreté nucléaire et de radioprotection (ci-après ASNR), issue de la fusion de l'Autorité de sûreté nucléaire (ayant une fonction de décision) et de l'Institut de radioprotection et de sûreté nucléaire (ayant une fonction d'expertise). Pour les députés auteurs de la saisine, qui mentionnaient d'ailleurs dans leur mémoire la jurisprudence administrative pertinente, remettre à une même autorité administrative des fonctions d'expertise et de

---

[88] L. Fonbaustier, « L'appropriation des données scientifiques en matière environnementale par le juge constitutionnel », *in* V. Chiu, A. Le Quinio (dir.), *La protection de l'environnement par les juges constitutionnels*, Paris, L'Harmattan, coll. « Droit comparé », 2021, p. 40. Voir aussi L. Fonbaustier, « Séparation des pouvoirs, environnement et santé », *Titre VII*, n° 3, 2019, https://www.conseil-constitutionnel.fr/publications/titre-vii/separation-des-pouvoirs-environnement-et-sante.

[89] *Ibid.*

[90] *Ibid.*

[91] CC, décision n° 2024-868 DC du 17 mai 2024, *Loi relative à l'organisation de la gouvernance de la sûreté nucléaire et de la radioprotection pour répondre au défi de la relance de la filière nucléaire*. Pour un commentaire voir M. Fleury, M.-A. Cohendet, « Chronique sur l'application de la charte : un joyeux anniversaire ? », *RJE*, 2024, n° 4, p. 821.

[92] CE, 5 février 2020, *Assoc. Des évêques aux cordeliers et autres*, n° 425451 ; CE, 5 février 2024, *Société Doubs Ouest Énergie 1 & 2*, n° 463619, 463 620.

décision conduit à un abaissement des garanties législatives apportées à la prévention des risques nucléaires de nature à méconnaître les articles 1er et 3 de la Charte de l'environnement et les objectifs de valeur constitutionnelle de protection de l'environnement et de protection de la santé. Dans sa décision, le Conseil constitutionnel, tout en rappelant l'existence d'une obligation de séparation des fonctions d'expertise et de décision, adopta une interprétation assez souple de cette dernière. Il affirma qu'une telle obligation n'est pas méconnue du moment que l'autorité qui exerce les deux fonctions de décision et d'expertise s'organise pour les différencier. Autrement dit, pour le Conseil constitutionnel, l'obligation faite à l'ASNR de différencier ses deux fonctions demeure suffisante et il n'est donc pas nécessaire d'imposer au législateur de préciser les conditions et les modalités de cette distinction.

Si la prévention des risques sanitaires et environnementaux est tributaire des connaissances scientifiques sur ces questions, le Conseil constitutionnel refuse d'exercer un contrôle renforcé sur les conditions d'élaboration et la réception des données scientifiques dans le cadre du processus législatif. Il refuse également d'exercer un tel contrôle sur les effets pour la santé et l'environnement de tel ou tel produit ou pratique. Selon sa position, « il n'appartient pas au Conseil constitutionnel [...] de remettre en cause, au regard de ces risques et de l'état des connaissances, les dispositions prises par le législateur[93] ». À l'inverse, le juge administratif a adopté une position différente, en exerçant un contrôle entier, au vu des éléments portés à sa connaissance, sur l'existence des risques pour l'environnement et la santé liés à l'utilisation, par exemple, des pesticides. Ainsi, dans la décision du 23 octobre 2024[94], le Conseil d'État a jugé que

> pour apprécier une éventuelle méconnaissance du principe de précaution par l'acte administratif dont la légalité est soumise à son examen, il appartient au juge de l'excès de pouvoir de se déterminer au regard de l'ensemble des données scientifiques disponibles à la date à laquelle celui-ci a été pris, sans tenir compte d'études scientifiques postérieures, lesquelles sont sans incidence sur la légalité de l'acte contesté et seulement susceptibles, si elles remettent en cause l'appréciation initialement portée, d'imposer aux autorités compétentes d'en tirer les conséquences.

S'agissant de la jurisprudence administrative sur l'étendue du contrôle exercé par le juge administratif sur les mesures prises par l'autorité compétente en application du principe de précaution, elle demeure assez floue.

Tantôt le juge exerce un contrôle restreint de l'erreur manifeste d'appréciation sur les mesures de précaution[95], dont on sait qu'elles doivent présenter la double caractéristique d'être provisoires et proportionnées, tantôt sous couvert d'un contrôle restreint, le juge procède à une analyse méticuleuse

---

[93] CC, décision n° 2015-480 QPC du 17 septembre 205, *Association Plastics Europe*.

[94] CE, 23 octobre 2024, *Assoc. CRIIGEN*, n° 456108.

[95] CE, ass., 12 avril 2013, *Assoc. coordinat. Interrégionale stop THT* ; CE, 26 juillet 2023, *Collectif des maires anti-pesticides et autres* ; CE, 20 mars 2023, *Assoc. France Nature Environnement et assoc. Sea Shepherd France*.

des éléments fournis par les requérants pour contrôler les mesures de précaution[96], tantôt, il exerce un contrôle entier en jugeant que les mesures sont « suffisantes pour éviter la réalisation du dommage[97] » ou que les exigences du principe de précaution sont « pleinement satisfaisantes[98] ».

La mobilisation du principe de précaution et des données scientifiques disponibles qu'il implique a permis au Conseil d'État de protéger de manière implicite la santé environnementale dans une décision de 2024[99] lorsqu'il a annulé pour excès de pouvoir, sous couvert d'un contrôle restreint, la décision fixant la liste des cultures qui ne sont pas considérées comme attractives pour les abeilles ou les autres insectes pollinisateurs et pour lesquelles l'utilisation des pesticides est autorisée, notamment en période de floraison. En effet, pour la Haute juridiction administrative, les ministres en cause ont entaché leur décision d'une erreur manifeste d'appréciation en intégrant la lentille, le pois, le soja et la vigne parmi les cultures non attractives pour les insectes pollinisateurs, alors même que les données scientifiques disponibles à la date à laquelle la décision contestée avait été prise démontraient le contraire. En l'espèce, les données scientifiques mobilisées par le syndicat requérant étaient deux études publiées sur le sujet, une émanant de l'Autorité européenne de sécurité des aliments de 2014 et l'autre fourni par le ministère de l'Agriculture des États-Unis de 2017.

À l'heure des politiques publiques conduisant à une régression du droit de l'environnement, qui est devenu « un champ en ruine[100] », le contentieux constitutionnel de l'environnement semble se situer à un tournant décisif. Le potentiel de la Charte de l'environnement pour poser un cadre juridique favorable à la santé environnementale est bien présent, il reviendra au Conseil constitutionnel de s'en saisir et de faire évoluer tant son office que l'interprétation des dispositions constitutionnelles environnementales. Il conviendra qu'il définisse avec précision les obligations d'agir du législateur sur le fondement de la Charte pour protéger la santé environnementale, qu'il en contrôle ses omissions et qu'il s'assure de l'indépendance des données scientifiques mobilisées au soutien des lois adoptées.

---

[96] CE, ord., 18 janvier 2017, *Assoc. Observatoire du nucléaire*, n° 406244.
[97] CAA Nancy, 23 juillet 2019, *Commune d'Oberhausbergen*, n° 18NC01434.
[98] CE, 14 novembre 2014, *Commun de Neuilly-Plaisance*, n° 363005.
[99] CE, 26 avril 2024, *Syndicat des apiculteurs d'Occitanie*, n° 467728.
[100] X. Braud, « Vraies régressions et fausses avancées du droit de l'environnement : les techniques juridiques », *RJE*, n° 3, 2024, pp. 651-674.

L'(IN)EXISTENCE CONSTITUTIONNELLE DE LA DIVERSITÉ BIOLOGIQUE

Loïc PEYEN

Le statut juridique de la diversité biologique n'est pas simple à appréhender, même au niveau constitutionnel. Partout et nulle part à la fois, elle paraît être un objet tellement commun et ancré dans le discours qu'elle se démarque à peine comme problématique à part entière.

L'alinéa 5 du préambule de la Charte de l'environnement la reconnaît pourtant explicitement : « la diversité biologique, l'épanouissement de la personne et le progrès des sociétés humaines sont affectés par certains modes de consommation ou de production et par l'exploitation excessive des ressources naturelles ». Or, depuis qu'elle existe, cette disposition n'est pas de celles qui ont le plus attiré l'attention, que ce soit de la part de la doctrine, des juges (administratifs, judiciaires ou constitutionnels) ou même des requérants. Trois raisons au moins peuvent expliquer cette situation.

En premier lieu, son positionnement nourrit un déficit d'attractivité assez patent : même s'il a une pleine et entière valeur constitutionnelle[1], cet alinéa ne se trouve « que » dans le préambule de la Charte et, en plus, il subit la concurrence d'autres concepts plus évocateurs, voire inspirants, tels que le « patrimoine commun des êtres humains » (préambule, alinéa 3)[2], les « intérêts fondamentaux de la Nation » (préambule, alinéa 6)[3] ou encore le « développement durable » et les « générations futures » (préambule, alinéa 7)[4].

En second lieu, son registre d'écriture dessert sa mobilisation dans la mesure où il se rapproche plus du constatif que du prescriptif : il n'est question que de l'existence de certaines menaces à l'égard de l'environnement *lato sensu*. Cela rend plus délicate la possibilité d'en inférer une quelconque obligation.

---

[1] Cons. constit., 7 mai 2014, *Société Casuca*, n° 2014-394 QPC.

[2] Cons. constit., 31 janvier 2020, *Union des industries de la protection des plantes*, n° 2019-823 QPC.

[3] Cons. constit., 12 août 2022, *Loi portant mesures d'urgence pour la protection du pouvoir d'achat*, n° 2022-843 DC.

[4] Cons. constit., 27 octobre 2023, *Association Meuse nature environnement et a.*, n° 2023-1066 QPC.

En troisième lieu, et il s'agit là du point le moins négligeable, son objet est extrêmement fuyant : s'agissant de la « diversité biologique », ici en cause, cette dernière est complexe[5]. L'expression ne vise pas seulement l'ensemble de la faune et de la flore, tant s'en faut : elle englobe aussi la diversité génétique, c'est-à-dire la variabilité des gènes, y compris au sein d'une même espèce, la diversité spécifique, c'est-à-dire la variabilité des espèces et des variétés végétales, ainsi que la diversité des écosystèmes. Ainsi, aux termes de l'article L. 110-1 du code de l'environnement, qui reproduit quasiment littéralement la Convention sur la diversité biologique[6] (article 2) :

> On entend par biodiversité, ou diversité biologique, la variabilité des organismes vivants de toute origine, y compris les écosystèmes terrestres, marins et autres écosystèmes aquatiques, ainsi que les complexes écologiques dont ils font partie. Elle comprend la diversité au sein des espèces et entre espèces, la diversité des écosystèmes ainsi que les interactions entre les organismes vivants.

En d'autres termes, la diversité biologique renvoie à tout ce qui fait la richesse de l'environnement : il est question de ses composantes, de ses propriétés, qu'il s'agisse de ses capacités d'évolution et d'adaptation, voire de résilience, ou même de ses fonctions écologiques et services écosystémiques. À ce titre, le rapport Coppens[7] évoquait la « variété du vivant ». Dès lors, protéger la diversité biologique, à quelque niveau que ce soit, revient à protéger l'environnement dans son ensemble : espèces, milieux, écosystèmes, pollutions et nuisances, climat, etc. Le problème d'un tel objet est qu'il condamne le concept à une certaine fongibilité dans toutes les questions environnementales, ce qui rend ardue son autonomisation, y compris dans le champ juridique.

En fait, deux possibilités résultent de cette situation : soit, présent partout, il est appréhendé de toute part, ce qui conduit à renforcer sa protection juridique[8], soit, au contraire, présent nulle part, il en ressort affaibli, voire ignoré par des sujets voisins et plus aisément identifiables. Ce dernier risque est tel d'ailleurs, que, faisant suite à certaines préconisations[9], les récentes propositions de révision constitutionnelle en matière d'environnement, de

---

[5] R. Romi, « La définition des objectifs du droit de l'environnement : réflexions sur la notion de « diversité biologique », *LPA*, n° 114, 22 septembre 1993, p. 11-13 ; R. Larrère et C. Larrère, « Quelques réflexions sur la notion de biodiversité », *Sciences Eaux & Territoires*, n° 3, 2010, p. 6-8.

[6] Rio de Janeiro, 5 juin 1992, *RTNU*, vol. 1760, p. 79, n° 30619.

[7] *Rapport de la Commission Coppens de préparation de la Charte de l'environnement*, 2003, p. 11.

[8] Ch. Cans, « La superposition des statuts protecteurs : un atout pour la diversité biologique ! », *RJE*, n° s., 2008, p. 149-166.

[9] A. Jaeger, *La nature en ville : comment accélérer la dynamique ?*, Les avis du CESE, juillet 2018, préconisation 1.

2019[10] et 2021[11], avaient entendu enrichir l'article 1er de la Constitution d'une mention expresse à la « diversité biologique », en plus d'une autre relative au climat.

Dans ce contexte, il est opportun de s'intéresser au statut constitutionnel de la diversité biologique, saisie en elle-même, et non au travers de ses ramifications ou autres sujets voisins.

De ce point de vue, la diversité biologique paraît avoir un statut relativement ambigu aujourd'hui : disposant d'une authentique existence constitutionnelle, au moins sur le plan formel (I), elle ne paraît pas, au fond, faire l'objet d'un traitement particulier, au point qu'il est possible de douter de son existence matérielle (II), alors même qu'elle présente des potentialités réelles (III).

I. L'existence formelle de la diversité biologique

Les références à la diversité biologique ne sont pas légion, de même que, plus spécifiquement, la mobilisation de l'alinéa 5 de son préambule, mais elles existent. S'agissant de la jurisprudence du Conseil constitutionnel[12], le nombre de décisions qui en parlent ne dépasse guère la dizaine : cinq décisions DC[13] et deux décisions QPC[14]. Au plan strictement formel, ces mentions rendent compte de la conscience de l'existence du sujet ainsi que de celle du cinquième alinéa du préambule (au-delà de sa consécration textuelle).

Dans la décision *Loi relative aux conditions de mise sur le marché de certains produits phytopharmaceutiques en cas de danger sanitaire pour les betteraves sucrières* de 2020, l'affaire est bien connue : il était question des dérogations à l'interdiction d'utilisation de produits phytopharmaceutiques contenant une ou des substances actives de la famille des néonicotinoïdes. Le Conseil reconnaît alors que « ces produits ont des *incidences sur la biodiversité, en particulier pour les insectes pollinisateurs et les oiseaux* ainsi

---

[10] Projet de loi constitutionnelle pour un renouveau de la vie démocratique n° 2203 du 29 août 2019.

[11] Projet de loi constitutionnelle complétant l'article 1er de la Constitution et relatif à la préservation de l'environnement n° 3787 du mercredi 20 janvier 2021.

[12] La jurisprudence administrative fourmille de référence à la diversité biologique. Toutefois, cela résulte du contenu même des textes du code de l'environnement, dans la plupart des cas, qui emploient cette notion, sans pour autant se rattacher au cinquième alinéa du préambule de la Charte, qui nous intéresse ici.

[13] Cons. constit., 9 octobre 2014, *Loi d'avenir pour l'agriculture, l'alimentation et la forêt*, n° 2014-701 DC ; Cons. constit., 10 décembre 2020, *Loi relative aux conditions de mise sur le marché de certains produits phytopharmaceutiques en cas de danger sanitaire pour les betteraves sucrières*, n° 2020-809 DC ; Cons. constit., 29 juillet 2021, *Loi relative à la bioéthique*, n° 2021-821 DC ; décision *Loi portant mesures d'urgence pour la protection du pouvoir d'achat* précitée ; Cons. constit., 9 mars 2023, *Loi relative à l'accélération de la production d'énergies renouvelables*, n° 2023-848 DC.

[14] Décision *Société Casuca* précitée ; Cons. constit., 19 mars 2021, *Association Générations futures et a.*, n° 2021-891 QPC.

que des conséquences sur la qualité de l'eau et des sols, et induisent des risques pour la santé humaine » (§ 19, nous soulignons). Outre le fait que cette position montre qu'il s'agit d'une réelle préoccupation du juge, elle témoigne aussi d'un renforcement de sa considération pour le sujet. En effet, en 2016, dans sa décision *Loi pour la reconquête de la biodiversité, de la nature et des paysages*[15], ce même juge ne s'était pas donné la peine de caractériser les incidences de ces mêmes produits au motif, discutable, que : « Il n'appartient pas au Conseil constitutionnel, qui ne dispose pas d'un pouvoir général d'appréciation et de décision de même nature que celui du Parlement, de remettre en cause, au regard de l'état des connaissances, l'appréciation par le législateur des conséquences susceptibles de résulter pour l'environnement et pour la santé publique de l'utilisation de ces produits » (§ 38). La décision de 2020 marque donc une réelle avancée à cet égard.

En 2021, dans la décision *Association Générations futures et a.*, toujours à propos des produits phytopharmaceutiques, le Conseil constitutionnel est venu confirmer sa position selon laquelle les produits phytopharmaceutiques « ont des conséquences *sur la biodiversité* et la santé humaine » (§ 10, nous soulignons). Cette position salutaire avait pu permettre de considérer que les chartes d'engagement des utilisateurs de produits phytopharmaceutiques étaient des décisions publiques ayant une incidence sur l'environnement au sens de l'article 7 de la Charte de l'environnement, ce qui n'est pas rien. Dans le même sens d'ailleurs, en 2012, dans la décision *Union départementale pour la sauvegarde de la vie, de la nature et de l'environnement et a.*[16], en matière de dérogation à la protection des espèces protégées, le Conseil constitutionnel avait pu affirmer, sans mentionner explicitement la biodiversité, mais sans s'en éloigner non plus, que

> les dérogations à ces interdictions, notamment dans l'intérêt de la protection de la faune et de la flore sauvages et de la conservation des habitats naturels, pour prévenir des dommages importants, notamment aux cultures, à l'élevage, aux forêts, aux pêcheries et aux eaux, ainsi que dans l'intérêt de la santé et de la sécurité publiques et pour des motifs qui comporteraient des conséquences bénéfiques primordiales pour l'environnement, constituent des décisions publiques ayant une incidence sur l'environnement (§ 5).

Toujours en 2021, dans la décision *Loi relative à la bioéthique*, le juge était confronté à une nouvelle mouture de l'interdiction de création d'embryons chimériques. Selon les auteurs de la saisine, cette disposition législative était de nature à porter atteinte à la diversité biologique garantie par le cinquième alinéa du préambule de la Charte. Ici, même si l'argument a été balayé d'un revers de la main, la décision n'en demeure pas moins intéressante dans la mesure où elle montre que les requérants se sont saisis de la biodiversité comme norme de référence constitutionnelle. Cette affaire est à rapprocher de

---

[15] Cons. constit., 4 août 2016, n° 2016-737 DC.
[16] Cons. constit., 27 juillet 2024, n° 2012-269 QPC.

la décision *Loi relative à l'accélération de la production d'énergies renouvelables* de 2023, car les requérants s'étaient aussi appuyés, pour contester le développement des éoliennes maritimes et terrestres, sur les risques « pour la santé des riverains, l'avifaune et la biodiversité marine » (§ 51, nous soulignons). L'approche est ici un peu différente, mais elle témoigne de l'utilité que peut représenter la diversité biologique ou l'alinéa 5 du préambule dans le cadre du contentieux constitutionnel.

Enfin, en 2022, dans la décision *Loi portant mesures d'urgence pour la protection du pouvoir d'achat*, s'agissant de l'installation d'un terminal méthanier flottant sur le site portuaire du Havre, le juge prend en compte, pour valider la constitutionnalité des dispositions en cause, les obligations pesant sur l'exploitant s'agissant de la biodiversité et des sols (§ 14).

Finalement, même si les références sont peu nombreuses, il appert que les requérants, comme le Conseil constitutionnel, n'ignorent pas l'existence de la diversité biologique ou de l'alinéa 5 du préambule de la Charte. La notion a donc une authentique existence au niveau constitutionnel. Cependant, la forme doit être distinguée du fond, car, sur le plan matériel, il ne semble pas qu'elle bénéficie d'un statut ou d'une protection particulière.

II. L'inexistence matérielle de la diversité biologique

Dans toutes les décisions précédemment mentionnées, à part dans les cas où il a été question de l'applicabilité de l'article 7 de la Charte, le juge constitutionnel se démarque davantage par son absence que par sa présence.

En 2020, s'agissant de la *Loi relative aux conditions de mise sur le marché de certains produits phytopharmaceutiques en cas de danger sanitaire pour les betteraves sucrières*, s'il reconnaît qu'il y a une atteinte à la biodiversité, il dit aussi que cette atteinte est nécessaire et constitutionnelle, car, outre les mesures mises en place pour encadrer les dérogations, il résulte des travaux préparatoires du texte que son but est de « faire face aux graves dangers qui menacent la culture de ces plantes, en raison d'infestations massives de pucerons vecteurs de maladies virales, et préserver en conséquence les entreprises agricoles et industrielles de ce secteur et leurs capacités de production » (§ 20).

La décision *Loi relative à l'accélération de la production d'énergies renouvelables* s'inscrit dans ce prolongement, sous deux aspects au moins. Premièrement, l'argument des requérants qui avaient mobilisé les impacts sur la biodiversité n'a pas été étudié par le Conseil pour une raison tout à fait compréhensible : leur critique ne portait pas sur une disposition précise, mais sur le choix du législateur de vouloir développer les éoliennes maritimes et terrestres. Il ne pouvait examiner ce qui se présentait comme « une critique générale des choix opérés par le législateur » (§ 53). Mais il n'est pas certain, en réalité, qu'un réel examen de l'argumentation aurait changé quelque chose au fond, car, en 2021, dans sa décision *Loi relative à la bioéthique*, le juge avait sèchement rejeté l'argument de l'atteinte au cinquième alinéa du préambule de la Charte, sans aucune motivation (§ 36). Deuxièmement, dans sa décision de 2023, à propos de la présomption de raison impérative d'intérêt public majeur, de nature à justifier la délivrance d'une dérogation aux interdictions de porter atteinte à des espèces protégées ainsi qu'à leurs habitats, les requérants ne s'étaient pas non plus appuyés sur l'alinéa 5 du préambule, mais plutôt sur les articles 1er, 2, 5 et 6 de la Charte. Mais, là encore, le juge avait rejeté leur argumentation, car, d'une part, la condition de raison impérative d'intérêt public majeur, outre le fait qu'elle est encadrée, n'est pas à elle seule suffisante pour permettre les dérogations (il faut aussi vérifier qu'il n'existe pas d'autre solution satisfaisante et que la dérogation ne nuise pas au maintien, dans un état de conservation favorable, des populations des espèces concernées dans leur aire de répartition naturelle) et, d'autre part, le législateur, en promouvant les énergies renouvelables, a poursuivi l'objectif de valeur constitutionnelle de protection de l'environnement. Le problème ne porte pas vraiment ici sur l'étroit sujet de la biodiversité, mais il ne s'en éloigne pas totalement : dans cette décision, sans aucune autre explication, le juge affirme que les dispositions contestées ne portent aucune atteinte aux articles mobilisés par les requérants, « ni aucune autre exigence constitutionnelle » (§ 31), ce qui, hormis l'hypothèse des changements de circonstances, neutralise la possibilité de contrôler la constitutionnalité de cette disposition par rapport à une autre référence, telle que l'alinéa 5 du préambule. Il réitérera le même raisonnement s'agissant des installations nucléaires de base[17].

Enfin, il est permis de revenir brièvement sur la fameuse décision *Société Casuca*, qui trahit une certaine conception de la biodiversité. Si l'histoire retient que le juge a reconnu la valeur constitutionnelle du préambule en excluant son invocabilité dans le cadre QPC, elle dit aussi que le Conseil a eu une approche extrêmement resserrée, pour ne pas dire restrictive, de ce que peut être l'environnement et, spécifiquement ici, la diversité biologique. En effet, à propos de la servitude légale de voisinage relative aux plantations en limite de propriétés privées, il affirme qu'« eu égard à l'objet et à la portée des dispositions contestées, l'arrachage de végétaux qu'elles prévoient est insusceptible d'avoir des conséquences sur l'environnement » (§ 9). Or, ces actes contribuent aussi à la réduction de la diversité biologique, ce qui signifie que la notion aurait dû permettre de retenir une approche bien plus ouverte de ce qu'est l'environnement, afin d'étendre l'applicabilité de la Charte. Cette lecture est d'autant plus gênante qu'elle n'intègre pas ce qui est communément

---

[17] Cons. constit., 21 juin 2023, *Loi relative à l'accélération des procédures liées à la construction de nouvelles installations nucléaires à proximité de sites nucléaires existants et au fonctionnement des installations existantes*, n° 2023-851 DC. À noter que les requérants n'invoquent pas non plus, dans cette affaire, l'argument de l'atteinte à la biodiversité.

appelé la nature ordinaire, tout aussi digne d'intérêt et de protection[18], position que ne retient pas toujours et, heureusement, le juge ordinaire[19]. À titre de comparaison, la définition au niveau national de la « diversité biologique » introduite à l'article L. 110-1 du code de l'environnement par la loi n° 2016-1087 du 8 août 2016 pour la reconquête de la biodiversité, de la nature et des paysages[20] visait justement à mieux prendre en compte la nature ordinaire[21]. Mais il convient d'admettre que, ici comme ailleurs[22], le Conseil ne brille pas par son intérêt pour la diversité biologique.

Cette radiographie rend compte du fait qu'il n'est pas possible de systématiser la jurisprudence du Conseil constitutionnel s'agissant de la diversité biologique. Il ne semble pas lui accorder une importance ou un statut particulier, ce qui montre une sorte d'équivalence entre « environnement » et « diversité biologique » dans sa jurisprudence, le raisonnement retenu pour l'un se retrouvant (hélas) à l'égard de l'autre. Cela étant, il n'est pas certain que cette notion ait été vouée à un destin moins funeste, pour deux raisons. D'abord, les travaux préparatoires de la Charte montrent que l'alinéa 5 du préambule « évoque une valeur positive, qui apparaît implicitement, mais nécessairement comme étant à promouvoir, ou, à tout le moins, à préserver », mais, il a pu être précisé, s'agissant de la diversité biologique, que « si elle contribue à donner sens à la notion d'environnement équilibré (article 1er), ainsi qu'à la préservation, aux atteintes et aux dommages à l'environnement (articles 2, 3, 4 et 5), elle ne paraît pas comporter par elle-même une signification juridique suffisante pour figurer dans un article de valeur constitutionnelle[23] ». Ensuite, il est possible de se demander si la rédaction de cet alinéa n'implique pas une mobilisation particulière de la diversité biologique uniquement lorsqu'il est question de « certains modes de consommation ou de production et par l'exploitation excessive des ressources naturelles ».

En tout état de cause, cette disposition recèle des potentialités tout à fait intéressantes qui pourraient permettre au Conseil constitutionnel de renforcer son contrôle sur l'action du législateur.

---

[18] Dans le même ordre d'idées, v. Cons. constit., 10 novembre 2017, *Association Entre Seine et Brotonne et a.*, n° 2017-672 QPC.

[19] À propos, par exemple, de la préservation d'un tulipier du Japon : TJ Nantes, 3 octobre 2023, n° 23/01072.

[20] *JORF* n° 0184 du 9 août 2016.

[21] V. l'étude d'impact de la loi.

[22] V. encore, à propos des moulins à eau, la décision Cons. constit., 13 mai 2022, *Association France nature environnement et a.*, n° 2022-991 QPC.

[23] N. Kosciusko-Morizet, *Rapport relatif à la Charte de l'environnement*, AN, n° 1595, 12 mai 2004, p. 68.

III. Les potentialités réelles de la diversité biologique

Pour rappel, l'alinéa 5 du préambule de la Charte prévoit que « la diversité biologique, l'épanouissement de la personne et le progrès des sociétés humaines sont affectés par certains modes de consommation ou de production et par l'exploitation excessive des ressources naturelles ». Cette écriture laisse entrevoir quelques possibilités de développement de la jurisprudence constitutionnelle.

En effet, aux termes d'une analyse littérale, il y a là un certain nombre de constats s'agissant des menaces pesant sur la diversité biologique, puisqu'elle est affectée par « certains modes de consommation », certains modes de « production » et « l'exploitation excessive des ressources naturelles ». Partant, il est possible de se demander s'il n'y a pas ici une invitation ou, à tout le moins, un fondement constitutionnel, pour appréhender ces différentes menaces. Pour le dire autrement, le Conseil constitutionnel ne serait-il pas habilité à se saisir des dispositions législatives qui encourageraient l'exploitation « excessive » des ressources ? ou l'introduction d'espèces exotiques envahissantes ? ou le développement des monocultures ? ou la promotion de certains modes de consommation ou de production délétères pour l'environnement (surconsommation, *etc.*) ? Et la liste pourrait être rallongée à l'envi. Et pour cause : l'alinéa 5 du préambule « met en évidence le fait que les ressources naturelles sont quelquefois utilisées au-delà de leur capacité de régénération ou s'épuisent définitivement à un rythme excessif », ce qui impliquerait de se saisir des conséquences de certains choix[24] ; ainsi, « seules les dérives d'une économie peu respectueuse de l'environnement sont ainsi mises en cause[25] ». Cependant, même si elle est séduisante, cette voie est glissante, car plusieurs questions tout à fait essentielles se posent.

Qu'est-ce qu'un « mode » de production ou de consommation ? Quels sont *les* modes visés par le constituant, le préambule en évoquant « certains » ? À partir de quel moment une exploitation de ressources peut-elle être considérée comme excessive ? S'il a pu être affirmé à l'occasion de la gestation de la Charte qu'est excessif, ce qui « fait échec au renouvellement des ressources ou au maintien des équilibres biologiques[26] », il n'est pas dit que cela soit simple à évaluer en pratique. Plus encore, il serait aussi possible de questionner la nature de la prescription découlant de cet alinéa : est-ce une possibilité de censurer ces pratiques portant atteinte à la biodiversité ou est-ce plutôt une obligation de le faire ? Au fond, la question la plus décisive est la suivante : le Conseil constitutionnel ne serait-il pas amené à appréhender, sur ce fondement, certains *choix* de société, pour ce qui est en particulier des

---

[24] J.-P. Raffarin et D. Perben, *Projet de loi constitutionnelle relatif à la Charte de l'environnement*, AN, n° 992, 27 juin 2003, p. 6.

[25] P. Gélard, *Rapport sur le projet de loi constitutionnelle relatif à la Charte de l'environnement*, Sénat, n° 352, 16 juin 2004.

[26] N. Kosciusko-Morizet, *op. cit.*, p. 68.

modes de consommation ou de production ? Et ce, alors même qu'il s'agit de sujets foncièrement politiques, si ce n'est démocratiques ? Et, dans ce cas, ne devrait-il pas opérer une sorte de contrôle de constitutionnalité-opportunité (!) aux termes duquel il s'interrogerait sur la viabilité des choix opérés par le législateur, vis-à-vis, ici, de la biodiversité ? Et, dans ces cas, qu'en serait-il de la légitimité et de la compétence du Conseil constitutionnel sur ces sujets ?

D'autres interrogations ne peuvent non plus être ignorées : comment concilier un tel contrôle avec d'autres exigences constitutionnelles ? Que faire lorsqu'il sera question, encore, de la préservation des éléments essentiels du potentiel économique de la France[27] ? À ce titre, d'ailleurs, et comme le fait davantage l'Union européenne, sans doute le juge devrait-il considérer que la diversité biologique est aussi un élément indispensable au potentiel économique de la France, aux termes d'une approche utilitariste, certes, mais qui n'est pas condamnable pour autant. Dans ces cas, la protection de la diversité biologique ne serait pas une *limite* au développement, mais une *condition* de sa réalisation, pour passer d'une logique d'opposition à une logique d'intégration. Plus encore : comment concilier un tel contrôle des modes de consommation et de production, ou de l'utilisation des ressources, avec l'objectif de développement durable et l'exigence de conciliation, véritable maillon faible de la Charte ? Pour toutes ces raisons, cette voie semble si peu envisageable qu'elle n'est pas réaliste, même si la promotion de l'économie circulaire, de façon implicite, se rattache par exemple à l'objectif de valeur constitutionnelle de protection de l'environnement que met en œuvre relativement librement le législateur[28].

Par ailleurs, il semblerait que le constituant ait entendu ne pas conférer trop de portée à cet alinéa : « le considérant constate l'existence d'un effet des conditions économiques (…), mais ne porte pas d'appréciation sur les modèles économiques considérés comme souhaitables[29] ». Mais l'interprète va parfois plus loin, et il lui est loisible de considérer, à un moment *t*, et sur la base de considérations objectives, que tel mode est délétère pour l'environnement. Tout est ici une question de volonté et de point de vue. Par exemple, certains ont pu juger problématique, à propos de l'alinéa 5 du préambule, « que, dans les considérants, trois objectifs soient placés sur le même plan — diversité biologique, épanouissement de la personne, progrès des sociétés humaines — alors qu'il eut été préférable de les hiérarchiser[30] », en faveur de l'homme. Mais la Commission Coppens était allée plus loin que le constituant en souhaitant une disposition ainsi rédigée : « Chacun a le devoir de contribuer, dans l'intérêt des générations présentes et futures, à la protection et à

---

[27] Décision *Loi portant mesures d'urgence pour la protection du pouvoir d'achat*.

[28] Cons. constit., 16 juin 2023, *Association interprofessionnelle des fruits et légumes frais et légumes frais*, n° 2023-1055 QPC.

[29] N. Kosciusko-Morizet, *op. cit.*, p. 68.

[30] *Ibid.*, p. 173.

l'amélioration de cet environnement, patrimoine naturel et culturel commun et à la préservation de la biodiversité[31]. »

Quoi qu'il en soit, si ces obstacles paraissent bien insurmontables tels quels, cet alinéa pourrait tout de même avoir une portée accrue dans la mesure où les autres dispositions de la Charte peuvent être « éclairées par » le préambule[32], pour reprendre une technique déjà employée par le juge[33].

*

* *

En définitive, le statut constitutionnel de la diversité biologique est pétri d'ambiguïtés. Doté d'une existence formelle indéniable, il ne bénéficie pas d'une attention particulière, loin de là, dans la jurisprudence du Conseil constitutionnel, alors même qu'il pourrait constituer un levier de renforcement de son contrôle. Sans doute la Charte est-elle trop jeune, pour le moment, pour déployer tous ses effets, ce qui explique qu'elle pose plus de questions parfois qu'elle n'apporte de réponses. Ou alors c'est le juge lui-même qui est trop timide dans son maniement du texte… Il ressort tout de même que la notion de diversité biologique se présente, au niveau constitutionnel, comme une belle au bois dormant, attendant patiemment, et bien involontairement, son réveil. Le sujet est donc à prendre au sérieux.

---

[31] *Rapport de la Commission Coppens de préparation de la Charte de l'environnement*, *op. cit.*, p. 31.

[32] Par exemple, à propos de l'article 1er, il ressort que « La notion d'"environnement équilibré" introduit toutefois une notion nouvelle par rapport à ce préambule, puisqu'elle désigne le *maintien de la biodiversité*, le bon fonctionnement des écosystèmes et la maîtrise de la pollution » (D. Perben, Compte rendu intégral, 2e séance du 25 mai 2004, Session ordinaire de 2003-2004, 229e séance, p. 2020) (nous soulignons).

[33] Décision *Association Meuse nature environnement et a.*

CHARTE DE L'ENVIRONNEMENT ET MILIEUX NATURELS

Agathe VAN LANG

La destruction de la forêt amazonienne par des incendies volontaires et l'asphyxie des océans par les déchets plastiques sont autant d'illustrations récurrentes des importantes dégradations qui affectent l'environnement. Les exemples fournis par l'actualité nourrissent une prise de conscience collective des menaces qui pèsent sur ce que nous percevons spontanément comme les milieux naturels.

Pourtant, l'identification de l'objet « milieu naturel » ne relève pas de l'évidence, ce qui constitue assurément l'un des intérêts de notre sujet, en même temps que sa difficulté.

Si le terme « milieu » et l'expression « milieu naturel » sont définis dans le *Dictionnaire de l'écologie* de F. Ramade[1], il est plus délicat de cerner ce que recouvre la notion de milieu naturel en droit de l'environnement.

Ainsi, le plan du code de l'environnement n'utilise pas cette notion, mais fait apparaître une distinction entre milieux physiques (Livre II : eau et milieux aquatiques, air et atmosphère, sol et sous-sol), espaces naturels (Livre III : littoral, parcs et réserves, sites et paysages) et patrimoine naturel (Livre IV : sites Natura 2000, chasse, pêche). La cohérence de cette répartition paraît d'emblée très contestable : pourquoi séparer le milieu marin du littoral ? Jusqu'à quel point les sites et paysages sont-ils naturels ? Dans le corps du code, selon Légifrance, se rencontrent 280 occurrences de l'expression milieu naturel au singulier ou au pluriel, ce qui témoigne de l'importance de cette référence en la matière.

L'utilisation de l'expression milieu naturel en droit traduit la double influence de la géographie et de l'écologie, comme l'a montré E. Naim-

[1] F. Ramade, *Dictionnaire encyclopédique de l'écologie et des sciences de l'environnement*, Paris, Dunod, 2002. Le milieu naturel y est défini comme « la partie du monde avec laquelle un organisme vivant est en contact. Il désigne des entités géographiques ayant des caractéristiques géologiques communes. [...] habitat couvrant de vastes surfaces », tels que montagnes, toundras, milieu tempéré forestier, prairies et pampas. Voir Milieu, C. S. Sacchi, p. 820 : « L'organisme et son milieu constituent le binôme fondamental de l'écologie. Dans cette discipline, on entend par "milieu" la partie du monde avec laquelle un organisme vivant est en contact » ; voir Milieu naturel, G. Wackermann, p. 834 : « Le milieu naturel est façonné d'abord par l'écosystème, puis par l'intervention humaine. »

Gesbert dans sa thèse[2]. La première discipline permet d'inscrire l'environnement dans des limites spatiales, des « entités géographiques espaces-milieux » telles que le littoral, la montagne ou le paysage[3], tandis que la seconde met en évidence le rôle de l'espace environnant comme support de vie et de maintien des équilibres biologiques.

Ainsi, la loi sur l'eau du 3 janvier 1992 consacre un impératif de protection du milieu naturel aquatique, l'expression de milieu aquatique figurant dans le titre de la loi du 30 décembre 2006 sur l'eau et les milieux aquatiques. Les articles L 331-1 et L 332-1 du code de l'environnement permettent le classement de tout ou partie d'un territoire en parc national ou en réserve naturelle, en particulier pour la conservation d'un milieu naturel. Celui-ci est également préservé de l'introduction de tout spécimen de certaines espèces animales ou végétales, qui est interdite lorsqu'elle est « susceptible de porter préjudice aux milieux naturels, aux usages qui leur sont associés ou à la faune et à la flore sauvage » (article L 411-4 du Code de l'environnement). Il est aussi interdit « d'abandonner, de déposer dans le milieu naturel ou de brûler à l'air libre des pneumatiques » (article R 543-138 du Code de l'environnement). La notion est également présente dans le code de l'urbanisme, dont l'article L 101-2 6° impose aux collectivités publiques l'objectif de protection des milieux naturels et des paysages et l'article L 113-8 institue les espaces naturels sensibles afin de préserver notamment les milieux naturels. Par ailleurs, le code minier impose le refus de prolongation d'une concession en cas de risque d'atteinte « à la conservation des caractéristiques essentielles du milieu environnant, terrestre ou marin » (article L 114-3). Il est possible d'avancer, à la lecture de ces textes, qu'en droit la notion de milieu naturel participe « d'une représentation spatiale de la nature la moins artificialisée possible[4] ».

Cette approche objective du milieu naturel se double d'une conception patrimoniale, révélatrice de la valeur qui lui est attribuée. À ce titre, le code de l'environnement proclame que « les milieux naturels terrestres et marins » font partie du patrimoine commun de la nation (article L 110-1 I du Code de l'environnement), de même que, de manière redondante, « le milieu marin » (article L 219-7). L'énumération à l'article L 110-1 I des éléments composant le patrimoine commun de la nation conduit à distinguer les milieux naturels des espaces, ressources, sites, paysages, qualité de l'air et de l'eau, et de la biodiversité.

Mais cette distinction sans rigueur alimente le flou du droit : elle conduit à séparer les milieux naturels des écosystèmes, qui font partie de la diversité biologique selon la définition classique de l'article L 110-1 I al. 3 du code de

---

[2] E. Naim-Gesbert, *La dimension scientifique du droit de l'environnement : contribution à l'étude des rapports de la science et du droit*, th. Lyon 3, 1997, dactyl., p. 326 et s.

[3] *Ibid.*, p. 173.

[4] *Ibid.*, p. 331.

l'environnement qui cite les « écosystèmes terrestres, marins et autres écosystèmes aquatiques ». Une telle conception semble difficilement compréhensible dans la mesure où les milieux naturels sont également des habitats naturels, et à ce titre des composantes des écosystèmes — c'est le cas par exemple des dunes, landes, zones humides, etc. Enfin, l'impression de brouillard s'épaissit à la lecture de l'article L 210-1 issu de la loi du 22 août 2021, dite Climat et résilience, disposant que « les écosystèmes aquatiques et les écosystèmes marins constituent des éléments essentiels du patrimoine de la nation ». Ceci donne à penser que le législateur assimile les milieux et les écosystèmes.

Dans le même ordre d'idées, relevons que le principe de solidarité écologique invite à tenir compte des « interactions entre des écosystèmes, des êtres vivants et des milieux naturels ou aménagés » (article L 110-1 II 6° du Code de l'environnement). Cette rédaction soulève un autre problème, l'épineuse distinction entre ce qui relève du naturel et de l'artificiel... à laquelle la loi Climat et résilience consacre d'utiles définitions s'agissant de l'artificialisation et de la renaturation des sols[5].

Ces incertitudes conceptuelles rendent donc délicate la délimitation de notre champ d'étude par rapport à celui traité par Loïc Peyen, portant sur la biodiversité. Un chevauchement de nos sujets respectifs s'avère concevable à l'égard des habitats naturels qui ne sont pas totalement abiotiques, tandis que les seules espèces vivantes relèvent de la biodiversité, et les milieux physiques abiotiques font partie des milieux naturels. Il est possible de considérer finalement que les milieux aquatiques et marins, l'air, le sol et le sous-sol, mais aussi des entités géographiques telles que le littoral et la montagne, ou des écosystèmes tels que les forêts et autres habitats naturels, constituent les objets de notre réflexion. Cette délimitation préalable étant effectuée, il nous a semblé pertinent de répondre aux deux suivantes : quelle est la place des milieux naturels dans la Charte de l'environnement ? Comment la Charte protège-t-elle les milieux naturels[6] ? Comme nous le verrons, l'étude des textes et de leur application jurisprudentielle ne permet pas de lever toutes les incertitudes ni d'étayer une vision optimiste quant à la portée de la Charte.

I. Les milieux naturels dans la Charte : un objet insaisissable

Une lecture littérale du texte constitutionnel de 2005 conduit à relativiser fortement l'importance des milieux naturels, mais un travail d'interprétation des termes de la Charte aboutit à l'impression inverse.

---

[5] Voir article L 101-2-1 du Code de l'urbanisme.

[6] Nous avons renoncé à l'étude d'une autre question, celle de savoir en quoi la Charte influence la législation de protection de milieux naturels, conduisant à examiner les dispositions postérieures à 2005.

A. Un objet quasi inexistant

Le texte de la Charte comporte une seule occurrence de l'expression milieu naturel, au deuxième considérant de son préambule énonçant que « l'avenir et l'existence même de l'humanité sont indissociables de son milieu naturel ». Le préambule utilise aussi les formules « ressources et équilibres naturels » (considérant 1)[7], « diversité biologique » (considérant 5) et « ressources naturelles » (considérant 5)[8]. Ensuite, neuf des dix articles de la Charte emploient tous le mot environnement, sans le qualifier, sauf l'article premier qui proclame le « droit à un environnement équilibré ».

Les travaux de la commission Coppens font pourtant apparaître la place essentielle de la notion de milieu naturel. Son rapport indique que « la reconnaissance du milieu naturel comme patrimoine commun des hommes » fait partie des deux objectifs majeurs, avec la perspective d'un développement durable, qui doivent guider l'action collective et individuelle[9]. Il souligne que « ce caractère à la fois patrimonial et commun reconnu au milieu naturel doit se traduire par des mécanismes juridiques nouveaux », dont il donne quelques exemples[10]. Les membres de la commission Coppens ne définissent malheureusement pas leur acception du milieu naturel.

Le souci de précision et l'influence scientifique de l'écologie sont davantage présents à propos du premier considérant du préambule. Le rapport de la commission Coppens indique sur ce point que

> les termes « ressources et équilibres naturels » ont été retenus comme une expression plus précise qu'environnement. [...] Cette expression désigne la nature en tant qu'elle fournit des services, donc des ressources, [...] et en tant qu'elle est organisée comme biosphère, où les composantes vivantes de la nature, faune et flore, composent des systèmes aux interrelations complexes avec le milieu abiotique : les écosystèmes[11].

Nous retrouvons ce vernis scientifique dans l'exposé des motifs du projet de loi constitutionnelle :

> Les premier et deuxième considérants de la Charte énoncent la prise de conscience, notamment grâce aux découvertes scientifiques, des relations réciproques qui existent entre l'humanité et son environnement naturel. Ils expriment le lien indissoluble entre les milieux naturels et l'émergence, l'existence et l'avenir de l'humanité.

Ces premiers éléments nous permettent d'observer que, d'une part, la Charte véhicule une conception clairement anthropocentrée du milieu naturel,

---

[7] Considérant « que les ressources et les équilibres naturels ont conditionné l'émergence de l'humanité ».

[8] Considérant « que la diversité biologique, l'épanouissement de la personne et le progrès des sociétés humaines sont affectés par certains modes de consommation ou de production et par l'exploitation excessive des ressources naturelles ».

[9] Rapport de la commission Coppens de préparation de la Charte de l'environnement, p. 18.

[10] *Ibid.*, p. 20 : droit pour les individus à un environnement sain ; incitation pour les entreprises à contribuer à la préservation d'un environnement sain ; reconnaissance du droit des associations de défendre en justice les intérêts du milieu naturel.

[11] *Ibid.*, p. 34.

ce qui n'est pas nécessairement le cas pour les diverses références aux milieux naturels présentes en droit positif, évoquées plus haut. D'autre part, la Charte semble n'appréhender que l'environnement « naturel », en tenant compte toutefois de l'occupation humaine[12], et ignorer largement sa dimension culturelle. Ce prisme nous amène à suggérer que la considération du milieu naturel serait en réalité omniprésente dans la Charte.

B. Un objet omniprésent

Le constituant recourt de façon privilégiée au vocable environnement — 12 occurrences dans la Charte — sans en donner la moindre définition, alors que le terme est particulièrement imprécis. De fait, le droit de l'environnement est fréquemment aux prises avec l'interpénétration du sens commun et des définitions scientifiques, comme en atteste la terminologie milieu naturel[13]. À cet égard, est révélatrice l'annexe V de la directive européenne n° 92/43/CEE du 21 mai 1992 concernant la conservation des habitats naturels ainsi que de la faune et de la flore sauvage, qui emploie le terme général de nature et non celle, scientifiquement plus exacte, de milieu naturel.

De même, dans la Charte de l'environnement, le terme environnement apparaît comme un mot-valise, englobant indifféremment diverses composantes — équilibres et milieux naturels, ressources naturelles et diversité biologique — qui en sont la caution scientifique. Du reste, l'assimilation du milieu naturel à l'environnement n'est pas choquante pour certains géographes[14] ni pour les biologistes qui considèrent le milieu comme la partie du monde avec lequel un organisme vivant est en contact[15]. Si le rapport relatif à la Charte de l'environnement, établi pour la commission des lois par Mme Kosciuzko-Morizet, tente d'asseoir une distinction entre les deux notions (« il est significatif que la Charte s'ouvre sur la notion d'interaction entre l'homme et le milieu naturel — notion plus large, moins délimitée géographiquement, que celle d'environnement[16] ») qui n'est

[12] Cf. Rapport de la commission Coppens, p. 34 : « Ce n'est pas une nature primitive non modifiée par l'homme […] dans notre pays, une ancienne et dense occupation humaine a façonné presque tous les milieux. »

[13] Cf. sur ce point, E. Naim-Gesbert, op. cit. p. 326 ; A. Van Lang, *Droit de l'environnement*, Paris, PUF coll. « Thémis », 5e éd., 2021, p. 19 et s.

[14] E. Naim-Gesbert, *op. cit.*, p. 330 : « "Il y a pratiquement identité entre milieu et environnement". Et le milieu naturel, dans cette conception spatiale de l'environnement […] doit alors être spécifiquement qualifié par des adjectifs divers tels que naturel, environnant, ou parfois "naturels environnants", boisé, vert… ».

[15] V. supra, note 1.

[16] Rapport n° 992 relatif à la Charte de l'environnement, Assemblée nationale, 12 mai 2004, en ligne, p. 65. Le raisonnement semble inversé p. 41 du rapport, où la notion de milieu naturel apparaît plus précise que celle d'environnement : « … l'environnement. Celui-ci est par excellence un domaine de relations et d'interactions entre les composantes du milieu naturel, auquel l'homme appartient ».

nullement étayée, il alimente toutefois la confusion entre milieu naturel et environnement en employant les deux termes comme des synonymes :

> Le deuxième considérant souligne que l'existence même de l'humanité est liée à son environnement. […] certaines espèces sauraient sans doute s'adapter à un changement radical de climat. Mais il n'en va pas de même des grands mammifères ni de l'espèce humaine, qui est fragile et très sensible à son milieu naturel[17].

Dès lors, si l'on adopte ce parti de l'assimilation, il devient possible de considérer que la Charte protège l'équilibre du milieu naturel à l'article 1er, impose de prendre part à la préservation et à l'amélioration du milieu naturel, de prévenir les atteintes qui le menacent, de réparer les dommages qu'il subit, etc. Il convient cependant d'exclure l'article 6 de cette logique d'assimilation. En effet, en raison de son origine économique, le développement durable s'attache uniquement à la préservation des ressources naturelles, qui correspondent à une approche plus utilitariste et plus réduite que celle de milieu naturel.

On relèvera, pour terminer sur ce point, que l'assimilation du milieu naturel à l'environnement peut être justifiée aussi par l'emploi du singulier. L'idée que l'environnement, ou le milieu naturel dans les mots de la commission Coppens, est le patrimoine commun des êtres humains, véhicule une dimension universaliste, nécessitant de monter en généralité. Le milieu naturel, vaste abstraction équivalente ici à la biosphère, peut alors être distingué des milieux naturels, entités spatialement plus réduites. Cette conception plus stricte, définie en introduction, est du reste la seule adaptée pour envisager la question de la protection par la Charte.

II. Les milieux naturels protégés par la Charte : un bilan décevant

L'étude de la jurisprudence constitutionnelle et administrative faisant application de la Charte, sous l'angle de la protection des milieux naturels[18], conduit à dresser un bilan mitigé, pour ne pas écrire consternant. Celui-ci repose uniquement sur le sens de la décision — validation/censure — au regard de la préservation concrète de l'environnement. Ainsi, une avancée des méthodes de contrôle juridictionnel, qui n'aboutirait pas à l'invalidation d'une disposition défavorable aux milieux naturels, n'équivaut pas à un progrès selon notre grille de lecture[19]. L'appréciation doit également être nuancée en

---

[17] *Ibid.*, p. 65.

[18] Nous précisons qu'il s'agit d'une étude non exhaustive de ces jurisprudences, menée à partir des bases de données juridiques classiques — Légifrance, Ariane… — à partir des mots-clés « charte », « milieu naturel » ou autres —, méthode de recherche qui ne garantit pas selon nous de récolter toutes les sources pertinentes, en particulier pour la jurisprudence administrative, beaucoup plus abondante.

[19] Cf. par ex. sur ce point, M.-A. Cohendet et M. Fleury, « Chronique de la Charte 2020-2021 : un petit pas ? », *RJE*, n° 4, 2021 : « Finalement, la progression des techniques de contrôle paraît plus justifier que limiter les restrictions que le législateur peut apporter aux droits, obligations et principes proclamés par la Charte de l'environnement. »

fonction de l'article de la Charte invoqué. L'article 1er, en tant qu'il affirme un droit de l'homme, est d'un maniement délicat sous l'angle de la protection des milieux. Quant à l'article 7 de la Charte, le plus fréquemment mobilisé, il reconnaît des droits procéduraux au public : sa portée est donc neutre quand il s'agit de garantir la qualité de l'environnement. L'exposé des solutions sera organisé autour des milieux naturels impactés. Seront ainsi pris en compte successivement les milieux aquatiques, marins et le littoral, le sol et le sous-sol, et d'autres habitats naturels. On notera que certaines activités faisant l'objet des décisions recensées affectent en même temps plusieurs milieux naturels, par exemple le milieu aquatique et le sous-sol. Pour éviter les redites, ces affaires ne seront abordées qu'une seule fois.

A. La protection des milieux aquatiques et marins et du littoral

1. La Charte et le littoral : une protection inexistante

L'un des arrêts inauguraux concernant la valeur juridique de la Charte de l'environnement, rendu par le Conseil d'État le 3 octobre 2008, Commune d'Annecy, concernait l'application de la loi du 3 janvier 1986 dite *Littoral* aux rives des lacs de montagne d'une superficie supérieure à 1 000 hectares[20]. Reprenant le considérant célèbre de la décision loi sur les OGM du 19 juin 2008[21], la haute juridiction administrative affirme à son tour que « l'ensemble des droits et devoirs définis dans la Charte de l'environnement, ont valeur constitutionnelle », et se fonde sur la méconnaissance de son article 7 pour annuler le décret du 1er août 2006 qui prévoyait une enquête publique et des modalités d'information et de publicité pour la délimitation des zones soumises à la loi *Littoral*. Le motif d'annulation en l'espèce est l'incompétence du pouvoir réglementaire, en l'absence de disposition législative déterminant les conditions et limites des droits à l'information et à la participation du public. Si l'arrêt du 3 octobre 2008 consacre l'efficacité du recours aux dispositions de la Charte dans le cadre du contrôle de légalité, la censure fondée sur son article 7 n'intervient pas à l'appui d'un renforcement de l'effectivité de la protection. Plus grave, l'annulation des dispositions réglementaires empêche la délimitation des portions de rivages des grands lacs de montagne devant bénéficier des règles restreignant leur constructibilité, issues de la loi *Littoral*. Donc cette protection se trouve en réalité différée du fait de l'arrêt du 3 octobre 2008…

Par ailleurs, l'arrêt du Conseil d'État du 25 février 2019[22] présente l'intérêt d'appliquer l'article 5 de la Charte, relatif au principe de précaution, à des concessions minières situées au large de la côte vendéenne. Il retient que l'exploitation de granulats marins est susceptible d'aggraver l'érosion côtière

---

[20] CE ass. 3 oct. 2008, *Cne d'Annecy*, n° 297931, *Rec.* ; *GAJA* ; *GADE.*

[21] C. const. 19 juin 2008, n° 2008-564 DC, *Loi relative aux OGM.*

[22] CE 25 février 2019, n° 410170, *Assoc. le Peuple des dunes des Pays de la Loire et a.*

et de causer ainsi des dommages graves et irréversibles à l'environnement littoral. Toutefois, prenant en compte les évaluations scientifiques préalables et les mesures de suivi imposées au concessionnaire comme à l'administration par le cahier des charges annexé au décret accordant les concessions, le Conseil d'État conclut que « ces mesures ne peuvent être regardées comme manifestement insuffisantes au regard de l'objectif consistant à parer à la réalisation du dommage susceptible de résulter des transits sédimentaires liés à l'exploitation de granulats ». Cet arrêt illustre donc le contrôle de légalité asymétrique employé dans le cadre de la mise en œuvre du principe de précaution, qui conduit à soumettre à un contrôle restreint les mesures permissives prises à l'égard des activités à risque, tandis que les mesures restrictives de celles-ci font l'objet d'un contrôle normal. Il en résulte inévitablement une moindre censure des premières, et par conséquent une portée affaiblie du principe de précaution[23]. L'arrêt du 25 février 2019 constitue encore une fois une solution ambivalente, puisque le principe de précaution y étend son emprise au domaine des concessions minières, sans pour autant permettre d'écarter le risque de dommage irréversible auquel l'activité d'extraction sous-marine expose l'intégrité du littoral.

Devant le Conseil constitutionnel, la protection de l'environnement littoral, amorcée sous forme d'un compromis annonciateur du développement durable par la loi du 3 janvier 1986 relative à l'aménagement, la protection et la mise en valeur du littoral, ne constitue pas davantage un objectif prioritaire que viendraient soutenir les dispositions de la Charte. En effet, le Conseil constitutionnel a validé récemment de nouvelles dérogations à la loi *Littoral*. D'une part, lors du contrôle opéré sur la loi portant évolution du logement, de l'aménagement et du numérique (*Elan*), il a autorisé — parmi d'autres aménagements de la loi de 1986 — la densification des constructions dans les communes littorales, à des fins exclusives d'amélioration de l'offre de logement ou d'hébergement et d'implantation des services publics, mais sans étendre le périmètre du bâti existant, dans les secteurs déjà urbanisés. Cette hypothèse désignée par les élus et aménageurs comme le « comblement des dents creuses », qui semble rationnelle en termes d'occupation de l'espace, fait fi des conséquences environnementales de l'accroissement de population résultant de la densification du bâti : consommation accrue de ressources naturelles telles que l'eau, émissions supplémentaires de gaz à effet de serre, surfréquentation des espaces naturels… Néanmoins, pour le Conseil constitutionnel, cette disposition ne méconnaît pas le droit de vivre dans un environnement équilibré de l'article 1er (§ 12) pas plus que les articles 2 à 5 de la Charte (§ 13 — sans motivation pour ces derniers)[24]. D'autre part, la

---

23 Cf. sur ce point S. Caudal, « Existe-t-il UN principe de précaution appliqué par le juge administratif ? », *RFDA*, 2017 p. 1061.

24 C. const., 15 novembre 2018, n° 2018-772 DC, *Loi portant évolution du logement, de l'aménagement et du numérique*.

décision du 21 juin 2023 valide l'inapplicabilité des dispositions du code de l'urbanisme relatives à la protection du littoral pour la construction de nouvelles installations nucléaires[25]. Pour ce faire, le Conseil constitutionnel tient compte des « garanties légales » apportées au droit de vivre dans un environnement équilibré et respectueux de la santé (article 1er de la Charte) sous forme de limites temporelles — la dérogation n'est valable que pendant vingt ans suivant l'entrée en vigueur de la loi (!) — spatiales et matérielles — soumission de ces nouvelles installations au régime des INB du Code de l'environnement (§ 71 à 74). Pourtant, la décision n'échappe pas à la critique, notamment sous la plume de Mmes Cohendet et Fleury : « Ce choix d'écarter toutes les règles de protection du littoral [...] pendant vingt ans pour permettre l'installation de centrales nucléaires à cet endroit peut laisser songeur quelques années après la catastrophe de Fukushima. » Elles ajoutent :

> Comme à son habitude, le Conseil se garde de toute appréciation du caractère sinon adéquat, du moins non insuffisant de ces limites pour assurer la protection de ce milieu si sensible qu'est le littoral. [...] Autant dire qu'en matière environnementale comme ailleurs, le moyen tiré de la violation des garanties légales n'est pas près d'être accueilli[26].

En outre, la désinvolture du traitement de la durée de cette éviction du code de l'urbanisme contribue à alimenter le sentiment d'un double discours émanant du Conseil constitutionnel : alors que le président du Conseil constitutionnel se targue de contrôler « les lois au regard de leurs conséquences sur les générations futures[27] », depuis la décision du 12 août 2022[28] qui conduit à appliquer l'article 1er de la Charte à la lumière de l'alinéa 7 du Préambule, il ne fut nullement question de l'environnement des générations futures dans la décision du 21 juin 2023. Pourtant, une autorisation de construire un nouveau réacteur nucléaire, délivrée, par exemple, en janvier 2043, impacte inévitablement la prochaine génération…

2. Milieux aquatiques et marins : un contrôle inexistant ou insuffisant

La nécessité de préserver ces milieux essentiels, à la fois pour les services écosystémiques qu'ils fournissent à l'humanité et pour leur valeur intrinsèque qui les rend indispensables au bon fonctionnement écologique, ne semble pas trouver de véritable soutien auprès de la Charte de l'environnement — ou des

---

[25] C. const., 21 juin 2023, n° 2023-851 DC, *Loi relative à l'accélération des procédures liées à la construction de nouvelles installations nucléaires à proximité de sites nucléaires existants et au fonctionnement des installations existantes*. Les députés requérants reprochaient à ces dispositions de ne pas conditionner cette dérogation à la prise en compte des risques pour l'environnement pouvant résulter de la présence de réacteurs électronucléaires sur des sites soumis à des aléas météorologiques, des risques naturels ou au recul du trait de côte.

[26] M. Fleury et M.-A. Cohendet, « Arbitrage et pas de côté », *RJE*, n° 4, 2023.

[27] V. Interview d'Alain Juppé, *Dr. envir.*, septembre 2024, n° 335, p. 294.

[28] C. const., 12 août 2022, n° 2022-843 DC, *Loi portant mesures d'urgence pour la protection du pouvoir d'achat*.

juridictions qui l'appliquent — face aux nombreuses activités économiques qui les menacent.

Le premier exemple topique nous est fourni par l'arrêt du Conseil d'État du 19 juin 2006[29]. L'Association Eau et rivières de Bretagne contestait un arrêté du ministre de l'Écologie et du Développement durable soumettant les exploitations d'élevage à différentes règles visant notamment la protection des cours d'eau et eaux de baignade, qu'elle jugeait insuffisantes. Le juge administratif décide que les articles 1er, 2 et 6 de la Charte, invoqués par la requérante, ne sont pas directement applicables et que « la légalité de l'arrêté attaqué doit être appréciée au regard des dispositions du code de l'environnement qui imposent aux installations classées des sujétions destinées notamment à la protection de l'eau ». Ce recours à la théorie de l'écran législatif pouvait étonner dans la mesure où les articles en cause ne renvoient pas expressément à l'intervention de la loi, contrairement à d'autres dispositions de la Charte. La solution, fondée sur la police des ICPE, n'aboutit qu'à une annulation partielle de l'arrêté. En particulier, le Conseil d'État relève que « l'article L. 211-1 du code de l'environnement, applicable aux installations classées, pose un principe de gestion équilibrée de l'eau, qui doit permettre de concilier différentes exigences, dont celle de l'agriculture ». Rien ne permet d'affirmer qu'un contrôle effectué sur le fondement de l'article 6 de la Charte (développement durable) aurait conduit à invalider l'usage fait par le ministre de son pouvoir d'appréciation. En revanche, les articles 1er et 2 de la Charte auraient pu, en théorie, orienter le contrôle du juge davantage sur la qualité de l'eau que sur les intérêts de l'agriculture.

Une autre affaire concernant la qualité de l'eau peut être mentionnée : dans une décision QPC du 27 juillet 2012[30], le Conseil constitutionnel a censuré la loi (article L 211-3 II 5° du Code de l'environnement) pour incompétence négative du législateur. Celui-ci n'a pas prévu de procédure de participation du public pour la délimitation des zones de protection quantitative et qualitative des aires d'alimentation des captages d'eau potable, et ainsi méconnu l'article 7 de la Charte. Le fait qu'en l'espèce, c'est un syndicat agricole qui invoque le principe de participation du public, nous paraît confirmer l'opinion émise précédemment selon laquelle l'article 7 n'a pas pour vocation de garantir la protection de l'environnement.

Plus récemment, le Conseil constitutionnel s'est penché sur le régime dérogatoire de certains moulins à eau producteurs d'électricité, fixé à l'article L 214-18-1 du Code de l'environnement, qui les dispense de garantir la migration des poissons (ce qui préserve la faune sauvage) et le transport des sédiments sur le cours d'eau (ce qui assure le bon état écologique du milieu aquatique)[31]. Pour les associations requérantes, ces exemptions

---

[29] CE 19 juin 2006, *Assoc. Eau et Rivières de Bretagne*, n° 282456.
[30] C. const., 27 juillet 2012, *FDSEA du Finistère*, n° 2012-270 QPC.
[31] C. const., 13 mai 2022, *Assoc. FNE et a.*, n° 2022-991 QPC.

méconnaissaient l'article 1er, ainsi que les articles 2 à 4 de la Charte, en excluant toute possibilité pour l'autorité administrative d'adopter des prescriptions de nature à assurer la continuité écologique des cours d'eau. Elles avancent en particulier que la préservation de la continuité écologique des cours d'eau serait une composante du droit de vivre dans un environnement équilibré. Le Conseil paraît acquiescer à cette analyse (§ 8)[32]. Il valide néanmoins cette dérogation qui est justifiée par des motifs d'intérêt général (§ 9 : « non seulement préserver le patrimoine hydraulique, mais également favoriser la production d'énergie hydroélectrique qui contribue au développement des énergies renouvelables ») et reste limitée dans la mesure où les cours d'eau en très bon état écologique ne sont pas concernés. Le Conseil souligne en particulier que la dérogation n'écarte pas « l'application de l'article L. 214-18, qui impose de maintenir un débit minimal garantissant en permanence la vie, la circulation et la reproduction des espèces aquatiques » (§ 11). Or cette exigence est la condition d'effectivité de la continuité écologique des cours d'eau. Selon Mmes Fleury et Cohendet, par cette décision, le « Conseil semble valider l'existence d'un principe d'intégration des considérations environnementales à l'ensemble des décisions publiques ayant une incidence sur l'environnement[33] » ; elle pourrait donc être rangée parmi les décisions qui ne sont pas totalement défavorables à la protection des milieux naturels, même si le contrôle exercé sur le fondement de l'article 1er manque de rigueur et celui au titre des articles 2 à 4 de la Charte est expéditif (rejet sans motivation).

La décision du 12 août 2022[34] s'inscrit dans cette tendance consistant à enrichir le contrôle au regard de l'article 1er de la Charte, sans pour autant en tirer des conséquences effectives pour la protection des milieux. En l'espèce, l'installation d'un terminal méthanier flottant dans le port du Havre, dont le fonctionnement est susceptible de porter atteinte notamment à l'environnement portuaire et donc au milieu marin, est validée par la mise en balance des intérêts fondamentaux de la Nation. Précisément, la sécurité de l'approvisionnement énergétique et la préservation des éléments essentiels du potentiel économique de la Nation prévalent sur la protection du droit à un environnement équilibré et respectueux de la santé. Bien que cette décision introduise pour la première fois une référence aux besoins des générations futures tirée de l'alinéa 7 du préambule, à l'appui de l'article 1er, cela ne suffit pas pour déclarer la loi non conforme à la Charte[35]. Comme dans la décision

---

[32] V. sur ce point, le commentaire de M. Fleury et M.-A. Cohendet, « *Work still in progress* », *RJE*, n° 4, 2022.

[33] *Ibid.*

[34] C. const., 12 août 2022, *Loi portant mesures d'urgence pour la protection du pouvoir d'achat*, n° 2022-843 DC.

[35] § 12 : « Il résulte cependant du préambule de la Charte de l'environnement que la préservation de l'environnement doit être recherchée au même titre que les autres intérêts fondamentaux de la Nation et que les choix destinés à répondre aux besoins du présent ne doivent pas

du 13 mai 2022, la production d'énergie sur le territoire et donc l'indépendance énergétique de la Nation constitue un puissant motif de dérogation au droit garanti par l'article 1er[36]. Ce raisonnement, d'une désolante prévisibilité, est d'autant plus déplorable dans l'affaire du terminal méthanier du Havre, que la sécurité de la population est également en cause.

Enfin, l'invocation de l'article 5 de la Charte pour protéger les milieux aquatique et marin n'est pas couronnée de succès, comme le montrent plusieurs affaires. Ainsi, concernant la contestation de l'implantation du parc éolien en mer de Saint-Nazaire, la Cour administrative d'appel de Nantes écarte le moyen tiré de la violation du principe de précaution, faute de démonstration du risque de dommages graves et irréversibles à l'environnement[37]. La Cour de Nancy rejette également ce moyen en présence d'effets certains sur le milieu aquatique, produits par des rejets et effluents[38]. La Cour de Paris a jugé qu'un risque de pollution de la nappe phréatique aux abords d'une construction, considéré comme limité, ne présente pas le degré de gravité exigé par l'article 5 de la Charte[39].

Certaines activités et substances ont des incidences sur le milieu aquatique et sur la qualité du sol. Les décisions qui en traitent sont étudiées dans le paragraphe suivant.

B. La protection du sol et du sous-sol

La question de la préservation de ces milieux qui constituent le support de la vie se pose lors de nombreuses activités humaines. Les décisions étudiées montrent une fois de plus le rôle dérisoire des dispositions de la Charte pour les encadrer.

Alors que la loi du 8 août 2016 dite *Biodiversité* était parvenue à interdire les produits phytopharmaceutiques contenant des substances de la famille des néonicotinoïdes, au regard des dangers qu'ils présentent pour la biodiversité (pollinisateurs), le Conseil constitutionnel valide leur réautorisation pour lutter contre la jaunisse des betteraves sucrières[40]. Cette décision comporte certes une avancée dans le contrôle exercé par le Conseil constitutionnel sur

---

compromettre la capacité des générations futures à satisfaire leurs propres besoins. Dès lors, sauf à méconnaître l'article 1er de la Charte de l'environnement, ces dispositions ne sauraient s'appliquer que dans le cas d'une menace grave sur la sécurité d'approvisionnement en gaz. »

36 Cf. R. Radiguet, « L'exigence constitutionnelle de sauvegarde des "intérêts fondamentaux de la Nation" : un "écocide" juridique ? », *JCP Adm et coll. Terr.*, n° 20, 21 mai 2024, p. 33.

37 CAA Nantes, 15 mai 2017, *PROSIMAR*, n° 16NT02321.

38 CAA Nancy, 31 janvier 2023, *Cne de Joinville*, n° 20NC03835.

39 CAA Paris, 29 juin 2023, *Synd. des copropriétaires du 155 rue de Courcelles*, n° 22PA00443.

40 C. const., 10 décembre 2020, *Loi relative aux conditions de mise sur le marché de certains produits phytopharmaceutiques en cas de danger sanitaire pour les betteraves sucrières*, n° 2020-809 DC.

le fondement de l'article 1er de la Charte[41]. Mais, tout en reconnaissant que « ces produits ont des incidences sur la biodiversité, en particulier pour les insectes pollinisateurs et les oiseaux ainsi que des conséquences sur la qualité de l'eau et des sols et induisent des risques pour la santé humaine », le Conseil estime que la dérogation est limitée et justifiée par un motif d'intérêt général, à savoir préserver les entreprises agricoles et industrielles du secteur de la betterave sucrière et leurs capacités de production. Alors que la dérogation était ouverte jusqu'au 1er juillet 2023, le ministre de l'Agriculture a dû renoncer à une troisième réautorisation pour l'année 2023, à la suite de l'arrêt de la CJUE du 19 janvier 2023 interdisant aux États membres de recourir à ces dérogations. S'il faut attendre que certaines espèces soient définitivement éteintes et certains écosystèmes irrémédiablement pollués pour que cessent ces faveurs accordées à l'agriculture, inutile de préciser qu'il sera trop tard[42]. La décision de décembre 2020 résonne comme une perte de chance de maintien d'un environnement équilibré de deux années. Mais aussi une perte de temps sur la voie de l'adaptation pour le secteur betteravier, bercé de l'illusion que la dérogation serait indéfiniment renouvelée.

Le traitement et le stockage de déchets emportent aussi de lourdes conséquences pour la qualité des sols et sous-sols. À cet égard, doit être citée la décision du 11 février 2022, concernant l'obligation faite par l'article L 541-30-2 du Code de l'environnement aux exploitants d'installations de stockage de déchets ultimes issus de filières industrielles de réemploi, de recyclage et de valorisation. Bien que la gestion plus vertueuse des déchets constitue une déclinaison de l'objectif de valeur constitutionnelle de protection de l'environnement, le Conseil constitutionnel censure cette obligation en raison de l'atteinte à la liberté contractuelle[43]. Ce raisonnement démontre, s'il était nécessaire, le peu d'intérêt que présente un objectif de valeur constitutionnelle face à des droits ou libertés constitutionnels. Il est donc peu compréhensible que le Conseil constitutionnel s'en tienne à cette norme de référence, alors qu'il disposait du droit de vivre dans un environnement équilibré et respectueux de la santé (article 1er) à opposer efficacement à la liberté contractuelle.

---

[41] Le Conseil constitutionnel précise pour la première fois que le législateur « ne saurait priver de garanties légales le droit de vivre dans un environnement équilibré et respectueux de la santé » (§ 13) et que « les limitations portées par le législateur à l'exercice de ce droit ne sauraient être que liées à des exigences constitutionnelles ou justifiées par un motif d'intérêt général et proportionnées à l'objectif poursuivi » (§ 14).

[42] V. S. Foucart, « De nombreux éléments de preuve pointent vers les néonicotinoïdes comme cause majeure du déclin des abeilles », *Le Monde*, 29 août 2019.

[43] C. const., 11 février 2022, n° 2021-968 QPC, *Fédé. nat. des activités de dépollution*. V. § 13 : « Dès lors, si pour mettre en œuvre l'objectif de valeur constitutionnelle de protection de l'environnement, il est loisible au législateur d'instituer une obligation pour les installations de stockage de réceptionner certains déchets ultimes, les dispositions contestées portent une atteinte manifestement disproportionnée au droit au maintien des conventions légalement conclues. »

Le projet de stockage des déchets hautement radioactifs et à durée de vie longue dans le Centre Cigéo de Bure, dans la Meuse, offre d'autres illustrations éclairantes de la posture des juridictions françaises, qui tentent de développer un contrôle « d'environnementalité » tourné vers l'avenir, mais sans réelle conviction. Le Conseil constitutionnel s'est d'abord prononcé à l'occasion d'une question prioritaire de constitutionnalité sur le dispositif législatif relatif au stockage en couche géologique profonde des déchets nucléaires (article L 542-10-1 du Code de l'environnement), auquel l'association Meuse nature environnement reprochait de ne pas garantir la réversibilité du stockage au-delà d'une période de cent ans,

> alors que l'atteinte irrémédiable à l'environnement, et en particulier à la ressource en eau, qui en résulterait pourrait compromettre la capacité [des générations futures] à satisfaire leurs besoins. Ces dispositions méconnaîtraient ainsi le droit des générations futures à vivre dans un environnement équilibré et respectueux de la santé, ainsi que les principes de solidarité et de fraternité entre les générations (§ 2).

Cet argumentaire a fourni au Conseil l'occasion de préciser la lecture de l'article 1er de la Charte à la lumière de l'alinéa 7 du préambule, amorcée de manière peu intelligible dans sa décision du 12 août 2022 précitée[44]. Toutefois, le contrôle fondé sur l'article 1er ne se trouve pas radicalement modifié. Le Conseil constitutionnel observe d'abord que le législateur a entendu prévenir les risques à long terme de dissémination de substances radioactives, poursuivant ainsi les objectifs de valeur constitutionnelle de protection de l'environnement et de protection de la santé. Il énumère ensuite les garanties instaurées par la loi, notamment en termes de réversibilité du stockage. Sans grande surprise, l'examen aboutit au rejet de la demande.

Ce raisonnement est repris peu de temps après par le Conseil d'État saisi de la contestation du décret portant déclaration d'utilité publique du Centre Cigéo. Après avoir cité expressément la décision n° 2023-1066 QPC, il en déduit que le moyen tiré de l'atteinte aux droits et libertés garantis par la constitution, et notamment au droit des générations futures de vivre dans un environnement équilibré et respectueux de la santé, doit être écarté (§ 67). Par ailleurs, la haute juridiction administrative écarte le moyen tiré de la violation de l'article 5 de la Charte au motif que « les risques pour la santé humaine et l'environnement des émissions radiologiques des colis de déchets stockés par le centre Cigéo pendant sa phase de fonctionnement et après sa fermeture, ainsi que les risques d'accidents impliquant des substances dangereuses conventionnelles ou des colis de déchets radioactifs sont identifiés », et

---

[44] C. const., 27 octobre 2023, n° 2023-1066 QPC, *Assoc. Meuse Nature environnement et a.* V. § 6 : « Il découle de l'article 1er de la Charte de l'environnement éclairé par le septième alinéa de son préambule que, lorsqu'il adopte des mesures susceptibles de porter une atteinte grave et durable à un environnement équilibré et respectueux de la santé, le législateur doit veiller à ce que les choix destinés à répondre aux besoins du présent ne compromettent pas la capacité des générations futures et des autres peuples à satisfaire leurs propres besoins, en préservant leur liberté de choix à cet égard. »

échappent dès lors au champ d'application du principe de précaution, qui vise les risques « présentant des incertitudes quant à leur réalité et à leur portée en l'état des connaissances scientifiques » (§ 60). En l'occurrence, l'urgente nécessité d'assurer une solution pérenne pour nos déchets radioactifs conduit peut-être à une assurance excessive, concernant l'environnement et les possibilités techniques qui seront celles des générations nous succédant dans plus de cent ans.

Enfin, la jurisprudence relative aux concessions minières semble marquer une évolution intéressante. En effet, dans sa décision du 26 avril 2013, le Conseil constitutionnel a jugé que les autorisations des travaux de recherche minière en Nouvelle-Calédonie concernant le nickel, le chrome et le cobalt, ne constituent pas des décisions ayant une incidence significative sur l'environnement et ne requièrent donc pas de procédures préalables d'information et de consultation du public au titre de l'article 7 de la Charte. L'exclusion du champ d'application de l'article 7 reste relativement neutre s'agissant de la protection des milieux. Elle semble reposer en l'espèce sur une distinction implicite entre prospection, recherche et exploitation des substances minérales, présente dans le code minier de la Nouvelle-Calédonie. Il faut supposer que l'activité d'extraction correspondant à la phase d'exploitation serait considérée comme ayant des incidences significatives sur les milieux naturels, justifiant la mise en œuvre de procédures participatives. Néanmoins, une conception plus large des incidences directes et significatives sur l'environnement aurait permis de censurer les dispositions en cause[45].

L'activité minière en Guyane a donné lieu récemment à une décision plus encourageante : à propos de la prolongation de plein droit de certaines concessions minières, le Conseil constitutionnel a déclaré inconstitutionnel l'article L 144-4 du code minier ne prévoyant pas que l'administration prenne en compte les conséquences environnementales d'une telle prolongation avant de se prononcer, pour méconnaissance des articles 1er et 3 de la Charte. Il y a sans doute de quoi se réjouir, comme le fait Raphaël Brett dans son commentaire de cette décision, qui

> relève incontestablement des décisions qui font progresser la protection de l'environnement de manière lente, mais irrésistible. Sur le plan symbolique autant que juridique, elle témoigne du haut potentiel disruptif de l'article 1er de la Charte qui, pour la première fois en dix-sept ans, aura motivé la censure d'une disposition législative[46].

Mais cette dernière précision donne immédiatement une teinte un peu pathétique à notre enthousiasme… Dans la décision, le Conseil souligne qu'est « indifférente la circonstance que certaines de ces conséquences

---

[45] V. sur la question de l'incidence significative sur l'environnement, critère d'application de l'article 7 : P. Rrapi, « Le Conseil constitutionnel face à la Charte de l'environnement : vous avez dit hésitant ? », *in* M.— A. Cohendet (dir.), *Droit constitutionnel de l'environnement*, Paris, Mare & Martin, 2021, p. 355. L'autrice évoque l'attitude ambiguë du Conseil constitutionnel concernant cette qualification.

[46] R. Brett, « Un coup d'arrêt à la ruée vers l'or guyanais ? », *RJE*, nº 2, 2022.

pourraient être, le cas échéant, prises en considération ultérieurement à l'occasion des autorisations de recherche et de travaux devant se dérouler sur le périmètre de la concession » (§ 12). Ce faisant, il exclut toute distinction tatillonne entre les actes juridiques qui aboutirait à l'exclusion du champ d'application de la Charte des actes les plus en amont du processus d'exploitation, ce dont il faut se féliciter. Toutefois, la portée de cette décision doit être tempérée : il s'agit seulement d'une invalidation de date à date, entre le 31 décembre 2018 et l'entrée en vigueur de la loi du 22 août 2021, *Climat et résilience*, qui réforme le code minier et entoure la prolongation des concessions de garanties[47]. Dès lors, depuis cette date, les dispositions discutées ne méconnaissent plus les articles 1er et 3, pas plus que 2 et 7 de la Charte (§ 16). Il s'agit donc d'une censure totalement platonique et à peu de frais, qui n'entraîne pas l'abrogation de la disposition déclarée inconstitutionnelle, mais seulement l'ajout d'une réserve d'interprétation selon laquelle la prolongation de droit de certaines concessions ne peut faire obstacle à la prise en compte des conséquences sur l'environnement d'une telle décision.

Dans un nouvel épisode du feuilleton contentieux des concessions guyanaises de mines d'or, le Conseil d'État[48], saisi de recours contre trois décrets de prolongation de concessions, affirme tout d'abord qu'« eu égard à son objet et à ses effets, la décision par laquelle l'autorité administrative accorde la prolongation d'une concession ne peut toutefois être regardée comme une simple prorogation de la décision accordant la concession initiale au sens de l'article L. 123-19-2 du code de l'environnement » et doit donc faire l'objet d'une procédure participative conformément à l'article 7 de la Charte[49]. En l'espèce, une procédure de participation du public par voie électronique a bien été mise en œuvre. Par ailleurs, il identifie un vice de procédure tenant à l'absence de consultation d'une autorité environnementale (§ 19), et sursoit à statuer pour permettre au gouvernement de régulariser la procédure d'évaluation environnementale.

Cette jurisprudence globalement frileuse, lorsqu'il s'agit d'appliquer et de faire produire des effets concrets à la Charte de l'environnement, est reconduite s'agissant de la protection d'autres milieux naturels, tels que les écosystèmes.

---

[47] § 14 : « Toutefois, depuis l'entrée en vigueur de la loi du 22 août 2021, l'article L 114-3 nouveau du code minier prévoit à son paragraphe II notamment que la demande de prolongation d'une concession est refusée si l'administration émet un doute sérieux sur la possibilité de procéder à l'exploitation du gisement sans porter une atteinte grave aux intérêts environnementaux mentionnés à l'article L 161-1 du même code. »

[48] CE 12 juillet 2024, *Assoc. FNE et Guyane Nature Environnement*, n° 468529.

[49] V. dans le même sens, CE 3 décembre 2021, *FNE*, n° 456524.

C. La protection d'autres milieux naturels

Pour illustrer ce point, nous mentionnerons tout d'abord le problème de la pollution lumineuse, qui impacte de manière générale le bon fonctionnement des écosystèmes. Dans une décision du 23 novembre 2012[50], le Conseil constitutionnel considère que la définition du régime applicable à l'installation des enseignes lumineuses a une incidence sur l'environnement et doit donc respecter l'article 7 de la Charte, « mais chaque décision d'autorisation n'a pas, en elle-même, une incidence significative sur l'environnement ». Une telle solution semble inexacte en pratique, ou tout au moins très discutable, puisque c'est l'autorisation de chaque enseigne lumineuse qui la situe sur le terrain, dans un environnement plus ou moins urbanisé ou végétalisé et donc plus ou moins sensible sur le plan écologique.

La destruction de végétaux et l'arrachage d'arbres ont donné lieu à une autre décision très critiquable du Conseil constitutionnel[51]. La société requérante contestait par la voie d'une question prioritaire de constitutionnalité les articles 671 et 672 du Code civil au motif qu'en permettant au voisin d'exiger du propriétaire l'arrachage ou la réduction des arbres, arbustes et arbrisseaux plantés en bordure de son fonds sans qu'il ait à justifier d'un préjudice, ils méconnaissent le Préambule de la Charte de l'environnement, ses articles 1er à 4 ainsi que son article 6. Le Conseil constitutionnel est ainsi amené à reconnaître la pleine valeur constitutionnelle du préambule de la Charte, tout en déniant son invocabilité à l'appui d'une QPC (§ 5). Cette prise de position plutôt favorable à la Charte est aussitôt contrebalancée par l'affirmation selon laquelle « eu égard à l'objet et à la portée des dispositions contestées, l'arrachage de végétaux qu'elles prévoient est insusceptible d'avoir des conséquences sur l'environnement » (§ 9), ce qui entraîne que le grief tiré de la méconnaissance de la Charte de l'environnement est inopérant. Le Conseil semble ainsi limiter l'application de la Charte aux conséquences notables pour l'environnement, entendues comme d'une certaine ampleur. Cette vision est totalement déconnectée des réalités écologiques, car un seul arbre peut constituer le refuge de nombreuses espèces et donc s'avérer inestimable sur le plan environnemental. Sans doute les connaissances ont-elles évolué à cet égard, comme en témoigne un jugement du tribunal judiciaire de Nantes du 3 octobre 2023 relatif à un conflit de voisinage suscité par un tulipier du Japon. Pour rejeter la demande de réduction de l'arbre à une hauteur de deux mètres, le tribunal relève son importance indéniable sur le plan environnemental et écologique, l'arbre « faisant partie d'un ensemble végétalisé participant à la préservation de l'écosystème local. Il apporte un bénéfice à la collectivité — et pas seulement [à ses propriétaires] — par les bienfaits environnementaux qui s'évincent de toute végétation. À ce titre, il doit être préservé conformément à l'article 2 de

---

[50] C. const., 23 novembre 2012, n° 2012-282 QPC, *Assoc. FNE et Agir pour le paysage*.
[51] C. const., 7 mai 2014, n° 2014-394 QPC, *Sté Casuca*.

la Charte de l'environnement ». Cette motivation est évidemment remarquable en ce qu'elle confère une portée concrète au devoir de protection et d'amélioration de l'environnement inscrit à l'article 2.

Cette prise de conscience de l'importance écologique des végétaux doit cependant être relativisée. Sur ce point, force est de constater que la qualification de liberté fondamentale octroyée à l'article 1er de la Charte n'a pas encore permis de faire jouer la procédure de référé-liberté devant le juge administratif pour la protection d'habitats d'espèces et de végétaux : que ce soit en raison de l'absence d'« enjeu de conservation notable[52] » ou faute d'urgence, concernant l'abattage des arbres nécessité par la construction de l'autoroute A 69[53]. L'invocation de l'article 1er ne permet pas davantage de sauver un espace arboré à l'occasion du contrôle de la déclaration d'utilité publique relative à la création d'une zone d'aménagement concerté[54].

Pour conclure ce panorama jurisprudentiel peu encourageant s'agissant de la protection des milieux naturels, il faut observer que la seule décision se fondant sur l'alinéa 2 du préambule, *i-e* celui évoquant le milieu naturel, en a tiré l'objectif de valeur constitutionnelle de protection de l'environnement, patrimoine commun des êtres humains, par référence également aux alinéas 3, 6 et 7 du préambule[55]. Il paraît douteux, à l'heure actuelle, que cet OVC soit un moyen efficace pour renforcer la protection des milieux naturels.

Dans cette optique, les articles de la Charte les plus pertinents à mobiliser restent, selon nous, l'article 3 (devoir de prévention des atteintes à l'environnement), l'article 4 (devoir de réparation des dommages écologiques) et l'article 1er, bien qu'il crée un droit de l'homme, car la garantie d'un environnement équilibré pour chacun emporte nécessairement des retombées positives pour l'environnement lui-même. L'article 2 est également riche de potentialités, comme le montre le jugement nantais cité plus haut.

Parmi ces dispositions, l'article 3 apparaît clairement sous-employé alors que son rôle est essentiel pour préserver l'intégrité et la qualité des milieux naturels. Ainsi, lorsque le juge indique, à propos de la fracturation hydraulique ou du stockage des déchets radioactifs, que le principe de précaution est inapplicable parce que les risques générés par ces activités sont certains, il est permis de se demander pourquoi il ne saisit pas ces occasions pour souligner que les dispositions en cause sont fondées sur le principe de prévention.

Enfin, d'autres pistes d'amélioration de l'effectivité de la protection constitutionnelle de l'environnement passeraient par le renoncement à la logique de conciliation des droits, pour lui substituer celle de hiérarchisation des droits et libertés constitutionnels, comme le préconisait la Convention

---

[52] CE ord. 20 sept. 2022, *M. et Mme Panchaud*, n° 451129 ; CE 16 janvier 2023, n° 470125.
[53] CE ord. 19 avril 2023, *Assoc. FNE Midi-Pyrénées*, n° 472633.
[54] CAA Nantes, 13 décembre 2023.
[55] C. const., 31 janvier 2020, n° 2019-823 QPC, *Union de l'industrie de protection des plantes.*

citoyenne pour le climat[56]. De même, une hiérarchisation des intérêts fondamentaux de la Nation paraît justifiée. Comment ne pas voir aujourd'hui, à l'aune des urgences écologiques, que certains intérêts sont plus fondamentaux que d'autres ?

[56] Rapport de la Convention citoyenne pour le climat, p. 141, Modification du préambule de la Constitution, en ajoutant un deuxième alinéa ainsi rédigé : « La conciliation des droits, libertés et principes qui en résultent ne saurait compromettre la préservation de l'environnement, patrimoine commun de l'humanité. »

DES VOIES D'ACCÈS À ÉLARGIR ?

Anna Maria LECIS COCCO ORTU

En 2022, l'Agence des Nations unies pour l'Environnement avait recensé, seulement en matière climatique, plus de 2 000 affaires reparties devant soixante-cinq juridictions, ce qui représentait presque trois fois le nombre d'affaires recensées cinq ans plus tôt en 2017[1]. Si la multiplication des affaires n'est pas en soi l'indicateur d'un élargissement des portes des prétoires, les études de *global environnemental justice* montrent que, dans plusieurs systèmes juridiques, cette hausse a effectivement été la conséquence d'un élargissement des voies d'accès prenant la forme soit d'un assouplissement de l'interprétation de l'intérêt à agir, soit de l'introduction de nouveaux mécanismes, voire de nouveaux prétoires, à partir d'une tendance développée notamment dans le *Global South*[2].

L'accès à la justice en matière environnementale non seulement représente, avec les principes d'information et de participation, un des piliers de la démocratie environnementale[3], mais constitue également le fondement de la « justice environnementale[4] » et particulièrement de son volet contentieux, devenu désormais un véritable formant juridique incontournable dans l'évolution de la protection de l'environnement[5]. Les conditions d'accès au

---

[1] United Nations Environment Programme, *Global Climate Litigation Report: 2023 Status Review*, Nairobi, 2023, p. 1, https://www.unep.org/resources/report/global-climate-litigation-report-2023-status-review.

[2] Voir notamment J. Peel, J. Lin, « Transnational Climate Litigation: The Contribution of the Global South », *American Journal of International Law*, 113 (4), 2019, p. 679 ; E. Truilhé, M. Hautereau-Boutonnet (dir.), *Le procès environnemental : du procès sur l'environnement au procès pour l'environnement. [Rapport de recherche]*, Paris, IERDJ 2019, accessible en ligne ; D. Amirante, S. Bagni (dir.), *Environmental Constitutionalism in the Anthropocene*, London-New York, Routledge, 2022.

[3] L. Fonbaustier, « Les droits procéduraux » *in* C. Cerda-Guzman, F. Savonitto, *Les 10 ans de la Charte d e l'environnement. 2005-2015*, Paris, Institut Universitaire Varenne, 2016, p. 135.

[4] Sur la notion de « justice environnementale » et sur ses origines comme mouvement de lutte pour la promotion de politiques écologiques et de justice sociale, avant d'élargir son champ d'action au domaine du contentieux, voir D. Schlosberg, *Defining Environmental Justice : Theories, Movements, and Nature*, Oxford, Oxford University Press, 2007.

[5] D. Amirante, « Environmental Constitutionalism through the Lens of Comparative Law. New Perspectives for the Anthropocene », *in* D. Amirante, S. Bagni (dir.), *op. op. cit.* ; Ch. Huglo, *Le contentieux climatique : une révolution judiciaire mondiale*, Bruxelles, Bruylant, 2017. Pour une analyse critique des enjeux liés à l'activisme judiciaire en matière environnementale :

prétoire constituent ainsi une variable essentielle pour l'effectivité du droit de l'environnement[6], pouvant agir aussi bien comme un obstacle que comme un levier à son application[7]. Et ce, à un double égard, puisque de la justiciabilité dépend la garantie concrète d'un droit, mais aussi la justiciabilité d'une situation — l'accès au juge pour la résolution d'un différend ou d'une question déterminée — peut aussi constituer l'occasion pour la consécration d'un droit[8], grâce notamment à une démarche interprétative permettant « de donner plus d'effets aux normes environnementales[9] ».

Pour ce qui concerne notamment le contentieux de la Charte, non seulement c'est grâce à l'accès au juge que certaines violations ont pu être sanctionnées[10], mais c'est encore grâce à l'accès au prétoire que la portée de certaines dispositions a pu être précisée, s'agissant notamment du droit de participation[11]. De plus, c'est à l'occasion d'un recours que les conditions pour le contrôle du respect de la Charte exercé par le juge administratif sur les règlements ont pu être définies[12], ou que des normes protectrices de l'environnement ont pu être tirées par voie interprétative des énoncés de la Charte, comme le droit des générations futures[13]. Ces avancées ont été permises par l'action menée par des acteurs, le plus souvent des associations, qui ont pu saisir un juge et accéder au prétoire pour faire valoir des droits subjectifs ou pour revendiquer la protection de l'environnement contre des atteintes concrètes, mais aussi pour utiliser le contentieux comme formant pour faire évoluer le droit objectif. Plus les acteurs ont des chances de saisir un juge, plus le droit a des chances de s'appliquer et de trouver pleine

---

S. Lavorel, « Le rôle des juges dans l'émergence d'une responsabilité climatique des États », *RJE*, 2021, p. 37.

[6] La question de l'accès est ainsi fondamentale « car derrière l'accès à la justice c'est bien sûr toujours de l'effectivité du droit qu'il est question » : F.-G. Trébulle, « Synthèse », *in* J. Bétaille (dir.), *Le droit d'accès à la justice en matière d'environnement*, Toulouse, Presses de l'Université Toulouse Capitole, 2016, p. 359.

[7] Voir E. Truilhé, M. Hautereau-Boutonnet (dir.), *Le procès environnemental*, *op. cit.*, p. 24 ; L. Canali, *Le procès et le changement climatique. Étude de la réalisation juridictionnelle du droit du changement climatique*, Aix Marseille Université, 2023 p. 47 sqq.

[8] E. Truilhé, M. Hautereau-Boutonnet (dir.), *Le procès environnemental*, *op. cit.*, p. 24 sq.

[9] Ainsi J. Bétaille, « Les stratégies contentieuses des associations en matière de protection du climat : de l'application du droit à l'activisme judiciaire », *in* N. Kada (dir.), *Changements climatiques globaux et outils juridiques locaux : le citoyen en première ligne*, Paris, Dalloz, 2022, p. 109. L'auteur distingue cette « approche normativiste de l'interprétation » d'un véritable activisme judiciaire, parfois observé chez d'autres juridictions et toujours redouté avec grande méfiance par les juridictions françaises. Il faut néanmoins reconnaître que la frontière est floue entre les deux et que ce sont justement des interprétations « permettant de donner plus d'effets aux normes » qui sont souvent taxées de constituer des formes d'activisme judiciaire…

[10] Comme celles concernant la prorogation des concessions minières : CC n° 2021-971 QPC.

[11] CC n°s 2011-183/184 QPC, 2012-262, 2012-269, 2012-270, 2012-282

[12] CE, 12 juillet 2013, n° 344522 *Fédération de la pêche* et CE 26 février 2014, n° 351514 *Association Ban Asbestos France.*

[13] CC n° 2023-1066 QPC.

effectivité[14]. L'équation semblerait alors simple : élargir les voies d'accès signifie augmenter les chances que les contentieux permettent aux dispositions de la Charte de déployer leurs effets dans tout leur potentiel.

Pourtant l'adoption de ce texte, bien que fondée sur des ambitions élevées de protection de l'environnement, n'a pas été accompagnée par un renforcement de l'accès à la justice. Au contraire, cette possibilité a été délibérément écartée de peur de voir les contentieux se multiplier. Par ailleurs, depuis l'entrée en vigueur de la Charte, des évolutions normatives et jurisprudentielles sont intervenues, tantôt pour assouplir ou élargir les conditions d'accès à la justice, tantôt pour les retreindre, au nom d'un autre grand intérêt, l'objectif de sécurité juridique qui, en matière environnementale, se rattache à double fil à celui de la garantie des intérêts particuliers et du développement économique. Cette double finalité a conduit à des évolutions oscillantes, entraînant des avancées et des reculs dans l'ouverture des portes des prétoires.

Ce vingtième anniversaire est donc l'occasion de tirer un bilan et de s'interroger sur une éventuelle nécessité d'élargir les voies d'accès au contentieux de la Charte. C'est justement la question à laquelle les organisateurs de ce colloque m'ont demandé de répondre. La formulation et le positionnement de cette question dans la section dédiée aux « limites » sous-entendent l'hypothèse selon laquelle les conditions d'accès seraient un des facteurs de faiblesse dans l'application de la Charte et invitent ainsi à réfléchir, bien qu'avec un point d'interrogation, sur des propositions visant à en renforcer l'effectivité.

Afin d'évaluer le degré d'ouverture de l'accès à la justice dans le contentieux de la Charte, il y a des spécificités à prendre en compte. Elles tiennent d'abord à sa nature de « contentieux environnemental » et à la spécificité des biens constitutionnels protégés, dont découle la question relative aux bénéficiaires des droits et aux personnes titulaires d'un intérêt à agir. Elles tiennent ensuite à la nature de cette source normative. La Charte est une source de rang constitutionnel, invocable devant toute juridiction : ce sont dès lors les voies d'accès à tous les prétoires qui devraient potentiellement être pris en compte dans cette réflexion. Néanmoins, considérant que l'ambition principale de ce texte est celle de s'imposer comme fondement et limite au législateur[15], la partie perspective de cette contribution se concentrera particulièrement sur l'accès au contentieux constitutionnel et sur les garanties constitutionnelles de l'accès. En dernier lieu, lorsqu'on parle d'accès, il n'y a

---

[14] M. Hautereau-Boutonnet, E. Truilhé, « Des procès pour renforcer l'effectivité du droit de l'environnement », *Les Cahiers de la Justice*, 3 (3), 2019, p. 431.

[15] Selon les mots du Président Chirac, avec la Charte qu'il proposait aux Français, « La protection de l'environnement deviendra un intérêt supérieur qui s'imposera aux lois ordinaires. Le Conseil Constitutionnel, les plus hautes juridictions et toutes les autorités publiques seront alors les garants de l'impératif écologique » : Discours du président de la République Jacques Chirac, Avranches, 18 mars 2002.

pas que les règles sur le déclenchement de l'action en justice qui nous intéressent : j'en viens à la troisième difficulté qui concerne la notion même d'accès ainsi que son étendue. D'une part, cette notion désigne tantôt les mécanismes de saisine et de déclenchement du procès, tantôt les mécanismes de participation au procès et donc d'accès au prétoire dans le cadre d'un contentieux déjà existant, parmi lesquels on retrouve les interventions et l'*amicus curiae* notamment. D'autre part, la notion d'accès à la justice, selon une conception plus large, qui est notamment celle retenue par la Convention d'Aarhus, s'étend aux conditions d'organisation du débat contradictoire et du procès équitable : l'accès au juge doit ainsi être regardé comme l'accès à un prétoire ayant les qualités de juge tiers et impartial et dans les conditions du procès équitable.

Il conviendra donc d'analyser ces trois aspects, pour s'intéresser non seulement aux voies d'accès formelles, mais aussi à leurs conditions d'exercice ainsi qu'à leurs garanties. Afin de tirer un bilan de celles qui peuvent être considérées comme des faiblesses ou des lacunes en matière d'accès entravent à la pleine exploitation de la Charte, il conviendra de partir du constat du faible impact de cette dernière sur les voies d'accès, pour rappeler que le renforcement de l'accès au juge n'apparaît pas parmi les finalités recherchées lors de l'adoption de ce texte (I). Dans un second temps, il s'agira de s'intéresser aux évolutions qu'a connues le droit d'accès aux juges ordinaires et au juge constitutionnel et qui ont eu des effets sur la mobilisation contentieuse de la Charte, pour terminer par quelques considérations sur comment prendre au sérieux le droit d'accès à la justice afin de contribuer à une meilleure mise en œuvre de ce texte ambitieux dont le potentiel n'est pas pleinement exploité (II).

I. Le faible impact de la Charte sur l'élargissement des voies d'accès

L'entrée en vigueur de la Charte n'a pas explicitement élargi les voies d'accès à la justice (A) ni été l'occasion pour repenser le système des bénéficiaires et titulaires des droits environnementaux de manière à mieux répondre aux exigences du procès environnemental (B).

A. L'exclusion d'un élargissement explicite des voies d'accès

Premièrement, dans ce texte, il n'y a pas de formulation explicite du droit d'accès au juge en matière environnementale. Lors des travaux préparatoires, la formulation d'un droit d'accès spécifique en matière de protection de l'environnement et des droits environnementaux avait été exclue, estimant que la reconnaissance d'un droit à un recours effectif sur le fondement de l'article 16 de la DDHC de 1789 suffisait à donner application aux obligations internationales, notamment à la convention d'Aarhus[16]. Dans le Rapport Kosciusko-Morizet rédigé au nom de la commission des lois constitutionnelles, on peut ainsi lire que « [d]ans la mesure où (…) les personnes morales, dont les associations, bénéficient des droits garantis à l'article 7, une affirmation supplémentaire serait redondante (…) [et] faute d'effet juridique, aurait seulement une portée "pédagogique" ». À cet argument théorique s'en ajoutait un autre pragmatique, reposant sur la volonté d'éviter qu'une telle formulation aille renforcer la méfiance de ceux qui — « craignent — à tort — que [l'adoption de la Charte] provoque une augmentation inconsidérée des contentieux »[17]. Plusieurs commentateurs avaient alors parlé d'une occasion manquée, sinon d'un véritable paradoxe entre la volonté de donner application à la convention d'Aarhus et son insuffisante transposition[18]. Anticipant les conclusions, on peut effectivement déplorer l'absence de cette formulation spécifique, qui aurait pu renforcer la protection constitutionnelle de l'accès à la justice contre certaines restrictions imposées par le législateur qui seront évoquées.

La Charte n'a pas non plus élargi le droit d'accès par la prévision d'une ou plusieurs juridictions spéciales ou de chambres spécialisées au sein des juridictions de droit commun,[19] comme il en existe dans grand nombre de pays aujourd'hui (une étude menée en 2017 sous l'égide du programme de l'ONU pour l'environnement en avait recensé 1 200 au sein de 44 pays[20]), à partir

[16] Rapport fait au nom de la commission des lois constitutionnelles, de la législation et de l'administration générale de la république sur le projet de loi constitutionnelle (n° 992) relatif à la Charte de l'environnement, par Mme Nathalie Kosciusko-Morizet : https://www.assemblee-nationale.fr/12/rapports/r1595.asp

[17] *Ibid.* Il a été observé à juste titre que « la rapporteuse même du texte a dévalorisé son contenu, dans le but de rassurer les majorités de droite et obtenir leur ralliement à ce texte » : F. Savonitto, « La Charte de l'environnement : un contentieux toujours en chantier », *Italian Papers on Federalism - IPOF*, n° 2, 2024, p. 30.

[18] J. Bétaille, « Propos introductifs. Le paradoxe du droit d'accès à la justice en matière d'environnement », *in* J. Bétaille (dir.), *Le droit d'accès à la justice en matière d'environnement*, *op. cit.*, p. 7 ; M. Fatin-Rouge Stefanini, « L'exigence constitutionnelle du droit à un juge environnemental en droit comparé », *in* C. Severino, L. Gay, *Du « droit constitutionnel au juge » vers un « droit au juge constitutionnel » ? Perspectives de droit comparé*, Paris, Institut Louis Joinet, p. 103 ; H. Dezangles, « La Charte de l'environnement et les sources externes », *in* C. Cerda-Guzman, F. Savonitto, *Les 10 ans de la Charte* de l'environnement, 2005-2015, Paris, Institut Universitaire Varenne, 2016, p. 153.

[19] Pour des propositions en ce sens d'une partie de la doctrine, voir entre autres M. Clement, « La jurisprudence administrative en droit de l'environnement, entre technique et acteurs », RJE, n° HS 19, 2019, p. 57 ; S. Mabile, « Il faut créer un parquet national environnement », tribune parue sur *Le Monde*, 12 septembre 2017 ; noter que la création de chambres spécialisées dans le traitement du contentieux relatif au devoir vigilance au sein de la Cour d'appel et du Tribunal judiciaire de Paris, par exemple, n'interviendra qu'en 2024.

[20] G. Pring, C. Pring, *Cours et tribunaux de l'environnement. Guide à l'usage des décideurs*, Programme des Nations Unies pour l'Environnement (ONU environnement), 2017, https://www.ifdd.francophonie.org/publications/cours-et-tribunaux-de-l%c2%92environnement/, p. 80.

d'une tendance développée dans certains pays du Sud global, à l'instar de l'Inde ou des Philippines[21]. L'adoption de la Charte n'a pas non plus été l'occasion de modifier les règles du contentieux constitutionnel afin de prévoir un recours spécifique pour le contrôle de son application par le législateur, que ce soit par l'institution d'un recours direct ou par l'introduction d'autres voies de saisine par les autorités juridictionnelles[22] à un moment où, il convient de le rappeler, la possibilité d'invoquer à l'occasion d'un litige la violation d'un droit ou d'une liberté constitutionnellement garanti par une disposition législative n'avait pas encore été introduite[23]. Cette question avait été évoquée lors des travaux de la commission Coppens, certains de ses membres ayant considéré « qu'un plus large accès au juge constitutionnel serait en concordance avec l'économie générale de la Charte » et que dès lors, « sans aller jusqu'à une procédure de saisine directe ouverte à tout citoyen, il pourrait être prévu un dispositif permettant aux juridictions, à l'occasion d'un contentieux, de soumettre au Conseil constitutionnel une question préjudicielle pour apprécier la conformité aux normes constitutionnelles d'une loi promulguée ». Toutefois, cette proposition avait finalement été écartée en considération du fait que « l'intérêt d'une telle réforme constitutionnelle dépass[ait] largement le droit de l'environnement[24] ».

Les dispositions constitutionnelles environnementales ont néanmoins constitué le fondement pour un élargissement des voies d'accès qui sera prévu bien plus tard par le législateur, avec l'introduction de l'action en réparation du préjudice écologique par la loi du 8 août 2016, fondée sur l'article 4 de la Charte[25]. Hormis cet exemple, qui n'est d'ailleurs pas une conséquence directe de la Charte, il n'y a pas eu de volonté de renforcer l'effectivité de la protection de l'environnement par l'institution de procédures de recours

---

[21] D. Amirante, « Giustizia ambientale e *green judges* nel diritto comparato: il caso del *National Green Tribunal of India*, *DPCE Online*, n° 4, 2019 ; M. Stefanini, « Constitution et environnement aux Philippines », *AIJC*, 2020, XXXV-2019, p. 427.

[22] Voir M. Fatin-Rouge Stefanini, L. Gay, « L'accès au juge constitutionnel en matière environnementale. Un panorama comparatif », *in* V. Chiu, A. Le Quinio. *La protection de l'environnement par les juges constitutionnels*, Paris, L'Harmattan, coll. « Droit comparé, 2021, pp. 45-85. Les autrices montrent que, dans le panorama comparé, ça constitue plutôt l'exception. Parmi ces exceptions : *amparo* environnemental en Argentine, et procédure consultative prévue par la Constitution bolivienne sur demande de la juridiction environnementale spécialisée — la Cour agroalimentaire — qui peut saisir le Tribunal constitutionnel à titre consultatif sur la constitutionnalité d'une loi : article 202 de la Constitution bolivienne. Voir à ce propos : M. Stefanini, *op. cit.*, p. 117.

[23] Par ailleurs, on peut se demander si la création d'une chambre spécialisée pour le traitement des QPC à la Cour de cassation, envisagée et puis abandonnée lors de l'introduction de l'article 61-1, aurait pu favoriser la transmission des QPC environnementales…

[24] Rapport de la Commission Coppens, p. 52.

[25] Sur l'origine de cette consécration, entre œuvre prétorienne et intervention du législateur, voir J. Malet-Vigneaux, « De la loi de 1976 à la loi de 2016 : le préjudice écologique : après les hésitations, la consécration », *RJE*, n° 4, 2016, p. 617 ; L. Neyret, « La consécration du préjudice écologique dans le code civil », *Dalloz*, 2017, p. 928.

spécifiques ni par l'élargissement des voies d'accès existantes à de nouvelles catégories de justiciables.

B. La non-remise en cause du modèle des bénéficiaires et titulaires des droits environnementaux

Comme tout le monde le sait, tout d'abord, la Charte n'a pas reconnu la nature comme sujet de droit[26] bénéficiaire de la reconnaissance de droits subjectifs, ou du moins de certains des droits inscrits dans le texte. Contrairement à de nombreux systèmes juridiques d'Amérique latine, d'Asie, d'Australie, mais aussi à l'intérieur des États-Unis, qui reconnaissent désormais des droits subjectifs à certains éléments naturels ou bien à l'environnement dans son ensemble[27], la Charte s'inscrit ainsi dans le modèle anthropocentrique qui conçoit les droits environnementaux comme des droits des personnes humaines[28]. Dans le socle des précédentes codifications normatives en matière environnementale qu'a connu notre système juridique, l'adoption de la Charte n'a pas remis en cause ce modèle, ce qui aurait conduit à soulever la question des titulaires habilités à faire valoir les droits de la nature (ou d'un bien environnemental) en justice par la reconnaissance des « représentants » ou par l'instauration d'une action populaire.

Même sous le profil de l'évaluation de l'intérêt à agir, d'ailleurs, la Charte n'a pas entraîné d'effet d'ouverture extraordinaire. L'article 2, en ce qu'il pose une obligation pour toute personne « de prendre part à la préservation et à l'amélioration de l'environnement », aurait pu être interprété comme attribuant la faculté, voire le devoir à toute personne de saisir un juge en cas d'atteinte à l'environnement. Cela aurait pu fonder l'introduction d'une *actio popularis* sur le modèle de celles existantes dans d'autres pays, de l'Argentine à l'Inde, de la Bolivie aux Philippines, du Costa Rica au Pakistan[29].

[26] Si la question est redevenue d'actualité dans un contexte de remise en question de la conception anthropocentrique de la protection de l'environnement, la référence incontournable est à C. Stoner, *Should Trees Have Standing?*, Oxford, Oxford University Press, 1972, réédité en 2010.

[27] V. David, « La nouvelle vague des droits de la nature, La personnalité juridique reconnue aux fleuves Whanganui, Gange et Yamuna », *RJE*, vol. 42, 2017, p. 409 ; voir aussi S. Dupouy, « La défense de la nature, sujet de droit ou intérêt à protéger ? » *in* M. Hautereau-Boutonnet, È. Truilhé, *Procès et environnement : quelles actions en justice pour l'environnement ?*, Confluence des droits, Aix-en-Provence, DICE Éditions, 2020, p. 17. En plus de citer en exemple l'Équateur, la Bolivie, la Colombie, la Nouvelle-Zélande, l'Inde, le Bangladesh ou encore certains États fédérés mexicains, l'autrice observe que « ce mouvement a encore gagné les États-Unis où un certain nombre de municipalités locales reconnaissent des droits inaliénables à la nature, et investissent dans le même temps les résidents du droit de les défendre en justice. Cela a commencé par de petites villes en Pennsylvanie, et à présent plus de 180 municipalités comme la ville de Pittsburgh ».

[28] Voir le chapitre rédigé par C. Cerda-Guzman dans cet ouvrage.

[29] Sans prétention d'exhaustivité, en Équateur — premier pays à avoir consacré dans sa Constitution les droits de la nature — est prévu un mécanisme de recours ouvert à toute personne, communauté, peuple ou nation, afin de faire appel aux autorités publiques pour qu'elles mettent

Néanmoins, l'interprétation selon laquelle l'article 2 aurait pour effet d'élargir la notion de titulaire et d'intérêt à agir a été très rapidement rejetée par le Conseil d'État. Face à des recours formés par des personnes contestant des atteintes à l'environnement qui ne les affectaient pas de manière directe et spécifique, il a retenu une conception classique de l'intérêt à agir, affirmant que « l'article 2 ne saurait, par lui-même, conférer à toute personne qui l'invoque un intérêt pour former un recours pour excès de pouvoir à l'encontre de toute décision administrative[30] ».

Conformément aux codifications en matière environnementale précédemment adoptées dans notre système juridique, la Charte n'a remis en cause ni le modèle anthropocentrique ni le modèle individualiste du procès attaché à la notion traditionnelle d'intérêt à agir, qui, bien qu'ayant connu quelques aménagements en matière de droits et intérêts collectifs, ne semble pas adaptée à satisfaire les exigences du procès environnemental.

Si l'on peut convenir avec le Professeur Michel Prieur que la constitutionnalisation de la Charte avait un double objectif — renforcer la légitimité des politiques environnementales et garantir un plus grand respect du droit de l'environnement hissé au rang juridique le plus élevé — la faible préoccupation pour les voies d'accès permettant concrètement de faire valoir le respect de la Charte en cas de violation par la loi montre que c'est le premier objectif qui a été privilégié : la Charte, dès son origine, a été conçue plus comme un fondement pour les politiques environnementales mises en place par le législateur que comme une limite à sa volonté, et cela contribue à expliquer en partie les limites de sa mobilisation dans le contrôle de la loi. Cependant, dans un contexte global de judiciarisation croissante de la protection de l'environnement et d'objectivisation de ce type de contentieux[31], d'autres évolutions sont intervenues, déployant des effets sur l'invocabilité de la Charte.

---

en œuvre les droits de la nature. La Constitution bolivienne prévoit également que tout citoyen puisse agir en défense des droits de la « Terre nourricière », tandis qu'au Costa Rica c'est l'interprétation prétorienne qui a ouvert l'accès en justice à toute personne en défense d'un intérêt collectif. Il en est de même aux Philippines, où la jurisprudence a reconnu le droit à tout citoyen d'agir en défense des droits environnementaux des mineurs ou des générations futures. Un *amparo* environnemental existe en Argentine, alors qu'en Inde l'action d'intérêt public existant depuis longtemps a pu trouver une application aussi en matière environnementale C'est via ce type de recours que, en Inde, la High Court de Nainital a accordé la personnalité juridique au Gange et à son affluent le Yamuna et que, au Pakistan, la Lahore High Court Green Bench a enjoint aux autorités du pays de renforcer les mesures de lutte contre le changement climatique. Sur ces expériences, voir : D. Amirante, « Giustizia ambientale e *green judges* nel diritto comparato: il caso del *National Green Tribunal of India*, *DPCE Online*, n° 4, 2019 ; S. Dupouy, « La défense de la nature, sujet de droit ou intérêt à protéger ? », *op. cit.* p. 17 ; M. Stefanini, « Constitution et environnement aux Philippines », *op. cit.*, p. 427.

[30] CE, 3 août 2011, *Buguet*, n° 330566. Sur les résistances à l'élargissement de l'intérêt à agir à tout citoyen voir L. Canali, *Le procès et le changement climatique*, *op. cit.*, p. 112.

[31] J. Bétaille, « Propos introductifs. Le paradoxe du droit d'accès à la justice », *op. cit.*, p. 7.

II. L'impact en clair-obscur des évolutions des voies d'accès sur le contentieux de la Charte

Depuis l'entrée en vigueur de la Charte, on a assisté à des évolutions oscillantes dans l'encadrement et l'application prétorienne de l'accès au juge. Devant le juge ordinaire, on a pu observer un double mouvement d'ouverture et de restriction. Devant le juge constitutionnel, la tendance apparaît, d'un point de vue strictement formel, plus linéaire, entraînant une progressive ouverture de voies d'accès initialement très fermées ; cette ouverture se heurte toutefois à un procès n'assurant pas toutes les conditions d'une pleine garantie du droit au juge. Le constat commun qu'on peut en tirer est que, devant les différents prétoires, des aménagements des règles processuelles ont permis de répondre partiellement à la nature collective des exigences de protection de l'environnement, faisant des associations les acteurs privilégiés de la mobilisation judiciaire de la Charte (A). Les limites auxquelles sont confrontés les acteurs de la protection de l'environnement dans l'accès à la justice sont toutefois révélatrices d'une conception restrictive du droit au juge retenue par le Conseil constitutionnel, à la fois dans l'exercice de son contrôle et dans l'organisation de son procès (B).

A. Des aménagements des règles sur l'accès faisant des associations les acteurs privilégiés du contentieux de la Charte

Même si la Charte n'a pas entendu élargir les conditions de l'accès au juge permettant son application contentieuse, elle a connu une forte mobilisation dès le moment de son entrée en vigueur, notamment devant le juge administratif[32], grâce à de multiples voies d'accès allant du recours contre les décisions individuelles en matière d'urbanisme, au recours contre les déclarations d'utilité publique[33], ou encore au recours pour excès de pouvoir contre un acte réglementaire ou bien contre le refus de son abrogation, au recours de plein contentieux, aux différents recours en référé[34]. Du côté du juge judiciaire, une mobilisation assez importante existe en contentieux pénal, mais l'impact reste globalement plus faible et se limite essentiellement, depuis 2010, à l'invocation de dispositions de la Charte à l'appui de QPC, même si des exceptions d'invocation de son applicabilité au fond ne manquent pas[35].

---

[32] Du côté du juge judiciaire, une mobilisation assez importante existe en contentieux pénal, mais l'impact reste globalement plus faible et se limite essentiellement à l'invocation de dispositions de la Charte à l'appui de QPC, sans en invoquer l'applicabilité au fond.

[33] Sur l'impact de la Charte dans le contentieux en matière d'urbanisme, v. N. Marty, « Les effets de la Charte de l'environnement en droit de l'urbanisme », *in* C. Cerda-Guzman, F. Savonitto (dir.), *op. cit.*, p. 211.

[34] Sur l'invocabilité de la Charte en référé, entre attentes et applications, voir D. Hédary, « Les effets de la Charte de l'environnement sur le droit de l'environnement », *ibid.*, p. 198.

[35] Pour une exception de mobilisation de la Charte dans le cadre d'une décision au fond, voir S. Jolivet et J. Malet-Vigneaux à la *Revue juridique de l'environnement* citant l'arrêt Cass. crim., 29 mars 2023, n° 22-83.911 : S. Jolivet, J. Malet-Vigneaux, « La charte de

Les mailles déjà plutôt larges du contentieux administratif ont par ailleurs connu des évolutions successives qui ont élargi les possibilités de mobilisation de la Charte devant un juge : on rappellera la possibilité d'emprunter la voie du référé-liberté pour violation du droit de vivre dans un environnement sain qui n'a que très récemment trouvé confirmation dans la jurisprudence du Conseil d'État[36], ainsi que le développement récent et encore timide d'un contentieux indemnitaire[37], ou encore le contentieux de l'inaction de l'État, via le recours contre le refus de prendre des mesures[38]. Le législateur est aussi intervenu avec l'introduction de l'action de groupe environnementale aussi bien devant les juges judiciaire et administratif[39] (ouverte aux associations agréées ou aux associations pour la défense des victimes d'un même préjudice) dont le contentieux tarde à se développer[40], ainsi que, devant le juge judiciaire, avec la suscitée action en réparation du préjudice écologique introduite par la loi du 8 août 2016, fondée sur l'article 4 de la Charte, qui est accessible aux associations, qu'elles soient agréées ou non, dont les statuts prévoient la protection de la nature et la défense de l'environnement. Ce bilan formel a ainsi pu conduire à dresser le constat d'un accès à la justice particulièrement ouvert en France[41], y compris en matière environnementale[42].

l'environnement devant les juges administratif et judiciaire (juillet 2022 - juin 2024) », *RJE*, 49 (4), 2004, p. 829. Voir aussi la contribution S. Jolivet, J. Malet-Vigneaux dans cet ouvrage. Sur les voies d'accès aux juge civil, voir aussi C. Hermon, « Le droit à un recours effectif. Du bon usage de l'office distinct des juges administratif et civil », *in* J. Bétaille (dir.), *op. cit.*, p. 145 et M. P. Camproux Duffrène, « L'accès au juge civil français en cas d'atteintes à l'environnement : une diversité d'actions pour répondre à la diversité des préjudices », *ibid.*, p. 203.

[36] Après une décision en ce sens restée longtemps isolée (TA Châlons-en-Champagne, 29 avril 2005, *Conservatoire du patrimoine naturel et autres*, n° 0500828), cette interprétation a trouvé confirmation dans une décision beaucoup plus récente du Conseil d'État : CE, ord. n° 451129 du 20 septembre 2022.

[37] Voir notamment TA Paris arrêt n° n° 1904967-1904968-1904972-1904976 du 14/10/2021 et n° 2321828/4-1 du 22 décembre 2023.

[38] Voir à ce propos L. Dutheillet de Lamothe, « Le contentieux en droit de l'environnement mené par les associations devant le Conseil d'État », *RJE*, n° HS19, 2019, p. 45. Voir les chapitres consacrés aux affaires *Grande-Synthe* et *Notre affaire à tous* dans Ch. Cournil (dir.), *Les grandes affaires climatiques. Confluence des droits*, 2022, p. 183 et 223.

[39] Article L 142-3 et L. 142-3-1 du Code de l'environnement.

[40] Sur les raisons de l'échec de cette innovation procédurale longtemps attendue, du fait de la lourdeur des conditions de sa mise en œuvre, voir L. Radisson, « Pourquoi l'action de groupe environnementale ne fonctionne pas », *Actu-environnement*, 19 juin 2020 ; voir aussi M. Lamoureux, « L'action de groupe environnementale en France » *in* M. Hautereau-Boutonnet, È. Truilhé, *op. cit.*, p. 65.

[41] S. Van Puyvelde, *Les données de la justice française au regard des comparaisons internationales*, Rapport Infostat, n° 188, 2022.

[42] B. Busson, « Le droit d'obtenir justice en matière d'environnement : le point de vue des associations », *in* J. Bétaille (dir.), *Le droit d'accès à la justice en matière d'environnement, op. cit.*, p. 297.

Ces voies ont notamment permis un large accès aux associations[43], grâce à des aménagements de la matrice individualiste du procès — tels que les actions attitrées ou l'interprétation souple de l'intérêt à agir ou à intervenir du côté notamment du juge administratif[44] — qui ont permis de répondre « à la dimension structurellement collective des enjeux en la matière, qui ne sont que très exceptionnellement — et encore — réductibles à des considérations individuelles[45] ». Les évolutions du droit processuel, accompagnées par la tendance générale à la judiciarisation des questions environnementales, ont dès lors permis aux associations de se spécialiser dans des stratégies contentieuses et dans l'usage militant du droit[46] pour devenir, avec les collectivités territoriales[47], les actrices privilégiées du contentieux de la Charte[48], remplissant d'une part cette fonction de représentation indirecte de

---

[43] On a ainsi pu observer que « la défense de l'environnement a été en France largement confiée — sinon déléguée — aux associations de protection de l'environnement » : S. Mabile, « Les justiciables se saisissent-ils du droit de l'environnement ? », *Titre VII*, n° 13, 2024.

[44] Sans entrer dans les détails, on remarquera à cet effet que le code de l'environnement accorde aux associations agréées le droit d'ester en justice devant le juge administratif, ainsi que de se constituer partie civile ou d'agir en réparation de préjudice. Même en l'absence d'agrément, l'intérêt à agir ou à intervenir pour défendre les intérêts dont la protection est inscrite dans leur statut est apprécié de manière plutôt libérale devant le juge administratif. Voir X. Braud, « L'intérêt à agir dans le contentieux de l'environnement », *Cahiers du GRIDAUH*, n° 32, 2018, p. 39 ; B. Busson, « Le droit d'obtenir justice en matière d'environnement : le point de vue des associations », *in* J. Bétaille, *op. cit.*, p. 297 ; voir aussi : O. Le Bot, « Un procès administratif adapté à la protection de l'environnement ? », *in* M. Hautereau-Boutonnet, È. Truilhé (dir.), *Procès et environnement : quelles actions en justice pour l'environnement ?*, *op. cit.*, p. 41. L'accès au juge judiciaire demeure plus étroit pour les associations, en ce qu'il reste conditionné à la conception individualiste du procès et de l'intérêt à agir, qui demande « un intérêt direct et personnel, ce qui est rarement le cas en matière d'environnement » (ainsi B. Hogommat, « Intérêt à agir et droit au recours : le point de vue des associations de protection de l'environnement », *Cahiers du GRIDAUH*, n° 32, 2018, p. 143).

[45] F.-G. Trébulle, « Synthèse », *op. cit.*, p. 359.

[46] Y. Aguila, « Petite typologie des actions climatiques contre l'État », *AJDA*, 2019 p. 1853 ; J. Bétaille, « Les stratégies contentieuses des associations en matière de protection du climat : de l'application du droit à l'activisme judiciaire », *in* N. Kada (dir.), *Droit et climat. Interventions publiques locales et mobilisations citoyennes*, Paris, Dalloz, 2022, p. 109 ; S. Bourges, « Les stratégies des ONG. Retour d'expériences de FNE – PACA », *in* M. Hautereau-Boutonnet, È. Truilhé (dir.), *op. cit.*, p. 57 ; Jean-Baptiste Perrier, « Environnement. Le choix du juge civil ou pénal ». Pour une analyse relativisant la portée des contentieux menés par les associations, voir R. Melot, H. V. Pham, « Protection de l'environnement et stratégies contentieuses. Une étude du recours à la justice administrative », *Droit et société*, 82 (3), 2012, p. 621.

[47] Sur l'intérêt à agir des collectivités territoriales comme acteurs de la protection de l'environnement, voir notamment L. Canali, *Le procès et le changement climatique*, *op. cit.*, p. 132 et s. ; M. Moliner-Dubost, « Quand les collectivités se rebellent contre l'État : l'exemple de la politique environnementale », *AJCT*, 2022, p. 84 ; J.-M. Pastor, Les collectivités territoriales contre les autorisations environnementales, *AJDA*, 8 décembre 2023

[48] Voir É. Chevalier, J. Makowiac (dir.), « Dix ans de QPC en matière d'environnement : quelle (r)évolution ? », Rapport final du projet QPC 2020, *Titre VII* HS, 2020 ; M. Christelle et Ch.-É. Sénac, « QPC et stratégie argumentative des groupes d'intérêt en matière d'interprétation constitutionnelle », *La Revue des droits de l'homme*, n° 21, 2022. Il soit permis de renvoyer aussi à A. M. Lecis Cocco Ortu, « Les stratégies des associations dans le contentieux

la nature invoquée depuis longtemps dans ces travaux par François Ost[49] et, d'autre part, un « rôle doctrinal[50] » de coacteur de la production jurisprudentielle du droit.

Devant le juge administratif, cette dynamique d'ouverture de l'accès a engagé à son tour « une dynamique d'élargissement progressif, quoique contenu, de l'invocabilité de la Charte[51] », se traduisant par des applications des dispositions constitutionnelles environnementales dans le cadre du contrôle des actes réglementaires en contournement de l'écran législatif[52] ou par un renouvellement du contrôle sur la base de principes déjà codifiés au niveau législatif et intégrés dans le contrôle de légalité — tels que le principe de précaution — mais qui, forts de leur constitutionnalisation, ont pu trouver une application renforcée[53]. Cependant, au-delà de ces exceptions, l'effectivité de la Charte devant les juges judiciaire et administratif continuait de se heurter à la théorie de la loi-écran qui, jusqu'à l'introduction de la QPC en 2010, constituait le principal obstacle à son invocabilité.

Du côté du prétoire constitutionnel, là où l'invocabilité de la Charte était depuis 2005 pleine et susceptible de poursuivre une des principales finalités justifiant son adoption — celle de poser des limites à la loi —, les voies d'accès très restreintes avaient donné lieu à un contentieux plutôt faible, témoignant d'une certaine incapacité des parlementaires de se saisir de cet instrument[54]. L'introduction de la QPC a évidemment changé la donne en

---

constitutionnel de la Charte : Un bilan de la contribution apportée à l'évolution jurisprudentielle », *La Revue des droits de l'homme*, n° 27, 2025.

[49] F. Ost, *La nature hors la loi. L'écologie à l'épreuve du droit*, 1995, rééd., Paris, Poche, La Découverte, 2003, p. 204, où l'auteur observait que « Plutôt, (…), que d'affubler la nature des oripeaux du sujet de droit et de lui confier un rôle d'emprunt sur la scène judiciaire (…), ne convient-il pas plutôt d'accorder enfin un réel droit d'action en justice aux associations qui la défendent ? ». Plus récemment, l'auteur a néanmoins nuancé sa position à l'égard de la reconnaissance des droits à la nature : voir notamment F. Ost, « Personnaliser la nature, pour elle-même, vraiment ? » *in* P. Descola (dir.), *Les Natures en question*, Paris, Odile Jacob, 2018, p. 205.

[50] L. Dutheillet de Lamothe, « Le contentieux en droit de l'environnement mené par les associations devant le Conseil d'État », *RJE*, n° HS19, 2019, p. 39.

[51] S. Jolivet, « La Charte de l'environnement devant le juge administratif : une appropriation inachevée ? » *in* M.-A. Cohendet, *Droit constitutionnel de l'environnement*, Paris, Mare & Martin, p. 366.

[52] Voir les décisions citées *supra*, définissant les conditions auxquelles le contrôle de constitutionnalité des actes réglementaires par rapport aux dispositions de la Charte est possible : CE, 12 juillet 2013, n° 344522 et CE 26 février 2014, n° 351514.

[53] C'est le cas du principe de précaution dans le cadre du contrôle du bilan en matière d'utilité publique ou de la délivrance d'un permis de construire : voir S. Jolivet, « Le constitutionnalisme environnemental en droit administratif français : progrès et limites » *in* J. Sohnle, *Le constitutionnalisme environnemental : quel impact sur les systèmes juridiques ?*, Lausanne, Peter Lang, p. 163.

[54] On recense seulement 4 décisions DC mobilisant la Charte entre 2005 et 2010.

termes de potentialité d'exploitation de la Charte, répondant avec cinq ans de retard à l'exigence déjà relevée par le rapport Coppens[55].

Différentes voies sont désormais ouvertes pour accéder au prétoire constitutionnel[56]. Il y a d'abord la possibilité de soulever une QPC ou de participer en tant que partie « défenderesse » demandant le maintien en vigueur de la disposition, qui dépend des règles sur le droit d'ester en justice dans le litige *a quo* et donc des voies d'accès existant devant les juges ordinaires. Il y a ensuite une autre voie d'accès, permettant de participer à un contentieux déjà en cours à travers la tierce intervention. Cette possibilité, initialement reconnue par voie prétorienne[57], est encadrée depuis 2011 par le règlement intérieur pour la procédure suivie devant le Conseil constitutionnel qui la subordonne à l'existence d'un « intérêt spécial[58] ». Ce critère fait l'objet d'une interprétation plutôt libérale vis-à-vis des interventions des associations, leur permettant de devenir des actrices majeures du contentieux constitutionnel[59]. Dans le contrôle *a priori*, même si le droit de saisine est réservé aux autorités publiques habilitées, une forme d'accès est possible à travers la présentation d'observations en qualité d'*amicus curiae*, par la procédure jadis appelée des « portes étroites », désormais renommées « contributions extérieures ». Si on ne saurait les qualifier de « voie d'accès au juge » à proprement parler, puisque, malgré leur institutionnalisation au sein du règlement intérieur pour les déclarations de conformité[60], elles ne sont pas

[55] N. Huten, M.-A. Cohendet, « La charte cinq ans après. Chronique d'un réveil en fanfare », *RJE*, 2010, n° 1, p. 37.

[56] L. Gay, « Défendre l'environnement devant le Conseil constitutionnel. Quelle procédure pour servir la Charte de l'environnement ? » *in* M. Hautereau-Boutonnet, È. Truilhé. *Procès et environnement*, *op. cit.*, p. 119 ; A. M. Lecis Cocco Ortu, « La contribution des associations au contentieux constitutionnel de la Charte. Avancées et limites du *lobbying* judiciaire environnemental », *Italian papers on Federalism IPOF*, n° 2, 2024, p. 41 ; M. Stefanini « L'accès au juge constitutionnel en matière environnementale », Colloque organisé par V. Chiu et A. Le Quinio, *La protection de l'environnement par les juges constitutionnels, approche de droit comparé*, Paris, L'Harmattan, coll. « Droit comparé », 2021, p. 45.

[57] La tierce intervention n'était pas prévue au moment de l'entrée en vigueur de la QPC. C'est ainsi dans la pratique jurisprudentielle que le Conseil a d'abord commencé à déclarer recevables certaines observations reçues et à les verser à la procédure en permettant ainsi des échanges écrits en contradictoire ; ensuite, il a commencé à autoriser les tiers auteurs de ces observations à participer à l'audience et, enfin, il a réglementé les modalités d'intervention dans son règlement intérieur par la décision n° 2011-120 ORGA du 21 juin 2011.

[58] Article 6 du règlement intérieur.

[59] Il soit permis de renvoyer à A. M. Lecis Cocco Ortu, « Les interventions des tiers porteurs d'intérêts collectifs dans les contentieux constitutionnels incidents français et italien. Étude sur l'élargissement du débat contradictoire dans un contrôle de constitutionnalité concret et objectif », Paris, LGDJ, 2018, p. 266 et s.

[60] Article 13 du Règlement intérieur sur la procédure suivie devant le Conseil constitutionnel pour les déclarations de conformité à la Constitution adopté par la décision n° 2022-152 ORGA du 11 mars 2022.

versées à la procédure et ne constituent pas de pièces processuelles[61], les contributions extérieures constituent un instrument permettant à toute personne intéressée — particulier ou le plus souvent personne morale — de s'adresser au prétoire constitutionnel pour invoquer l'application de la Charte.

L'affirmation selon laquelle le contentieux de l'environnement est largement associatif maintient sa validité aussi s'agissant du contentieux constitutionnel. Si les invocations de la Charte par des entreprises, des collectivités territoriales ou même des particuliers ne manquent pas, sur l'ensemble des décisions QPC qui mobilisent la Charte, les trois cinquièmes ont été prononcées dans le cadre de QPC soulevées ou soutenues par des associations[62]. Depuis que la liste des auteurs des portes étroites est publiée, les associations ont présenté des observations dans les procédures concernant les deux tiers des décisions de conformité se référant à la Charte[63]. Devant le juge constitutionnel, on a donc pu observer une progressive ouverture de voies d'accès initialement très fermées[64], qui a entraîné une plus grande effectivité des dispositions de la Charte, même si le bilan reste en tout modeste[65]. Cependant, au fur et à mesure que le contentieux de la Charte, et le contentieux environnemental tout court s'intensifiaient, d'autres évolutions sont intervenues pour limiter l'accès, de peur d'engorger les prétoires et surtout de porter atteinte à la sécurité juridique et par-là aux intérêts individuels ainsi qu'à l'intérêt général au développement économique. À ces restrictions s'ajoutent des limites structurelles du contentieux français, révélatrices d'une conception restrictive du droit d'accès par le juge constitutionnel qui mal s'adapte aux exigences de la protection de l'environnement.

B. Des limites révélatrices d'une conception restrictive du droit d'accès par le juge constitutionnel

Que ce soit devant les juges ordinaires ou devant le prétoire constitutionnel, les voies d'accès à la justice pour invoquer l'application de la Charte sont confrontées à des limites découlant, d'une part, de l'absence d'une garantie constitutionnelle du droit d'accès tenant compte des exigences

---

[61] En vertu du même article 13, *op. cit.*, « Cette contribution n'a pas le caractère d'une pièce de procédure. Elle est sans effet sur la saisine du Conseil constitutionnel, qui n'est pas tenu d'y répondre. »

[62] 22 décisions sur 36, au 20 décembre 2024. Par ailleurs, les trois quarts de l'ensemble des déclarations d'inconstitutionnalité prises en QPC sur le fondement de la Charte ont été prononcées à l'issue de procédures initiées (huit sur neuf) ou soutenues (une sur neuf) par des associations.

[63] À savoir, 13 décisions depuis février 2017, date à laquelle le Conseil a commencé à publier la liste des auteurs des portes étroites : CC n°s 2017-749 DC, 2018-768 DC ; 2018-772 DC ; 2019-781 DC ; 2019-778 DC ; 2020-807 DC ; 2020-809 DC ; 2021-825 DC ; 2021-823 DC ; 2023-848 DC ; 2023-851 DC ; 2023-852 DC.

[64] L. Gay, « Défendre l'environnement devant le Conseil constitutionnel », *op. cit.*, p. 119.

[65] Une soixantaine de décisions prises sur le fondement de la Charte sur plus de mille décisions rendues depuis 2005, dont seulement 12 déclarations d'inconstitutionnalité.

spécifiques du procès environnemental (1) et, d'autre part, du caractère imparfait des garanties du droit au juge dans le contentieux constitutionnel (2). Ces deux ordres de lacunes sont ainsi révélateurs de la conception restrictive retenue par le Conseil constitutionnel à la fois dans l'exercice de son contrôle et dans l'organisation de son procès.

1. S'agissant du premier point, les juristes et les associations engagés dans la protection de l'environnement dénoncent depuis plusieurs années un progressif durcissement des conditions d'accès au juge, que ce soit par l'introduction de critères subjectifs supplémentaires pour ester en justice (comme la condition imposée aux associations d'avoir déposé leurs statuts au moins un an avant l'affichage de la demande d'autorisation contestée, imposée par la loi ELAN de 2018)[66] ou que ce soit de manière indirecte, à travers le raccourcissement des délais de recours[67] ou la réduction de la durée des agréments et la réduction du nombre d'associations agréées[68]. Lorsqu'elles ont

[66] L'article L 600-1-1 du code de l'urbanisme, dans sa rédaction résultant de la loi du 23 novembre 2018. Cette disposition, qui a fait l'objet d'une QPC soulevée par plusieurs associations, a été déclarée conforme à la Constitution par la déc. n° 2022-986 QPC du 1er avril 2022, *Association La Sphinx*. Déjà en 2006, la loi ENL avait exclu la reconnaissance de l'intérêt à agir des associations à l'encontre des décisions intervenues avant la date d'obtention de leur agrément : voir Ph Billet, « La participation confisquée : les restrictions du droit de recours contre les décisions en matière d'environnement et d'urbanisme », *in* M. Boutelet et J. Olivier (dir.), *La démocratie environnementale. Participation du public aux décisions et politiques environnementales*, Dijon, Éditions universitaires de Dijon, 2009, p. 113.

[67] Par ex. la loi Macron de 2016 a réduit d'un an à quatre mois le délai de recours des tiers à l'encontre de décisions concernant les élevages en zone classée ; la loi ASAP du 7 décembre 2020 a prévu, en son article 44, la réduction du délai d'exercice des demandes de concertation préalable des associations agréées, afin de débattre des impacts significatifs sur l'environnement et l'aménagement du territoire des projets, plans ou programmes concernés, de quatre à deux mois.

[68] La liste des associations agréées au titre de la protection de l'environnement, en ligne sur le site du ministère de la Transition écologique, recense 43 associations. Leur nombre s'est réduit de plus que la moitié depuis la réforme de 2012 qui a limité l'agrément à une durée de cinq ans. L'autorité administrative justifie cette approche renouvelée par la volonté d'un recentrage de l'agrément sur les associations les plus représentatives et impliquées (voir en ce sens la circulaire du 14/05/12 relative à l'agrément des associations au titre de la protection de l'environnement : « L'agrément au titre de la protection de l'environnement ne constitue ni une marque de distinction, ni une récompense pour un engagement occasionnel en faveur de l'environnement mais la reconnaissance par l'État d'un engagement effectif et durable dans ce domaine. »), mais de cette manière la marge d'appréciation des autorités administratives compétentes devient plus importante : voir les considérations de E. Chevalier (dir.), *Le juge, quelle voix au service de la protection de l'environnement ? Contribution à l'analyse du rôle du juge administratif*, Rapport IERDJ, 2024, p. 34.

Voir les contributions extérieures des associations sur CC 2021-823 DC sur limitation droit asso pour simplification procédure refus ou abrogation agrément, dont dépend le droit de participation et d'accès : « L'article 7 porte une atteinte manifestement disproportionnée au droit des associations de protection de l'environnement de participer à l'élaboration des décisions publiques ayant une incidence sur l'environnement, en permettant le refus ou l'abrogation de leur agrément de protection de l'environnement sur des motifs insuffisamment clairs et précis les exposant ainsi à un risque de décision arbitraire ayant une conséquence directe sur leur droit

été soumises au contrôle du Conseil constitutionnel, ces différentes restrictions apportées par le législateur ont tour à tour été validées comme ne portant pas une atteinte disproportionnée au droit d'accès, sans tenir compte des exigences spécifiques de la protection judiciaire de l'environnement. Faute d'avoir été spécifiquement formulé au sein de la Charte, un droit au juge élargi spécifique au domaine environnemental aurait pu être consacré sur la base d'une interprétation combinée des articles 1er, 2 et 7 à la lumière du préambule. C'est en revanche une lecture restrictive qui a été opérée par le législateur et par le Conseil d'État, que le Conseil constitutionnel n'a pas démenti[69]. Ainsi, dans sa décision n° 2011-138 QPC du 17 juin 2011, *Association Vivraviry*, le Conseil constitutionnel a validé la restriction apportée au droit à un recours effectif des associations au motif que celle-ci ne concerne que les associations de circonstance, constituées dans le seul but de contester la légalité d'une décision accordant l'autorisation d'utilisation du sol. Dans la même veine, dans sa décision n° 2022-986 QPC du 1er avril, *Association La Sphinx*, il a considéré comme non disproportionnée la limitation apportée au nom de la défense de la sécurité juridique, en ce que « en adoptant ces dispositions, le législateur a souhaité que les associations qui se créent aux seules fins de s'opposer à une décision individuelle d'occupation ou d'utilisation des sols ne puissent la contester. Il a ainsi entendu limiter les risques particuliers d'incertitude juridique qui pèsent sur ces décisions d'urbanisme et prévenir les recours abusifs et dilatoires[70] ».

La justification des réformes de 2006 et suivantes répondait en effet à la volonté du législateur de « sécuriser » les autorisations individuelles d'urbanisme contre celle qui était présentée comme une avalanche de recours « abusifs et dilatoires », sans toutefois se soucier de qualifier juridiquement cet objectif poursuivi par la loi, « en dépit de l'importance d'une telle qualification pour le degré de contrôle opéré[71] ». Or, cet argument est réfutable à plusieurs égards. D'une part, comme relevé par le mémoire en intervention déposé par FNE citant le rapport communiqué par le gouvernement dans le cadre de la procédure, « chaque année, on dénombre en moyenne 1,5 million de demandes d'autorisation d'urbanisme et 98 % ne font l'objet d'aucun recours[72] ». Ensuite, la différence de traitement entre associations ne trouve pas de fondement dans l'objectif d'éviter les « recours abusifs », en ce que la

---

de participer. » https://www.conseil-constitutionnel.fr/sites/default/files/as/root/bank_mm/decisions/2021823dc/2021823dc_contributions.pdf.

69 J.-F. Struillou, T. Watari, « Les exigences constitutionnelles du droit d'accès au juge », *Cahiers du GRIDAUH*, n° 32, p. 99.

70 Paragraphe 8.

71 E. Cartier, « Un pas en arrière pour la garantie de l'accès à la Justice : CC n° 2022- 986 QPC du 1er avril 2022, *Association "La Sphinx"*, Chronique de droits fondamentaux et libertés publiques (janvier-juin 2022) », *Titre VII*, n° 9, 2022.

72 Observations en intervention présentées par France Nature Environnement, citées sur le site de FNE : https://fne.asso.fr/actualites/la-france-entrave-l-acces-a-la-justice-des-associations-nous-saisissons-les-nations.

durée d'existence d'une association n'a aucun lien avec la légalité d'une autorisation et, par conséquent, avec le caractère abusif du recours. Pour ces raisons, il est regrettable, comme l'avait observé Olivier Le Bot à propos de la décision de 2011, que, pour le Conseil constitutionnel, « le droit d'agir en justice ne compren[ne] pas la possibilité de s'organiser collectivement à compter de la prise de connaissance d'un acte pour en contester la légalité » d'autant que les associations assurent un rôle et une fonction sociale importants dans l'exercice d'actions en justice » là où « l'intérêt à agir des personnes physiques est admis de façon nettement plus stricte que celui des associations[73] ». Ces restrictions du droit au recours des associations constituent l'un des griefs de la procédure initiée par *France Nature Environnement* et *Geenpeace France* devant le Comité d'Aarhus pour violation de la part de l'État français du droit d'accès à la justice consacré par la Convention d'Aarhus[74].

La restriction des voies d'accès pour invoquer l'application de la Charte en faveur de la protection de l'environnement est d'ailleurs la conséquence de l'effet cumulé des différentes mesures qui ne seraient potentiellement pas, seules, attentatoires du droit au recours. Les limites à la protection du droit à un recours juridictionnel effectif résultent ainsi surtout de l'absence de contrôle de l'effet conjugué des réformes successives restreignant les conditions d'accès au juge. Comme il a été justement observé, « tant que le législateur ne va pas jusqu'à supprimer toute possibilité de recours — ce qui serait jugé inconstitutionnel — il bénéficie d'une importante marge de manœuvre pour restreindre les possibilités d'accès au juge, au nom de la préservation de la sécurité juridique[75] ».

Afin de renforcer les garanties constitutionnelles du droit d'accès, la consécration d'un droit d'accès spécifique en matière environnementale apparaît dès lors comme une des priorités. À défaut de l'avoir inséré dans la Charte, sa consécration jurisprudentielle permettrait de renforcer le contrôle sur les restrictions apportées par le législateur, prenant dûment en compte le caractère structurellement collectif des enjeux environnementaux et l'effet cumulatif des différents dispositifs encadrant le contentieux. Cela conduirait notamment à accorder une garantie renforcée au droit d'accès des associations, comme l'a fait la Cour européenne des droits de l'homme (ci-après Cour EDH) qui, concernant l'approche restrictive retenue par la Cour de

[73] O. Le Bot, « Recours des associations *ad hoc* contre les autorisations d'urbanisme : le Conseil constitutionnel valide la restriction au droit d'agir en justice », *Recueil Dalloz*, 2011, p. 1942. Dans le même sens, voir aussi Emmanuel Cartier déplore « un régime de minorité juridique des associations » : E. Cartier, « Un pas en arrière pour la garantie de l'accès à la Justice », *op. cit.*

[74] Voir les documents relatifs à cette communication : https://unece.org/env/pp/cc/accc.c.2022.197_france.

[75] J.-F. Struillou, T. Watari, « Les exigences constitutionnelles du droit d'accès au juge », *Cahiers du GRIDAUH*, n° 32, p. 99.

cassation française, a reconnu l'exigence d'interpréter avec souplesse les conditions du droit au recours au vu du fait que « les associations jouent un rôle important, en défendant certaines causes (…) particulièrement dans le domaine de la protection de l'environnement[76] ». Dans son arrêt du 9 avril 2024[77], retenu en ce qu'il s'agit de la première condamnation d'un État pour sa politique climatique insuffisante, la Cour EDH est allée même plus loin, invoquant la reconnaissance de la spécificité du droit au recours propre aux associations en raison de leur fonction représentative en matière environnementale. Elle a ainsi observé que « les considérations particulières liées au changement climatique plaident pour que l'on reconnaisse aux associations la possibilité, sous certaines conditions, d'avoir qualité pour représenter devant la Cour les adhérents dont elles allèguent qu'ils ont été ou seront touchés dans leurs droits », et que « la nature particulière du changement climatique, sujet de préoccupation pour l'humanité tout entière, et la nécessité de favoriser la répartition intergénérationnelle de l'effort dans ce domaine (…) militent également en faveur de l'octroi aux associations de la qualité pour agir dans les affaires climatiques portées devant la Cour ».

Sans pouvoir interpréter le droit d'accès, même à la lumière des textes et jurisprudences internationaux et européens, comme imposant un élargissement aveugle à toute personne, physique ou morale, ayant un intérêt au respect des droits environnementaux, la spécificité du droit d'accès en matière environnementale devrait être reconnue, pour s'affranchir davantage des critères ordinaires régissant le droit au recours et permettre une meilleure prise en compte de la nature des biens protégés et de la portée des enjeux environnementaux. En l'absence de la reconnaissance des éléments naturels comme sujets de droit bénéficiant de représentants légaux directs, reconnaître un rôle privilégié à ceux « représentants indirects » de la nature que sont les associations constitue une conciliation entre, d'une part, l'exigence de garantir un recours contre toute atteinte à l'environnement et, d'autre part, la garantie de la sécurité juridique et l'intérêt d'éviter l'engorgement des prétoires que produirait une ouverture indiscriminée par l'introduction d'une *actio popularis*.

2. D'autre part, la conception restrictive du droit d'accès par le juge constitutionnel se retrouve aussi dans sa manière d'organiser l'exercice du contrôle au sein de son prétoire. Au-delà de la validation des restrictions formelles analysées, ce sont aussi les conditions d'exercice de l'accès devant le Conseil constitutionnel qui ne sont pas en mesure de satisfaire les exigences d'un droit d'accès à la justice au sens large.

---

[76] Cour EDH, *Association burestop 55 et autres c. France*, 2e ch., nos 56176/18 56189/18 56232/18, 1er/10/2021 ; voir déjà Cour EDH, *Collectif national d'information et d'opposition à l'usine Melox - Collectif stop Melox et Mox c. France*, n° 75218/01, 12/6/2007, déclarant en revanche irrecevable le recours d'une collectivité territoriale.
[77] Cour EDH, *Verein KlimaSeniorinnen Schweiz et autres c. Suisse [GC]*, n° 53600/20 du 9 avril 2024.

Premièrement, l'approche plutôt favorable retenue à l'égard des interventions de la part des associations de protection de l'environnement ne saurait cacher les faibles garanties sur lesquelles elle repose. Bien que le critère de l'intérêt spécial fasse l'objet d'une interprétation plutôt libérale vis-à-vis des interventions des associations, cette formulation aussi large sans aucune indication ultérieure sur les critères de recevabilité (que ce soit dans le règlement ou par voie jurisprudentielle) a donné lieu à des décisions de rejet au fondement parfois obscur[78], sachant que les décisions sur la recevabilité d'interventions ne sont pas motivées[79]. Ainsi, la jurisprudence du Conseil constitutionnel a pu décourager les interventions par des petites associations locales[80]. Des modifications du règlement intérieur du Conseil seraient sans doute opportunes sur ces points. Par ailleurs, il arrive que la reconnaissance de l'intérêt à intervenir soit refusée sur la base d'une interprétation restrictive des « conséquences sur l'environnement[81] ». Enfin, l'effectivité de la tierce intervention comme voie d'accès est fortement affaiblie par le fait qu'aucune obligation n'existe de répondre aux arguments soulevés par les tiers intervenants, avec la conséquence que, si le Conseil a désormais tendance à s'y référer plus souvent, il ne le fait pas systématiquement. Quant aux contributions extérieures, bien qu'on puisse saluer le fait que leur régime ait été rendu moins opaque[82], force est de constater qu'elles ne constituent point une véritable voie d'accès en ce qu'elles ne sont pas versées à la procédure et

---

[78] A.M. Lecis Cocco Ortu, « Les interventions des tiers porteurs d'intérêts collectifs », *op. cit.*, p. 284 s. et Ead., « QPC et interventions des tiers : le débat contradictoire entre garantie des droits de la défense et utilité des *amici curiae* », *RFDC*, n° 104, 2015, p. 863.

[79] Le Règlement intérieur dispose simplement que le Conseil décide de la recevabilité des observations en intervention (article 6 alinéa 2) et que « [l]orsque des observations en intervention ne sont pas admises par le Conseil constitutionnel, celui-ci en informe l'intéressé » (article 6 alinéa 5). Les décisions de recevabilité ne sont pas publiées, mais certaines communications relatives à la recevabilité ou à l'irrecevabilité des observations ont été mises à notre disposition par les auteurs des interventions ou publiées sur leur site web. Il a ainsi été possible de vérifier qu'aucune motivation n'est effectivement fournie par le Conseil constitutionnel.

[80] Dans la décision n° 2013-346 QPC du 11 octobre 2013, relative à l'interdiction de la fracturation hydraulique pour l'exploration et l'exploitation des hydrocarbures, le Conseil a déclaré recevables les interventions des associations France Nature Environnement et Greenpeace France et refusé celles de trois associations environnementales locales.

[81] Ainsi, dans le cadre de la QPC n° 2014-394, l'intervention de FNE a été déclarée irrecevable. Même si on ne peut pas connaître le motif officiel, la motivation de la décision laisse déduire que le rejet de l'intervention a été fondé sur le fait que « l'arrachage de végétaux [prévu par les dispositions contestées] est insusceptible d'avoir des conséquences sur l'environnement ».

[82] L'association Les amis de la terre avait demandé au Conseil constitutionnel d'adopter un règlement de procédure pour le contrôle de constitutionnalité *a priori* des lois, afin notamment qu'il soit donné un cadre aux portes étroites, sur la base d'arguments appuyés sur un rapport sur l'influence des lobbys sur le contentieux environnemental (*Les Sages sous influence ? Le lobbying auprès du Conseil constitutionnel et du Conseil d'État*, juin 2018, https://www.amis-delaterre.org/IMG/pdf/les_sages_sous_influence_-_rapport_amis_de_la_ter re_-_odm.pdf). Face au refus implicite, elle avait ensuite intenté un recours devant le Conseil d'État, qui avait été rejeté (CE, 11 avril 2019, n° 425063), mais qui avait pu participer à l'évolution normative de la part du Conseil avant que l'affaire n'aboutisse à la Cour EDH.

que les arguments des contributeurs sont rarement pris en compte et jamais mentionnés[83].

Les conditions d'accès au juge constitutionnel ne satisfont pas non plus aux standards posés par la Convention d'Aarhus, impliquant l'accès à un juge impartial : sont en cause non seulement la composition du Conseil constitutionnel en soi, mais surtout le mécanisme de récusation qui exclut l'hypothèse de conflit objectif, lorsqu'une question est examinée par d'anciens parlementaires ou ministres qui auraient précédemment soutenu, proposée ou votée la disposition censurée[84]. Ainsi, lors de l'examen de la QPC portant sur la restriction du droit de recours des associations contre les permis de construire[85], deux anciens ministres, Jacqueline Gourault et Jacques Mezard, ont pu se prononcer en tant que juges constitutionnels, malgré le fait qu'ils aient préalablement porté et soutenu publiquement la disposition qu'ils étaient appelés à juger. À ce propos, une procédure est ouverte à la suite d'une communication adressée au comité d'Aarhus[86].

Bien que l'organisation du procès constitutionnel demande une certaine flexibilité, qui se retrouve aussi dans d'autres prétoires constitutionnels étrangers, il serait d'abord souhaitable qu'au moins le cadre des règles en matière de procès équitable et de débat contradictoire, parmi lesquels les règles sur la récusation et sur l'intervention des tiers, soit inclus dans la loi et non pas laissé à l'auto-normation du Conseil. À défaut, une modification du règlement serait opportune, dans le sens évoqué.

En conclusion, il me semble qu'une meilleure efficacité de la Charte, notamment comme limite à l'action du législateur, ne dépende pas tellement de l'introduction de nouvelles voies d'accès, mais des ajustements nécessaires pour « prendre le droit d'accès au sérieux[87] », en prenant aussi en compte les spécificités du droit d'accès en matière environnementale. L'effectivité de la Charte dépend des limites qu'on a pu évoquer tenant à sa rédaction et surtout à son interprétation et application. Renforcer les garanties de l'accès en défense de l'environnement, notamment à l'égard de ces *repeat player* qui peuvent contribuer à une pleine exploitation du potentiel des dispositions de la Charte, participe aussi à relever ce défi.

---

[83] Sur la prise en compte des arguments présentés par les contributions extérieures et les interventions des associations, il soit permis de renvoyer à A. M. Lecis Cocco Ortu, « Les stratégies des associations dans le contentieux constitutionnel de la Charte : Un bilan de la contribution apportée à l'évolution jurisprudentielle », *op. cit.*

[84] En vertu de l'article 4 alinéa 4 du Règlement intérieur du Conseil pour les QPC : « Le seul fait qu'un membre du Conseil constitutionnel a participé à l'élaboration de la disposition législative faisant l'objet de la question de constitutionnalité ne constitue pas en lui-même une cause de récusation. »

[85] CC n° 2022- 986 QPC, cité.

[86] Voir les documents relatifs à cette communication : https://unece.org/env/pp/cc/accc.c.2022.197_france.

[87] En paraphrasant R. Dworkin, *Prendre les droits au sérieux*, Paris, PUF, 1995.

DES DIVERGENCES À SURMONTER ? LES LIMITES DE LA JURISPRUDENCE DES JUGES ORDINAIRES

Simon JOLIVET
et Julie MALET-VIGNEAUX

Cette contribution porte essentiellement sur les limites à la portée ou à l'effectivité de la Charte de l'environnement qui seraient imputables aux juridictions ordinaires, et en particulier aux juridictions suprêmes des deux ordres de juridiction. Elle ne se limite pas à l'hypothèse de divergences de jurisprudences entre elles ou avec le Conseil constitutionnel, en raison des difficultés de la comparaison et parce que l'on pourrait imaginer que des limites à la portée de la Charte résultent de convergences entre les jurisprudences. Or, du point de vue finaliste qui est le nôtre, ce qui importe c'est avant tout l'identification des limites. À cette fin, les données brutes utilisées — à savoir les arrêts du Conseil d'État et de la Cour de cassation — proviennent d'abord de chroniques réalisées pour la RJE, depuis le mois de juillet 2017 jusqu'à nos jours[1]. Des recherches complémentaires ont été faites pour donner une plus grande profondeur historique, mais elles ne tendent pas à l'exhaustivité, particulièrement du côté du Conseil d'État, en raison de la quantité importante de décisions le concernant.

Étant donné l'ampleur de la tâche et les autres contributions à cet ouvrage, la nôtre se focalise sur les questions transversales plutôt que sectorielles ou liées à des articles en particulier : champ d'application, notion d'environnement, notion d'effet ou d'atteinte à l'environnement, etc.

Une précision s'impose immédiatement, celle du prisme des limites. Ce prisme, qui correspond à la commande qui a été faite par les directeurs de l'ouvrage, est nécessairement déformant et pourrait faire apparaître notre contribution comme exagérément négative. Il conduit à passer sous silence, ou en tout cas à minimiser, les nombreux apports de la jurisprudence des juges ordinaires depuis 2005, et les dynamiques jurisprudentielles dans l'ensemble plutôt favorables à un accroissement de la portée et de l'effectivité de la Charte, avec même une accélération ces dernières années. On pourrait mentionner à cet égard l'affirmation de la transversalité de dispositions de la

[1] S. Jolivet et J. Malet-Vigneaux, « La Charte de l'environnement devant les juges administratif et judiciaire », *RJE*, n° 4, 2018, p. 769-780 ; *RJE*, n° 4, 2019, p. 807-819 ; *RJE*, n° 4, 2020, p. 839-852 ; *RJE*, n° 4, 2021, p. 777-790 ; *RJE*, n° 4, 2022, p. 841-855 ; *RJE*, n° 4, 2024, p. 829-845.

Charte au-delà du droit de l'environnement *stricto sensu*[2], l'affaiblissement progressif des effets de la théorie de la loi-écran[3], ou la reconnaissance symbolique de l'environnement comme une liberté fondamentale dans le cadre du référé-liberté devant le juge administratif[4]. Nous avons pleinement conscience de ces éléments.

Ensuite, il convient d'avoir conscience des limites intrinsèques à ce travail de comparaison. L'office des juges administratif et judiciaire est différent, de même que la structure qualitative et quantitative du contentieux environnemental devant eux. Alors que le contentieux est extrêmement développé devant le Conseil d'État, il est beaucoup plus modéré devant la Cour de cassation, ce qui s'explique aisément au regard des nombreux textes de droit public, et notamment de police administrative, en droit de l'environnement. Les requérants ne sont pas les mêmes non plus : beaucoup d'associations à la manœuvre du côté administratif, qui invoquent la Charte dans un objectif d'amélioration de la protection de l'environnement et pour lui faire produire tous ses effets, ce qui se retrouve moins du côté judiciaire. En outre, devant le juge judiciaire, même quand la Charte est invoquée dans un objectif d'amélioration de la protection de l'environnement, elle l'est parfois de façon tellement secondaire dans le litige que son invocation n'apporte, sans surprise, aucune plus-value à la requête.

La comparaison trouve néanmoins un terrain d'élection plus évident : la question prioritaire de constitutionnalité (QPC), puisque des deux côtés, un même office de juge du filtre est exercé. Cette étude de la (non-)transmission des QPC permet alors de différencier le comportement des juges administratifs et judiciaires, et surtout de tester l'hypothèse d'un excès de filtrage du côté du Conseil d'État (I). Outre les QPC, les dispositions de valeur constitutionnelle de la Charte étant invocables devant les juridictions judiciaires comme administratives, l'influence limitée de la Charte sur le fond du contentieux environnemental est également à questionner. À cet égard, les limites devant le juge judiciaire s'expliquent par le type de contentieux susceptible de se développer et les outils déjà existants pour le traiter. Le juge, en outre, est lui-même réticent à remettre en cause les constructions classiques auxquelles il est habitué, notamment dans le contentieux de la responsabilité environnementale (II).

---

[2] V. par ex., pour l'article 5 sur le principe de précaution : CE, 19 juillet 2010, *Association du quartier les Hauts de Choiseul*, n° 328687 : *Droit de l'environnement* 2010, p. 278, note J. Bétaille ; CE, 8 octobre 2012, *Commune de Lunel*, n° 342423 : *RDI*, 2012, p. 143, note P. Soler-Couteaux ; CE, Ass., 12 avril 2013, *Association coordination interrégionale stop THT*, n° 342409 : *RJE*, 2013, p. 675, note F. Cadet.

[3] CE, Ass., 3 octobre 2008, *Commune d'Annecy*, n° 297931 : *RJE*, 2009, p. 85, concl. Y. Aguila ; CE, Ass., 12 juill. 2013, *Fédération nationale de la pêche en France*, n° 344522 : *RFDA*, 2013, p. 1259, note A. Roblot-Trozier ; CE, 26 févr. 2014, *Ban Asbestos France*, n° 351514 : *RDI*, 2014, p. 331, note A. Van Lang.

[4] CE, 20 septembre 2022, n° 451129 : *RJE*, 2023, p. 217, note S. Jolivet.

I. Le filtrage des QPC en question(s)

Apparemment assez ouverte, l'invocabilité de la Charte en matière de QPC — ou plus précisément, peut-être, l'appréciation que l'on peut s'en faire — serait en réalité biaisée devant le Conseil d'État (A). Aussi problématique, voire davantage, pour l'effectivité de la QPC en matière environnementale, se déploie une motivation asymétrique des décisions susceptibles de conduire à un bouchonnage du filtre (B).

A. L'invocabilité biaisée de la Charte en matière de QPC

En principe, les limites à l'invocabilité de la Charte en QPC sont moins imputables aux juges du filtre qu'au Conseil constitutionnel lui-même (1). Toutefois, on peut se demander si des limites détournées ne résident pas dans l'interprétation restrictive que le Conseil d'État fait du champ d'application de certains de ses articles (2).

1. Des limites à l'invocabilité apparemment non imputables aux juges du filtre

En l'état actuel des choses, il ne semble pas y avoir de divergences significatives de jurisprudences, ni entre les juridictions suprêmes des deux ordres de juridiction, ni avec le Conseil constitutionnel, s'agissant de l'invocabilité de principe des dispositions de la Charte de l'environnement en QPC. Ainsi, les freins à l'invocabilité de certaines dispositions de la Charte de l'environnement ne sont pour l'essentiel pas imputables aux juges du filtre, mais au Conseil constitutionnel lui-même.

L'invocabilité des articles 1, 2, 3, 4, et 7 de la Charte de l'environnement, dans le cadre de la QPC, ne paraît pas poser de problème de principe au Conseil d'État ou à la Cour de cassation. À notre connaissance, aucun des deux juges du filtre ne s'est prononcé explicitement sur l'invocabilité de l'article 5. Lorsque le Conseil d'État a renvoyé au Conseil constitutionnel la QPC portant sur la loi d'interdiction de la fracturation hydraulique (donnant lieu à la décision qui laisse subsister le doute quant à l'invocabilité du principe de précaution dans le cadre de la QPC[5]), il n'a pas précisé au regard de quels « principes constitutionnels » la méconnaissance des dispositions contestées présentait un caractère sérieux[6]. Conseil d'État et Cour de cassation ne se sont, à notre connaissance, pas davantage prononcés que le Conseil constitutionnel sur l'invocabilité des articles 9 et 10 en QPC. Le Conseil d'État vient de le

[5] CC, 11 octobre 2013, *Société Schuepbach Energy LLC*, n° 2013-346 QPC, § 20.

[6] CE, 12 juill. 2013, *Soc. Schuepach Energy LLC*, n° 367893. Il a aussi « botté en touche », à la manière du gardien de la Constitution (selon l'expression de V. Goesel-Le Bihan, « Le Conseil constitutionnel "botte-t-il en touche" lorsqu'il ne statue pas sur le grief tiré de la violation de l'article 5 de la Charte de l'environnement ? », *RFDA*, 2017, p. 1047), en se plaçant sur le terrain de l'inopérance du moyen compte tenu de la nature pérenne (et non provisoire) de l'interdiction législative mise en place : CE, 28 février 2022, *Plastalliance*, n° 458440.

faire pour l'article 8[7], sans être suivi par le Conseil constitutionnel[8]. S'agissant des considérants du préambule, le Conseil d'État rejette leur invocabilité à l'instar du Conseil constitutionnel[9]. Il a toutefois accepté, en 2023, le renvoi d'une QPC en raison du caractère nouveau des questions posées par la prise en compte de considérants (1 et 7) du préambule de la Charte de l'environnement (combinés aux articles 1 à 4) à l'appui d'une QPC (*cf. infra*, B)[10].

Il y a plus d'observations à faire sur l'invocabilité de l'article 6. Dans un premier temps, le Conseil d'État avait semblé ouvert à l'invocabilité de cette disposition dans le cadre de la QPC. Dans un arrêt du 16 avril 2012, il avait motivé un non-renvoi de QPC non par l'absence d'invocabilité de l'article 6 de la Charte, mais par l'absence « en tout état de cause » de méconnaissance de cet article par la disposition législative contestée[11]. Le Conseil constitutionnel ayant toutefois considéré, peu de temps après, que l'article 6 de la Charte « n'institue pas un droit ou une liberté que la Constitution garantit »[12], le Conseil d'État s'est aligné sur cette position, sans aucun élément d'argumentation expliquant ce changement[13]. La Cour de cassation a fait de même[14]. On peut cependant se demander s'il n'y aurait pas des limites détournées à l'invocabilité de certaines dispositions de la Charte en QPC.

2. Des limites détournées à l'invocabilité : l'interprétation restrictive du champ de certains articles

Le Conseil d'État est plus particulièrement visé ici. Sa tendance à l'interprétation restrictive (du champ d'application) de certains articles de la Charte peut insidieusement conduire à rendre leur invocabilité en QPC, pourtant acquise en principe, incertaine en pratique.

L'illustration phare du propos réside dans l'interprétation de la notion de décision publique ayant une incidence sur l'environnement, au sens de l'article 7 de la Charte. On rappelle que l'invocabilité de principe de l'article 7 de la Charte de l'environnement en QPC ne pose pas de difficulté au Conseil d'État. Toutefois, on observe que l'interprétation restrictive de son champ d'application, qui dépasse le cadre de la QPC, mais s'y manifeste aussi, peut motiver des non-renvois, et ainsi augmenter la probabilité que des QPC ne soient pas renvoyées au Conseil constitutionnel. On vise ici l'exigence (absente expressément du texte constitutionnel) d'une décision ayant une incidence « directe et significative » sur l'environnement, qui conditionne

[7] CE, 19 novembre 2024, *One Voice*, n° 487936 : *JCP A*, 2024, Actu. 603, obs. L. Erstein.
[8] CC, 14 février 2025, *Assoc. One Voice*, n° 2024-1121 QPC.
[9] CE, 28 février 2022, *Plastalliance*, n° 458440.
[10] CE, 2 août 2023, *Meuse nature environnement et a.*, n° 467370.
[11] CE, 16 avril 2012, *Soc. Innovent et a.*, n° 353577.
[12] CC, 23 novembre 2012, *M. Antoine M.*, n° 2012-283 QPC.
[13] CE, 4 mai 2016, *ONF*, n° 393470 ; CE, 28 février 2022, *Plastalliance*, n° 458440.
[14] Civ. 3e, 5 mars 2014, n° 13-22.608 ; Civ. 3e, 3 mars 2015, n° 14-40.051.

l'obligation de prévoir la participation, mais aussi, en matière de QPC, la possibilité de renvoyer celles-ci au Conseil constitutionnel[15]. Cette exigence s'est même durcie au fil de la jurisprudence du Conseil d'État. Si, au départ, des refus de renvois de QPC ont pu être motivés soit par une absence d'incidence directe[16], soit par une absence d'incidence significative[17], depuis un arrêt du 23 juin 2014[18], les conditions prétoriennes sont devenues cumulatives. C'est l'absence d'incidence « directe et significative » sur l'environnement qui justifie le non-renvoi de la QPC portant sur la conformité à l'article 7 de la Charte de l'environnement des articles L. 752-1 et suivants du code de commerce (donnant leur base légale aux autorisations d'exploitation commerciale). Dans un arrêt du 23 novembre 2015[19], qui ne concerne certes pas un renvoi de QPC, le Conseil d'État affirme se fonder sur la jurisprudence du Conseil constitutionnel pour imposer que seules les incidences directes et significatives entrent dans le champ d'application de l'article 7. Toutefois, il ne cite aucune décision précise des sages de la rue Montpensier[20], et les deux qui sont visées dans le fichage de l'arrêt recourent pour l'une au critère de l'incidence significative[21], pour l'autre à celui de l'incidence directe[22], mais pas aux deux en même temps.

L'article 3 fournit une autre illustration, peut-être moins éclatante, avec la notion de loi ayant pour objet de mettre en œuvre le principe de prévention. En effet, le champ d'application de l'article 3 a été restreint (y compris en dehors de la QPC) par le juge administratif[23] aux cas où les autorités publiques (notamment le législateur) sont appelées à « en déterminer les modalités de mise en œuvre par la définition du cadre de la prévention ou de la limitation des conséquences d'une atteinte à l'environnement ». Or, cette conception fonde le refus du juge administratif suprême, le 29 juillet 2020[24], de transmettre une QPC portant sur l'article 20 de la loi « ELAN » du

[15] Nous n'avons pas connaissance d'arrêts de la Cour de cassation se prononçant sur l'interprétation de cette notion de décision publique ayant une incidence sur l'environnement dans le cadre de la QPC.

[16] CE, 9 octobre 2013, n° 370051 ; CE, 29 octobre 2013, n° 370863.

[17] CE, 17 octobre 2013, n° 370481 ; CE, 20 janvier 2014, n° 373220.

[18] CE, 23 juin 2014, n° 373671.

[19] CE, 23 novembre 2015, n° 381249, *Société Altus Energy*.

[20] V. F. Brunet, « Le champ d'application de la Charte de l'environnement. Variations sur le thème du juriste linguiste », *AJDA*, 2016, p. 1327.

[21] CC, 26 avr. 2013, *Assoc. Ensemble pour la planète*, n° 2013-308 QPC.

[22] CC, 24 mai 2013, *Syndicat français de l'industrie cimentière et autre*, n° 2013-317 QPC.

[23] Sur ce point, v. not. E. Untermaier-Kerléo, « La Charte de l'environnement et le juge administratif. Que reste-t-il de la jurisprudence *Tallagrand* ? », *in Des petits oiseaux aux grands principes. Mélanges en hommage au Professeur Jean Untermaier*, Paris, Mare & Martin, 2018, p. 671-685, spéc. p. 677 et s.

[24] CE, 29 juillet 2020, *Assoc. de Sauvegarde du patrimoine Mont 14 et a.*, n° 429235 : *RJE*, n° 4/2021, p. 781, chron. S. Jolivet et J. Malet-Vigneaux.

23 novembre 2018[25], qui rend la « procédure intégrée » de l'article L. 300-6-1 du code de l'urbanisme applicable à certaines constructions et opérations d'aménagement situées à proximité immédiate des sites liés aux Jeux olympiques et paralympiques de 2024. La raison est que la disposition législative contestée « n'a pas pour objet de mettre en œuvre le principe de prévention ». Le Conseil d'État se réfugie classiquement derrière la conditionnalité législative fixée à l'article 3 de la Charte, pour délimiter strictement le champ d'application du principe constitutionnel de prévention. On en déduit que les dispositions d'une loi n'ayant pas pour objet de mettre en œuvre le principe de prévention ne sont, par principe, pas susceptibles de faire l'objet d'un renvoi de QPC, quand bien même elles porteraient incidemment atteinte *dans leur substance* à ce principe. La critique à l'égard du Conseil d'État grandit encore avec la motivation de ses décisions de juge du filtre.

B. La motivation asymétrique des décisions de QPC relatives à la Charte

Il est question ici d'une double asymétrie : asymétrie de la motivation entre les décisions de non-renvoi et les décisions de renvoi du Conseil d'État (1), mais asymétrie aussi dans la motivation des décisions de renvoi entre le Conseil d'État et la Cour de cassation (2).

1. Des contrôles renforcés du Conseil d'État en cas de non-renvoi

La critique de l'excès de l'office du Conseil d'État en matière de (non-) renvoi de QPC peut porter sur l'intensité de son contrôle, qui le conduirait à substituer son interprétation de la norme de référence et/ou de la norme contestée à celle du Conseil constitutionnel.

Du point de vue des normes de référence, l'article 7 constitue encore une illustration. Tantôt, le Conseil d'État se désintéresse des conditions de fond de la participation, tantôt il s'érige, au contraire, en contrôleur des modalités permettant une « participation effective du public ». Derrière une posture apparemment incohérente de la haute juridiction, se dissimule en fait un trait commun : le bouchonnage du filtre. Deux décisions peuvent être rapprochées.

Citons d'abord une décision de non-renvoi de QPC, où le Conseil d'État témoigne de son désintérêt à l'égard des conditions de fond de la participation, dès lors qu'un mécanisme existe formellement pour sa mise en œuvre. Autrement dit, où le Conseil d'État déploie en matière de QPC sa conception largement formaliste de la participation, détachée de sa substance. Il refuse de renvoyer au Conseil constitutionnel la question de la constitutionnalité de l'article L. 212-2 du code de l'environnement, au regard des garanties offertes

---

[25] Loi n° 2018-1021 du 23 novembre 2018 portant évolution du logement, de l'aménagement et du numérique, *JO* du 24 novembre 2018, texte n° 1.

à la participation[26]. Celui-ci, qui prévoit la procédure de participation du public à l'élaboration des SDAGE, n'impose pas un ordre entre la participation du public et la consultation des organismes ni la présence des avis dans le dossier fourni au public lors de sa participation. Dans ses conclusions[27], le rapporteur public Louis Dutheillet de Lamothe a résumé le problème juridique :

> l'article 7 de la Charte de l'environnement exige-t-il, dans un cas où le document soumis à la consultation du public présente une technicité particulière, que cette consultation n'ait lieu qu'après que l'autorité administrative a recueilli certains avis, notamment les avis rendus par les techniciens, les hommes de l'art, avis dont elle-même doit disposer pour prendre une décision éclairée, afin que ces avis fassent partie des éléments d'information dont dispose le public pour s'exprimer[28] ?

La requérante voyait précisément dans la mise à disposition de ces avis au public une « garantie nécessaire à la correcte participation du public[29] ». Le Conseil d'État ne l'a pas suivie. Certes, « le droit du public de participer à l'élaboration des décisions publiques ayant une incidence sur l'environnement implique que la personne publique concernée mette à la disposition du public les éléments suffisants pour que la consultation puisse avoir lieu utilement ». Cependant, « il n'impose pas que cette consultation ne puisse intervenir qu'une fois que tous les avis des instances techniques et scientifiques dont la consultation est obligatoire en vertu des textes aient nécessairement été rendus au préalable ». Pour parvenir à cette solution, la Haute juridiction indique tenir compte de « la marge d'appréciation dont dispose le législateur pour déterminer les modalités de mise en œuvre » du principe de participation. Dans ses conclusions, le rapporteur public affirme que « rien dans la jurisprudence constitutionnelle » ne laisse penser que l'article 7 impose par lui-même un ordre particulier entre les différentes consultations[30]. Mais quelque chose dans cette même jurisprudence laisse-t-il penser le contraire ? Le silence est interprété dans le sens du bouchon, lorsque l'on touche aux garanties de la participation.

Inversement, citons une autre décision où le Conseil d'État se fait contrôleur des modalités permettant une « participation effective du public ». Cela lui permet de ne pas renvoyer une QPC portant sur le respect de l'article 7 de la Charte, par le remplacement expérimental de l'enquête publique par une participation du public par voie électronique pour les projets soumis à autorisation environnementale[31]. Les juges du Palais-Royal estiment que « le

[26] CE, 4 octobre 2017, *Chambre départementale d'agriculture de Seine-et-Marne*, n° 412239.
[27] Reproduites *in BDEI* 2017, n° 72, p. 4-5.
[28] *Ibid.*, p. 5.
[29] *Idem.*
[30] *Idem.*
[31] CE, 17 décembre 2020, *Fédé. environnement durable et a.*, n° 427389 : *Droit de l'environnement*, 2021, p. 80, concl. O. Fuchs ; *EEI n°* 4, avril 2021, Chron. 1, par L. Fonbaustier, § 23 ; *RJE*, 2021, p. 786, chron. S. Jolivet et J. Malet-Vigneaux.

législateur a déterminé de manière suffisante les modalités permettant une participation effective du public à l'élaboration des décisions faisant l'objet de l'expérimentation ». Au-delà de la question de la cohérence de la jurisprudence, on peut se demander s'il est bien dans leur office d'effectuer ce contrôle, d'autant plus que le rapporteur public confessait un « temps d'hésitation » à propos du sérieux de ce grief[32]. Mais il semble que le doute, comme le silence, profitent peu au renvoi des QPC portant sur la Charte.

L'analyse peut s'appliquer aussi à l'interprétation des normes contestées. Lorsque, derrière une disposition législative, c'est la jurisprudence du Conseil d'État (ou son organisation même) qui est contestée, celui-ci semble peu enclin — c'est un euphémisme — à transmettre la QPC. Cet obstacle au renvoi n'est certainement pas propre à la matière environnementale, mais il s'y retrouve aussi. Il pose naturellement la question de l'impartialité du filtre[33].

On peut fournir une illustration avec un arrêt du 1er juillet 2021[34]. Le préfet de la Seine–Saint-Denis a déféré devant la justice administrative un arrêté du maire d'Épinay-sur-Seine, qui interdit l'utilisation du glyphosate et d'autres produits phytopharmaceutiques pour l'entretien de certains espaces sur le territoire de la commune. En défense, la commune a déposé une QPC portant sur les dispositions de l'article L. 253-7 du code rural et de la pêche maritime, qui organisent une police spéciale des produits phytopharmaceutiques au profit de l'État. En réalité, c'est l'interprétation jurisprudentielle du Conseil d'État qui est visée, lorsqu'il déduit de ces dispositions l'exclusion de toute possibilité d'intervention du maire, sur le fondement de sa police générale (CGCT, article L. 2212-2), pour réglementer les conditions générales d'utilisation des produits phytopharmaceutiques, « y compris lorsque serait constatée la carence de l'État à prendre les mesures nécessaires à la protection de la santé publique et de l'environnement ». Celle-ci méconnaîtrait notamment les articles 1, 2, 3 et 5 de la Charte de l'environnement (également le droit à la protection de la santé découlant du onzième alinéa du Préambule de la Constitution de 1946, et la libre administration des collectivités territoriales garantie à l'article 72 de la Constitution). Ce sont les charmes de la procédure de la QPC : il revient au Conseil d'État de décider s'il renvoie ou non, au Conseil constitutionnel, une question mettant en jeu la constitutionnalité de sa propre jurisprudence.

---

32 O. Fuchs, « Le Conseil d'État valide l'expérimentation de la participation du public par voie électronique », *Droit de l'environnement*, 2021, p. 80.

33 É. Chevalier et J. Makowiak (dir.), *Dix ans de QPC en matière d'environnement : quelle (r)évolution ?*, Projet QPC 2020 du Conseil constitutionnel, rapport final, janvier 2020, 423 p., spéc. p. 28 et s. Un compte-rendu des résultats de la recherche a été publié dans le n° hors-série d'octobre 2020 de la revue *Titre VII. Les cahiers du Conseil constitutionnel.*

34 CE, 1 juillet 2021, *Cne d'Epinay-sur-Seine*, n° 451362 : *AJDA*, 2021, p. 2142 ; *RJE*, 2022, p. 842, chron. S. Jolivet et J. Malet-Vigneaux.

Le suspense est en tout cas assez relatif : la QPC n'est pas renvoyée. S'agissant de la Charte de l'environnement, il résulte des dispositions de ses articles 1, 2, 3 et 5 que

> les principes, droits et devoirs qu'ils énoncent s'imposent aux autorités publiques dans leur domaine de compétence respectif. La commune ne saurait, dès lors, utilement soutenir que ces dispositions seraient méconnues au seul motif que le maire ne peut légalement user de la compétence qu'il tient des articles L. 2212-1 et L. 2212-2 du code général des collectivités territoriales pour édicter une réglementation portant sur les conditions générales d'utilisation des produits phytopharmaceutiques.

On aura reconnu l'esprit des jurisprudences « Commune de Saint-Denis » (à propos de la police des ondes électromagnétiques)[35], « Commune de Valence » (police des Organismes génétiquement modifiés)[36], et « Commune de Cast » (déploiement des compteurs Linky)[37], et leur conception particulièrement stricte de l'exclusivité des polices spéciales environnementales à l'égard de la police générale du maire. La constitutionnalisation de la Charte de l'environnement ne change rien à la répartition des compétences : il n'est pas possible à une autorité publique de l'invoquer pour adopter un acte administratif dès lors qu'elle ne possède pas de compétences dans le domaine concerné, et ce même si elle a l'intention de prendre une mesure ambitieuse du point de vue de la protection de l'environnement. L'arrêt *Commune d'Arcueil*[38] avait déjà donné l'occasion aux juges du Palais-Royal d'appliquer cette conception stricte de l'exclusivité de la police spéciale dans le domaine des produits phytopharmaceutiques, mais sans référence explicite à la Charte de l'environnement. D'ailleurs, dans sa jurisprudence sur l'exclusivité des polices spéciales environnementales dont le Conseil d'État devait ici se faire le juge de la préconstitutionnalité, il avait surtout été question de l'article 5 de la Charte de l'environnement sur le principe de précaution. Seul ce dernier fait expressément référence aux « domaines d'attribution » des autorités publiques comme bornes de son application. En l'espèce, l'affirmation selon laquelle les principes, droits et devoirs reconnus par la Charte s'imposent aux autorités publiques dans leur domaine de compétence respectif est étendue aux articles 1 (droit à un environnement équilibré et respectueux de la santé), 2 (devoir de préservation de l'environnement) et 3 (devoir de prévention), pourtant dépourvus d'une telle référence. On peut regretter que le Conseil constitutionnel n'ait pas l'occasion d'indiquer ce qu'il pense d'une telle interprétation. Il faudrait peut-

---

[35] CE, Ass., 26 octobre 2011, *Commune de Saint-Denis*, n° 326492 : *AJDA*, 2011, p. 2219, chron. J.-H. Stahl et X. Domino.

[36] CE, 24 septembre 2012, *Commune de Valence*, n° 342990 : *JCP A*, 2013, n° 1, p. 49, note Ph. Billet.

[37] CE, 11 juillet 2019, *Commune de Cast*, n° 426060 : *RJE*, n° 4, 2020, p. 844, cette chronique.

[38] CE, 31 décembre 2020, *Commune d'Arcueil*, n° 439253 : *AJDA*, 2021, p. 754, note C. Rouillier.

être tourner le regard vers la Cour de cassation pour trouver une attitude plus ouverte.

2. L'attitude plus ouverte de la Cour de cassation en matière de renvoi ?

Le point d'interrogation s'impose, dans la mesure où les arrêts dans lesquels la Cour de cassation est amenée à se prononcer sur des QPC portant sur le respect de la Charte de l'environnement sont beaucoup moins fréquents qu'au Conseil d'État. Toutefois, l'attitude de la juridiction suprême de l'ordre judiciaire vis-à-vis de la Charte paraît *a priori* plus ouverte, sur deux points au moins. Il s'agit de la motivation des renvois, et de l'utilisation du caractère nouveau de la question posée.

A. La motivation des arrêts de renvoi

Sur ce point au moins, l'asymétrie ne semble pas liée à un positionnement spécifique en matière environnementale. Ainsi, le constat a été fait plus largement par le groupe de travail commun au Conseil d'État et à la Cour de cassation sur la QPC :

> Si le Conseil d'État ne motive pas ou très peu la justification du caractère sérieux ou nouveau de l'arrêt de renvoi, la Cour de cassation motive ses arrêts de renvoi, parfois très longuement, pour expliquer la démarche qui est la sienne et les raisons qui lui paraissent justifier le problème de constitutionnalité soulevé au regard de la jurisprudence antérieure du Conseil constitutionnel[39].

L'asymétrie se retrouve toutefois avec un certain éclat vis-à-vis de la Charte de l'environnement. Alors que le Conseil d'État reste « très laconique lorsque les critères du filtrage sont satisfaits[40] », la Cour de cassation n'hésite pas à procéder à des « renvois directifs », c'est-à-dire qu'elle « motive à charge dans le sens de l'inconstitutionnalité[41] » dans le but d'influencer le Conseil constitutionnel.

On peut donner comme exemple, la décision de renvoi de la QPC portant sur les limitations de l'action en démolition (prévue à l'article L. 480-13 du code de l'urbanisme) issues de la loi n° 2015-990 du 6 août 2015 pour la croissance, l'activité et l'égalité des chances. La Cour de cassation y écrit : la question posée

> présente un caractère sérieux en ce que, en interdisant, en dehors des zones limitativement énumérées, l'action en démolition d'une construction, réalisée conformément à un permis de construire annulé, à l'origine d'un dommage causé aux tiers ou à l'environnement par la violation de la règle d'urbanisme sanctionnée, ces dispositions sont susceptibles de porter une atteinte disproportionnée au droit à réparation des victimes

---

[39] J.-H. Stahl et N. Maziaux, « Groupe de travail commun au Conseil d'État et à la Cour de cassation sur la question prioritaire de constitutionnalité », *RFDC*, n° 1, 2019, p. 3-28, p. 18.
[40] F. Savonitto, « Les ressources constitutionnelles dans le contentieux administratif climatique », *RJE*, 2022, p. 730.
[41] *Idem.*

d'actes fautifs et à leur droit à un recours juridictionnel effectif, garantis par les articles 4 et 16 de la Déclaration des droits de l'homme et du citoyen de 1789 et de méconnaître les droits et obligations qui résultent de l'article 4 de la Charte de l'environnement[42].

Cette motivation n'a toutefois pas convaincu les sages de la rue Montpensier[43].

b. L'utilisation du caractère nouveau de la question posée au soutien d'un renvoi

Au-delà du caractère sérieux, qui est le plus fréquemment utilisé, il semble que la Cour de cassation n'hésite pas à recourir au motif de la nouveauté de la question posée. C'est ce qui ressort en tout cas d'un arrêt de sa Chambre criminelle, en date du 10 novembre 2020[44]. Il renvoie au Conseil constitutionnel une QPC en ce qui concerne la compatibilité de l'article 1247 du Code civil (relatif à la réparation du préjudice écologique) avec les articles 3 et 4 de la Charte. La Cour de cassation énonce que « la limitation du droit à réparation au seul préjudice consistant en une atteinte non négligeable à l'environnement présente, compte tenu de la place croissante qu'occupent les questions relatives aux atteintes portées à l'environnement dans le débat public, un caractère nouveau au sens que le Conseil constitutionnel donne à ce critère alternatif de saisine ». Il est remarquable que le caractère nouveau, lié qui plus est à l'évolution de la perception des problématiques environnementales au sein de la société, motive à lui seul le renvoi de la QPC.

Au contraire, le Conseil d'État est « réfractaire à l'emploi du caractère nouveau[45] » pour renvoyer les QPC, particulièrement celles portant sur la Charte, même lorsque certains griefs ne sont « pas familiers »[46]. Il en va ainsi de l'application en matière climatique de l'obligation de vigilance

[42] Cass. 3e civ., 12 septembre 2017, n° 17-40046. V. aussi Cass. com., 9 septembre 2021, n° 21-11.995 (à propos du « principe constitutionnel d'égalité devant l'impôt » combiné au « principe constitutionnel pollueur-payeur ») : « La question posée présente un caractère sérieux en ce que les calculs de l'exonération de la TGAP "carburant" dont bénéficient les entreprises qui incorporent une certaine quantité de biocarburants au gazole qu'elles commercialisent favorisent les biocarburants les plus polluants, introduisant ainsi une rupture d'égalité en matière de fiscalité des biocarburants qui peut apparaître sans rapport avec les objectifs environnementaux que le législateur a déclaré poursuivre lorsqu'il a modifié, par la loi contestée, les modalités de la comptabilisation de ces biocarburants, traditionnels et avancés » ; ou encore, Civ. 3e, 5 mars 2014, n° 13-22.608.

[43] CC, 10 novembre 2017, *Assoc. entre Seine et Brotonne et a.*, n° 2017-672 QPC.

[44] Crim., 10 novembre 2020, n° N K 20-82.245 FS. V. aussi Civ. 3e, 27 janvier 2011, n° 10-40.056 (nouveauté de la question, qui porte sur l'application d'une disposition constitutionnelle dont le Conseil constitutionnel n'a pas encore eu l'occasion de faire application, en l'espèce l'article 1 de la Charte de l'environnement) ; Civ. 3e, 5 mars 2014, n° 13-22.608 (préambule de la Charte).

[45] F. Savonitto, « Les ressources constitutionnelles dans le contentieux administratif climatique », *loc. cit.*, p. 729.

[46] *Ibid.*, p. 730.

environnementale et du droit de vivre dans un environnement équilibré et respectueux de la santé[47]. En l'espèce, pourtant, « une décision de renvoi aurait donné l'opportunité au juge constitutionnel de préciser et de développer sa jurisprudence climatique[48] ».

Plus largement, une telle réticence du Conseil d'État interroge au regard du caractère fortement évolutif de la matière environnementale. En effet,

> l'évolution des connaissances scientifiques sur l'état de l'environnement — par exemple sur les changements climatiques ou sur la biodiversité — et sur la nocivité de nombreux produits ou activités constitue un changement de circonstance de fait qui peut se poursuivre continuellement et qui permet de contrôler aujourd'hui au regard de la Charte des activités que l'on croyait inoffensives il y a peu, même après l'avènement de la Charte[49].

Ce qui est vrai pour le changement de circonstance de fait pourrait l'être aussi pour la nouveauté de la question posée.

D'autant plus qu'il y a, selon le groupe de travail commun au Conseil d'État et à la Cour de cassation, au moins deux acceptions de la notion de « question nouvelle » dans le cadre de la QPC : une « acception étroite conduisant à l'obligation de renvoyer au Conseil constitutionnel les questions qui invoquent des dispositions constitutionnelles nouvelles encore vierges de toute interprétation donnée par le Conseil constitutionnel », et une « acception plus plastique permettant de justifier le renvoi de questions se présentant sous un jour un peu nouveau[50] ».

Le Conseil d'État a toutefois accepté, en 2023, de renvoyer une QPC en raison du caractère nouveau des questions posées par la prise en compte d'alinéas du préambule de la Charte de l'environnement, à l'appui d'une QPC[51]. Elle concerne l'article L. 542-10-1 du code de l'environnement (à propos du projet Cigéo de stockage, en couche géologique profonde, des déchets radioactifs de forte intensité), et donnera l'occasion au Conseil constitutionnel de consacrer la préservation de la liberté de choix des générations futures et des autres peuples, en interprétant l'article 1er de la Charte à la lumière du septième alinéa de son préambule[52]. Mais, contrairement à l'arrêt de la Cour de cassation du 10 novembre 2020, on remarquera qu'il s'agit toujours de l'acception étroite de la notion de question

---

[47] CE, 29 mars 2022, *Association La Filière béton et a.*, n° 457143 : *JCP A*, 2022, Actu. 464, par F. Savonitto ; *RJE*, 2022, p. 845, chron. S. Jolivet et J. Malet-Vigneaux.

[48] F. Savonitto, « Les ressources constitutionnelles dans le contentieux administratif climatique », *loc. cit.*, p. 730.

[49] M. Prieur et al., *Droit de l'environnement*, Paris, Dalloz, coll. « Précis », 9e éd., 2023, § 105.

[50] J.-H. Stahl et N. Maziaux, « Groupe de travail commun au Conseil d'État et à la Cour de cassation sur la question prioritaire de constitutionnalité », *loc. cit.*, spéc. p. 12-13.

[51] CE, 2 août 2023, *Meuse nature environnement et a.*, n° 467370.

[52] CC, 27 octobre 2023, *Assoc. Meuse Nature Environnement et a.,* n° 2023-1066 QPC : *RJE*, 2023, p. 890, chron. M. Fleury et M.-A. Cohendet.

nouvelle, qu'utilise ici le Conseil d'État[53]. Au-delà de la QPC, sur le fond du contentieux environnemental, on a parfois l'impression que l'influence de la Charte dans la jurisprudence des juges ordinaires est assez limitée.

II. L'influence simplement indirecte de la Charte dans le contentieux en responsabilité environnementale

Un constat s'impose : devant le juge judiciaire, les dispositions de la Charte de valeur constitutionnelle, pourtant directement invocables, sont rarement invoquées par les requérants ou soulevées d'office par le juge. Ceci s'explique selon nous aisément : d'autres fondements légaux et plus évidents, tels l'article 1240 (ancien article 1382) du Code civil et désormais l'article 1247 du Code civil, viennent naturellement à l'esprit des requérants. En outre, dans les affaires où la Charte est invoquée, son influence dans le contentieux lié à la responsabilité environnementale semble *a priori* limitée. En effet, l'invocation de la Charte devant les juridictions n'entraîne aucun bouleversement du droit de la responsabilité (A). Pour autant, il ne s'agit pas de minimiser l'apport de la Charte à la jurisprudence judiciaire, et particulièrement de son article 4, qui réside, pour l'essentiel, dans la référence qui est faite au dommage causé « à l'environnement » et qui a permis aux juges d'évoluer vers la reconnaissance d'un véritable préjudice écologique (B).

A. L'absence de bouleversement des catégories classiques de la responsabilité

Outre le principe de précaution prévu à l'article 5 qui a généré un contentieux connu[54] (2), ce sont les articles 1 à 4 de la Charte qui sont directement invocables dans un contentieux en responsabilité civile. Devant les juridictions judiciaires, l'article 4, s'il a été relativement peu appliqué, a toutefois été invoqué dans des décisions importantes, qui ont révélé une divergence d'appréciation entre les juges du premier degré, enclins à un bouleversement des lignes classiques, et la Cour de cassation, plus modérée et fidèle aux concepts fondamentaux traditionnels de la responsabilité civile (1).

1. Les divergences entre juridictions

C'est le juge judiciaire qui a dû, le premier, se prononcer sur la portée de l'article 4 dans un litige opposant RTE à une exploitation agricole, dans laquelle le requérant arguait que la ligne électrique à très haute tension passant au-dessus de son exploitation était à l'origine d'une série de pathologies

[53] Il en va de même dans l'arrêt du 19 novembre 2024, *One Voice*, n° 487936, où la nouveauté réside dans l'absence d'interprétation préalable de l'article 8 de la Charte par le Conseil constitutionnel.

[54] Voy. not. M. Hautereau-Boutonnet, *Le principe de précaution en droit de la responsabilité civile*, Paris, LGDJ, 2005.

développées par ses animaux. Dans cette affaire, étaient à la fois invoqués l'article 4 et l'article 5 de la Charte. Les juges judiciaires jugent en première instance[55] que les articles 1 à 5 de la Charte conduisent « à un renversement de la charge de la preuve du lien de causalité entre une activité et un dommage » et condamnent RTE à la réparation du dommage. Il s'agissait d'une évolution notable du droit de la responsabilité grâce à une interprétation combinée de l'article 4 et de l'article 5 de la Charte : l'article 4 permettant pour les juges une responsabilité sans faute et l'article 5 un renversement de la charge de la preuve. Ces avancées sont toutefois freinées par la Cour d'appel de Limoges[56] et par la Cour de cassation,[57] qui retiennent que la Charte de l'environnement ne dispense pas le demandeur d'établir un lien de causalité entre le dommage et l'activité attaquée[58]. La Cour énonce, en outre, que le principe de précaution n'entraîne aucun renversement de la charge de la preuve. Cette décision, si elle semble très stricte, est toutefois conforme à la lettre et à l'esprit de la Charte, l'article 4 énonçant un principe de responsabilité environnementale qui se distingue nettement du principe général de responsabilité de l'ancien article 1382 du Code civil (devenu l'article 1240)[59].

En conséquence, l'effet perturbateur de la Charte sur la jurisprudence judiciaire ne doit pas être exagéré : elle ne remet pas en cause les règles du droit de la responsabilité, ni pour ce qui est de l'exigence du dommage, ni pour ce qui a trait au fait générateur, ni, encore, pour le lien de causalité. En conséquence, il semble que la Charte n'offre pas réellement de potentialités originales sur le terrain de la responsabilité. Il semble en revanche difficile de transposer complètement ce constat en droit administratif, les requérants préférant passer par d'autres fondements (textes internationaux et européens notamment, et même le préjudice écologique du Code civil désormais). En revanche, l'absence d'effet de la Charte sur le terrain de la responsabilité civile se retrouve sur le plan constitutionnel[60]. Il semble, par ailleurs, que, si les articles 1er à 4 de la Charte n'impriment aucune spécificité au droit de la

[55] TGI Tulle, 28 octobre 2008.

[56] CA Limoges, 1er mars 2010.

[57] Civ. 3e, 18 mai 2010, n° 10-17.645.

[58] Le lien de causalité était en l'espèce insuffisamment caractérisé par les juges du premier degré.

[59] La comparaison de l'article 4 de la Charte à l'ancien article 1382 du Code civil met en exergue cette distinction : le principe de responsabilité environnementale n'a pas recours à la notion de faute, concerne les dommages causés à l'environnement et non pas les dommages causés à autrui, et prévoit une simple contribution à la réparation du dommage et non une réparation pure et simple.

[60] Cons. const., décision du 8 avril 2011, n° 2011-116 QPC. Dans cette affaire, le Conseil constitutionnel, saisi dans le cadre d'une QPC, distingue trois principes en matière de responsabilité : le principe général fondé sur l'article 4 de la Déclaration de 1789, l'obligation de vigilance à l'égard des atteintes à l'environnement qui découle des deux premiers articles de la Charte et s'impose à l'ensemble des personnes publiques comme privées et enfin le principe de responsabilité environnementale qui découle des articles 3 et 4 de la Charte.

responsabilité — qu'ils soient ignorés ou dilués — cela tient surtout à leur sens profond : ces droits et devoirs ont une nature essentiellement préventive et sont, par conséquent, en décalage avec la logique indemnitaire de la responsabilité civile.

L'influence de la Charte est, *a contrario,* plus prégnante au regard de son article 5 consacrant le principe de précaution.

2. L'influence en demi-teinte du principe de précaution

Le principe de précaution énoncé à l'article 5 de la Charte est également invocable dans le contentieux délictuel, et ce principe est d'ailleurs assez souvent invoqué devant les juridictions, judiciaires comme administratives[61]. Les décisions faisant produire de pleins effets au principe de précaution sur le terrain de la responsabilité sont néanmoins rares. Ce constat s'explique certainement, car peu de risques entrent finalement dans son champ d'application… Les affaires jugées concernent principalement la santé publique (exposition aux ondes électromagnétiques, vaccination, exposition aux fibres d'amiante, etc.)[62] et la responsabilité objective par la théorie des troubles anormaux de voisinage[63]. Dans ces affaires, le principe de précaution exerce alors une véritable influence sur la notion de dommage en conduisant à indemniser le préjudice d'angoisse découlant d'un risque de dommage incertain[64]. Si la catégorie du dommage a été élargie sous l'influence du principe de précaution, la Cour de cassation a toutefois exclu la thèse de la spécificité de l'action fondée sur le principe de précaution, justifiée selon la doctrine par sa nature fondamentalement préventive. Ainsi, dans un arrêt du 19 novembre 2013[65], la troisième chambre civile estime que, « quel que soit le fondement » de l'action, y compris donc le principe de précaution invoqué par les requérants, les parties doivent établir un commencement de preuve du fait générateur, l'effectivité des troubles allégués (le préjudice personnel) et un lien de cause à effet entre l'activité agricole et lesdits troubles. Cette solution de la Cour de cassation revient par conséquent à nier que le fondement du principe de précaution entraîne un allégement des conditions classiques de responsabilité. Une fois encore, le juge judiciaire rappelle avec force que, ni la Charte en général ni la précaution en particulier, ne remettent en cause les règles classiques de la responsabilité selon lesquelles c'est à celui

---

[61] V. note 2.

[62] V. not. CE, 8 octobre 2012, n° 342423.

[63] V. not. C. cass., 3e civ., 19 décembre 2012, n° 11-23.566.

[64] TGI Grasse, 17 juin 2003, *Juris-Data*, 221748 ; *RCA*, 2003/11, p. 7, obs. Kowouvih. Jugement confirmé par Aix-en-Provence, 8 juin 2004, *D.* 2004. 2678 ; *D.* 2005. 185, obs. Delebecque, Jourdain et Mazeaud). Ou encore TGI Nevers, 22 avril 2010, n° 10/00180, *RCA* 2010. comm. 275, obs. Sintez.

[65] Civ. 3e, 19 novembre 2013, n° 12-26.403.

qui sollicite l'indemnisation d'un dommage à son encontre d'établir que ce préjudice est la conséquence directe et certaine de celui-ci[66].

Si l'influence directe de la Charte sur les règles classiques de la responsabilité civile est limitée, il ne faut pour autant pas oublier que c'est l'article 4 de la Charte qui a influencé — certes indirectement — l'admission de la réparation du préjudice écologique.

B. L'influence indirecte de l'article 4 sur la notion de préjudice écologique devant le juge judiciaire

D'abord, l'influence de la Charte de l'environnement en ce qui concerne la notion de préjudice se matérialise à travers la reconnaissance prétorienne du préjudice écologique, souhaitée de longue date par la doctrine[67]. C'est à ce titre l'article 4 de la Charte qui a permis d'ouvrir « le chantier de la réparation des dommages causés à l'environnement indépendamment des seuls dommages patrimoniaux[68] ». L'existence de la Charte n'a ainsi pas été indifférente dans le processus ayant conduit la Chambre criminelle de la Cour de cassation, dans l'affaire *Erika*, à valider la réparation d'un préjudice écologique « consistant en l'atteinte directe ou indirecte portée à l'environnement[69] ». En effet, c'est dans un contexte globalement favorable à la reconnaissance du préjudice écologique, marqué par l'adoption de la directive européenne 2004/35 du 21 avril 2004 relative à la responsabilité environnementale[70] et de l'article 4 de la Charte, que le procès de l'Erika a permis sa consécration prétorienne. Il est à noter toutefois que cette avancée a été réalisée sans que le juge judiciaire cite expressément l'article 4 de la Charte, dont on peut alors seulement deviner l'influence en filigrane[71]. Cette avancée remarquable du juge judiciaire dénote alors avec le juge administratif, loin de partager à l'époque une telle audace…[72]

Ensuite, l'influence de la Charte, et plus précisément de son article 4, sur la réparation du préjudice écologique par le juge judiciaire a trouvé son point culminant avec la reconnaissance du préjudice écologique à l'article 1247 du

---

[66] Civ. 3e, 18 mai 2011, n° 10-17.645.

[67] Voy. not. L. Neyret, « La réparation des atteintes à l'environnement par le juge judiciaire », *D.* 2008, Chron. p. 170 ; G. Martin, « La réparation des atteintes à l'environnement », *in Les limites de la réparation du préjudice*, Paris, Dalloz, 2009, p. 359 ; S. Carval, « Un instrument hybride : la responsabilité environnementale de la loi n° 2008-757 du 1er août 2008 », *D.* 2009, Chron. p. 1652.

[68] Y. Jégouzo, « La Charte de l'environnement, 10 ans après », *AJDA*, n° 9/2015, p. 487.

[69] Cass. crim., 25 septembre 2012, n° 10-82.938.

[70] Directive 2004/35/CE du Parlement européen et du Conseil du 21 avril 2004 sur la responsabilité environnementale en ce qui concerne la prévention et la réparation des dommages environnementaux, *JOUE* L143 du 30 avril 2004.

[71] V. not. Y. Aguila, « Les acteurs face à la constitutionnalisation du droit de l'environnement », *Nouv. Cah. Cons. const.* 2014, n° 43, p. 43 : « une inspiration jurisprudentielle qui n'est pas sans lien, même si c'est implicitement, avec la charte de l'environnement ».

[72] CAA Nancy, 19 décembre 2013.

Code civil par la loi du 8 août 2016 sur la biodiversité[73], directement inspirée par l'affaire *Erika*. De même, grâce à l'article 1249 du Code civil qui impose une réparation en nature (directe ou indirecte par le versement de dommages-intérêts affectés à la réparation de l'environnement), le juge peut participer au renforcement de la protection de l'environnement, mais aussi au devoir de contribuer à la réparation des atteintes à l'environnement garanti par l'article 4 de la Charte… La boucle semble alors bouclée.

À l'évidence, les avancées sur la réforme de la responsabilité environnementale afin de tirer tous les enseignements de l'article 4 de la Charte se sont principalement déployées du côté du juge judiciaire. Toutefois, il était nécessaire de dépasser ce clivage juridictionnel, car la nature juridique de l'auteur de l'acte dommageable pour l'environnement ne pouvait guider des solutions différentes quant à l'effectivité de la réparation, particulièrement au regard de la prescription générale posée par l'article 4 de la Charte. À cet égard, les juges administratifs du fond évoluent favorablement sur cette question de la réparabilité du préjudice écologique, particulièrement depuis la loi de 2016 et l'entrée en vigueur du préjudice écologique dans le Code civil. Plusieurs décisions récentes reconnaissent ainsi l'existence d'un préjudice écologique et condamnent l'État à le réparer[74].

*

* *

Nous aurions pu donner d'autres illustrations, plus connues peut-être, de la façon dont les juges administratif et judiciaire tendent parfois à contenir les effets potentiellement perturbateurs de la Charte de l'environnement, sur des constructions juridictionnelles, ou plus largement juridiques, établies. C'est le cas, devant le juge judiciaire, de l'état de nécessité. Quand un délit de dégradation ou destruction volontaire du bien d'autrui est en cause[75], les juges refusent de façon constante de retenir la qualification d'un état de nécessité écologique, en raison d'une interprétation stricte du texte pénal. Ce refus était classique quand était invoqué l'article 5 de la Charte[76], les juges rappelant que le principe de précaution implique un danger ni certain, ni actuel, ni imminent, contrairement à l'essence même de l'état de nécessité. Plus récemment, les juges judiciaires ont à nouveau refusé que la Charte puisse être invoquée pour fonder l'existence d'un état de nécessité sur le fondement cette fois des articles

---

[73] Loi n° 2016-1087 du 8 août 2016 pour la reconquête de la biodiversité, de la nature et des paysages.

[74] TA de Paris, 3 février 2021, n° 19-04.967, n° 19-04.967 et autres, dite *Affaire du siècle* ; TA de Paris, 29 juin 2023, n° 22-00.534 ; TA de Rennes, 18 juillet 2023, n° 21-01.565.

[75] Notamment des champs de maïs OGM dans plusieurs affaires.

[76] V. par ex. Cass. crim., 7 février 2007, n° 06-80.108 ; Cass. crim., 31 mai 2007, n° 06-86.628.

1er et 2[77]. La Charte et ses impératifs n'ont ainsi pas réussi à infléchir la sévérité du juge judiciaire en matière pénale.

Devant le juge administratif, on pourrait mentionner par exemple les restes d'une conception extensive de la théorie de la loi-écran opposée à l'effectivité de la Charte de l'environnement. En dépit d'une dynamique favorable à l'amenuisement des effets de l'écran législatif devant le juge administratif[78], on observe de façon éparse des îlots de résistance. Il est, de fait, « rare que l'écran soit transparent dans le contentieux environnemental »[79]. Il ne semble carrément pas fonctionner pour l'article 7, que le législateur soit intervenu[80] ou non[81] pour définir les conditions et limites du droit à la participation. L'article 3 peut également être affecté, y compris dans le silence apparent de la loi pour définir les conditions du principe de prévention : c'est ainsi que dans l'arrêt *Commune de Villiers-le-Bâcle*[82], le Conseil d'État oublie volontairement la version constitutionnelle du principe de prévention au profit de sa version législative (Code de l'environnement, article L. 110- 1). On pourrait mentionner aussi que le juge administratif suprême semble parfois poser, plus ou moins implicitement, des conditions d'application spécifiques et renforcées à certaines dispositions de la Charte, qui ne semblent découler directement ni du texte constitutionnel ni de la jurisprudence du Conseil constitutionnel. Il en va classiquement ainsi lorsque le principe de précaution est appliqué en dehors du champ strict du droit de l'environnement, dans ses rapports avec le droit de l'urbanisme notamment[83]. Plus récemment, la reconnaissance du droit à un environnement équilibré et respectueux de la santé comme liberté fondamentale, dans le cadre du référé-liberté, est tellement encadrée que l'on a pu se demander si le Conseil d'État n'ajoute pas des conditions spécifiques, par rapport aux conditions classiques requises par

---

[77] Cass. crim., 29 mai 2023, n° 22-83.911.

[78] Pour plus de précisions, v. S. Jolivet, « La Charte de l'environnement devant le juge administratif : une appropriation inachevée ? », *in* M.-A. Cohendet (dir.), *Droit constitutionnel de l'environnement*, Paris, Mare & Martin, 2021, p. 366-375, spéc. p. 372 et s.

[79] F. Savonitto, « Les ressources constitutionnelles dans le contentieux administratif climatique », *loc. cit.*, p. 720.

[80] V. par ex. CE, 22 septembre 2014, *Syndicat français de l'industrie cimentière et a.*, n° 360394.

[81] CE, 16 août 2018, *Syndicat secondaire Le Signal*, n° 398671 ; CE, 21 novembre 2018, *Union des armateurs à la pêche de France*, n° 407936 : *RJE*, 2019, p. 814, chron. S. Jolivet et J. Malet-Vigneaux.

[82] CE, 9 juillet 2018, *Commune de Villiers-le-Bâcle et a.*, n° 410917, 411030 : *RJE*, *n°* 4/2018, p. 801, note R. Radiguet ; *AJDA*, 2018, p. 1423, note M.-C. de Montecler ; *EEI* n° 10, octobre 2018, comm. 53, concl. L. Dutheillet de Lamothe ; *JCP A*, 2018, n° 43-44, p. 22, note M. Moliner-Dubost ; *RJE*, 2019, p. 809, chron. S. Jolivet et J. Malet-Vigneaux.

[83] CE, 21 octobre 2013, *Société Orange France*, n° 360481 : *RDI*, 2014, p. 61, note P. Soler-Couteaux. Plus largement, v. N. Marty, « Les effets de la Charte de l'environnement en droit de l'urbanisme », *in* C. Cerda-Guzman et F. Savonitto (dir.), *Les 10 ans de la Charte de l'environnement – 2005-2015*, Paris, Institut universitaire de Varenne, 2016, p. 211.

l'article L. 521-2 du Code de justice administrative, et appliquées pour les autres libertés fondamentales[84].

À travers la prudence et les hésitations des juges ordinaires, en particulier du juge administratif, ne serait-il pas possible de déceler, en creux, une conception étroite de l'environnement (compartimenté de façon excessive avec la santé publique, par exemple) et des atteintes qui lui sont portées (avec des exigences de seuils d'atteinte assez hautes), faisant écho à une conception morcelée, voire fragmentée de la Charte de l'environnement elle-même ?[85] Le Conseil d'État est en tout cas réticent aux interprétations combinées, systémiques des dispositions de la Charte. Est révélatrice à cet égard l'obligation de vigilance environnementale, dont le Conseil d'État fait une interprétation autonome découlant du seul article 2 de la Charte[86], plutôt que de la combinaison des articles 1 et 2, comme le Conseil constitutionnel[87].

Dès lors, en termes prospectifs, on pourrait suggérer que les juges ordinaires fassent preuve de plus d'audace en recourant à des techniques d'interprétation novatrices pour eux : interprétations combinées et systémiques des dispositions de la Charte, donc, mais aussi interprétations dynamiques et téléologiques, à l'image des juridictions européennes, afin de dépasser une approche encore trop souvent formaliste des questions environnementales[88]. Pour ne jamais oublier, en somme, que la Charte de l'environnement est un texte qui vise à l'amélioration de la protection de l'environnement.

---

[84] S. Jolivet, « L'équilibre au secours de la diversité biologique. À propos de la liberté fondamentale environnementale "au sens de" l'article L 521-2 du CJA », note précitée sous CE, 20 septembre 2022, *M. et Mme C.*, n° 4511129, spéc. p. 225 et s. Il aura d'ailleurs fallu attendre plus de deux ans pour une première application positive de sa nouvelle jurisprudence par le Conseil d'État : CE, ord., 18 octobre 2024, *Min. de la transition écologique, de l'énergie, du climat et de la prévention des risques*, n° 498433 : *JCP A*, 2024, n° 533, obs. L. E.

[85] Arnaud Gossement avait établi ce constat à propos des décisions du Conseil constitutionnel *in* « QPC et environnement », débat entre Ph. Billet, X. Braud et A. Gossement, *Constitutions* 2018, p. 29.

[86] CE, 14 septembre 2011, *M. Michel A.*, n° 348394 ; CE, 29 mars 2022, *Association La Filière béton et a.*, n° 457143 : *JCP A*, 2022, Actu. 464, par F. Savonitto.

[87] CC, 8 avril 2011, n° 2011-116 QPC. *Michel Z.* et a.

[88] En ce sens, v. É. Chevalier et J. Makowiak (dir.), *Dix ans de QPC en matière d'environnement : quelle (r)évolution ?*, *op. cit.*, spéc. p. 43 et s. sur les techniques d'interprétation, et p. 138 et s. sur les pistes de réflexion.

DES DISPOSITIONS CONSTITUTIONNELLES À RÉVISER ?

Patricia RRAPI

Afin de surmonter les obstacles qui entravent l'effectivité de la Charte de l'environnement, les revendications en faveur de consécrations nouvelles, plus rigoureuses et contraignantes, de la protection constitutionnelle de l'environnement sont devenues récurrentes[1]. À l'occasion du vingtième anniversaire de la Charte, la question d'une révision constitutionnelle semble s'imposer d'elle-même. Dans le contexte d'un bilan globalement décevant après deux décennies d'application du texte, cette éventuelle réforme de la Constitution suscite, de manière intuitive, l'espoir de remédier à son manque d'efficacité.

Dans cette optique d'amélioration de la garantie constitutionnelle actuelle, l'ambition de modifier la Constitution semble prendre plusieurs formes qu'il convient de cerner. Dans une perspective d'enrichissement du texte, la révision pourrait avoir pour objectif de le « mettre à jour ». Cette volonté d'évolution de la protection constitutionnelle de l'environnement dépasse la seule intention de pallier les insuffisances actuelles de la Charte. Elle pourrait tout aussi bien s'envisager même dans l'hypothèse d'une effectivité totale des dispositions existantes.

Dans cet esprit, de nombreuses idées, propositions et discussions portent sur l'intégration de nouveaux principes ou mécanismes de sauvegarde de l'environnement dans la norme fondamentale. Au-delà de l'identification des principes manquants, mais jugés indispensables, les projets visant une protection « actualisée » s'inscrivent dans une vision plus large, en lien avec les réflexions sur les diverses philosophies de l'environnement, censées inspirer sa garantie constitutionnelle.

Cependant, cette volonté de renforcer la protection diffère quelque peu d'une autre approche fréquemment associée aux débats sur les révisions constitutionnelles en matière environnementale. Très souvent, face à une interprétation minimaliste des juges, notamment constitutionnels, les revendications en faveur de nouvelles modifications visent à dépasser les limites imposées par la lecture juridictionnelle du texte. Il s'agirait alors

[1] Sur un résumé des projets de révisions constitutionnelles, v. J.-C. Zarka, « Le projet de loi constitutionnelle complétant l'article 1er de la Constitution et relatif à la préservation de l'environnement », *LPA*, 2021, n° 66, pp. 26-34.

d'affirmer plus fermement la cause environnementale, par exemple en inscrivant sa préservation dès l'article premier de la Constitution.

Toutefois, un bilan mitigé des vingt ans d'application de la Charte ne devrait pas faire obstacle à une réflexion approfondie sur la pertinence d'une telle révision.

La révision de la Constitution en matière environnementale, ainsi que la volonté préalable d'y procéder, sont étroitement liées à la conception que l'on se fait de la protection de l'environnement telle que promue par la Charte de 2004. Ces revendications en faveur d'une meilleure garantie constitutionnelle présupposent l'insuffisance du cadre actuel et dénoncent implicitement le manque d'effectivité de la Charte. Son adossement à la Constitution du 4 octobre 1958 a, certes, constitué un moment politique et juridique majeur, mais cette consécration n'a pas été à la hauteur des attentes, en particulier de celles des défenseurs de l'environnement.

Face à une jurisprudence peu ambitieuse, la Charte n'a que très faiblement stimulé une protection législative et juridictionnelle concrète. Pourtant, si le bilan des vingt dernières années impose une réflexion sur les moyens d'améliorer la garantie constitutionnelle, il ne saurait pour autant faire reposer la faiblesse de l'effectivité actuelle sur la seule rédaction du texte, sur son incomplétude ou sur l'imprécision de ses dispositions. La Charte n'est évidemment pas exempte de critiques, mais le caractère contrasté de son application ne peut lui être entièrement imputé.

L'inefficacité observée trouve avant tout son origine dans un ensemble d'obstacles institutionnels, politiques et économiques qu'aucune réforme constitutionnelle ne saurait surmonter en l'absence d'une réelle volonté de garantir sa mise en œuvre[2].

Partant de la dernière tentative de modification de l'article premier de la Constitution[3], cette contribution vise à mettre en lumière plusieurs difficultés entourant la question d'une révision constitutionnelle dans le domaine environnemental. Il en ressort, dans l'ensemble, une incertitude quant à la définition du contenu souhaitable de telles réformes. À cette difficulté de fond s'ajoute une interrogation de forme : la révision doit-elle concerner le texte de la Charte elle-même ou bien celui de la Constitution de 1958 ? L'obstacle principal demeure toutefois la procédure de révision en tant que telle. Dans le contexte politique actuel, celle-ci se révèle peu favorable à l'adoption d'une consécration renforcée de la protection environnementale au sommet de la hiérarchie des normes.

---

[2] V. Champeil-Desplats et P. Rrapi, « La constitutionnalisation de la Charte de l'environnement a 20 ans », *La Revue des droits de l'homme*, n° 27, 2025, https://doi.org/10.4000/13h53.

[3] Projet de loi n° 3787, de loi constitutionnelle complétant l'article 1er de la Constitution et relatif à la préservation de l'environnement, AN, 20 janvier 2021, https://www.legifrance.gouv.fr/dossierlegislatif/JORFDOLE000043022845/#:~:text=Le%20projet%20de%20loi%20constitutionnelle,lutte%20contre%20le%20dérèglement%20climatique%20».

I. L'utilité d'une révision constitutionnelle

La question de l'utilité d'une réforme constitutionnelle s'impose nécessairement à l'heure du bilan des vingt ans d'application de la Charte, bilan qui pourrait conduire à envisager l'opportunité de modifications futures. Mais, sans remettre en cause la portée politique et juridique de l'intégration de la protection de l'environnement dans la norme fondamentale, deux décennies d'application révèlent un décalage considérable entre l'affirmation de ce principe à valeur constitutionnelle et l'inertie politique persistante en matière écologique. L'élévation symbolique de la protection de l'environnement au rang de principe fondamental semble suffire, paradoxalement, à justifier la faiblesse des mesures concrètes adoptées.

Ainsi, une nouvelle réforme pourrait se limiter à l'introduction de principes supplémentaires, renforçant le caractère symbolique de la protection sans produire d'effets réels. Cette tendance est d'ailleurs illustrée par la jurisprudence du Conseil constitutionnel, qui a parfois adopté une interprétation solennelle de la Charte tout en validant, dans les mêmes décisions, des reculs législatifs significatifs. Il a par exemple rappelé l'obligation faite au législateur de préserver « la capacité des générations futures à satisfaire leurs propres besoins », tout en autorisant, dans la même décision, l'enfouissement de déchets radioactifs en couche géologique profonde — activité reconnue comme susceptible de porter une atteinte grave et durable à l'environnement[4].

Dès lors, si le manque d'effectivité de la Charte réside dans une inertie institutionnelle, il est légitime de douter qu'une révision constitutionnelle à elle seule puisse en corriger les effets. Une telle réforme pourrait certes introduire de nouveaux principes importants, mais risquerait de se heurter à l'accueil réservé par les institutions, sans réelle mise en œuvre. Il semble donc que la révision ne constitue pas une réponse suffisante au problème de la concrétisation de la protection environnementale. Plus précisément, une telle révision ne pourra produire de changement tangible sans une volonté politique affirmée d'en assurer l'effectivité.

On pourrait, par exemple, souhaiter l'inscription explicite du principe de non-régression dans la Constitution. Toutefois, l'on ne saurait ignorer la décision « ELAN » du Conseil constitutionnel, dans laquelle, pour valider la loi, il a introduit une distinction entre « régressions » et « dérogations » à la législation environnementale[5]. Cette distinction pourrait parfaitement être mobilisée à l'avenir, même face à une consécration explicite du principe en question. De manière générale, l'interprétation actuelle de la Charte illustre

---

[4] CC n° 2023-1066 QPC du 27 octobre 2023, *Association Meuse nature environnement et autres* [Stockage en couche géologique profonde des déchets radioactifs].

[5] CC n° 2018-772 DC du 15 novembre 2018, *Loi portant évolution du logement, de l'aménagement et du numérique*.

cette limite : le texte possède un potentiel normatif bien plus riche que celui que le juge constitutionnel a choisi de lui reconnaître.

La prudence à l'égard de l'utilité d'une révision n'a pas pour objet de nier l'importance politique et juridique d'une telle démarche, mais plutôt d'en identifier les obstacles à l'effectivité. Autrement dit, si la révision n'apporte pas, à elle seule, la solution au déficit d'effectivité, elle ne doit pas pour autant être considérée comme inutile ou à rejeter.

En effet, l'histoire montre que l'enrichissement des textes fondamentaux ou la consécration de nouveaux droits dépasse les incertitudes liées à leur application. Une réforme constitutionnelle constitue souvent l'aboutissement d'un combat politique : elle cristallise une mobilisation et offre une base formelle à de futures revendications[6]. Une fois consacrée, la norme devient un levier d'action citoyenne et politique en faveur de sa mise en œuvre. Ainsi, la révision d'un texte fondamental ne doit pas être envisagée seulement comme un point d'arrivée, mais comme un point de départ susceptible de nourrir de nouvelles dynamiques, en dépit des échecs ou résistances institutionnelles. Pour cette raison d'ailleurs, l'argument de l'inutilité — depuis l'adoption de la Charte — d'une révision constitutionnelle en matière environnementale est souvent avancé pour préserver un état de droit peu engageant dans ce domaine. Cet argument vise, comme ce fut le cas lors du dernier projet de révision constitutionnelle, à ne pas accorder davantage de place à l'environnement dans la Constitution, et à maintenir un statu quo reflétant notamment une jurisprudence peu ambitieuse du Conseil constitutionnel.

La lucidité quant aux limites passées ou futures d'une telle réforme ne doit pas faire oublier la portée symbolique et mobilisatrice d'une révision constitutionnelle, ni le message qu'elle peut porter dans le débat démocratique.

II. Le contenu des révisions constitutionnelles

Une deuxième difficulté réside dans le contenu des révisions proposées : que faut-il ajouter au droit constitutionnel existant ? Quelles modifications y apporter ? La Charte de l'environnement, qui date de 2004, est un texte propre à son époque. Elle résume un grand nombre de principes du droit de l'environnement, largement inspirés du droit international. Depuis ces vingt dernières années, de nouvelles approches de la protection de l'environnement ont émergé, notamment celle des droits de la Nature, qui envisage une vision moins anthropocentrée. Dans ce cadre, certains projets de révision, inspirés par le droit constitutionnel comparé, suggèrent une réorientation de la philosophie de la protection constitutionnelle de l'environnement. Bien que ce débat n'ait que peu pris place au niveau constitutionnel, il soutient

[6] V. Champeil-Desplats et P. Rrapi, *op. cit.*

occasionnellement de nouvelles revendications[7]. Une première approche pour envisager ces révisions pourrait consister à comparer différents systèmes juridiques, afin de dégager de nouvelles formes de mise en récit de la protection de l'environnement. Cette méthode comparée pourrait également permettre d'envisager une protection plus effective. Dans cette perspective, il s'agirait de s'inspirer des expériences constitutionnelles ayant permis une meilleure protection de l'environnement[8].

Une autre approche consisterait à étudier les propositions de révision ayant émergé lors de discussions précédentes, comme celles concernant l'article 1er de la Constitution, ou à partir des interprétations avancées dans le cadre des QPC (Questions Prioritaires de Constitutionnalité). Ces propositions, souvent formulées par les associations de protection de l'environnement, visent à renforcer la protection constitutionnelle de l'environnement.

Une première série de propositions propose de clarifier que l'ensemble du Préambule et des articles de la Charte de l'environnement constituent des droits et libertés au sens de l'article 61-1 de la Constitution[9]. Cette demande revient fréquemment dans le cadre des QPC et est liée à l'idée de « juridictionnalisation » de la Charte. Elle soulève aussi la question des recours, notamment avec la suggestion de créer un recours spécifique, tel un référé environnemental, pour assouplir ou présumer la condition d'urgence[10]. Ces propositions visent à préciser l'invocabilité de la Charte et à obliger le législateur à mettre en place des recours pour la protection de l'environnement. Dans ce sens, un article additionnel à la Charte, idée débattue au moment de son adoption, pourrait porter spécifiquement sur l'accès à la justice.

Une seconde série de propositions porte sur l'interprétation de la Charte de l'environnement. Il s'agit, par exemple, d'intégrer dans la Charte une clause d'interprétation[11], qui affirmerait que celle-ci ne peut être comprise que dans un sens favorable à la protection de l'environnement[12]. En ce sens, certains requérants, dans le cadre de la QPC, ont proposé que la Charte ne soit pas utilisée contre elle-même, notamment concernant le principe de participation,

---

[7] Par exemple, les débats à la Ville de Paris sur la reconnaissance de la personnalité juridique de la Seine.

[8] C. Cerda-Guzman et X. Insunza Corvalán, « Révisons la Charte de l'environnement ! » Propositions (très) librement imaginées depuis l'expérience chilienne », *La Revue des droits de l'homme*, n° 27, 2025, https://journals.openedition.org/revdh/21658.

[9] Elle se pose également lorsqu'il s'agit d'interpréter les droits de la Charte de l'environnement au sens de « liberté » du référé-liberté. Voir https://www2.assembleenationale.fr/content/download/336615/3295512/version/1/file/MI+flash+référé+spécial+environnemental.pdf.

[10] *Idem.*

[11] AN, Débats, 9 mars 2021, 2e séance.

[12] V. F. Savonitto, « Pas de Charte pour les ennemis de l'environnement ? Le Conseil constitutionnel face aux utilisations à rebours de la Charte de 2004 », *La Revue des droits de l'homme*, n° 27, 2025, https://doi.org/10.4000/13h4x.

qui pourrait fragiliser des législations protectrices[13]. Une autre proposition, apparue lors du dernier projet de révision constitutionnelle, consiste à introduire une clause de conciliation des principes constitutionnels en faveur de l'environnement. Cette idée, soutenue au départ par la Convention citoyenne pour le climat, n'a pas été retenue dans le projet gouvernemental, mais a fait l'objet d'amendements et de débats[14]. Elle vise à garantir que la conciliation des principes constitutionnels favorise la protection de l'environnement[15]. De plus, la prééminence de la cause environnementale pourrait permettre de dépasser le concept de « développement durable », souvent jugé insuffisant pour répondre aux enjeux écologiques[16]. Toutefois, cette proposition a été systématiquement rejetée, au nom de l'absence de hiérarchie entre les principes constitutionnels, ce qui, en pratique, accorde la primauté à d'autres principes au détriment de la protection environnementale. Les revendications en ce sens cherchent ainsi à garantir en réalité davantage une véritable conciliation des principes constitutionnels qu'une hiérarchie[17].

Une troisième série de propositions viserait à introduire des dispositions plus précises dans la Constitution ou à réviser certains articles de la Charte de l'environnement. Par exemple, après avoir échoué à le faire reconnaître devant le Conseil constitutionnel, le principe de non-régression est revenu sous forme d'amendement lors du dernier projet de révision constitutionnelle[18]. Il en va de même pour la question du climat, qui ne figure pas explicitement dans la Charte de l'environnement, inclus dans le dernier projet de révision constitutionnelle. Certaines propositions visent à ajouter des références spécifiques aux biens communs (eau, air, etc.) [19], à l'écocide[20] ou à la protection des animaux[21]. D'autres suggèrent des dispositions constitutionnelles concernant la planification de la politique écologique[22], ou des précisions sur le principe de responsabilité[23].

Une quatrième série de propositions plaide pour l'introduction d'une obligation pour le législateur de concrétiser la protection constitutionnelle de l'environnement, et d'intervenir activement pour assurer sa mise en œuvre.

---

13 *Idem.*
14 AN, 2e séance du 9 mars 2021.
15 AN, 2e séance du 9 mars 2021.
16 Voir dans ce sens Sénat, Débats, séance du 5 juillet 2021.
17 Voir dans ce sens la nouvelle rédaction du Préambule de la Constitution proposée par le Convention citoyenne pour le climat : « La conciliation des droits, libertés et principes qui en résultent ne saurait compromettre la préservation de l'environnement, patrimoine commun de l'humanité. » https://propositions.conventioncitoyennepourleclimat.fr/objectif/modification-du-preambule-de-la-constitution.
18 AN, Débats, 2e séance du 9 mars 2021 ; v. aussi au Sénat, Débats, séance du 10 mai 2021.
19 Voir les amendements n° 78, 79, 291, AN, Débats, 1ère séance du 10 mars 2021.
20 Voir les amendements n° 273 et 272, AN, Débats, 2e séance du 9 mars 2021.
21 AN, Débats, 2e séance du 9 mars 2021.
22 *Ibid.*
23 *Ibid.*

Cette question a été au centre des discussions autour du dernier projet de révision constitutionnelle[24]. Il revient régulièrement devant le juge constitutionnel avec l'argument d'« incompétence négative ».

Enfin, plusieurs propositions prônent la création d'un mécanisme de contrôle plus rigoureux de la Charte de l'environnement et des politiques environnementales. Cela inclut la création d'un Défenseur de l'environnement[25], un vice-président du gouvernement chargé de l'environnement, ou encore la mise en place d'une loi organique en matière environnementale, visant à garantir une surveillance continue de l'application des principes environnementaux.

En somme, ces revendications et propositions permettent d'entrevoir les manques actuels dans la protection constitutionnelle de l'environnement. Elles visent principalement à surmonter l'ineffectivité de la Charte, en corrigeant les échecs jurisprudentiels et en réintroduisant, par la voie de la révision, des éléments essentiels pour une protection renforcée. Quelle que soit leur origine — parlementaire, contentieuse ou doctrinale — ces propositions dressent un bilan des lacunes à combler pour assurer une meilleure protection constitutionnelle de l'environnement. Celle-ci est toutefois très exigeante et nécessite des réformes institutionnelles plus profondes vers une démocratie environnementale au cœur des conclusions notamment de la Convention citoyenne pour le climat.

III. L'articulation des textes constitutionnels (modifiés)

La Charte de l'environnement, en tant que texte déclaratoire adossé à la Constitution, soulève plusieurs questions relatives à la forme qu'une éventuelle révision constitutionnelle pourrait prendre. Les différents projets de loi constitutionnelle ont souvent porté sur la modification de l'article 1er de la Constitution, tout en ouvrant un débat sur la possible révision de la Charte de l'environnement elle-même[26]. Toutefois, l'opportunité de modifier la Charte de l'environnement est fréquemment remise en question, même si des amendements dans ce sens sont souvent déposés. En revanche, la mention de la garantie constitutionnelle de l'environnement en dehors de la Charte soulève l'épineuse question de son articulation avec cette dernière.

Lors des discussions sur le dernier projet de loi constitutionnelle, l'articulation entre la révision de l'article 1er de la Constitution et celle de la Charte de l'environnement a été largement débattue à l'Assemblée nationale

---

[24] Pour une interprétation dans ce sens proposé par la doctrine, v. M. Fleury et R. Royal, « Le Conseil constitutionnel, la Charte et les personnes privées : vers un effet horizontal de l'article 1er ? », *La Revue des droits de* l'homme, nº 27, 2025, https://doi.org/10.4000/13h50.

[25] Voir dans ce sens, Sénat, Débats, séance du 10 mai 2021.

[26] La réponse du rapporteur du projet de loi constitutionnel M. P.-A. Anglade, « Défavorable à cet amendement comme, je vous l'indique dès maintenant, à tous ceux qui concerneront la Charte de l'environnement, car il me paraît inopportun, voire dangereux, de nous lancer dans sa modification », AN, Débats, 2e séance du 9 mars 2021.

et au Sénat. Cette question est essentielle, car le choix final pourrait non seulement déterminer l'importance de la disposition modifiée, mais également celle de la Charte de l'environnement elle-même.

La nécessité de réaffirmer la valeur constitutionnelle de la protection de l'environnement, à travers une modification de la Constitution, notamment de son article 1er, pourrait, paradoxalement, fragiliser la Charte de l'environnement. Une telle révision constitutionnelle risquerait d'être perçue comme un aveu d'échec et pourrait renforcer l'interprétation minimaliste du texte par les juges, contribuant ainsi à marginaliser davantage la Charte. Bien que, formellement, la Charte fasse partie du « bloc de constitutionnalité » et possède une valeur constitutionnelle, elle ne bénéficie pas du même prestige que d'autres textes. La réception juridique de la Charte est en effet en décalage avec la solennité de sa forme, l'actualité de ses préoccupations et les promesses qu'elle porte. L'histoire de la Charte de l'environnement peut ainsi être vue comme un « moment manqué ». Bien qu'adossé à la Constitution, ce texte n'a pas permis de constituer, en soi, le pacte écologique républicain annoncé.

Le retour, en 2021, de la protection de l'environnement dans le débat constitutionnel n'est donc pas surprenant, car il semble vouloir rattraper un non-événement. Il n'est d'ailleurs pas étonnant que le véritable moment constitutionnel de la Charte de l'environnement, notamment dans la doctrine juridique, ne soit pas la révision constitutionnelle elle-même, mais l'arrêt du Conseil d'État dans l'affaire Commune d'Annecy (2008). Cet arrêt, dans lequel la valeur constitutionnelle de la Charte de l'environnement a été rappelée dans un considérant de principe, a suscité un grand étonnement parmi les juristes. Par la suite, bien que formellement liée à la Charte, la jurisprudence des juges a montré une volonté d'interpréter ce texte de manière parcimonieuse, voire de refuser d'en tenir compte, en raison du manque de légitimité politique initiale de la Charte. Dans ce contexte, inscrire un article affirmant la protection de l'environnement serait, de facto, acquiescer à la faiblesse actuelle de la garantie constitutionnelle de l'environnement, voire en légitimer l'inertie.

Une autre possibilité d'articulation des révisions constitutionnelles serait la référence explicite à la Charte de l'environnement, comme cela a été envisagé dans le dernier projet de révision constitutionnelle. Après la première lecture au Sénat, le projet prévoyait d'ajouter à l'article 1er de la Constitution une mention stipulant que la France « préserve l'environnement ainsi que la diversité biologique et lutte contre le dérèglement climatique, dans les conditions définies par la Charte de l'environnement de 2004 ». Une telle référence à la Charte aurait pu être vue comme un moyen de réaffirmer la protection de l'environnement et d'inciter le Conseil constitutionnel à en tirer des conséquences interprétatives. Cependant, lors des débats sur ce projet, la référence à la Charte a été soutenue par les opposants à la réforme, car elle permettait, paradoxalement, de neutraliser l'impact de la nouvelle révision, tout en validant indirectement la jurisprudence du Conseil constitutionnel. En effet, cette référence permettait de maintenir le statu quo et de limiter l'enthousiasme contraignant de l'article 1er révisé.

Une autre option, écartée lors des derniers débats parlementaires, consiste à réviser directement la Charte de l'environnement elle-même. Bien que cette idée soit souvent rejetée, plusieurs propositions d'amendements visent à compléter ou rectifier certains articles de la Charte. Du côté de la doctrine, l'idée d'une réécriture de la Charte de l'environnement est également avancée[27].

Dans tous les cas, qu'il s'agisse d'une révision constitutionnelle avec ou sans référence explicite à la Charte, celle-ci reste en position de faiblesse. La forme même des révisions souhaitées est, de ce fait, un véritable défi en raison de l'existence de la Charte.

IV. Révision constitutionnelle et renforcement de la garantie constitutionnelle de la protection de l'environnement

La procédure de révision de la Constitution requiert un engagement solide de l'exécutif et une majorité politique forte pour soutenir la réforme, ce qui a doublement manqué au dernier projet de révision constitutionnelle. Cette majorité est d'autant plus nécessaire lorsque la modification ne fait pas consensus. Or, la question environnementale, lorsqu'il s'agit de modifier la Constitution, fait partie de ces sujets politiques qui divisent profondément. Ces dernières années, les tentatives de modification de la Constitution dans le domaine environnemental ont mis en lumière cette situation paradoxale de la cause environnementale.

Si la protection de l'environnement est largement perçue comme une priorité sociale et politique contemporaine, elle peine néanmoins à s'imposer de manière effective ; l'affirmation constitutionnelle de la cause environnementale est souvent perçue avec scepticisme. En effet, une protection environnementale ferme et constitutionnalisée est supposée freiner le développement économique, ce qui conduit certains à tempérer les effets contraignants d'une telle réforme tout en soutenant son principe. Cette approche n'est pas nouvelle : elle rappelle les débats autour de la Charte de l'environnement. Si la Charte fut adoptée sous l'impulsion d'un président de la République qui imposa la réforme à sa propre famille politique, elle n'a pas fait l'unanimité au sein de la classe politique. Les partisans de la Charte, bien qu'ayant accepté son principe et sa portée symbolique, ont aussitôt cherché à en limiter les effets concrets. Cela se reflète dans les discours concernant la « normativité » du texte, lors de son adoption[28]. Les députés et sénateurs

---

[27] C. Cerda-Guzman et X. Insunza Corvalán, *op. cit.*

[28] J. Charreire, « La Charte de l'environnement sur vingt ans : d'une illusion juridique à la victoire d'un projet politique », *La Revue des droits de l'homme*, n° 27, 2025, https://doi.org/10.4000/13h58.

insistaient sur le fait que la Charte ne consacrait que des objectifs, et non des droits ou des principes juridiques, de peur de lui conférer trop de pouvoir contraignant[29]. Ainsi, même si la Charte a acquis une « valeur constitutionnelle » et fait désormais partie du « bloc de constitutionnalité », son influence effective est restée limitée. Le Conseil constitutionnel, par une interprétation minimaliste, a largement contribué à la marginalisation de ce texte.

Ainsi, par exemple, la proposition selon laquelle la France « garantit la préservation de l'environnement et de la diversité biologique et lutte contre le dérèglement climatique », qui devait être intégrée dans l'article premier de la Constitution dans le cadre de la révision constitutionnelle, a été modifiée après la première lecture au Sénat. Ce dernier, suivant l'avis du Conseil d'État[30], a adopté une formulation plus mesurée, indiquant que la France « préserve l'environnement ainsi que la diversité biologique et agit contre le dérèglement climatique, dans les conditions prévues par la Charte de l'environnement de 2004 ». Le débat a principalement tourné autour du choix des mots « garantie » et « lutte », qui ont été remplacés par « préserve » et « agit ». Cette modification visait à alléger les engagements constitutionnels, jugés trop contraignants par certains, notamment en raison de leur impact potentiel sur le développement économique.

Ce changement a soulevé des critiques au moment des débats parlementaires : pour certains, ce projet de révision était ainsi devenu purement symbolique, voire cosmétique, alors que d'autres la considéraient encore comme une menace pour le progrès économique. Dans ce contexte, une révision ambitieuse, visant à renforcer la garantie constitutionnelle de l'environnement, semble difficile à concrétiser. Si une révision visant à renforcer la protection constitutionnelle de l'environnement rencontre un soutien occasionnel, elle perd rapidement son intérêt dès lors que cette dimension contraignante est atténuée ou évacuée. Ces projets, dénués de substance, perdent leur impact réel et ne sont pas soutenus par les forces politiques qui plaident pour une protection environnementale plus forte. C'est précisément à cause de l'existence de la Charte de l'environnement que les révisions purement symboliques de la Constitution n'ont pas rencontré de soutien ferme.

---

[29] *Ibid.*

[30] CE, Avis, 14 janvier 2021, n° 401868, https://www.legifrance.gouv.fr/contenu/Media/Files/autour-de-la-loi/legislatif-et-reglementaire/avis-du-ce/2021/avis_ce_jusx2036137l_cm_20.01.2021.pdf.

TABLE DES MATIÈRES

Structures éditoriales du groupe L'Harmattan

L'Harmattan Italie
Via degli Artisti, 15
10124 Torino
harmattan.italia@gmail.com

L'Harmattan Hongrie
Kossuth l. u. 14-16.
1053 Budapest
harmattan@harmattan.hu

L'Harmattan Sénégal
10 VDN SICAP AMITIE 3
BP 45034 Dakar-Fann
direction@senharmattan.com

L'Harmattan Cameroun
Tsinga/Derrière polyclinique FECAFOOT
BP 11486 Yaoundé
Jacques.koukam@harmattan.fr

L'Harmattan Burkina Faso
Villa 281, secteur 23 623, rue 14.32
Ouagadougou
zagbie@outlook.fr

L'Harmattan Guinée
Almamya, rue KA 028 OKB Agency
BP 3470 Conakry
harmattanguinee@yahoo.fr

L'Harmattan RDC
185, avenue Nyangwe
Commune de Lingwala – Kinshasa
matangilamusadila@yahoo.fr

L'Harmattan Congo
219, avenue Nelson Mandela
BP 2874 Brazzaville
deunovmikhael@gmail.com

L'Harmattan Mali
Immeuble Mgr Jean Marie Cissé
Aci Hamadallaye
BP 145 Bamako
syllaka@yahoo.fr

L'Harmattan Togo
Djidjole – Maison Amela
face EPP BATOME
02 BP 20680 Lomé
didieramela11@gmail.com

L'Harmattan Côte d'Ivoire
Résidence Karl – Cité des Arts
Abidjan-Cocody
03 BP 1588 Abidjan
harmattan.ivoire@gmail.com

L'Harmattan Bénin
Rue 604, (Immeuble à l'entrée
de la rue UCAO- Cite de Saint-Jean)
Cotonou
stepcorpus@gmail.com

Nos librairies en France

Librairie internationale
16, rue des Écoles
75005 Paris
librairie.internationale@harmattan.fr
01 40 46 79 11
www.librairieharmattan.com

Librairie des savoirs
21, rue des Écoles
75005 Paris
librairie.sh@harmattan.fr
01 46 34 13 71
www.librairieharmattansh.com

www.ingramcontent.com/pod-product-compliance
Lightning Source LLC
LaVergne TN
LVHW011308061026
849535LV00005B/1449
* 9 7 8 2 3 3 6 5 5 7 5 1 9 *